珞珈风云

——武汉大学校园史迹探微

主　　编　　涂上飙

副 主 编　　郑公超　秦　然

执行主编　　吴　骁　刘文祥

武汉大学出版社

WUHAN UNIVERSITY PRESS

图书在版编目(CIP)数据

珞珈风云:武汉大学校园史迹探微/涂上飙主编. —武汉:武汉大学出版社,2017.1

ISBN 978-7-307-19089-4

Ⅰ.珞… Ⅱ.涂… Ⅲ.武汉大学—校史 Ⅳ.G649.286.31

中国版本图书馆 CIP 数据核字(2017)第 004902 号

责任编辑:李 琼 责任校对:汪欣怡 版式设计:韩闻锦

出版发行:**武汉大学出版社** (430072 武昌 珞珈山)

(电子邮件:cbs22@whu.edu.cn 网址:www.wdp.com.cn)

印刷:武汉鑫佳捷印务有限公司

开本:720×1000 1/16 印张:27.25 字数:406 千字 插页:1

版次:2017 年 1 月第 1 版 2017 年 1 月第 1 次印刷

ISBN 978-7-307-19089-4 定价:68.00 元

目　　录

宏 图 初 绘

骑 驴 疑 云

——李四光与武汉大学选址珞珈山的历史真相

吴　骁

在武汉大学校园内，有一座著名地质学家李四光先生的塑像，其造型为背倚一头毛驴，一只手搭在眉间，双眼凝视远方。这一奇特造型源自武汉大学历史上的一个美好动人的传说——李四光先生当年骑着毛驴来到武昌东湖之滨的珞珈山下，为这里的美丽风景所深深吸引，于是便将此处选定为当时的国立武汉大学新校址。近20多年来，这个故事在武大师生中可谓家喻户晓，流传甚广。

图1　武汉大学校园内的李四光塑像

根据笔者目前所能查阅到的各种资料，李四光为武汉大学"骑驴选校址"的故事，最早出自1993年出版的《漫话武大》一书中的《李四光与武大》一文，现将该文对此事的具体记述全文照引如下：

> 新校舍建在武昌郊外的什么地方呢？李四光开始心中并没有数，正在他着急时，新校舍建筑设备委员会委员、著名农学家叶雅各说："武昌东湖一带是最适宜的大学校址，其天然风景不唯国内各校舍所无，即国外大学亦所罕有。"李四光听后如获至宝，他非常急切地要和叶雅各一块去察看。
>
> 当年的珞珈山一带属武昌郊区，荒山野岭，一片凄凉。从城里到珞珈山，不仅不通车，而且连像样的路都没有。这当然难不倒李四光，作为一个地质学家，他平时外出考察，所到之处大都是人烟罕至的地方。不通车，他便和叶雅各自带干粮骑着毛驴出城。来到珞珈山下，看到这一带的东湖美景，李四光这位曾经到过无数山山水水的地质学家也被陶醉了。他激动得从毛驴上跳了下来，紧紧地握住叶雅各的手，一遍一遍地说："没有比这更合适的校址了，没有比这更漂亮的地方了，您真是慧眼识珠啊！"回去后不久，李四光又请新校舍建筑设备委员会的所有委员都来察看，大家无不称好。1928 年 11 月，李四光主持了新校舍建筑设备委员会第一次会议，正式确定武昌东湖珞珈山一带为武汉大学新校址。武汉大学新校址就这样确定了。①

现在，问题来了——今日武汉大学的珞珈山校址真的像上文所说的那样，是由李四光和叶雅各两个人一起骑着毛驴发现并选定的吗？如果以上记载准确无误，完全与史实相符，那么，此事又是如何为他人所获知并且流传开来的呢？按照上文所述，在骑毛驴选校址的过程中，只有李四光和叶雅各两位当事人，因此，如果此事属实，则必定是他们二人中至少有一人曾亲口为他人讲述此事，再由听者继续传播开来，或是自己以撰写文章、日记、回忆录等文字形式记录下来的，

---

① 《李四光与武大》，刘双平编著：《漫话武大》，武汉大学出版社 1993 年版，第 106 页。

此外便再无其他可能。因此，我们似乎可从以上两个基本途径入手，仔细考证一番此传说之真伪。

图2　国立武汉大学建筑设备委员会委员长李四光（左）、委员兼秘书叶雅各（右）

一、关于李四光与武汉大学选址珞珈山的
若干早期研究与记述

1977 年 9 月，也就是在李四光先生去世 6 年之后，陈群、张祥光、周国钧、段万倜、黄孝葵五人"接受了编写《李四光传》的任务"。他们"先后在李四光同志身边工作过若干年，对李四光同志的生活情操、思想意境、学术造诣、治学精神、工作作风和待人接物等等，比较熟悉"。然而，在 4 年多的编写过程中，他们遇到了不少困难，比如说，"李四光同志生前没有写过日记，也极少写回忆性的文章，平日谈话也很少谈到自己过去的事。这就增加了我们对证某些传述性资料可靠程度的困难。为了解决这个问题，我们除了查阅大量的有关档案资料和书报杂志外，还就其中的一些重要问题发出了一批信件……我们还访问了李四光同志的女儿李林同志和女婿邹承鲁同志，他们给我们作过系统的介绍，提供给我们一些珍贵的照片。还有李四

光同志生前的许多学生，如许杰、杨钟健、俞建章、赵金科、孙殿卿、叶连俊、吴磊伯等同志，他们也都根据自己亲身的感受，介绍了大量生动的事迹。这些都是传记不可或少的基础材料"①。1982 年 3 月，陈群等人完成了《李四光传》的编写工作。1984 年 6 月，该书正式出版。书中有关武汉大学的内容极为简略（且有少量史实错误），仅在该书第三章《在艰辛的科学道路上》中的"从西藏高原讲起"一节中提及，其中关于李四光与武汉大学在珞珈山建设新校舍的全部内容如下：

> 武汉大学，是李四光参加筹建的一所综合性大学。1928 年 7 月，以蔡元培为院长的大学院决定改建武昌中山大学为武汉大学，聘请刘树杞、李四光等八人为筹备委员。② 8 月，任命刘树杞为主任委员，代理校长职务；同时任命李四光、王世杰、张难先、石瑛等为建筑设备委员会委员，李四光为委员长。11 月，建筑设备委员会决议，以武昌城外东湖附近的珞珈山一带为新校舍地址。1929 年 2 月，王世杰担任武汉大学校长。10 月，新校舍落成，蔡元培、李四光等参加了典礼。③ 王世杰在会上说：1920 年从欧洲回国的路上，曾与李四光说到，要在有山有水的

---

① 以上内容参见陈群、张祥光、周国钧、段万倜、黄孝葵编著：《李四光传》，人民出版社 1984 年版，"后记"，第 397~398 页。

② 事实上，1928 年 6 月由蔡元培决定的包括李四光在内的国立武汉大学筹备委员人选共有 9 人。参见《中央政治会议武汉分会第九次常会议事日程》（1928 年 6 月 19 日），《中央政治会议武汉分会月报》第 1 卷第 1 期（1928 年 7 月），"会议录"，第 57~58 页。

③ 国立武汉大学珞珈山新校舍一期工程于 1931 年底完工，并于 1932 年 5 月 26 日举行落成典礼。参见《本校布告》，《国立武汉大学周刊》第 128 期（1932 年 5 月 24 日）；《本校新校舍落成典礼王校长报告词》，《国立武汉大学周刊》第 129 期（1932 年 5 月 31 日）。在 2009 年出版的《李四光传》第三版中，武汉大学新校舍落成的时间被改为"1932 年 10 月"，年代虽已改正，但月份依然有误。参见陈群、段万倜、张祥光、周国钧、黄孝葵编著：《李四光传》，人民出版社 2009 年版，第 110 页，第 355 页。

地方，办一个现代化的大学，现在这个理想实现了。①

也就是说，《李四光传》的几位作者，在查阅了大量历史资料并访问了李四光先生的后人及学生之后，并未在最终的传记中写下李四光和叶雅各一起骑毛驴选址珞珈山这个故事，关于武汉大学新校舍的选址过程这一问题，仅仅是一笔带过。

1983 年 11 月，在武汉大学 70 周年校庆期间，《长江日报》刊登了一篇题为《李四光与武汉大学》的文章，该文的前两段文字如下：

> 今年的十一月十五日，是武汉大学建校七十周年，在这闻名中外的高等学府华诞之日，许多老人都会想起李四光教授。地质学家的李四光如何会与武大的名字紧紧联系在一起呢？
>
> 原来今天位于珞珈山的武汉大学，原址是在武昌东厂口，校园太小，需要另择地扩建。一九二八年七月，李四光担任了国立武汉大学筹备委员会委员，同年七月，经著名教育家蔡元培推荐，他又被任命为武大新校舍建筑设备委员会委员长。那时，为选择好新校址，李四光经常亲赴珞珈山勘察地形和地质，还请人从上海包了一架专机到东湖一带低空盘旋察看。十一月，委员会终于选定了郭郑湖（现名东湖）之滨的狮子山、落驾山（即珞珈山）一带作为新校址。②

该文对李四光为武大选址过程的记述比《李四光传》要略多一点儿，而多出来的这点儿内容，甚至还专门提到了李四光请人包飞机在东湖上空盘旋察看这种颇有意思的历史细节。不过，即使是碰上学校的"华诞之日"，"许多老人都会想起李四光教授"，但似乎没有人像"想起"包飞机考察校址一事那样"想起"李四光和叶雅各一起

---

① 陈群、张祥光、周国钧、段万倜、黄孝葵编著：《李四光传》，人民出版社 1984 年版，第 109～110 页。

② 驾山：《李四光与武汉大学》，《长江日报》1983 年 11 月 13 日。

骑毛驴选址珞珈山的故事。

1984 年 11 月出版的《李四光学术研究文集（一）》一书，收录了武汉大学教师李进才、娄延常所写的《李四光与武汉大学》一文，该文在文末特别注明"根据孙祥钟、胡守仁教授及沈中清工程师等人回忆整理而成"。沈中清原为国立武汉大学建筑设备委员会绘图员，在 20 世纪 30 年代曾全面参与过珞珈山新校舍的建设，与身为该委员会委员长的李四光先生在建校工作中直接打交道的机会显然比较多。孙祥钟与胡守仁均为武汉大学 1933 年的毕业生（其中孙祥钟毕业后即留校担任助教），李四光先生在 20 世纪 30 年代初多次来校，期间他们均有机会与其接触。该文披露了李四光当年在武汉大学与沈中清、孙祥钟等人交流过程中的几处非常微小的细节，甚至具体到李四光向沈中清等技术人员解释松树的英文学名、对帮李四光在学术报告中放幻灯的生物系助教孙祥钟一再叮嘱不要把玻璃做的幻灯片打碎了，等等。但即使如此，孙祥钟、胡守仁、沈中清这几位早年的武大师生，也无一人对该文的两位作者"回忆"起李四光和叶雅各骑毛驴选址珞珈山这件看起来如此有趣而又十分重要的事件。该文对选址一事的记述也极为简单——"同年十一月，新校舍建筑设备委员会正式成立，并选定郭郑湖（现名东湖）之滨的狮子山、落驾山（现名珞珈山）一带为校址。李四光教授为确定新校址亲临珞珈山，选取石料标本，勘察地形和地质"。[①] 与前述署名"驾山"的同题文章相比，该文的有关记述更为简略，但基本内容大同小异。虽不知"驾山"究竟是何人的化名，但从这两篇文章的全部内容来看，其主要信息来源应该是基本一致的。

1986 年，为纪念李四光先生逝世 15 周年，华中师范大学的李四光研究专家景才瑞与副校长邓宗琦合写了一篇文章——《李四光与武汉大学开办》，文中对于李四光为武汉大学选址珞珈山的过程介绍

---

① 以上内容参见李进才、娄延常：《李四光与武汉大学》，湖北省李四光研究会、中国地质学会地质力学专业委员会编：《李四光学术研究文集（一）》，地质出版社 1984 年版，第 124~125 页。

如下：

> 为了选择好一个有山有水的新校址，李四光经常赴珞珈山与
东湖之滨勘察地质与地貌基础，还请人从上海包了一架专机到东
湖一带低空盘旋察看。同年 11 月，新校舍建筑设备委员会正式
成立，经过反复研究讨论，现场观察，最后终于选定郭郑湖
（现名东湖）之滨的狮子山、落驾山（现名珞珈山）一带为新校
址。①

非常明显，该文关于武大新校舍选址的相关记述，完全是依据上
述两篇《李四光与武汉大学》的有关内容写成的，而且，跟前面两
篇文章一样，即使提到了李四光亲赴珞珈山考察以及包专机在东湖上
空察看等历史细节，也未提及李四光和叶雅各一起骑毛驴前往珞珈山
选校址一事。

综上所述，在 20 世纪 80 年代，学术界、教育界已经有少数人士
注意到了李四光与武汉大学之间的历史渊源，并且进行了初步的梳理
与研究。但由于种种原因，特别是对诸多相关史料的发掘与利用还远
远不够，此类研究普遍不够全面和深入，在史实方面也出现了一些错
误。具体就李四光主持武汉大学新校舍的选址工作这一历史事件而
言，所有上述研究和记述，均着墨甚少，而且从未提及他曾与叶雅各
一同"骑毛驴"这一细节。也就是说，根据笔者目前所掌握的相关
资料，在 1993 年的《漫话武大》一书中的《李四光与武大》一文首
次提出李四光当年是和叶雅各一起骑着毛驴来到珞珈山为武汉大学选
定新校址这一说法之前，全国学术、教育界还没有任何人曾经在公开
发表的文字中提出过同样的说法，该文在此也没有注明出处。因此，
不论是从史实来源来看，还是从学术积累的角度来看，这种说法都是
相当可疑的。

---

① 《李四光与武汉大学开办》，景才瑞、邓宗琦主编：《李四光学术研究》，
湖北科学技术出版社 1993 年版，第 238~239 页。

二、1928—1929 年国立武汉大学定址
武昌珞珈山的来龙去脉

　　对于武汉大学当年选址武昌珞珈山的前因后果与具体过程，上文所述的各种记载均过于简略，现在，笔者就以目前所能掌握的各种相对比较详细的系列史料为据，力求更为全面、准确地揭示和还原出这一选址过程的历史全貌，再以此为重要根据来具体剖析李四光与叶雅各骑毛驴选址珞珈山一说的可信程度。

　　1928 年 6 月，李四光被中华民国大学院院长蔡元培指派为国立武汉大学筹备委员。据后来担任校长的王世杰于 1929 年 11 月所言，"自从中央决定改武昌中山大学为武汉大学以后，各筹备委员都充满了一个新的好的大学的希望。在某一次开筹备会的时候，李四光先生<把>提出建设一个新校舍的主张"①。此外，当年同为筹备委员、后来曾出任校长的周鲠生在 1947 年 10 月也回忆道，李四光"在武汉大学筹备委员会首先提议以一百五十万元巨款于武昌郊外另建新校舍，改造环境"②。为此，李四光与周鲠生于 1928 年 7 月一同前往南京面见蔡元培，"言及武汉大学筹建新校舍"，并希望他向国民党中央政治会议武汉分会主席李宗仁转达此意，争取其经费赞助。7 月 13 日，李四光为蔡元培代拟了一封致李宗仁的函件，信中如此介绍武汉大学筹建新校舍的计划：

　　　　国立武汉大学，预定为中部之学术中心，而原有校舍及设备，均不足以成一完备之学术机关，故今夏筹备之初，曾由筹备委员会建议，于洪山附近另建新校舍，并充实图书仪器等设备，预计建筑设备费约需百万元至百五十万元。此项建议呈报大学

---

　　① 《本周纪念周校长王世杰先生报告》，《国立武汉大学周刊》第 36 期（1929 年 11 月 17 日）。
　　② 《本校第十九周年校庆暨三十六年度开学典礼校长报告》（1947 年 10 月 31 日），《国立武汉大学周刊》第 374 期（1947 年 11 月 1 日）。

院，弟极端赞成，当即批准，并指定李四光、麦焕章诸君为建筑设备委员会委员，开始计划。①

7 月 15 日，李四光出席了国立武汉大学筹备委员会第三次谈话会，此次会议明确提出要“在洪山下建筑校舍”。② 7 月 23 日，《申报》刊登了这样一则电讯（见图 3）：“武汉大学筹委李四光，提出建设计划大纲，拟以洪山为校址，建筑费一百万至一百五十万元，已分呈大学院政分会采择。”③ 由此可见，李四光最初计划为武汉大学“另建新校舍”时，其初步选择的地点乃是“洪山附近”，而不是后来武汉大学校园实际所在的东湖之滨的珞珈山一带。

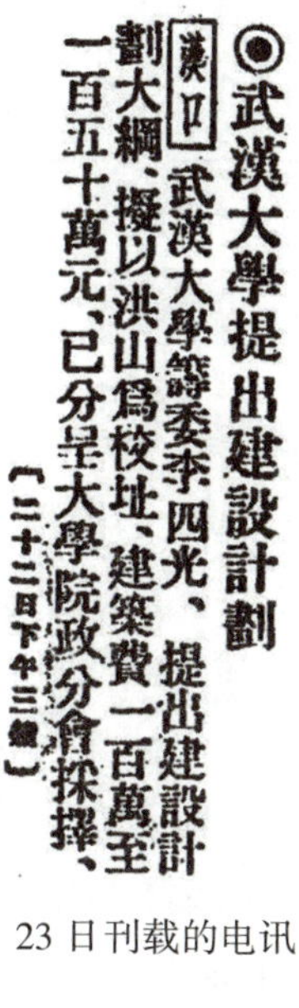
◎武漢大學提出建設計劃
（漢口）武漢大學籌委李四光、提出建設計劃大綱、擬以洪山爲校址、建築費一百萬至一百五十萬元、已分呈大學院政分會採擇、（二十二日下午三鐘）

图 3 《申报》1928 年 7 月 23 日刊载的电讯“武汉大学提出建设计划”

---

① 以上内容参见《致李宗仁函》（1928 年 7 月 13 日），高平叔、王世儒编注：《蔡元培书信集（上）》，浙江教育出版社 2000 年版，第 880~881 页。文末注明该文系“李四光代作”，“据蔡元培书信抄留底稿”。

② 参见《武汉大学筹备委员会纪》，《新闻报》1928 年 7 月 21 日。

③ 《武汉大学提出建设计划》，《申报》1928 年 7 月 23 日。

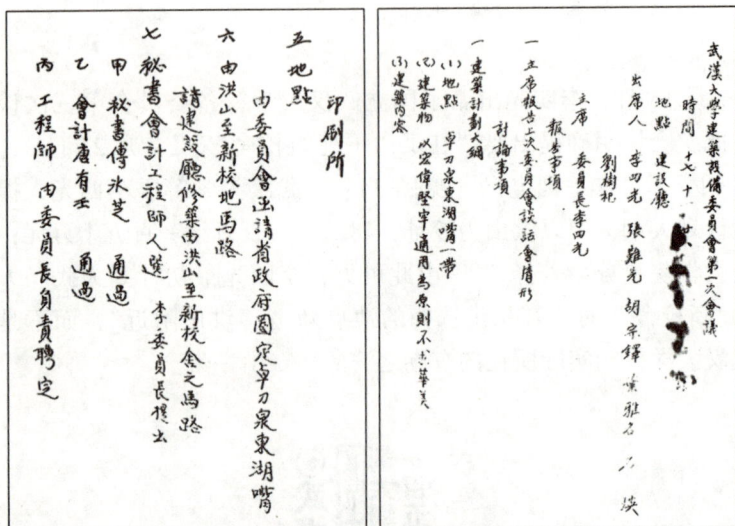

图4　1928年11月28日，国立武汉大学建筑设备委员会第一次会议
　　　记录（部分）

　　据王世杰1929年11月所言，"那时，适逢叶雅各先生——前金
陵大学森林系主任，后受聘于湖北省政府计划改进农业事务者——于
武昌东湖一带考察农林状况之后，对大家说武昌东湖一带是最适宜的
大学校址，其天然风景不唯国内各校舍所无，即国外大学亦所罕有；
于是李先生等亲去该地察看"①。在此之后，国立武汉大学建筑设备
委员会于1928年11月28日在湖北省建设厅召开第一次会议，出席
会议的有李四光、张难先、胡宗铎、叶雅各、石瑛、刘树杞6位委
员，并由委员长李四光担任主席。会议讨论通过了关于武汉大学新校
舍的"建筑计划大纲"，正式确定建设地点为"卓刀泉东湖嘴一带"，

---

　　①　《本周纪念周校长王世杰先生报告》，《国立武汉大学周刊》第36期
（1929年11月17日）。

还明确提出"由委员会函请省政府圈定卓刀泉东湖嘴"。① （见图 4）从当时洪山、珞珈山一带的地形图（见图 5）来看，"东湖嘴"位于珞珈山南麓约 100 米与卓刀泉北面约 1500 米处。因此，所谓的"卓刀泉东湖嘴一带"，很显然大体上是指这两地之间，亦即珞珈山以南、卓刀泉以北、东湖以西的一片平地。

在选定新校址之后，李四光"到上海找到一个有名的建筑工程师开尔斯君，同来武昌，请他到该地视察；时候在去年十一月间。他察看后，亦力称该地为极好的校址，因为在建筑上说，那一带都是些不甚高峻的山，山石可以利用，水的供给亦好，泉水湖水都可用"②。对于武汉大学当时邀请建筑师开尔斯来武昌实地考察的情形，当时的建筑设备委员会绘图员沈中清在数十年之后回忆道：

> 委员兼秘书叶雅各赴上海物色建筑师人选，经他们的留美同学介绍，认识了 F. H. Kales（开尔斯）建筑师，他是美国麻省理工学院建筑系毕业，对于中国建筑艺术颇有研究。经与初步叙谈，情趣融洽。随后花五百元钱，包乘一架专机从上海直航武汉，飞越落驾山上空时低飞盘旋俯视校区全貌。次日登山实看，开尔斯对于落驾山的地理形势极为赞赏，并提了粗略想法：拟在落驾山北麓以狮子山为主要校舍建筑中心，各院系教学楼分别建筑在各小山上。落驾山南麓为住宅区，西边杨家湾为商业服务区。为了便于设计，开尔斯要求委员会提供……详细地形图……并要求将狮子山一带中心地区提前测量尽早出图。③

---

① 参见《武汉大学建筑设备委员会第一次会议》，《本校及武汉政治分会有关武大建筑设备委员会文件》，武汉大学档案馆藏国立武汉大学档案，全宗号 6，年代号 1928，分类号 L7，案卷号 4；《国立武汉大学建筑设备委员会第一次会议纪事录》，《国立武汉大学周刊》创刊号（1928 年 12 月 3 日）。

② 《本周纪念周校长王世杰先生报告》，《国立武汉大学周刊》第 36 期（1929 年 11 月 17 日）。

③ 沈中清：《工作报告——参与国立武汉大学新校舍建设的回忆（国立武汉大学新校舍建筑简史）》，1982 年 3 月，第 5 页，武汉大学档案馆馆藏档案，全宗号 4，年代号 1982，分类号 X22，案卷号 6。

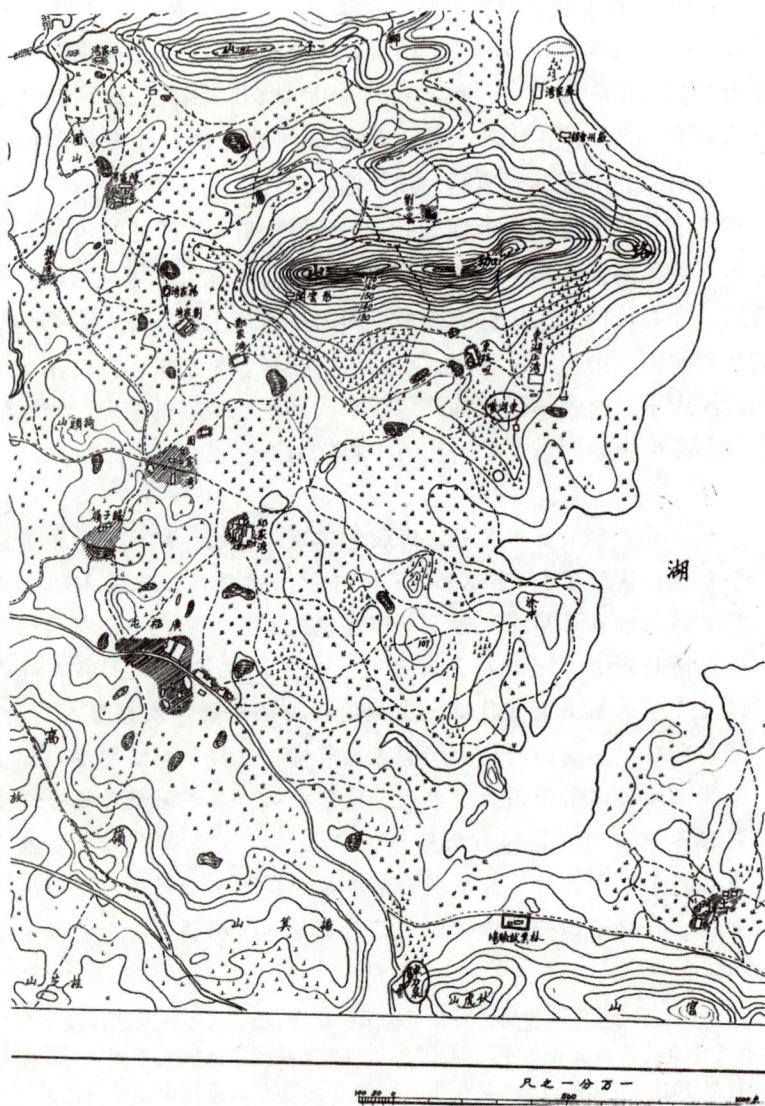

图 5 20 世纪 20 年代末武昌珞珈山附近地形图（部分）①

────────────

① 参见《武昌郊区洪山珞珈山附近图》，湖北省档案馆藏民国湖北省政府档案，全宗号 LS31，目录号 15，案卷号 455。

14

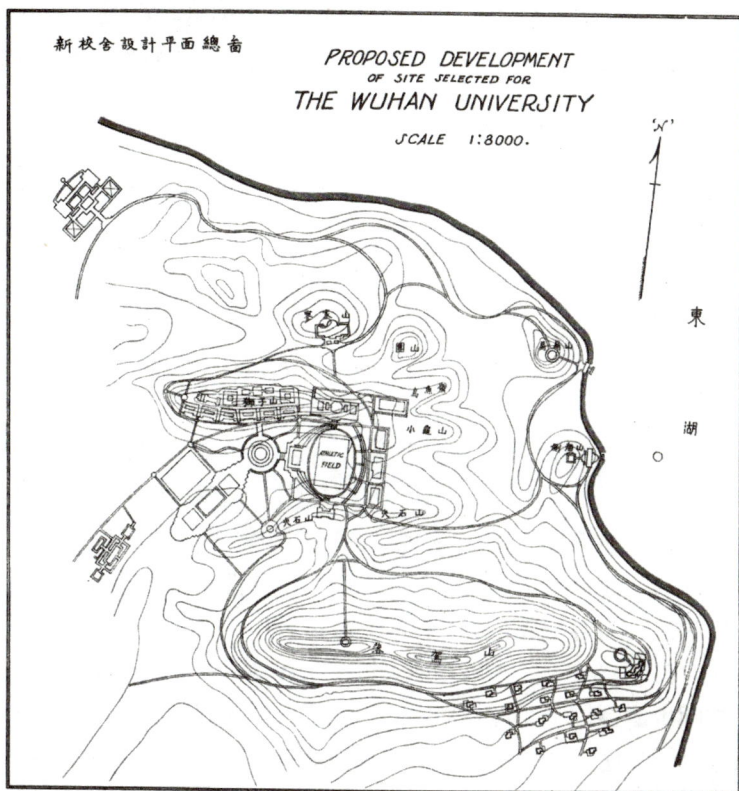

图 6　美国建筑工程师开尔斯 1929 年绘制的国立武汉大学珞珈山新校舍设计平面总图①

　　沈中清的上述回忆，与王世杰 1929 年 11 月的讲话在细节上略有出入——沈中清说的是"委员兼秘书叶雅各赴上海物色建筑师人选"，而不是李四光。不过，这段回忆透露了一些非常重要的信息——开尔斯提出"拟在落驾山北麓以狮子山为主要校舍建筑中心……并在陆军测量局所绘制的地图上，沿着落驾山南的山脚，从东边郭郑湖滨至西边茶叶港划一道红线，圈定了新校区的范围"，这就相当于是将先前由国立武汉大学建筑设备委员会正式选定的新校舍建

_____

① 参见《国立武汉大学一览（中华民国十八年度）》，1930 年。

设地点，从珞珈山南麓地势平坦的"卓刀泉东湖嘴一带"，更改、转移到了以珞珈山西北面不远处的狮子山为中心的高低起伏的丘陵地带。事实上，从 1929 年开始，开尔斯为武汉大学绘制的各种不同版本的"新校舍设计平面总图"，其主要地理范围均是在珞珈山北麓（包括珞珈山山体在内），并没有涉及珞珈山南麓的"卓刀泉东湖嘴一带"，更不用说后来实际圈定的武汉大学新校址界线与陆续建成的新校舍均是在开尔斯规划设计的范围之内了，这在客观上对于沈中清的说法可谓是一个有力的佐证。至此，我们便不难得出结论——开尔斯，而不是李四光，才是为武汉大学最终确定珞珈山新校址范围的关键人物！

当然，武汉大学新校址由珞珈山南麓的"卓刀泉东湖嘴一带"最终变更到珞珈山北麓的狮子山一带，也是经历了一段过程的。1929 年 1 月 5 日，国立武汉大学在武昌东厂口旧校舍"补行开学典礼"，当时的教育部代表王世杰还在演讲中称："可喜的是在武汉政分会和省政府的襄助指导之下，新的校址已在卓刀泉划好，并且快要动工了。"① 直到当年 5 月 22 日，当王世杰来校就任校长之职时，仍在其对全校师生的训词中明确指出："关于新校舍的建筑，本校预备在洪山附近卓刀泉湖滨开始工作，由李四光先生和一位美工程师正在积极设计进行中。"② 而在此时，建筑设备委员会绘图员沈中清等人，已经在监造工程师缪恩钊的领导下，按照开尔斯的具体要求，正在绘制珞珈山—狮子山一带的地形图，并于当年 6 月提前完成了"狮子山一带中心地区的地形图"③。可见当时开尔斯更改学校选址的信息尚未及时传递给新任校长王世杰。7 月，国立武汉大学致函湖北省政府，请求其为武汉大学正式圈定校址，其中明确指出："敝校为谋发

---

① 《国立武汉大学补行开学典礼志盛》（十八年元月五日），《国立武汉大学周刊》第 6 期（1929 年 1 月 10 日）。

② 《王校长莅校欢迎会志盛》（十八年五月二十二日），《国立武汉大学周刊》第 23 期（1929 年 5 月 27 日）。

③ 沈中清：《工作报告——参与国立武汉大学新校舍建设的回忆（国立武汉大学新校舍建筑简史）》，1982 年 3 月第 7 页，武汉大学档案馆馆藏档案，全宗号 4，年代号 1982，分类号 X22，案卷号 6。

展起见，经选定武昌市区洪山附近东湖湖滨珞珈山一带地域建筑新校舍……敝校拟购土地，东以东湖滨为界，西以茶叶港为界，北以郭郑湖为界，南面自东湖滨起至茶叶港桥头止……东西约三里，南北约二里半，共计三千亩之谱。"① 至此，武汉大学珞珈山新校舍的具体选址与圈定工作才算形成了一个最终的方案。

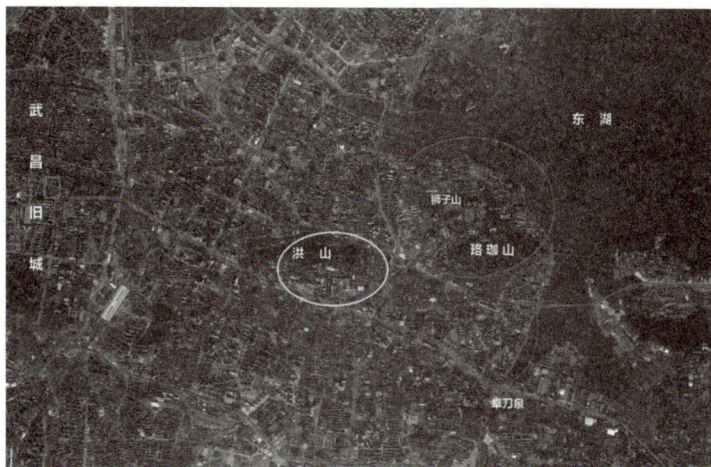

图 7　左边的小方框为 20 世纪 30 年代以前武汉大学在武昌旧城中的老校址（东厂口），中间的椭圆圈为 1928 年夏李四光最初建议的新校舍选址（洪山），右下方的椭圆圈为 1928 年秋国立武汉大学建筑设备委员会确定的新校舍选址（卓刀泉—东湖嘴），右上方的椭圆圈为 1929 年初经开尔斯建议调整后的武大新校舍最终选址（珞珈山—狮子山）（刘文祥制图）

综上所述，20 世纪 20 年代末国立武汉大学珞珈山新校址的选定，其实际过程大致上是这样的——首先是建筑设备委员会委员长李四光率先提出"于洪山附近另建新校舍"，随即学校筹备委员会便初步计划"在洪山下建筑校舍"，但又因建委会委员兼秘书叶雅各向大

---

① 参见《湖北省政府关于武大建筑新校舍征收落驾山土地的布告》，武汉大学档案馆藏国立武汉大学档案，全宗号 6，年代号 1929，分类号 L7，案卷号 523。

家推荐"武昌东湖一带是最适宜的大学校址",于是,建委会的若干成员便在一同前往东湖之滨实地考察了一番之后,正式确定改在珞珈山南麓的"卓刀泉东湖嘴一带"建设新校舍。最后,由建委会聘请的美国建筑工程师开尔斯前来此处实地考察之后,又将新校址由珞珈山南麓改到了北麓,至此方才最终定址。简而言之,大体上经历了一个从洪山到卓刀泉东湖嘴,再到珞珈山—狮子山的这一两易其址、"三步走"的过程,在这三个步骤中,李四光、叶雅各、开尔斯三人分别发挥了主导作用,而"一锤定音"的那最后一步,则是由开尔斯而不是李四光或者叶雅各来完成的。

三、"骑驴选址"故事情节的诸多疑点及其
对武汉大学校史认知的若干误导

从前文所揭示的基本史实出发,据此再来重新审视 1993 年的《李四光与武大》一文中关于李四光与叶雅各二人骑毛驴选址珞珈山的这个故事,就会发现其字里行间的诸多细节实在是非常可疑。

首先,对于武汉大学"新校舍建在武昌郊外的什么地方"这一问题,李四光绝非像该文所说的那样"开始心中并没有数",而是非常明确地率先提出以武昌郊外、珞珈山西边的洪山附近作为新校址,只是后来由武大建筑设备委员会的多名成员集体更改为珞珈山南麓的"卓刀泉东湖嘴一带",最后才被学校聘请的美国建筑工程师开尔斯再度更改为珞珈山-狮子山一带,而该文却声称李四光是在"开始心中并没有数"的前提下与叶雅各二人骑着毛驴来到珞珈山下,一眼就相中了这里,进而一次性地选定此处,这与基本史实显然是相违背的。

其次,如前所述,王世杰校长在 1929 年 11 月曾指出,在叶雅各向学校当局极力推荐"武昌东湖一带是最适宜的大学校址"之后,"李先生等亲去该地察看",这个"等"字,就说明李四光当时是同建筑设备委员会的其他一些成员集体前往"东湖一带"考察的,然后又与大家一起初步选定了"卓刀泉东湖嘴一带",不大可能会出现只有委员长李四光与秘书叶雅各这两个人撇开其他建委会委员、单独骑着毛驴前往珞珈山勘选新校址的情形。

再次，该文先是指出"当年的珞珈山一带属武昌郊区，荒山野岭，一片凄凉"，但接下来又说李四光和叶雅各骑着毛驴"来到珞珈山下，看到这一带的东湖美景，李四光这位曾经到过无数山山水水的地质学家也被陶醉了"。诚然，叶雅各的确说过"武昌东湖一带……其天然风景不唯国内各校舍所无，即国外大学亦所罕有"这样的话，不过，整个"东湖一带"的"天然风景"显然不能与偏处东湖一隅的某片"荒山野岭"简单地画等号，即使"当年的珞珈山一带"确有东湖的风景作为映衬，但其本身仍是"荒山野岭，一片凄凉"，试问"李四光这位曾经到过无数山山水水的地质学家"，什么样的名山大川和风景胜地没有见识过，怎么可能会为一座光秃秃的荒山附近的"美景"所"陶醉"，甚至还"激动得从毛驴上跳了下来"，声称"没有比这更漂亮的地方了"呢?! 特别是李四光一开始选择的洪山这一校址离东湖湖岸尚有数里之遥，由此充分可见"东湖美景"绝非其选址时所考虑的首要因素。

最后，笔者在前文中引用了王世杰 1929 年关于武汉大学新校址的几段讲话，当年 1 月 5 日，他曾指出"新的校址已在卓刀泉划好"，5 月 22 日，又指出"本校预备在洪山附近卓刀泉湖滨开始工作"。但令人困惑和遗憾的是，首次提出李四光与叶雅各骑毛驴选址珞珈山之说的《漫话武大》一书，不仅将王世杰这两次演讲的文字稿另拟标题，全文刊载，而且将上述原文中的这两处"卓刀泉"全部改成了"珞珈山"!①

以上这些分析，主要是从各种最基本的文字史料的角度进行的。由于在 1993 年的《李四光与武大》一文所讲述的这个故事中，李四光和叶雅各乃是仅有的两位"当事人"，那么，他们二人的子女后人

---

① 参见《国立武汉大学补行开学典礼志盛》（十八年元月五日），《国立武汉大学周刊》第 6 期（1929 年 1 月 10 日）；《王校长莅校欢迎会志盛》（十八年五月二十二日），《国立武汉大学周刊》第 23 期（1929 年 5 月 27 日）；王世杰：《履行新的使命，担起中国文化中枢的责任——在国立武汉大学正式开学庆典上的祝词》，王世杰：《"我不是来维持武汉大学的，而是要创造一个新的武汉大学"》，刘双平编著：《漫话武大》，武汉大学出版社 1993 年版，第 155 页，第 162 页。

对于此事的相关说法，无疑具有较高的可信度。1978年，上海文艺出版社出版了李四光先生的夫人许淑彬与他们的独生女李林二人对于他的回忆录，这两篇回忆文章一共8万多字，从头到尾都没有提到过任何与武汉大学有关的内容，① 可见李四光与武汉大学之间的渊源关系并没有给他的夫人和女儿留下非常深刻的印象，以至于她们在这方面并无多少往事可忆。如今，李林女士早已去世，她的独生女、北京李四光纪念馆高级顾问邹宗平女士曾在数年前专门撰文回忆其外公李四光，其中仅有一句话提到了武汉大学——"除了在北大教书期间整修校园，他还曾应蔡元培先生的邀请，出任国立武汉大学建筑筹备委员长，在东湖边上为武汉大学选定了一处风景优美的新校址"②。近日，笔者特地就此事请教了邹宗平女士，据她所言，她在幼时曾经听母亲说过，外公李四光当年在武汉工作期间，平日出远门时倒是经常骑毛驴出行，不过，她的母亲从来没有提起过叶雅各这个人。另外，笔者还曾亲自拜访过叶雅各先生的长子叶绍智先生，据他所说，他的父亲平时到郊野去考察时，一般都习惯于采取长途步行的方式，而在他本人的记忆中，似乎从未见过自己的父亲骑过毛驴，至于李四光与叶雅各二人一同骑着毛驴来到珞珈山为武汉大学选址一事，他在幼时也从未听父亲提起过。

除此之外，为了核实此事，笔者近年来曾就此问题亲自请教过多位20世纪30年代在珞珈山长大的第一代武大子弟，包括国立武汉大学前校长王世杰之女王秋华女士、前校长周鲠生之子周幼松先生、前建筑设备委员会监造工程师缪恩钊之女缪敏珍女士、前理学院院长查谦之子查全性先生、前法学院院长及教务长皮宗石之子皮公亮先生、前文学院院长陈源与凌叔华之女陈小滢女士等人，尽管他们大多也曾听说过这个故事，但全都是最近20多年以来的事情，

① 参见许淑彬、李林：《石迹耿千秋——回忆李四光》，上海文艺出版社1978年版。

② 邹宗平：《爷爷李四光的几件事》，《百年辉煌 继往开来——北京大学地质学系建系100周年纪念文集》，北京大学出版社2009年版，第54页。

而没有任何一个人在自己的幼年时代曾经听身边的武大长辈们提及此事。

综上所述，我们大体可以断定，在 1993 年首次提出李四光与叶雅各二人一同骑毛驴来到珞珈山为武汉大学选定新校址这一说法的《李四光与武大》一文，在没有搞清楚相关史实、也没有可靠凭据的前提下，最终采取了文学想象与虚构的方式来陈述这一历史事件。如果该文属于纯粹的文学作品之范畴，我们大可一笑了之。然而，作为该文原始出处的《漫话武大》一书，其《后记》却明确写道："武汉大学……发生过许多载入史册的事件，更有数不清的轶闻趣事。对武汉大学的方方面面进行系统的介绍，让所有想了解武大的人更加了解武大，让所有热爱武大的人更加热爱武大，这是我编写《漫话武大》的宗旨。"① 不仅如此，在该书出版 17 年后，其编著者又在一篇文章中提到此书，并以"武大校史专家"的面目出现，将该书定位为"通俗版的校史"，他明确指出：

> 在《漫话武大》一书中，我对武大校史做了很多考证，查阅了武大档案馆和中国高等教育史的大量资料。二十多万字的书稿分成两大部分，第一部分主要是对校史上重大事件和重要人物的考证，如"蔡元培与武大"、"胡适与武大"、"蒋介石与武大"、"李四光与武大"、"毛泽东与武大"、"周恩来与武大"等，第二部分精选辑录的主要是各界名流、武大的老校长和名教授在不同时期精彩的讲演和报告……《漫话武大》把武大百年历史上大家感兴趣的很多轶闻趣事作了系统的整理，后来被广泛引用。②

在"考证"和"系统的整理"名义下编造出来的"很多轶闻趣

---

① 刘双平编著：《漫话武大》，武汉大学出版社 1993 年版，"后记"，第 409 页。

② 刘双平：《我的"武大"情缘》，《南方周末》2010 年 1 月 28 日。

事"还"被广泛引用",并不断重复和扩散,于是,久而久之,这个纯属杜撰的"传说",也就慢慢地被绝大多数不明真相的人误认为"信史",甚至是本校校史上的一个"常识"了。

当然了,李四光和叶雅各等人当年究竟是不是骑着毛驴来到珞珈山下为武汉大学选定新校址的,这个问题本身并不重要——不过是一种具体的交通方式的选择而已。事实上,作为一名必须常年在荒郊野岭进行科学考察的地质学家,李四光先生平日在面临各种交通不便的现实情形时,确实经常会选择骑毛驴的出行方式,既然如此,在武汉大学珞珈山新校址选定前后,他完全有可能真的曾经骑着毛驴来到过珞珈山下,这一点毋庸讳言。然而,问题的关键并不在此,而主要在于——1993年出现的《李四光与武大》一文,以文学创作的方式,围绕着骑毛驴这一问题凭空编造出了一些与武汉大学选址珞珈山的真实过程大相径庭的虚假情节,如果广大受众对此信以为真,将其视为真实的历史细节,甚至长期将这种文学虚构当作客观"史实"或曰"信史"来继续传播,那就极不妥当了。

在笔者看来,《李四光与武大》一文中关于李四光、叶雅各骑驴选址珞珈山的短短一段文字,实足以在三个方面误导人们对于这段历史的具体认知:

第一,完全违背了武汉大学当年选址珞珈山的若干基本史实,主要是将这段先后有多人参与和主导,曾经两易其址,几经波折,经过"三步走"之后方才最终定址的曲折历程,轻描淡写地简化为两个人骑在毛驴上的"一锤定音"与"一步到位",从而对原本相对复杂的客观史实作出了不切实际的过度简单化处理。

第二,单单重点强调了李四光与叶雅各这两位武汉大学建筑设备委员会的领导人物为学校新校址的选定所作出的贡献,却基本忽略了建委会其他成员一同参与考察、讨论与决策的集体贡献,更不用说对于珞珈山新校舍总建筑师开尔斯最终敲定校址的决定性贡献完全一无所知,这在客观上便是将开尔斯先生的慧眼独具,张冠李戴地套在了李四光先生的头上。

第三,诚如十多年前中央电视台制作的一期节目所言:"李四光

22

图 8　美国地质工作者 Frederick G. Clapp（1879—1944）于 1913—1915 年间
　　　在武昌郊外的洪山往东面拍摄的郊野风景。图中近处的山体为小洪山，
　　　亦即李四光 1928 年 7 月率先提出的国立武汉大学新校址所在范围。图
　　　片右侧的一小片水域为官桥湖（东湖的一小部分），湖边的那片平地即
　　　为 1928 年 11 月由国立武汉大学建筑设备委员会选定的"卓刀泉东湖嘴
　　　一带"。图片中心小洪山后面的那座小山头即为落驾山（珞珈山），图
　　　片最左边的小山丘为狮子山，狮子山下方的水体即茶叶港，上方则为东
　　　湖的主体部分郭郑湖及远处的磨山，而落驾山与狮子山之间的那片丘陵
　　　地带，即为 1929 年 2 月由李四光聘请的美国建筑工程师开尔斯来校后
　　　所建议的新校舍主要建设地点。从这张照片中我们可以看到，当时的落
　　　驾山-狮子山一带均为光秃秃的荒山野岭，虽可外借近旁的东湖之景，
　　　但其自身的"风景"仍是乏善可陈，尚待开发。

先生当年是否是骑着毛驴，还是徒步进行考察并不重要，真正让人们
牵肠挂肚的是七十多年前，珞珈山下、东湖之滨的自然风光是否和今
天一样美丽动人？"该节目随后给出的答案便是——"当时的珞珈山
十分荒凉，没有树木，全部都是石头和坟场……当今天武大的学子们
走在这花香满园的校园里，可曾想过这里曾是野魂孤鬼出没的乱坟

岗,可曾把它与荒山秃岭画上过等号!"① 事实上,非常明显,绝不是因为当年一片荒芜的珞珈山"风景优美",所以才吸引了李四光、叶雅各等武大先贤选择将此处作为新校址,恰恰相反,正是因为有了武汉大学来到这里开拓洪荒,辟山建校,修筑黉宫,植树造林,这处原本乏人问津的寂寞荒山,才得以在最短的时间里迅速变成了世界上最美丽的大学校园之一。因此,《李四光与武大》一文中所谓的李四光因"陶醉"于当年珞珈山一带的"美景"故而为武汉大学选址于此的说法,可谓是颠倒了基本的历史因果关系,完全将当年的武大先辈们艰苦创业,改造和美化自然环境,化荒野之地为学府佳境的汗马功劳一笔抹杀了。

总而言之,通过对 1993 年的《李四光与武大》一文中关于李四光、叶雅各骑毛驴为武汉大学选址珞珈山这个故事里的某些失真细节描述的剖析与证伪,我们所得到的最大启示便是——在进行历史研究与叙事的过程中,必须非常严谨地从最基本的史料出发,努力做到言必有据,"论从史出",同时,也要严格区分文学创作与历史研究之间的界线,而决不能"史实不够,想象来凑",最终堕入"历史发明"的歧途,造成"以文乱史"的不良后果。此外,广大文史研究者在搜集、阅读、甄别和使用史料的过程中,也应当高度小心谨慎,切莫轻易将文学想象误认为史实记载,以尽量避免自身受到误导,并进而避免自己在受到误导之后的二次传播中继续误导广大同行学者及社会公众。

谨以此文,纪念著名地质学家李四光先生领导下的国立武汉大学建筑设备委员会选址武昌珞珈山地区 88 周年。

---

① 参见《李四光与武大校园》 (2002 年),中央电视台国际频道(CCTV4)大型电视文化栏目——《走遍中国》,央视网:http://www.cctv.com/lm/783/31/69104.html。

武汉大学珞珈山校园界址的历史变迁

吴　骁　刘文祥

在武汉大学校门牌坊西南数百米处，珞珈山路与武珞路交汇的地方，另有一座建于 20 世纪 30 年代、刻有"国立武汉大学"校名的校门牌坊。现在，这座已经拥有 80 多年历史，并且早已入围全国重点文物保护单位的老牌坊，孤悬在武汉大学校园之外，为嘈杂的闹市区所包围。凡是见过这座老牌坊的人们，一般都会生出这样的猜测——这座牌坊与今天的武汉大学校园之间的大片土地，包括武珞路—珞喻路一线以北的街道口、劝业场，甚至广埠屯、卓刀泉一带，过去很有可能属于武汉大学，只是后来慢慢地被众多校外单位和居民所占据，所以武汉大学的校门才不得不从街道口一直后退到现在这个地点。其实，这只是一种"想当然"的误解，事实上，以上所说的这些地方，在历史上从未被纳入武汉大学的校园范围。

1928 年 7 月，国立武汉大学筹备委员李四光提议学校"于洪山附近另建新校舍"。同年 11 月 28 日，由李四光主持的国立武汉大学建筑设备委员会第一次会议正式决定在"卓刀泉东湖嘴一带"建设新校舍。不久后，学校从上海邀请的美国建筑工程师开尔斯来到武昌实地考察之后，又改变了建筑设备委员会的决议，提出"拟在落驾山（即珞珈山）北麓以狮子山为主要校舍建筑中心，各院系教学楼分别建筑在各小山上。落驾山南麓为住宅区，西边杨家湾为商业服务区"。1929 年 7 月，国立武汉大学致函湖北省政府，请求其为武大正式圈定校址——"东以东湖滨为界，西以茶叶港为界，北以郭郑湖为界，南面自东湖滨起至茶叶港桥头止……东西约三里，南北约二里半，共计三千亩之谱"。其中，郭郑湖即东湖的主体部分，茶叶港为东湖的一处湖汊，相传因经常停泊大量贩茶船只而得名，其北面与东湖相连，往南逐渐收窄，到今天的武汉大学校门附近仅为数米宽的一条小渠。茶叶港后来已不复存在，不过"茶港"这一地名仍保留至今。

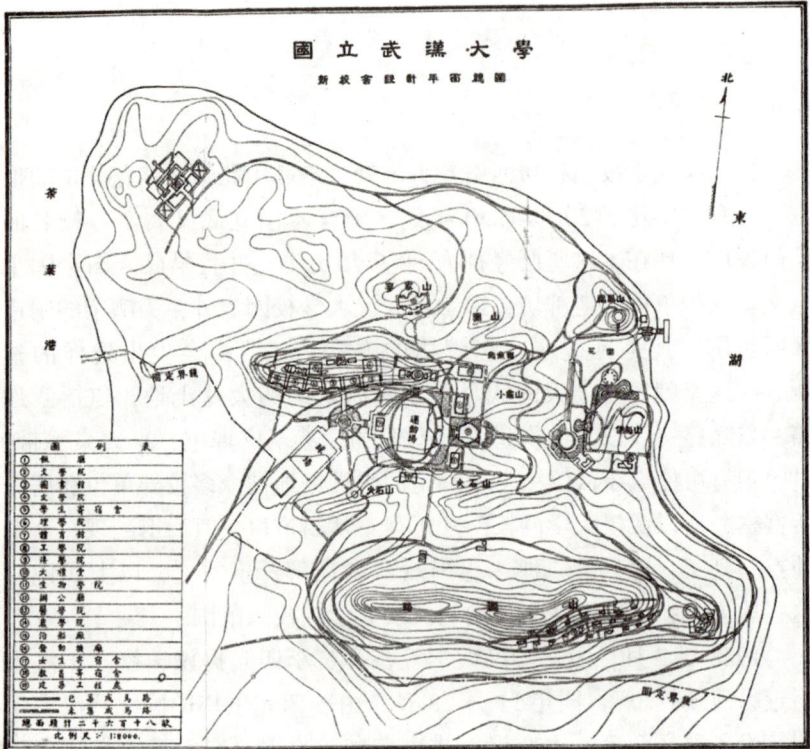

图 1　国立武汉大学新校舍设计平面总图（1930 年）

　　由于当时武汉大学三面环水，其东、北、西三面的校园边界，也就是东湖的天然湖岸线，十分清晰明确，但校园南面由于缺乏明显的地理标志，其南界便显得有些模糊。1930 年 1 月出版的《国立武汉大学一览（中华民国十八年度）》一书，刊登了开尔斯绘制的"新校舍设计平面总图"，图中就没有标明校园南面的具体边界。而 1931 年 1 月出版的《国立武汉大学一览（中华民国十九年度）》所刊载的"国立武汉大学新校舍设计平面总图"，则明确标出了一条"圈定界线"。从图中我们可以看到，当时的国立武汉大学校园南界线，东段大致以珞珈山南山脚为界，西段则紧贴着珞珈山西南麓折向西北方向，越过珞珈山西山头，抵达今天的文理学部教四楼、教五楼一带后，又变线折向东北，到中心湖附近又再次转向西北，沿狮子山西南山脚抵达狮子山西麓，最后往正西方面抵达茶叶港桥头为止。如此曲折辗转，大概主要是为了避开茶叶港东面的大量村落和农田。总之，上述这条"圈定界线"，便是武汉大学珞珈山校园最早的南界。另外，该图的"图例表"还注明，当时武汉大学校园的总面积为2618亩。

在20世纪30年代以前，珞珈山一带人烟稀少，十分荒凉。在校区附近，只有武昌宾阳门（今大东门）向东经洪山南麓、街口头（今街道口）、卓刀泉、关山到豹子澥有一条低级碎石路，勉强可通行汽车，而这条道路，也就是今天武昌地区的东西主干道武珞路—珞喻路的雏形。为便于新校舍的施工建设以及学校日后的对外交通，武汉大学遂函请湖北省政府建设厅修筑了一条从街道口通往珞珈山校区的专用道路，从街道口往东北方向一直延伸到新校区内的狮子山南麓，全长1.5公里，于1930年1月建成通车，并由时任校长王世杰命名为"大学路"。1931年，武汉大学在街道口大学路的起点处建起了一座书有"国立武汉大学"校名的木制牌坊，可惜在次年毁于一场大风。1934年，学校又在这座牌坊的原址重新修建了一座新的钢筋水泥结构的牌坊，并一直存续至今。

当时，街道口一带以及大学路沿线的绝大多数土地都不属于武汉大学所有，不过，由于街道口是从武昌城出宾阳门后东向交通的必经之地，地理位置十分重要，而国立武汉大学珞珈山新校舍则偏居一隅，鲜为人知，因此，武汉大学将校门牌坊修建在此处，也就易于理解了。这座牌坊的主要功能、作用与象征意义，并不是我们今天所理解的建在校园边界入口处的"校门"，而是相当于一个"指路牌"，即提醒广大路人——到了街道口之后，只需循着这个牌坊所指示的方向拐弯进入大学路继续前行，就能抵达"国立武汉大学"，而并不是说只要过了这座牌坊就进入武大校园了。

1933年1月出版的《国立武汉大学一览（中华民国廿一年

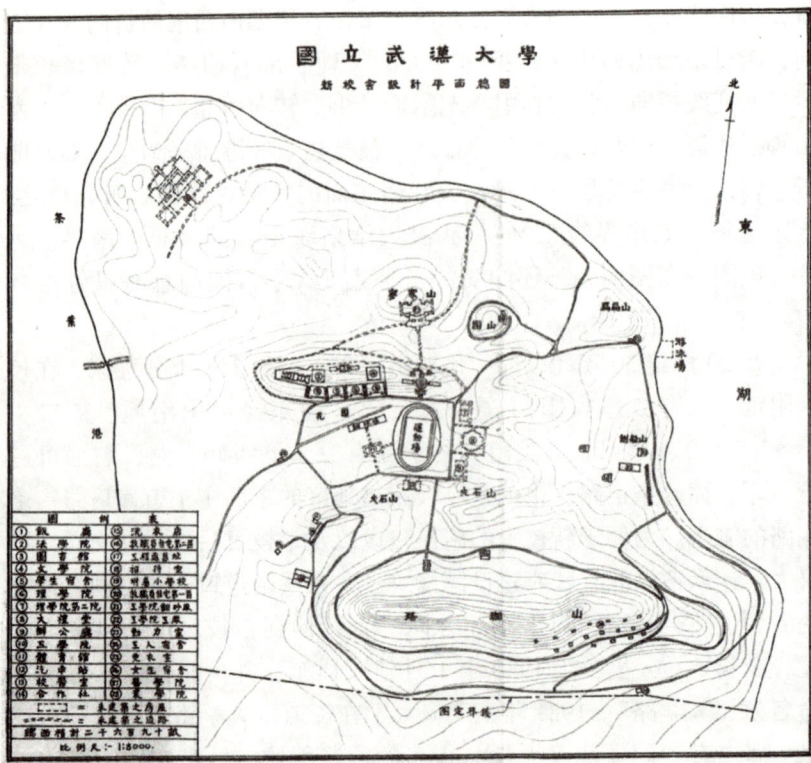

图 2　国立武汉大学新校舍设计平面总图（1932 年）

度）》，又刊载了新一版的"国立武汉大学新校舍设计平面总图"。
与两年前的上一版相比，武汉大学的校园面积有了明显的扩大——其
南界东段基本保持不变，西段原先的那个巨大"缺口"则已被填平。
这充分地反映出学校当时在珞珈山—狮子山一线以西持续征购土地，
将校园往西南方向扩张了一大片，并最终将校园的南部边界拉成了一
条沿着珞珈山南麓山脚一直向西延伸、直至茶叶港为止的准直线。不
过，该图的"图例表"显示当时的校园总面积为 2690 亩，与两年前
的那张图大致相当，应该有误。另一方面，在当时的国民政府教育部
1932—1934 年连续三年所进行的"全国高等教育统计"中，武汉大
学上报给教育部的本校校园面积均为 3063.9 亩，若以前文所述武汉

大学 1930 年的校园面积 2618 亩为准，再仔细对比一下 1930 年和
1932 年的两版"新校舍设计平面总图"中校园边界的变化，我们便
不难判断出，3063.9 亩这一数字与这两张地图所直观反映出的校园
面积的扩张幅度很显然是基本吻合的。

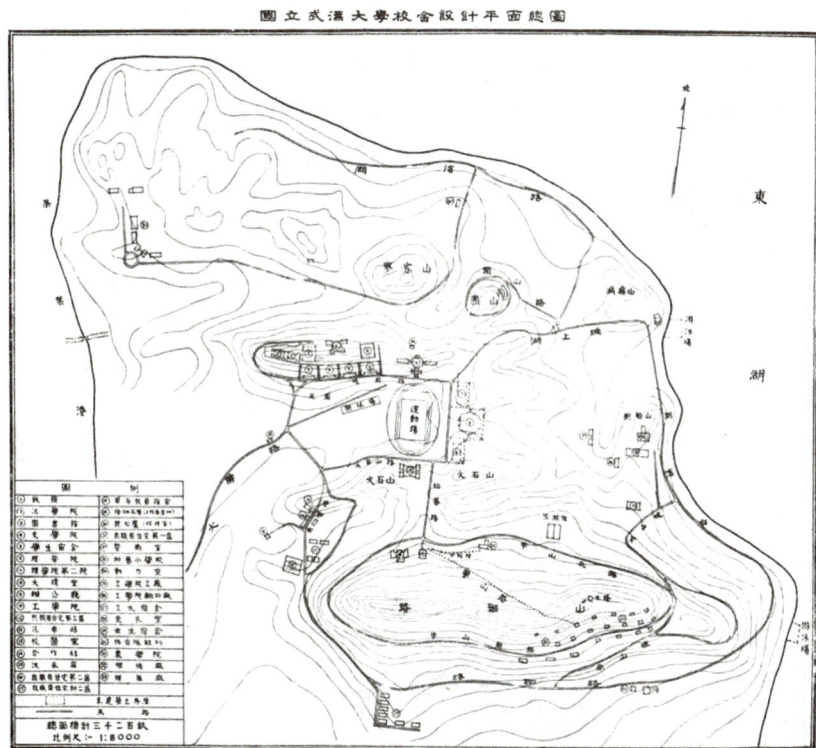

图 3　国立武汉大学校舍设计平面总图（1934 年）

　　1934 年 12 月出版的《国立武汉大学一览（中华民国廿三年
度）》所刊载的"国立武汉大学校舍设计平面总图"，在校园南端已
不再有一条明确的"圈定界线"，另外，该图的"图例"所显示的校
园"总面积"也增加到 3200 亩。从 1933 年起，武汉大学开始在珞珈
山西南麓兴建"第三教职员住宅区"，1935 年又在该区域的西面修建
与地方社会合作办学的"私立武昌东湖中学"校舍（现为武汉大学

第一附属小学所在地），而这两处校舍均已突破了 1934 年以前的校园
"圈定界线"。与此同时，在珞珈山东南麓，当时已有不少地方名流
陆续在此修建花园公馆，与武汉大学紧邻而居，也有不少贫民在此聚
居，形成村落，这便是今天的东湖村的由来。

另外，从 1933 年起，国立武汉大学开始筹建农学院，除了在珞
珈山校园内建有农林场及苗圃之外，还在东湖对岸的磨山一带购置了
约 4000 亩土地作为农林场，其范围大致包括了今天的东湖磨山公园
及樱花园、中科院武汉植物园以及东湖梅园的北面一半。到了 20 世
纪 50 年代初，这处农林场被划入东湖风景管理区。因其归属武汉大
学的时间并不长，且远离珞珈山校本部，故在本文中不再赘述。

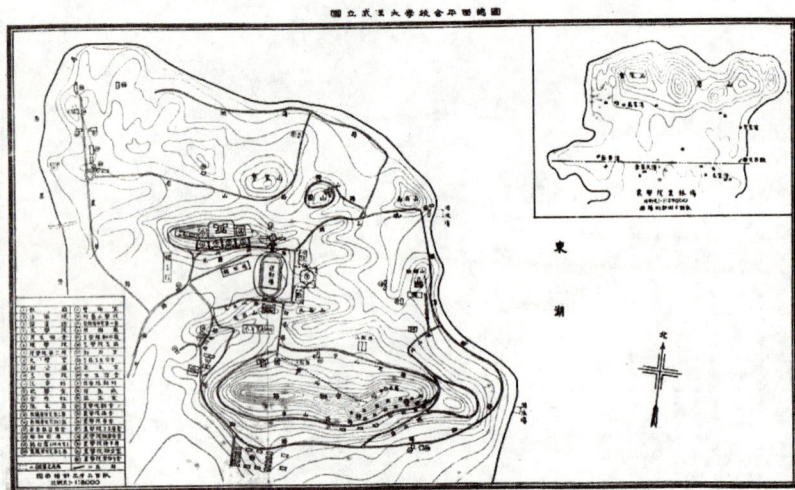

图 4　国立武汉大学校舍平面总图（1936 年）

总之，在 1937 年抗战爆发前夕，武汉大学校园的主体部分一直
都位于珞珈山南麓山脚一线以北，只是在西南方向有所扩张，并且在
西南角的局部地区最终抵达了今天的八一路边上，珞珈山校本部的面
积也从最初圈定时的 2618 亩逐渐扩充到 3200 亩左右。从抗战胜利复
员后直到 20 世纪 50 年代中期，武汉大学校园又继续往西南方向有所
扩张。

20世纪50年代初,在全国高校院系调整中,武汉大学的工、农、医三大学院均分离出去,而1952年成立的水利学院不久后亦有独立建校的计划。1954年11月,武汉大学水利学院召开了第二次建校座谈会,学院邀请的苏联专家卡尔波夫在会上表示赞同利用狮子山北麓的武汉大学农学院原址建校的方案,他认为,武汉大学校园约有3600亩,面积较大,能容纳两所大学,不会影响两校发展用地。此方案很快便得到了高等教育部与水利部的批准,随后,武汉水利学院便在武汉大学校园内狮子山北麓的700多亩土地上独立建校(1958年更名为武汉水利电力学院,1993年更名为武汉水利电力大学,2000年与武汉大学合并)。另外,1954年9月,中国科学院水生生物研究所从上海迁至武汉,也占去了武汉大学校园西北角的一小部分土地,与稍后成立的武汉水利学院比邻而居。至此,武汉大学的校园面积只剩下不到3000亩。

1955年6月,国家决定创办武汉测量制图学院(1958年更名为武汉测绘学院,1985年更名为武汉测绘科技大学,2000年与武汉大学合并)。该学院筹备委员会在派人来到武汉勘察了多处备选地点之后,经过比较,认为珞珈山南麓、桂子山北面的天门山、栗子园一带较为理想,遂决定选为校址,总面积约800亩。在这处校址范围内,有1座庙、2个村庄和8000多座坟墓,由地方政府发动群众协助进行征地与拆迁工作。而这也充分证明,当时这片土地与武汉大学并没有任何关系,也就是说,今天的八一路以南、现武汉大学信息科学学部所在的广埠屯一带,在历史上从来都不属于武汉大学的校园范围。

值得一提的是,尽管20世纪30年代武汉大学在街道口先后两次修建了校门牌坊,其校园的南部边界也逐渐跨过了珞珈山南麓,不断向街道口的"国立武汉大学"牌坊所在地的方向持续扩张,但由于后来被纳入校园的西南一隅(主要是今天的珞珈广场与杨家湾一带)长期没有进行大规模的校舍建设,因此,在广大师生的心理习惯上,仍以20世纪30年代初最早圈定的西南边界(即现在的宋卿体育馆—教四楼一线)为校园的主"入口"。在20世纪30年代,负责联络武汉大学珞珈山新校舍与武昌城区交通的公共汽车站,就设在今天的文理学部教四楼对面的李四光塑像附近。直到"文化大革命"期间,学校还曾在此处修建过一个简易的校门。甚至到了 20 世纪 90 年代中期,在武汉大学再次修建了一座新的校门牌坊后的最初几年里,在早已成为校园中心地带的教四楼前,仍然设有一处公共汽车始发站。

另一方面,由于武汉大学校园在 20 世纪 50 年代之后基本上已经停止了向街道口老牌坊的方向扩张,随着武汉城市建设的发展,武汉大学校园外原"大学路"两侧及老牌坊附近的那些从未属于武汉大学所有的大片土地,均逐渐为社会各单位所占用。比如中南民族学院便于 20 世纪 50 年代初在武汉大学街道口老牌坊侧后方的洪山南麓(今湖北省军区所在地)正式建校(很快又迁至南湖现校址)。数十年过后,昔日一片荒凉的大学路(珞珈山路)两侧,已成为熙熙攘攘、喧嚣杂乱的市井街区(主要是今天的劝业场),而武汉大学在 20 世纪 30 年代修建的那座老牌坊,也就慢慢地被淹没在远离校园的闹市区之中了。

武汉大学不仅在 20 世纪 50 年代的院系调整中失去了大片土地,而且从那个时候开始,还有不少社会单位和周边居民通过各种途径先后占用了武汉大学校园边缘的不少土地以及校园中的多处"飞地",总共多达 200 余亩。直到 20 世纪 90 年代中期,在当时的国家教委与地方政府的支持下,武汉大学才开始着力整治校园周边环境,并在接下来的几年时间里陆陆续续地收复了以校园西边的杨家湾地区和东面的铁道部东湖疗养院为代表的部分"失地"。

2000 年,武汉大学与武汉水利电力大学、武汉测绘科技大学、湖北医科大学合并组建成新的武汉大学。至此,武汉大学不仅"收复"了在 20 世纪 50 年代的院系调整中失去的大部分"失地",还获得了不少此前从未拥有过的新的土地。具体而言,随着 20 世纪 50 年代从武汉大学校园分离出去的原武汉水利电力大学校园的全面"回归"(该校园随后成为武汉大学工学部所在地),除了原校园西北角的一小片土地仍然为中国科学院水生生物研究所占据之外,武汉大学珞珈山校园的北部边界基本上已经恢复到 20 世纪三四十年代紧邻东湖的格局。不仅如此,随着 20 世纪 30 年代的"茶叶港"在之后数十年后的时间里逐渐被完全填平并最终消失,其原有水面被填平后所新增的大片陆地,南面的一半左右主要为武汉大学所占据,因此,校

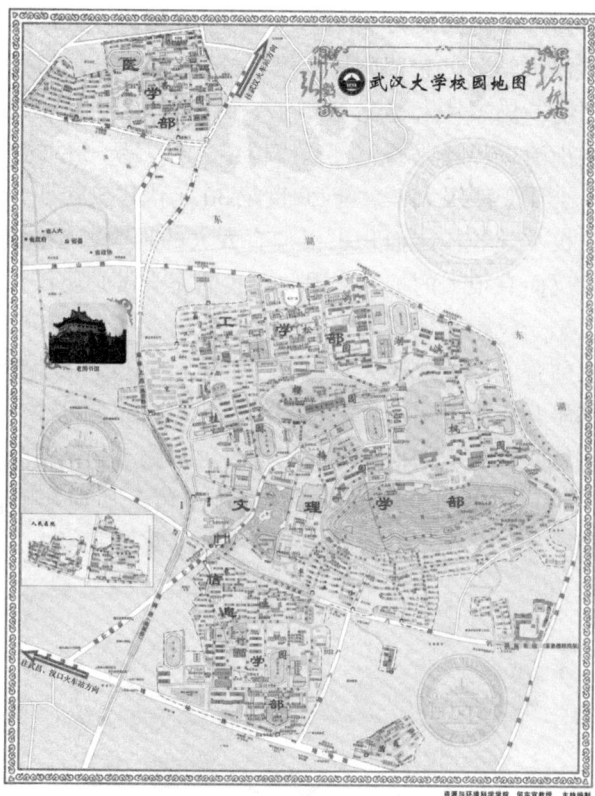

图 5　今日武汉大学校园地图

园的西部边界和 20 世纪 30 年代相比还算是略有扩展。至于珞珈山校园西北方向、水果湖北岸的原湖北医科大学校园（现为武汉大学医学部所在地），以及八一路以南、珞喻路以北、广八路以西、珞狮北路以东的原武汉测绘科技大学校园（现为武汉大学信息科学学部所在地），对于武汉大学而言，则是两块此前从未拥有过的全新的土地。特别是在合并了原武汉测绘科技大学之后，武汉大学校园更是首次向南跨越了八一路。到了 2005 年，学校又收购了位于信息科学学部西边的湖北经济学院老校区（现为武汉大学国际软件学院所在地），这也算是迄今为止武汉大学的校园往街道口老牌坊的方向不断扩张所达到的最近距离了。

综上所述，即使武汉大学曾于 20 世纪 30 年代在武昌街道口修建了"国立武汉大学"的校门牌坊，但其校园的南部边界直到 2000 年四校合并之前，仍然从未越过今天的八一路沿线。也就是说，在八一路以南，从街道口、劝业场一直到广埠屯、卓刀泉一带的广大地区，在历史上从未属于武汉大学。与 20 世纪 30 年代建校初期相比，武汉大学珞珈山校本部的校园面积不仅没有太大的损失，在 2000 年四校合并之后，反而有很大的扩充。因此，我们完全没必要仅仅因为学校的老牌坊孤悬于校园之外，就想当然地误认为老牌坊与新牌坊之间的大片土地以前曾经属于武汉大学，并为之扼腕叹息。在笔者看来，相对于这种基于与历史事实完全不符的虚幻认知，而且也没有任何实际意义的无谓感叹而言，如何想办法尽量改善这座老牌坊复杂而恶劣的周边环境，将其身为"全国重点文物保护单位"所应享有的各种保护措施落到实处，才是更值得我们大家关心、重视并努力去解决的核心问题。

国立武汉大学珞珈山新校舍
建筑师开尔斯二三事

刘文祥　吴　骁

很多人都知道，武汉大学珞珈山校园的早期规划，以及诸多美轮美奂、中西合璧的民国建筑的设计方案，皆是出自一位名叫开尔斯的美国建筑工程师之手。只是，关于这位开尔斯先生，在世人的印象中却显得颇为模糊——在国内，不仅关于他的文献资料极为稀少，甚至连一张照片也没有，而既往的一些关于开尔斯的描述，也有不少以讹传讹的失实说法。

20 世纪二三十年代，在中国从业的外国建筑师群体已是群星璀璨。其中，以茂旦洋行及建筑师亨利·墨菲为代表的一批美国建筑师，在全国各地主持设计了大量中国传统宫殿式大屋顶风格的现代建筑，曾引领了中国近代建筑史上的一股复古潮流。与大名鼎鼎的墨菲相比，开尔斯显得有些名不见经传。但从美国所留存的一些文献资料中，我们仍可以还原关于这位武汉大学校园总设计师的一些历史信息。

开尔斯从小家庭优渥，父亲老开尔斯早年毕业于耶鲁大学，后来在芝加哥成为一名著名的律师。1882 年 1 月 24 日，在老开尔斯去世的前一年，他的第七个孩子出生，或许是出于对这个小儿子的喜爱，这个男孩获得了和他父亲一样的名字——弗朗西斯·亨利·开尔斯（Francis Henry Kales）。幼年丧父的开尔斯遗传了父亲的聪颖，也接受了良好的教育，曾先后就读于威斯康星大学麦迪逊分校和麻省理工学院，并最终于 1907 年在麻省理工学院获得理学学士学位。从大学时代起，开尔斯便开始了他足迹遍布世界的丰富经历。他从 1905 年起，先后到过埃及、土耳其、夏威夷、菲律宾、中国香港、泰国、日本等地，并在 1915 年来到上海，首次踏上中国大陆的土地。1921
年，开尔斯与一位名叫 Noto Miyazaki 的日本女子在长崎结婚。

图 1　40 岁时的开尔斯与他的日本夫人
Noto Miyazaki （美国国家档案馆供图）

　　从开尔斯的人生足迹中不难看出，他年纪轻轻便见多识广，尤其
对东方世界有着浓厚的兴趣，这或许也是驱使着他后来将其生命中最
重要的时间留在中国的原因所在。而他早年游历世界各国的经历，也
对他日后设计武汉大学校园建筑产生了影响。

　　在设计武汉大学新校舍工程之前，开尔斯在中国建筑界只有一次
短暂的露面。1925 年 5 月，孙中山先生葬事筹备处在报上刊登《孙
中山先生陵墓建筑悬奖征求图案条例》，面向全球公开征集孙中山陵
墓的设计方案。至当年 9 月，有关专家从全部 40 多件应征作品中，
评选出了头三名，以及不发奖金的七份"名誉奖"。被定为头奖的即
是后来付诸实施的吕彦直方案，而在名誉奖中，位列第三的即是开尔
斯所提交的方案。开尔斯的设计方案为一座宝塔形，中央为一座底座
加高的多边形塔，四角另有四座方形小塔，这一设计方案的灵感，来
自北京香山碧云寺孙中山衣冠冢的金刚宝座塔，以及伊利诺伊州的林

肯墓地。

1928 年 6 月，中华民国大学院决定在改组原国立武昌中山大学的基础上，筹建国立武汉大学，筹备委员李四光首先提议应在武昌郊外另建新校舍，大学院院长蔡元培对此建议表示"极端赞成"，并指令成立一个以李四光为首的国立武汉大学建筑设备委员会。当年 11 月 28 日，武大建筑设备委员会召开第一次会议，正式确定在武昌郊外的落驾山（后改名为珞珈山）南麓的"卓刀泉东湖嘴一带"建设新校舍，此外，会议还决定由委员长李四光负责聘定工程师。随后，李四光便前往上海物色工程师人选，最终相中了开尔斯，并邀请他一同前来武昌考察武汉大学新校址。

李四光等人当年去上海后究竟是如何认识开尔斯的，由于史料缺乏，我们至今仍不得而知。令人充满疑惑的是，当时在中国负有盛誉的著名外国建筑师已为数不少，武汉大学为何独独看中了名气和资历相对较为普通的开尔斯？这的确是一个非常大胆且冒有很大风险的选择，也实在是一个难解之谜。

据国立武汉大学建筑设备委员会绘图员沈中清回忆，建委会委员兼秘书叶雅各等人在上海认识开尔斯之后，"经与初步叙谈，情趣融洽。随后花五百元钱，包乘一架专机从上海直航武汉，飞越落驾山上空时低飞盘旋俯视校区全貌。次日登山实看，开尔斯对于落驾山的地理形势极为赞赏"。另据王世杰在 1929 年 11 月所说，开尔斯当时在珞珈山一带实地考察之后，"亦力称该地为极好的校址，因为在建筑上说，那一带都是些不甚高峻的山，山石可以利用，水的供给亦好，泉水湖水都可用"。不过，对于武汉大学新校舍的具体建设地点，开尔斯却提出了有别于武汉大学建筑设备委员会的一个"粗略想法"——"拟在落驾山北麓以狮子山为主要校舍建筑中心，各院系教学楼分别建筑在各小山上。落驾山南麓为住宅区，西边杨家湾为商业服务区"（沈中清语）。此建议很快就被建筑设备委员会采纳，于是，武汉大学的新校址就这样由珞珈山南麓改到了山北，而开尔斯也随之成为为武汉大学最终确定新校址具体范围的关键人物。

开尔斯接受了武汉大学新校舍的设计任务后，主要校舍的建筑设计由他本人亲自操刀，结构设计则请有关专业同行协作解决，主要邀请了上海华懋地产公司的波兰建筑师列文斯比尔（Abraham Leven-spiel）和汉口景明洋行的德国建筑师石格司（Richard Sachse）等人。其中，列文斯比尔曾参加过上海电厂、锦江饭店北楼、香港九龙半岛饭店等工程的建设。由于开尔斯和他的日本夫人平时习惯在上海居住，主要业务也在上海，在武汉没有办事机构，因此，武汉大学新校舍的设计工作，他都是在回到上海之后进行的。考虑到自己不能常来武汉照看业务，开尔斯便委托景明洋行的石格司作为他的全权代表，负责来工地解释图纸中的疑问，检查施工是否符合设计要求，并处理施工中出现的问题。开尔斯与武汉大学订立的设计费按照工程造价的5%计算，其中约有 2/5 要分别付给他的协作同行与代表。

当时，开尔斯的身体已不大好，而且颇显老态，当年 47 岁的他，竟然被沈中清误认为"当时已是六十左右的高龄"。武汉大学校友杨鸿年在多年后回忆起开尔斯时则指出，"此人后来我曾见过，身材高大，两鬓花白，衣着朴素，看上去就是一个脚踏实地、认真工作的人"。事实上，开尔斯的规划设计工作的确是认真负责且细致入微的，就像王世杰校长后来向武汉大学师生所介绍的那样，"工程师并且指出何处应植能经数百年的百果树，那一处又要植那一种树，总求要能与房屋一样的耐久，这就是求坚固的明证"。

1929 年 10 月，国立武汉大学建筑设备委员会审议通过了由开尔斯提交的武大新校舍建筑计划概图，并正式聘请其为本校建筑工程师。武汉大学珞珈山新校舍一期工程于 1930 年 3 月开工，1931 年底陆续完工。1932 年 2 月，武大从武昌东厂口老校舍搬迁至珞珈山新校舍。3 月 7 日，武大全体师生首次在新校舍集会，王世杰校长向大家简要介绍了一下新校舍建设的大致经过，并特地提到了开尔斯先生，他充满感激地告诉武汉大学师生：

> 关于设计方面，是由李仲揆先生和美工程师开尔斯先生负责，叶雅各先生也尽力不少。在这里，我们最要感谢的是开尔斯先生。他可以说是一个艺术家。他不计较报酬，而完全把兴趣寄托在艺术方面。他每每为了图样的设计，站在这个冷峭的山头上一两点钟之久。在从事于理学院建筑的一月之前，他因为过度辛

苦地工作，竟然在上海病了。这一病下来就有两年之久，到现在还未完全痊可。病中几乎危急不起，可是我每回到上海去看他的病的时候，他的病室里总是满满的陈列着关于武大校舍的图案。最近他在上海听说武大全体迁到了新校舍，他竟又扶病到汉口来了。我们到汉口去会他，他的房里依然是满陈着武大校舍的图案，并且同时还在力疾从事图书馆建筑的设计。他给予我们的帮助实在大得很！假使像平常一般市侩式的工程师，专门计较报酬的厚薄，那末我们的建筑也许更要发生许多困难了吧！在这个星期内，他或者会到我们这里来一次的。

王世杰直到晚年寓居台湾时，仍然对开尔斯当年为武汉大学的珞珈山新校舍建设所作出的巨大贡献念念不忘。1977年10月，武汉大学校友殷正慈去拜访王世杰老校长，王世杰在回忆武汉大学往事时，还特别提道："当年建校，有一位美国人，不可不提。他就是开尔斯先生……所有设计图样均出自于他的大手笔"，并且高度称赞其"成就不凡"。

在以文学院、理学院、学生饭厅、男生宿舍为主体的武汉大学珞珈山新校舍一期工程全面完工之后，建设规模更为庞大的二期工程中的图书馆、工学院、法学院、理学院（扩建）、体育馆、水工试验所等主体建筑，仍然继续由开尔斯进行设计。到1937年初，上述建筑均已陆续建成。然而，随着当年7月全面抗战的爆发，武汉大学珞珈山新校舍建设尚未全面完成，便被迫中断，当时，开尔斯尚有不少校园及建筑规划方案来不及付诸实施，亦只能就此束之高阁，其后也再无任何实现的机会，留下了一些永远的遗憾。1937年11月，上海沦陷，开尔斯仍然留在租界"孤岛"内。1942年夏，他离开上海，取道莫桑比克回到美国，不久后又移居加拿大魁北克。1957年2月9日，开尔斯在蒙特利尔去世，享年75岁。

众所周知，开尔斯所主持设计的武汉大学校园建筑，是以中国明清北方宫殿式建筑为主要风格的。但若仔细观察，我们从中仍可以看出许多其他的元素。比如在学生食堂的屋顶设计中，开尔斯将原本的歇山屋顶屋面做了两次抬升，形成了一个三层叠摞式的复杂结构，使得屋架下的空间得以加高，形成了两层的礼堂空间，而从外观上看，这一建筑造型显然并非中国古代北方官式建筑的做法，而带有华南地区甚至东南亚建筑风格的影子，这很可能是开尔斯从他早年在中国香港、泰国工作和游历时所见当地建筑造型中得到的灵感。又如外观为拜占庭建筑风格的理学院主楼，其室内教室的立柱，采用了古埃及纸莎草柱的样式，这也很可能与开尔斯青年时代游历埃及的经历有关。

此外，武大校园的核心地标建筑——图书馆，其屋顶造型颇为别致，是一个传统歇山顶增加四条戗脊，形成一个平面为八角形的八角歇山顶，且正脊正中还加上了一个宝顶形状的脊刹，这一造型别致的八角歇山顶，在中国古代建筑中颇为罕见，在此之前，笔者所知仅有厦门南普陀寺大悲殿，采用了相同的造型。由于厦门是中国近代最早开埠的通商口岸，南普陀寺又是近代厦门的地标性景观之一，经常出现在外国人拍摄制作的厦门照片、明信片中，因而我们有理由推测，开尔斯设计武汉大学图书馆屋顶造型时，有可能借鉴了厦门南普陀寺大悲殿的屋顶造型。

为了感谢和纪念开尔斯先生对珞珈山新校舍建设所作出的卓越贡献，武汉大学后来曾授予其名誉工程师的称号，在武汉大学的历史上，只有他一个人曾获得过此项殊荣。斯人虽已永远离去，但由他一手设计的诸多经典建筑群，至今仍在东湖之滨、珞珈山麓巍然屹立，成为武汉大学的美丽校园中最为出彩的一道风景线，以及这所崇高学府永恒的标志与象征。

（本文主要根据武汉大学档案馆藏国立武汉大学档案、武汉大学基建档案中的有关内容以及美国国家档案馆藏开尔斯相关档案写成。）

国立武汉大学珞珈山
校园总体规划的演变

刘文祥

武汉大学珞珈山校园在 20 世纪 30 年代的规划和建设过程中，其总体规划也经历了不断修改和调整的过程，回溯这一过程，我们可以从中清晰地看出建筑师开尔斯对珞珈山规划构想的演变，以及武汉大学校园规划过程中各种因素对其产生的影响。

1929 年初，国立武汉大学建筑设备委员会与美国建筑师开尔斯在上海确定了合作意向，随后建委会委员兼秘书叶雅各与开尔斯一同回到了武汉。建委会工程处绘图员沈中清后来回忆：

> 经与初步叙谈，情趣融洽。随后花五百元钱，包乘一架专机从上海直航武汉，飞越落驾山上空时低飞盘旋，俯视校区全貌。次日登山查看，开尔斯对于落驾山的地理形势极为赞赏，并提出了粗略想法：拟在落驾山北麓以狮子山为主要校舍建筑中心，各院系教学楼分别建筑在各小山上。落驾山南麓为住宅区，西边杨家湾为商业服务区……为了便于设计，开尔斯……要求将狮子山一带中心地区提前测量，尽早出图。①

开尔斯看到落驾山（珞珈山）的第一眼，便是从高空俯视，加之其作为建筑师的敏锐思维，使得在他的脑海中，注定从一开始便会

① 沈中清：《工作报告——参与国立武汉大学新校舍建设的回忆（国立武汉大学新校舍建筑简史）》，1982 年 3 月，武汉大学档案馆馆藏档案，全宗号4，年代号 1982，分类号 X22，案卷号 6。

有和武汉大学校方人士不一样的想法。与建委会所议定的珞珈山南麓平坦开阔的"卓刀泉东湖嘴一带"不同，开尔斯一眼就看中了珞珈山以北这片连绵起伏的丘陵地带。这看似不过是山南山北的小小区别，背后却暗含着一种规划理念的巨大差异。开尔斯以建筑师的眼光，注意到了珞珈山北面地势起伏、山头林立的丘陵地带，并敏锐地意识到依托这一地势，可以非常出色地展开极富立体感的组团式校园布局。

一个客观事实是，在国立武汉大学建筑设备委员会的全体委员中，没有一人具有建筑学或城市规划学的专业背景。在建筑设计和整体规划的专业问题上，建委会与开尔斯之间显然存在知识的不对等。不过，建委会对于开尔斯的专业判断极为尊重，这一点从聘请开尔斯的最开始便表现出来。自从开尔斯来到武汉并提出了以珞珈山北面的狮子山为中心建筑校舍的想法后，李四光、叶雅各、缪恩钊等建委会中与他直接打交道的人似乎都无异议，并且十分赞同——建委会工程处立即按照开尔斯的要求，先行绘制狮子山中心区的测绘地图。1929年6月，工程处完成了狮子山中心区的测量工作并绘制出等高线地形图送给开尔斯。开尔斯在收到地图后，也立即开始进行整体规划的设计工作。

我们再来看看 1929 年 11 月 28 日国立武汉大学建筑设备委员会第一次会议所讨论通过的新校舍建筑计划大纲：

> 建筑计划大纲：
> (1) 地点：卓刀泉东湖嘴一带
> (2) 建筑物：以宏伟、坚牢、适用为原则，不求华美
> (3) 建筑内容：
>   （子）教室房屋二座
>   （丑）实验室房屋二座
>   （寅）寄宿舍三座（学生二座、教职员一座）
>   （卯）教职员住宅（以新村形式组织之）
>   （辰）发动机厂
>   （巳）小机器厂

（午）自来水

（未）煤气厂

（申）图书馆

（酉）演讲厅

（戌）办公厅

（亥）陈列所①

　　这一建筑计划大纲中所列的十二项建筑项目，又计划分为两个步骤进行，前八项为第一步建筑计划，后四项为第二步建筑计划。从这一建筑项目名单中，透露出许多重要的信息。不难窥见，在请来建筑师开尔斯之前，建筑设备委员会对于新校舍建筑的规划并无清晰的概念。尤为值得注意的是，这一计划大纲中仅列出"教室房屋二座"，不仅较日后实际建设的教学楼建筑少了许多，且最为关键的是在这里所提出的教学楼建筑，并非按照学院分建，而是计划作为全校的公共教学楼。这一模式，大体依旧脱胎于东厂口旧有校舍的概念。从武昌高师以来，东厂口校园的基本格局没有发生重大变化，大致仍是沿袭清末以来形成的传统院落式格局。在这一校园中，受到空间和格局的限制，学校的教学区没有也不可能出现各自相对独立的学院分区，只能是全校各院系共同使用有限的公共教学楼。在建委会成立之初，尽管委员们对于东厂口的旧有校舍极为不满，但他们只是希望在城郊山水秀丽、面积广袤的新校址建设一个新校园，而对于这个新校园的具体形态，并无清晰的、脱胎换骨的新概念。尽管没有确切文献记载，但从"教室房屋二座"这寥寥几字背后，我们或可窥见在开尔斯出现以前的此时，建委会委员们的脑海中隐约浮现出的那个模糊的新校舍图景，与日后开尔斯绘制在图纸上的校园格局，是大不相同的。

　　到了1929年初，开尔斯的到来令一切发生了迅速的改变，这种改变的本质是新的规划理念带来的校园格局的根本改变。开尔斯来到

　　① 《国立武汉大学建筑设备委员会第一次会议记录》，《本校及武汉政治分会有关武大建筑设备委员会文件》，武汉大学档案馆馆藏档案，全宗号6，年代号1928，分类号X7，案卷号6。

珞珈山实地察看以后，对于建委会早前预定的校址——珞珈山南东湖嘴到卓刀泉这片平淡无奇的平地并无多大喜好，却对山北这片冈峦林立、地势起伏的丘陵地带产生了浓厚的兴趣。当时，这些山头几乎都是光秃秃的荒山，因此站在最高的珞珈山上看去，地势形貌一目了然。他注意到在这片丘陵地带中，狮子山居于中心位置，体量相对较大，而在狮子山的周边，环列着数座相对矮小的山头。在狮子山东头与珞珈山中段之间，又有一段山梁相连，由此在狮子山南坡形成了一个向西敞开的 U 形谷地。这样一个层次丰富、极具立体感的原始地貌，激发了建筑师开尔斯的灵感。就在当天，站在他第一次登上的珞珈山上，开尔斯便颇为激动地讲出了他的构想，这便是前文提到的沈中清的回忆："次日登山查看，开尔斯对于落驾山的地理形势极为赞赏，并提出了粗略想法：拟在落驾山北麓以狮子山为主要校舍建筑中心，各院系教学楼分别建筑在各小山上。落驾山南麓为住宅区，西边杨家湾为商业服务区。"

与之前建委会第一次会议上提出的建筑计划大纲相比，开尔斯的想法从纯粹的纸上开列清单，开始落实到新校址的具体形貌。而在这一过程中，最大的变化在于原先的"教室建筑二座"变成了"各院系教学楼分别建筑在各小山上"。这一变化的实质是开尔斯提出了全新的规划理念：新校舍教学区的建筑布局，将不再设公共教学楼，转而以学院为单位，各自"占山为王"，形成组团式布局。

开尔斯的这一构想得到了建委会的充分尊重，而他紧接着提出了一个更加大胆的想法：将主要的学生宿舍安排在教学核心区内，构成狮子山建筑群的主体建筑之一。开尔斯计划将学生宿舍依狮子山南坡而建，而顶部保持水平，形成一个巨大的广场。

从视觉上说，这一想法是颇为震撼的。"在设计构思中的想象，如人们站在珞珈山北麓半山腰远眺狮子山建筑群，好像是整体似的一座十几层高，二百多米开阔的巨大宫殿，观瞻甚是华丽宏伟。"[①] 然

---

① 沈中清：《工作报告——参与国立武汉大学新校舍建设的回忆（国立武汉大学新校舍建筑简史）》，1982 年 3 月，武汉大学档案馆馆藏档案，全宗号 4，年代号 1982，分类号 X22，案卷号 6。

而，从布局上说，这显然极大不同于中国传统的校园建筑，乃至于和当时被视为最先进的教会大学校园相比，也是颇为另类的。在中国人的思维中，"前朝后寝"似乎已成定式。即便是同样由美国建筑师设计的燕京大学，在进入校门后，首先也是行政楼、教学楼组成的建筑群，走向校园深处才可见学生宿舍区。而开尔斯构想的狮子山建筑群，不仅将体量硕大的学生宿舍展露无遗地摆在山前，而且成为了通往图书馆和教学楼的必经之路，成了一个"前寝后朝"，这在当时而言，不能不说有些惊世骇俗。不过，他的这一想法似乎没有受到来自武汉大学校方的任何阻力，甚至于他所描绘的那"观瞻甚是华丽宏伟"的"巨大宫殿"的图景，倒确实是令建委会颇为欣赏。

图1是一张新校舍总平面蓝图。虽然图上没有时间落款，但根据图中内容，可以肯定这是目前可见的最早的珞珈山新校舍的规划图，制图时间约在1929年夏秋之际，也就是开尔斯获得建委会工程处提供的测绘图之后所进行的最初设计。这一设计完全循着"在落驾山北麓以狮子山为主要校舍建筑中心，各院系教学楼分别建筑在各小山上，落驾山南麓为住宅区"的最初构想而展开：饭厅、文学院、图书馆、男生宿舍、理学院等建筑沿狮子山东西向一字整齐排列，法学院、工学院则在对面的火石山，分别与图书馆、理学院相对应。工学院后方的珞珈山顶上的八边形，可能便是最初规划的水塔所在位置。而连接两山之间的那道山梁，则布置了生物大楼、大礼堂和行政楼。与大礼堂相对的是体育馆及其西侧的游泳池和网球场。而体育馆、理学院、工学院、大礼堂合围的盆地，就是校园内的大操场。医学院被放置在理学院北面的廖家山南坡，农学院则偏居校园最西北角的湖边地带。"以新村形式布置之"的教职员住宅区，位于珞珈山东南麓的山坡上，而在其旁边的珞珈山东山头，则准备建设女生宿舍。在这一布局中，一横两纵的三大轴线十分清晰：由游泳池、体育馆、大操场至大礼堂的东西轴线（以下简称横轴线），由医学院、理学院、工学院至水塔的东侧南北轴线（以下简称东轴线），以及由图书馆、男生宿舍、游泳池至法学院的西侧南北轴线（以下简称西轴线）。三大轴线的确定，对于珞珈山新校舍的规划建设而言是极具意义的标志性节点。从此，那个模糊不清的新校舍建筑计划大纲，与东湖之滨这片冈

峦林立的荒郊野岭之间，在这一横两纵之间开始了实实在在且不再动摇的结合。尽管在后来的数年间，建筑计划一再发生了远超出开尔斯和武汉大学最初预想的巨大变化，三大轴线的长短也各有伸缩，但一横两纵的骨架，却再未有根本改变。

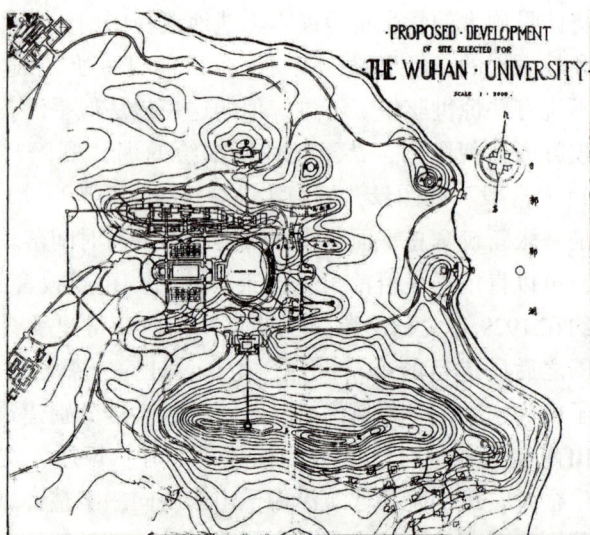

图 1　1929 年国立武汉大学新校舍设计平面总图
（图片来源：武汉大学档案馆）

　　1929 年度《国立武汉大学一览》所收录的"新校舍设计平面总图"（图 2），是目前已知的绘制时间第二早的总平面设计图，时间大约在 1929 年底，比图 1 的首张总平面图的绘制时间稍晚数月。与之前那张整齐严谨、纵横有序的规划图不同，这张图所发生的一个最为显著的变化，是建筑布局不再完全方正，而是应地形变化而曲折起来。原先从廖家山穿越狮子山、火石山直达珞珈山顶的东轴线大为缩短：北边廖家山上的医学院和南边珞珈山上的水塔，均不再被设置在这条轴线上。而狮子山上西起学生饭厅，东到理学院的一横排建筑群，也不再严整排列在同一水平线上，而是顺着山势的弯曲而呈一个微微曲折的"S"形。而校园的西边，为了顺应地形以及街口头一路珈山马路的走势，球场和游泳池也不再延续横轴线的严格东西向排列，而改为了东北—西南向排列。此外，原先准备布置在火石山上的法学院，也被移到了狮子山上，与减为一栋的文学院分列图书馆左右。不过，男生宿舍被增加为六大栋，向西一直排列到了狮子山的西头。

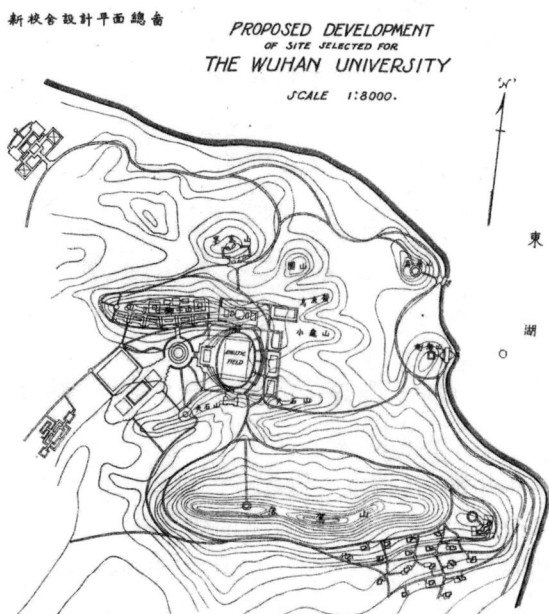

图 2　1929 年底国立武汉大学新校舍设计平面总图①

　　1930 年的"国立武汉大学新校舍设计平面总图"，是新校舍一期工程落成以前的最后一张规划图（图 3）。与前一版本相比，这张图的设计又发生了一些新变化：珞珈山西边山顶上的水塔被取消（后来移往东边兴建）；校园西侧的建筑布置因当时校界的划定而大为缩减。而在这一版本的规划图中，最大的变化是校园东侧东湖边的设计。开尔斯似乎是看到西侧受到限制，难以施展，于是计划将横轴线

---

①　参见《国立武汉大学一览（中华民国十八年度）》，1930 年。

向东延伸到东湖边，利用侧船山、半边山一带的湖汊布置花园水景。

图 3　1930 年国立武汉大学新校舍设计平面总图①

从 1931 年开始，《国立武汉大学一览》上的平面图不再是规划图，而是实际校舍的反映。从新校舍的建设进程看，开尔斯的总体布局构想大体得到了尊重和延续，比如 1936 年新增的华中水工试验所，就被布置在了工学院正后方——东轴线的南延线上。不过因经费限制，许多项目的建设规模都不断缩水，如男生宿舍的六栋很快又减为四栋，图书馆的三栋减为一栋，理学院的五栋减为三栋，农学院、医学院原先那宏伟的建筑群设计方案则干脆被完全取消了，至于大操场东侧的大礼堂等三大建筑，则始终没有经费开工兴建。由此再回看开尔斯 1929 年即确定的三大轴线，在体育馆开工以前，事实上只有东西两条纵轴线得到了实现，而横轴线尚停留在纸上。

另外一个事实值得注意：从街道口至珞珈山校址的马路，在校址内的一段，是在新校舍动工之前即已修建的。当时只为从工程成本角

---

① 参见《国立武汉大学一览（中华民国十九年度）》，1931 年。

度考虑，并未与后来的校舍规划相协调，因此其走向并不规整，为东北—西南走向。这一段斜向的马路，插进校园核心区的中央地带，虽从交通的角度并无任何不便，但在规划者眼中，却必然带来如鲠在喉的不快。随着时间的推移，特别是男生宿舍下到这条路边的山坡地带被校方绿化造林成为花园，以及此路以南顺着马路方向建成数个网球场以后，开尔斯似乎意识到这条马路的存在这一愈加牢固地既成事实，恐将威胁到他的校园东西横轴线的实现。而横轴线上的体育馆、游泳池、大礼堂等建筑，校方迟迟无力兴工，更加加剧了这一趋势。当时，大操场南北两侧的理学院、工学院是严谨相对的，操场东侧尚无建设，但大礼堂居中的规划一直画在纸上。开尔斯意识到横轴线尤其在西侧的谷地中有湮灭的危险（见图4），因而紧要的是先以体育馆来突出轴线西端点的位置，保证以后有修正道路、回正横轴线的可能。于是在1935年，当开尔斯终于等来了武大体育馆的设计任务时，便决定改变之前将体育馆紧靠在操场西侧的设计，而将其西移至狮子山西头的学生饭厅之下。这一规划，从1936年发表在《建筑月刊》上的校园中心区规划平面图上可以清晰看见。体育馆的西移，表明开尔斯又放弃了在大礼堂东侧至东湖边施展横轴线的不切实际的想法，转而回到了最早的想法——在大礼堂以西，以狮子山、火石山之间的谷地来布置横轴线。只不过与1929年最早的设想不同，开尔斯决定将体育馆这一重要建筑移至这条轴线的西端，用以凸显这条轴线的起点。从这一布局不难看出，开尔斯试图用体育馆的这一位置，来再次强调布局横轴线的重要性，并试图扭转几年来这片谷地中歪斜的建筑布局，为接下来横轴线的修正埋下伏笔。因此在1936年的中心区规划图中，尽管开尔斯依旧保留了原有的那条看上去歪斜横插进校园核心区的道路，但新增了横轴线所在的以体育馆东门至操场西侧中点的马路，与原道路交叉。而这一交叉点，又恰好与图书馆中轴线所在的西轴线相交，于是在此形成了一个校园中心花园（见图5）。这一想法，可以说是1929年夏最早的一版规划与1929年底第二版规划的一个折中方案。

开尔斯的愿望固然美好，以体育馆的布局来试图实现东西轴线的

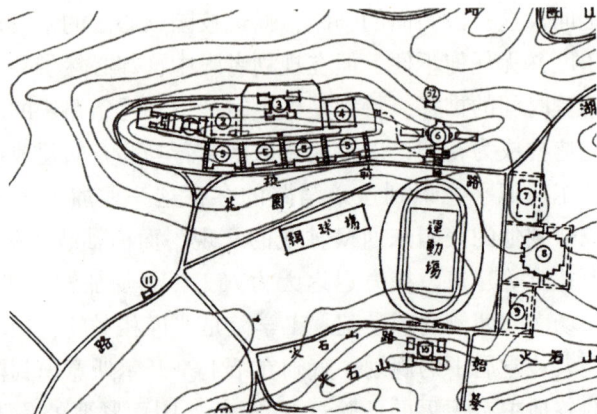

图 4　1935 年珞珈山校舍核心区平面图①

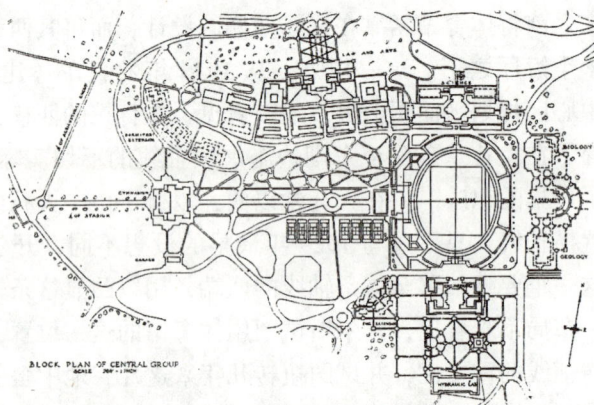

图 5　1936 年国立武汉大学校园核心区设计平面总图②

布局也不可谓不高明。可惜很快抗战爆发，珞珈山新校舍的建设只能戛然而止，大礼堂以及大操场看台的建设都化为了泡影，而体育馆东门向东的这条笔直的马路，以及其上的中心花园，也都只能永远定格

---

① 参见《国立武汉大学一览（中华民国廿四年度）》，1935 年。
② 参见《建筑月刊》第 4 卷第 2 号，1936 年。

在 1936 年的这张图纸中了。在开尔斯脑海里的横轴线，最终只有宋卿体育馆一座建筑孤零零地矗立在狮子山西山脚，与其他校园建筑之间显得有些疏离。而从宋卿体育馆这略显孤独的身影中，自 1929 年以来珞珈山校舍规划不断改变背后的些许无奈，或许可以隐约窥见。

珞珈山新校舍建设中的迁坟风波

涂上飙

经过王世杰校长等人的努力，1929 年 8 月，学校最终确定了新校区珞珈山的红线范围：东以东湖滨为界，西以茶叶港为界，北以郭郑湖为界，南面自东湖滨起至茶叶港桥头止。东西约三里，南北约二里半，共计 3000 余亩，荒山旱地居多，水田池塘较少。

珞珈山新校区经过国家核批公布以后，也引起了不小的震动。轰动一时的就是曾经闹腾数月的迁坟风波。

三千余亩的校区内，坟墓不少，珞珈山、狮子山的山南、山北及周边一带都有坟墓存在。对于拟购的 3000 余亩土地，学校初步分作十区：

第一区，位于珞珈山东南边，有坟约 30 处，拟建筑教职工住宅 40 栋。

第二区，位于珞珈山北面，侧船山附近，有坟约 70 处，拟建筑体操场、体育馆。

第三区，位于珞珈山中西部，有坟约 100 处，拟培植校林及教职员工公共宿舍。

第四区，位于珞珈山北边，火石山处，有坟约 60 处，拟建筑理学院、工学院。

第五区，位于狮子山的东边，有坟五六十处，拟建筑大礼堂、办公室、图书馆。

第六区，位于狮子山的中、西边，有坟约 50 处，拟建筑学生寄宿舍。

第七区，位于狮子山的北边，团山、廖家山处，有坟约 60 处，拟建筑文学院、法学院。

第八区，位于廖家山的北边，北临东湖，有坟约 60 处，拟建筑本校动力自来水厂、工厂、煤气厂。

第九区，位于廖家山的西边，有坟约 30 处，拟建筑医学院。

第十区，位于郭家山南、茶叶港东，有坟约 150 处，拟建筑农学院。

上面的规划只是一个最初的计划，与后面的实际规划建设有较大的变化；对坟数的统计也只是大约统计，实际的坟数远不止这些。

如果将珞珈山校区规划作为学生活动、教学办公及教工宿舍的区域，就有迁坟的问题。有不少的坟墓需要迁移，这就触动了不少坟主的痛处。事情的直接起因还得从叶雅各先生说起。

叶雅各（1894—1967 年），广东番禺人。早年就读于广州岭南学堂，后入菲律宾大学学习。1917 年留学美国，先后获美国宾夕法尼亚州立大学森林学士学位、耶鲁大学森林硕士学位。1921 年任南京金陵大学森林系教授兼系主任。1928 年任国立武汉大学新校舍建筑设备委员会委员、理学院教授。1936 年任国立武汉大学农学院院长、生物系教授。1938 年任国立武汉大学迁校委员会副主任。1946—1949 年，继任武汉大学农学院院长、森林系主任。1949 年以后曾担任湖北省农林厅副厅长、湖北省林业局局长、湖北省林业厅副厅长等职。

叶雅各先生，是王世杰校长从南京至武汉时，特地请过来的。为了新校区建设的迅速开展，当时作为校长秘书兼学校建筑设备委员会委员的叶雅各，为了迁移坟墓多方奔走。年少气盛的叶雅各先生，满脑子装的是美国思想，激情之下竟在一夜之间，率领工人数十名，将挡路的所有坟墓棺木全部移起，以待坟主搬运他处。

挖人祖坟是犯大忌的事，当地居民为了阻止迁坟，于是联合起来向政府请愿。1929 年 10 月，有坟在珞珈山的部分家属给省政府去函，要求暂缓开发珞珈山。10 月 25 日，湖北省政府委员会第 38 次会议讨论了此事，但没有明确表态。11 月 2 日，武汉大学收到桂子馨等 9 人的来信，言辞恳切，希望校长"大发婆心、迁地为良"。此事之后，以陈云五为代表的居民再次去信省政府，言辞非常激烈，诬蔑王世杰校长"虚糜国帑"，明确要求王校长"另择校址"。为达到目的，他们述列了王校长在此建校的 8 条不妥之处：

第一，珞珈山、狮子山等处均系峻岭而带洼地，且地质仅面有黏土，内部纯系层石，以此建筑房舍必须凿高填低，方可施工。虚糜公帑，当在二三十万元以上。

第二，该校却对人声称珞珈山一带风景甚佳，学校合宜，不知地势崎岖、方饶清幽。若在凿山填池以后，则形式陵夷，以言风景亦不足观，况为少数人之赏心而致数千家之饮恨，苟非昧尽天良何乐而为此？

第三，武昌城外南湖一代营田或徐家棚丙段旱地或旧农务学堂一带公地均有外江内湖之胜，平旷空阔、风景佳丽，田内全无坟舍，地势毫无平陂，一经测勘即可建舍工程，事半功倍，何以武大舍此而谋彼？

第四，遵照中央土地征收法以必要时为原则，综上三点收用珞珈山等处实无必要之理由，与法理不合。

第五，武大再函省府收用该区，前则曰三面环水烟户寥寥云云，而不言坟墓尾称，坟墓应迁者亦殊有限云云，而不载数目。府厅委勘呈文则谓坟墓不为少数，幸各在边隅，将来充作校林校园之用，不必尽令搬迁云云。

查武大勘定该地划为十区，制有详图，各区注明坟墓若干，合计七百余穴。知有坟、知有数，何以函呈俱不详载？其为有意蒙蔽可知。至湖北省政府委员莅临时，当早秋蓬蒿林立，唯道隔林表及封殖较高之坟崭然可见，大致与函呈不远。其所以误会者，具见武大利用时机蒙蔽之泳。

其实地尽荒山，山尽坟墓，民等虽未历数，而实践默识认定不在三千以下，且不限于一区，亦不僻于一隅。武大原函所云各节显系蒙蔽以求达其目的，其用心盖莫非为便于多所报销，图饱私囊耳。私心险恶实证昭然。

第六，人民居住鄂垣营，葬郭外或数十年或数百年，由来已久，原非以择地居者，以其便死者以所安也。一旦毁墓，久者难于全殓，近者亦难全棺。纵其可殓，嗟咄间万难一律安葬。幸而有地有资，固可改殓改殡；不幸而地不备、资不备，则坐视亲骨暴露而力不及葬；

或不幸而子若孙衣食于外家，无壮丁，则坐视其亲骨暴露而力不及葬。迁葬之事难能为此。

第七，安土重迁，生者犹然施之死者，于心何忍？风水之说，近时固知其妄然。祭扫经营，贤愚皆尽其情。茔虽久已，人虽不肖，未闻视其暴露，转徙而心甘也。迁葬之情难安者如此。

第八，武大必欺人民以可信，强人民难安。今忽于近日登报，限期勒令坟主迁坟，否则视为公地。毁掘人民之祖坟，而曰我建大学、我办教育，若此者是何居心？先示人民以灭理弃义、背本忘恩之凉德矣，其奈教育何？①

11 月 5 日，省政府召开第 40 次会议，议决：武大停止掘坟，另觅无坟之地；财政厅暂缓拨付每月 5 万元的建设费。

面对陈云五等人的阻挠以及湖北省政府的态度，王世杰校长据理力争。在给省政府的公函中驳斥了陈云五等人的所谓 8 条：

贵府据案核准公告之原案驳斥在案，该陈云五等今后继续呈诉，其所述理由：

第一谓，敝校宜在徐家棚或南湖选择校址，查徐家棚为商业区域，地势平坦，无山水之秀。南湖为营房区域，乃战争所必争之地。

两处经专家之考察，远不如狮珞二山，内有山坡起伏，树饶清幽，外有三湖环绕，风景绝佳，而建筑工程既复如前所述，可利用山基山石以省经费。

故敝校选狮珞二山地域为新校址，确是番慎至再而后定，绝非草率将事。

第二谓，圈定范围内坟墓应迁者有三千塜以上，查敝校建筑范围内应迁坟墓业经查明，列表不过五十余冢。其珞珈山南及狮子山西北因坟墓较多，敝校于建筑计上业经定为校林农区之用，所有坟墓概不另迁。该陈云五等统称三千冢显是捏词。

第三谓，迁坟久者难于全殓，近者难于全棺。现在训政伊始，重在建设，故中央所须土地征收法第二十三条特别规定，凡在圈定地亩

① 见国民政府文官处公函字第 1065 号，民国 18 年 11 月 9 日，存武汉大学档案馆。

范围以内之坟墓应另迁移。

贵省府修治省道，鄂东、鄂西、鄂北，沿道旁迁移坟墓者何止千数，首都建修中山马路，远在明宋之坟亦有迁移者。岂他人之坟则可迁，该陈云五等之坟独不可迁乎？由谓无地无资者力不能迁，敝校通告载有贫苦坟主当酌于资助，该陈云五等独未闻乎。

应迁之坟综计不过百余塚，坟主遵通告来会登记愿迁者现已有数十塚，册簿具在可以复查，其少数尚未登记者大都为无主之坟。其未登记而肆行阻挠者仅该陈云五、程桂生等组合之三四人耳。

总之，该陈云五等既不娴乎建筑原理，复昧事实真相，徒溺于风水祸福之说，以阻挠国家百年树人之建设大业，循词荒谬不值一辩。①

为了把事态扩大，陈云五等人还将信函送往民政厅、建设厅等多处，信函里诬蔑王校长有"贪污"之嫌。11月15日，湖北省政府第43次会议再次讨论迁坟一事，最后决定：武大即停路工，重行查勘。

湖北省政府的决定令武大师生非常失望。11月20日，自称是武汉大学学生的一行8人，自行前往省政府，要求洽谈此事。同时，学校也召开大会，讨论解决办法。最后以全体教职员的名义，写信给南京国民政府行政院谭延闿院长、教育部蒋梦麟部长：要求依法严惩豪绅陈云五，以维教育。

收到武大的来信，经过磋商，行政院于11月18日给湖北省政府发布第4087号训令：要求湖北省政府"剀切晓谕，勿任阻挠"。至此，迁坟风波平息。

（节选自涂上飙编著《国立武汉大学初创十年（1928—1938）》一书，长江出版社2015年版。）

---

① 王世杰：《为建筑校舍请转谕陈云五等勿再阻挠由》十八年十一月九日，国立武汉大学公函第373号，存武汉大学档案馆。

珞珈山校园地契背后的故事

刘文祥

在武汉大学档案馆，至今仍保存着民国时期国立武汉大学收买珞珈山校舍土地的原始地契共两百余份。这批珍贵的历史文物，真实地记载了 20 世纪二三十年代武汉大学珞珈山校园的前世今生，以及珞珈黉宫创建之初的筚路蓝缕，从中我们也能窥见许多有趣的历史细节。

这批珞珈山校园地契，质地为宣纸，其上按照统一格式，预先印刷好了契文样例，只在各具体信息处留白。其统一格式如下：

立卖＿＿＿契人＿＿＿今因国立武汉大学校建筑新校舍，依照中央颁布《土地征收法》，收用落驾山、狮子山一带土地，经双方协议，同意情愿将坐落＿＿亩＿＿分＿＿厘出卖于国立武汉大学校名下永远管业，听凭建筑或作其他任何处分。界内坟墓及附着物，买主得随时通知迁移或收买。所有赋税由买主呈请官厅豁免。当日言定地价洋＿＿元＿＿角＿＿分，凭中交卖主亲手领讫。自卖之后，倘有第三者发生异言，或有其他纠葛情事，概由卖主自行理落。恐口无凭，立此卖契为据。

水田＿＿；旱地＿＿；荒山＿＿；界内坟墓＿＿冢；其他附着物＿＿。

中人：＿＿＿＿＿＿

卖主：＿＿＿＿＿＿

中华民国十＿＿年＿＿月＿＿日立

武汉大学选定新校址之初，珞珈山一带十分荒凉，地广人稀。尽管如此，新校址数千亩范围内的土地，无论是水田旱地还是荒山湖塘，均为当地土著或其他人士所合法持有的私有土地。因此，武汉大学便需要通过土地征收，逐一从这些地主手中收买土地，才能合法地开展新校舍建设。这些地契，正是武汉大学逐一购买珞珈山校址土地的历史凭证。

中国现代意义上的土地征收起源于清末，而形成制度化、系统化的法律体系，则是在民国以后，特别是南京国民政府时期。1928 年 7 月 28 日，南京国民政府公布了《土地征收法》，共 8 章 49 条。该法是南京国民政府有关土地征收制度的首部法律，也成为了国立武汉大学珞珈山新校址征收土地的重要法律依据。该法第二条将兴办公共事业分为十类，其中第七类即为"关于教育学术及慈善之事业"。该法随后对土地征收者、被征收者和各级政府机关的权利义务进行了详尽规定。正是依照该《土地收买法》，国立武汉大学建筑设备委员会作为兴办事业人，于 1929 年下半年开始了相关工作。在有关历史档案中，留有一份建委会征收土地通告的底稿：

> 为通告事：本校新校址，前由湖北省政府主席暨全体委员会同本校校长亲往勘定，经省政府依照法令核准，并正式公告在案。现各项建筑计划均已完成，开工在即，拟自十月□日起至十一月□日止，遵照中央颁布《土地征收法》第十六、第三十、第三十一、第三十二、第三十三、第三十九、第四十六各条之规定，开始收买圈定范围以内民有土地。凡在该地段有土地者，务希按上定限期，携带红契，前往落驾山本会办事处登记，以便清丈，遵章购买。倘逾限不履行登记手续，本会即视为无主或公有土地。特此通告。①

---

① 《国立武汉大学建筑设备委员会收用落驾山新校址圈定土地紧要通告》，《武大与武昌财委会关于地界纠纷材料》，武汉大学档案馆馆藏档案，全宗号 6，年代号 1936，分类号 L7，案卷号 6。按：另据其他文献可知，此公告中所列出的办理登记时间为 10 月 21 日至 11 月 20 日。参见下文王世杰致石星川回函。

通告正文之后，另附有文中提到的《土地征收法》有关条款的原文。该底稿没有落款时间，但大致可以推断拟于 1929 年八九月间。大约在这项工作刚刚起步之时，建委会的计划是准备在 1929 年之内即完成全部土地收买工作的。由于在这一地区内，超过半数面积的土地属于几位大地主，特别是主要的山地，基本属于大地主所有，而小块细碎的民田，大多分布于山下水滨的低洼平坦地带，而在武汉大学的最初征地计划中，回避了从茶叶港到珞珈山西南麓的村落民田集中地带，因此从这篇短短的通告中也不难感受到建委会当时对珞珈山土地收买工作的十足信心：办理登记收买手续的时间仅仅给出一个月，且声明"倘逾限不履行登记手续，本会即视为无主或公有土地"①。关于这一点，我们从原始地契中可以窥见一个有趣的细节来予以印证：在这些预先印制好的地契中，落款时间都印上了"中华民国十□年□月□日"，而非"中华民国□年□月□日"。

然而事实上，土地征收工作的进程延宕，从一开始就超出了建委会的预期。这份没有事先沟通、从天而降的征地公告一出，立即在当地土著中引起轩然大波。等到建委会预期的 1929 年 10 月时，不但没有一位土地所有者前来卖地，更是出现了大量坟主上访省府，要求武汉大学另择校址的巨大风波。在 1929 年的下半年，武汉大学校方和建筑设备委员会在疲于应付一波接一波的来自珞珈山土著居民的阻挠之余，仍然启动了土地收买程序。

11 月 21 日，第一份地契终于签订：位于东湖边半边山下的 55.93 亩坟山地，由地主潘石氏、潘良文卖给国立武汉大学。从各份地契签订的时间来看，武汉大学的购地进展是十分缓慢的。在珞珈山校址内总共 261 份地契中，最晚的第 261 号契的签订时间已经到了抗日战争爆发后的 1937 年 9 月，此时距离武汉大学西迁乐山已经只剩半年时间。而在此前的 1929 年至 1936 年，每年都有数量不等的地契签订。也就是说，买地的进程贯穿了从建校到西迁的整个抗战前珞珈山校舍建设进程，直到 1937 年秋天，地图上那个 3000 余亩的半岛才

---

① 按：档案底稿中"本会即视为无主或公有土地"后原有"径向官厅领用"一句，后被涂改删去。

在法律意义上完全属于国立武汉大学。

从这一延宕八年之久的买地进程来看，1929 年那则"紧急通告"中所说的"倘逾限不履行登记手续，本会即视为无主或公有土地"，纯属造势而已。不过，在发生一些纠纷的时候，武汉大学仍然会搬出这一"事先声明"来增加自己的合理性。此外，武汉大学还往往通过先行建设，造成既成事实等手段，迫使地主同意将地卖给武汉大学。当然，在这一过程中，校方也会做出许多妥协，以促使事态尽早得到解决。武汉大学与石星川之间的土地纠纷，便是一个典型的案例。

在国立武汉大学第二届毕业生吴忠亚晚年的一篇回忆文章中，提到了 20 世纪 30 年代发生在武汉大学的这起土地纠纷事件：

> 旧官僚如石星川的一块山地，本已作价卖给学校，但山上原有 2000 多棵松树，他硬说卖山没卖林，声言要砍伐。经交涉，以每棵 2 元的代价留下，一次敲诈了 5000 元。[1]

从这段回忆文字来看，似乎是一个军阀无赖对学校进行的无耻敲诈勒索。然而，从原始档案透露出的信息来看，事实并非如此。石星川纠纷案最早发生在 1933 年，当年 2 月，武汉大学收到了石星川写来的一份信函：

> 星川所有狮子山南方山巅地皮一部，前因贵校占盖房屋，曾经函请照例备价承买，迄今尚未奉复，似属蔑视私权。去冬又将薛家湾狮子山东端毗连之小山占盖房屋一所，复将狮子山西端星川昔年所栽松树挖去数十余株，移栽贵校附近。昨晨，贵校复饬派十余壮丁，将前栽之松树又复挖去数十余株，现仍在继续刨挖不已。敝处看守人与之理论，不惟不理，反恶语相侵。以上被占地皮及挖去成林之松树多株，事先既未收买，临事又不通知，任

---

① 吴忠亚：《追怀武汉大学首任校长王世杰老师》，《武汉文史资料》1987年第 3 辑（总第 29 辑）。

意使用，既悖法律，复乖人情。于公收入有限，于私损失颇大。且就吾鄂最高学府，所宜以无故占有之行为，传教于学子者也？兹特函请贵校长于注重本身利益之余，稍顾他人权利，将贵校所占以上两处地皮及所挖之松树备价承买，或指定地皮调换，是为至盼！此致武汉大学校长王①

石星川此函所述，与吴忠亚的说法完全相反，是武汉大学方面"事先既未收买，临事又不通知，任意使用"。王世杰于 2 月 17 日，就此事向石星川发去了回函：

汉舫先生名鉴：

接阅来函，备悉一是。查本校新校址，自十八年秋间，由湖北省政府全体委员会同本校勘定并依法核准公告，由本校备价收买。本校旋即登报通知各业主，自是年十月廿一日起，至十一月廿日止，携带红契，前来本校建委会收用土地办事处登记，以便清丈，遵章购买。如逾限不履行登记手续，即视为无主或公有土地，成案具在，可以复查。先生来函，谓本校圈定界址内狮子山北面一带山场地系先生所有，本校事先未曾收买，临事又不通知，似于事实尚有未明了。兹为容纳先生意见起见，拟请推定切实负责人来校，与本校委托之熊国藻主任详细商酌。倘能成立一种本校同人易于承认之解决，杰仍当继续与校中同事细商。专复。即颂时祺！

弟王世〇 启②

档案中存留的，是这封信函的底稿，大约是由校方秘书人员起草

① 《石星川致武汉大学校长王世杰函》，《国立武大 1933 年关于请备价承买新占土地及新挖松树的信函》，武汉大学档案馆馆藏档案，全宗号 6，年代号 1933，分类号 L7，案卷号 12。

② 《国立武汉大学校长杰为函请派定负责任来校与熊主任接洽致石汉舫先生便函》，《国立武大 1933 年关于请备价承买新占土地及新挖松树的信函》，武汉大学档案馆馆藏档案，全宗号 6，年代号 1933，分类号 L7，案卷号 12。

的。从中可以看到一些有趣的细节：王世杰过目此稿后，在其上做出了多处修改。如将全部的"敝校"改为"本校"，又将最后一句原拟的"倘能互谅，得一双方满意解决，敝校亦愿早日解决此项手续也"改为"倘能成立一种本校同人易于承认之解决，杰仍当继续与校中同事细商"。从这些改动中，不难窥见王世杰的自认得理，以及内心对于石星川的不屑。王世杰特别强调征用珞珈山建设新校舍是"省政府全体委员"的既定决策，并且登报通知了各业主前来办理卖地手续，如果逾期不办，就会被视为无主地或公有土地，由此委婉地反击石星川的来函"似于事实尚有未明了"。不过，对于石星川来函中所说的占盖房屋、私挖松树等情形，王世杰并未否认，看来这确实是事实，只是武大方面并不认为其有何非法之处。在占据法律与道德制高点的同时，王世杰也留有余地，同意与石星川商量解决办法，而这番"详细商酌"的结果，就是近一年之后的1934年1月11日，武大与石星川签订了第100号契约。从这份地契中可以得知，石星川的这块土地内，共有水田46.21亩，旱地20.52亩，荒山252.98亩，水塘17.5亩（总面积337.21亩），松树有3000余棵。武大支付给石星川4500元，买下全部的土地及其附着物。若以当时武大收用土地的通行单价——水田每亩35元、旱地每亩10元、荒山每亩5元、水塘每亩10元来计算，则山田水塘的地价总计为3262.45元，因此这3000余棵松树，武大仅支付了1200余元，并非吴忠亚所回忆的"每棵两元"（见图1）。

诚然，与无偿将土地捐献给武大的咸宁籍地主王职夫相比，石星川事前未有严肃看待武大的声明，事后又上门索钱的做法并不高尚。不过从王世杰的回信以及此事后来的解决办法来看，武汉大学校方也自知如若真要完全坚持贯彻"倘逾限不履行登记手续，本会即视为无主或公有土地"，既不现实，也恐将激化矛盾，无助于纠纷的解决。因此对于这些"逾限"的地主们，校方在强调法律原则的同时，往往依旧会按照通行的价格，支付给地主相应的金额，并办理有关手续。这种法律和情理相兼顾的做法，保证了国立武汉大学珞珈山校址土地征收的大体顺利进展。

从1929年11月21日潘石氏、潘良文荒山契，到1937年9月30

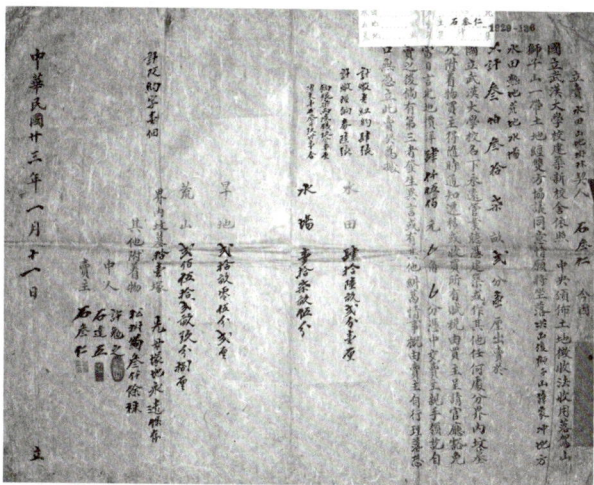

图 1　国立武汉大学收买石三仁（石星川）水田、山地、树林契①

日李贤栋房屋拆迁补偿契，国立武汉大学在珞珈山校址内共有 261 份契约（内含东湖鱼股契 4 份）。笔者将全部契约的有关信息整理成表，并进行了数据统计和分析。从时间上看，这 261 份地契的签订时间最早始于 1929 年 11 月，最晚止于 1937 年 9 月，共跨越了近 8 年的时间。按年份分布，各年份的地契数量如图 2 所示：

从图 2 不难看出，国立武汉大学珞珈山新校舍的买地进程，明显分为前后两个不同阶段。第一阶段从 1929 年到 1931 年，尤以 1930 年为峰值，当年立契 41 纸。1932 年，买地进程几乎停断，全年只立契两纸。从 1933 年开始，进入了买地的第二阶段，尤其以 1934 年为峰值，当年立契多达 77 纸。这一前后两个不同阶段的分布趋势，是与新校舍的建设进程相吻合的。以 1932 年为界，新校

---

①　《国立武大 1929 年购买石三仁洪山狮子山薛家冲水田水场旱地荒山地契》，武汉大学档案馆馆藏档案，全宗号 6，年代号 1929，分类号 L7，案卷号 1936。按：档案案卷名有误，该文件形成年代应为 1934 年。

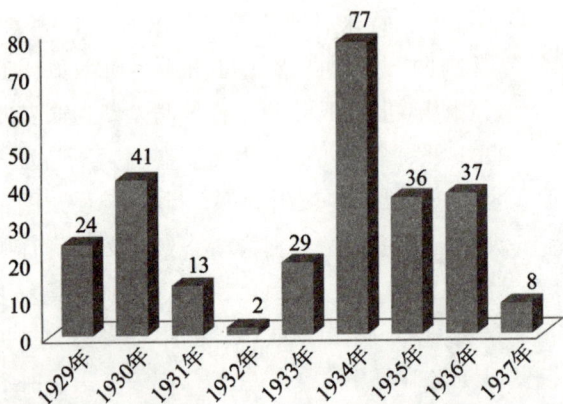

图2　国立武汉大学珞珈山地契各年度数量统计图（单位：纸）①

舍建设亦分为一、二两期工程，而两期工程之间的 1932 年前后，校舍建设亦曾陷入近两年之久的停断。校舍建设进程与立契数量的分布趋势如此吻合，说明武大的买地是与校舍建设密切相关的，即校舍建到哪里，才在哪里买地，而圈定界址内尚无建设项目的土地，则购买亦会较晚。

　　这一事实再次说明早前武大在通告中所宣称的"凡在该地段有土地者，务希按上定限期，携带红契，前往落驾山本会办事处登记，以便清丈，遵章购买。倘逾限不履行登记手续，本会即视为无主或公有土地"，事实上完全没有实施。在圈定界址内，绝大多数的地主并未理会武大的这一带有威胁意味的说法，而是等待武大的校舍建设涉及某一具体地块且迫在眉睫时，方才办理买卖手续。

　　一纸契约意味着一桩交易。从这一数字上看，第二阶段的交易数量远远多于第一阶段。但是，如果再看交易面积的统计，就会呈现出不同的状况：

　　从图 3 可以看出，虽然交易面积亦以 1932 年为界，分为前后两

---

　　① 据国立武汉大学珞珈山地契整理。武汉大学档案馆馆藏档案，全宗号 6，年代号 1929，分类号 L7，案卷号 37~297。

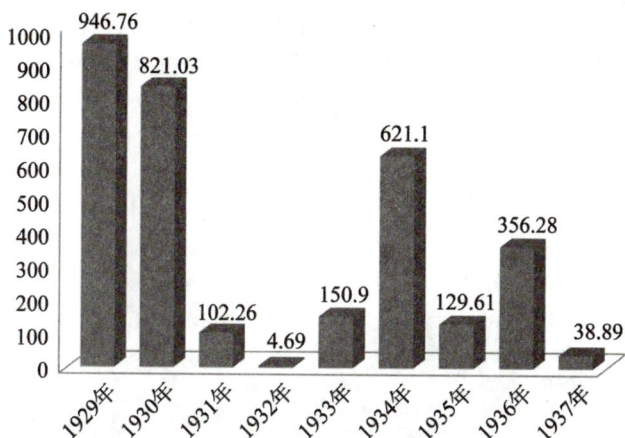

图3 国立武汉大学各年度收购珞珈山土地面积统计图（单位：亩）①

个阶段，但与交易数量后一阶段明显多于前一阶段不同，交易面积则是前一阶段明显大于后一阶段，特别是最初的 1929 年，面积高达 946.76 亩，为各年之首。而如上文所述，最早的第 1 号契的立契时间，已经是 1929 年底的 11 月 21 日了，即 1929 年的买地工作事实上仅仅开展了一个多月的时间。由此我们不难发现，在整个买地进程中，武大最先主要收买那些大地主所有的大块土地，而后才逐渐转向零散细碎的小块土地。这其中有客观的因素，即大地主所有的大块土地，多半为山地，而武大新校舍的主要建筑，多建在山地地段。但另一方面，这其中也存在校方的策略性因素，即先敲定大地主的大块土地，不仅在面积上能够占据优势，且搞定这些大地主，意味着在当地土著当中争取到了有分量的人物的支持，对于接下来工作的开展也是大有好处的。

我们再来看看交易金额。在珞珈山的土地收买进程中，土地类型主要被分成水田、旱地、荒山三种不同类型，以不同的价格予以购

---

① 据国立武汉大学珞珈山地契整理。武汉大学档案馆馆藏档案，全宗号 6，年代号 1929，分类号 L7，案卷号 37~297。

买。此外，水塘、树木、坟墓、房屋、谷仓等附着物，也会酌情给予不同的金额。由于每一纸契约中上述各项的所占比重各不相同，因此各年度的交易金额，又呈现出不同的趋势（见图4）。

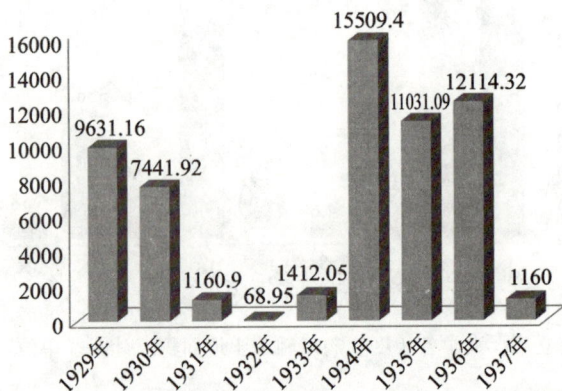

图 4　国立武汉大学各年度收购珞珈山土地（含附着物）金额统计图（单位：元）①

从全部地契的情况综合来看，尽管购地时间前后持续八年之久，但总体上说，各项内容的单价并未发生明显的变化。在大多数的交易中，均是执行的水田 35 元每亩、旱地 10 元每亩、荒山 5 元每亩的单价。而树木、水塘、坟墓、房屋等附着物的价格则无定数，需要视具体情况而定，其中多数水塘以 10 元每亩的价格成交。由于在 1932 年前的第一阶段，所卖土地以荒山为主，水田较少，因此尽管面积较大，但金额却不高。而在后一阶段，水田占据了相当大的比重，因此交易金额也就明显增加了。

半个多世纪以来，这批地契作为证明武汉大学拥有珞珈山校园的核心凭证，一直在武大得到妥善保管。它们在抗战时期随校西迁四川乐山，战后又运回珞珈山，随后又躲过了历次政治运动和漫长历史岁月的侵蚀。除了 20 世纪 50 年代校方将 4 份东湖鱼股契移交东湖有关

① 据国立武汉大学珞珈山地契整理。武汉大学档案馆馆藏档案，全宗号 6，年代号 1929，分类号 L7，案卷号 37~297。

部门外，其余珞珈山校园地契，连同各契内的老跟契，均完好保存至今，堪称武汉地区民国时期土地契约最完整的案例之一，具有极高的历史文物价值。

黉舍渐成

汉协盛营造厂与国立
武汉大学珞珈山新校舍

吴　骁　刘文祥

　　汉协盛营造厂是武汉近代历史上最负盛名的建筑公司，由浙江宁波人沈祝三于1908年在汉口创办。沈祝三（1877—1941），原名沈栖，字卓珊，后改名祝三，早年跟随舅舅孙仁山在上海做临时木工，随后进入上海杨瑞泰营造厂任监工。杨瑞泰营造厂老板杨斯盛后在上海与人另组"协盛营造厂"。上海协盛营造厂于1905年承包了英商平和洋行在汉口英租界兴建平和棉花打包厂的工程，并指派沈祝三前来汉口主持其事。沈祝三到汉后自立门户，以平和打包厂工程为起点，另建了"汉协盛营造厂"。汉协盛虽然名字中仍有"协盛"二字，但与上海协盛已没有关联，是一个汉口本地的独立营造厂。

　　沈祝三为人活络，善于交际，很快便结识了在汉口的英国人海明司。海明司在汉口开设了景明洋行，并与汉协盛营造厂合作，由景明洋行设计的建筑工程，概由汉协盛营造厂负责建造，业务很快蒸蒸日上。在清末民国武汉三镇最为宏伟壮丽的近代建筑中，数量最多的便是由汉协盛承建的项目。这其中包括景明大楼、汇丰银行、花旗银行、横滨正金银行、台湾银行、日清轮船公司、平和打包厂、保安洋行、浙江实业银行、和记蛋厂、隆茂打包厂、德林公寓、英美烟草公司、既济水电公司、南洋兄弟烟草公司、第一纱厂、西商跑马场、梅神父纪念医院、汉口总商会等。沈祝三不惜工本，从上海聘请技术员工来汉协助，进行职业培训，扩大武汉本地的建筑人才队伍。汉协盛资金丰富，实力雄厚，利用其在汉浙江同乡在金融业的关系，获得了大量周转资金。汉协盛拥有英国制造的搅拌机、打桩机等大型建筑设备，另有众多卡车、拖船等运输设备。

图 1　汉协盛营造厂创始人沈祝三

　　除了营造厂本身，汉协盛还拥有一些附属企业，其中最有名的便是阜成砖瓦厂。该厂本是一座德国人在汉阳开办的外资工厂，辛亥革命后被沈祝三买下，成为汉协盛的附属企业。阜成砖瓦厂生产的砖瓦质量很高，汉协盛承建的建筑都使用该厂生产的砖瓦，此外还向武汉本地建材市场供应。其生产的红砖青砖，侧面印有"阜成"二字，砖面光滑平整，历经多年风雨仍保存完好，如今仍可在包括武汉大学在内的武汉市内经典老建筑中见到。此外，汉协盛还创办过阜成轧石厂和炼灰厂。

　　1928 年秋，国立武汉大学成立后，一面在武昌东厂口旧校舍开学上课，一面又在武昌郊外寻找新校址，准备另建新校舍。1929 年初，武汉大学最终确定在东湖之滨的珞珈山北麓兴建新校舍。经过将近一年的筹款、勘测、规划、设计、征地、修路、迁坟等前期准备工作，武汉大学珞珈山新校舍工程于 1930 年 1 月开始招标。为了确保承包厂商的可靠性，武汉大学建筑设备委员会决定不采取登报公开招标的方式，而改由有关方面介绍推荐一些厂商参加投标，经建委会审议合格后选定。最终，汉口的汉协盛营造厂、康生记营造厂、袁瑞泰营造厂以及上海的六合建筑公司、方瑞记营造厂五家承包厂商被审定为甲等资格，允许参加主要建筑工程的投标。另外，还有蔡广记、胡道生合记、永茂隆、协昌华记四家厂商被审定为乙等资格，只允许参加生活用房及一般教学辅助用房的投标。

汉协盛营造厂是由武汉大学建筑设备委员会委员兼秘书叶雅各介绍的，"因为叶的夫人和汉协盛老板沈祝三的夫人是教会上层人物的关系，加上该厂在汉口确实有名气，有权威，又开设了阜成砖瓦厂"（建筑设备委员会绘图员沈中清语）。当时，汉协盛正处于经济困难时期，为了能够中标，他们将标价压得非常低，甚至还提出为武大额外赠建一座造价3万元的自来水塔，如此一来，其他厂商均无法与之竞争，最终，汉协盛成功地中标了珞珈山新校舍第一期工程中的绝大部分，总计承包造价近140万元。

按照当时建筑业的行规，签订合同时一概不付预付款，开工以后按工程进度支付已完部分工程造价的95%。不过，汉协盛在投标时，为了在经济上解决燃眉之急，在尽量压低标价的同时，也提出了一个条件——要求签订承包合同时先收一部分预付款作为备料之用，并在以后工程进度款结算时络绎扣还，并且最终将其写进了合同条款。这一做法是惯例的突破，在那时是极其少见的，行家的俗语叫做"树上开花"。此事在武汉传开之后，外汇金价大涨，影响之大可见一斑。然而，那时建筑工程所用材料，如钢材、水泥、木材等，大多是从美、英、德、日等国进口而来的，"外货甚多"，结果便造成汉协盛在珞珈山新校舍建设施工的过程中"吃亏不迭"。

汉协盛营造厂在与武汉大学签订了第一期工程承包合同并收到了学校预付款之后，立即购置了4卡车的运输材料。部分建筑材料采取陆运方式，在武昌平湖门江边起货装车，一直运到珞珈山施工现场卸车，比较方便快速。部分材料则由长江水运，在青山闸翻堤进入东湖，扎木排运到珞珈山湖边起坡，再用人力肩负上山。1931年夏，长江流域发生特大洪水，青山堤坝决口，长江和东湖连成一片，就连小火轮也驶进了东湖，由于这场大水灾，木料的运输也就更加方便，甚至可以从汉阳鹦鹉洲将木排直接运送至珞珈山湖边。

在珞珈山新校舍第一期工程建设时期，没有电源，水的供给亦相当困难，条件极为艰苦。不论是施工动力还是生活照明，均无电使用。在无法启用机械的前提下，钢筋混凝土工程的施工，用人工搅拌和人工浇捣；钢筋制作亦用人工；垂直运输，用人力肩挑走跑道上脚手架，或用绞车及葫芦等手工设备解决。在供水方面，李四光委员长曾建议在狮子山北山坡东头打一口井，但由于缺乏机械，未打到要求的深度便停了下来，后来又决定取用山下大水塘里的水，在水塘边安装抽水机，用柴油机拖动，将水抽送上山，并在山上设置了许多储水大木桶，以作为施工与生活用水。正是在如此困难和艰苦的条件下，汉协盛营造厂的施工队伍，运用如此简陋的施工设备，不可思议地完成了如此浩大的工程。

由于汉协盛对于武汉大学的珞珈山新校舍工程从一开始便估价错误，标价过低，而在建设过程中，又不幸遭遇了百年不遇的大洪灾，以及世界经济危机所带来的原材料大幅上涨，所有这些不利因素叠加在一起，导致其出现了非常严重的亏损。武大建筑设备委员会考虑到汉协盛的此种困难情形，最后便将其为武大赠建自来水塔所耗费的3万元如数照付给他们，以表体谅和照顾。

在汉协盛施工的过程中，武大建筑设备委员会对于工程质量极为重视，特地聘请了两位有丰富经验的监工员，在现场督促和检查工程质量，重点放在钢筋混凝土工程方面，因为钢筋工序和混凝土浇灌工序隐蔽性大，如有差错，问题可能比较严重。在技术监督方面，他们只要发现不按图纸施工或工艺操作不良的情况，都要坚决制止或推倒重来。例如理学院工程，在图纸上注明和施工说明书中规定门厅两侧主垟的基础要求用1：3：6的水泥混凝土建筑，但汉协盛营造厂却用了1：3：6的石灰三和土建筑。当时，新校舍建筑工程师开尔斯的全权代表石格司到工地检查时未发现这一问题，而代表建筑设备委员会监造工程师缪恩钊执行其职权的绘图员沈中清则敏锐地注意到了这一点，于是赶紧向王世杰校长报告此事。王校长和建委会委员兼秘书叶雅各审阅了图纸和说明书之后，立即致信石格司，指出了理学院基础工程施工错误的问题，并且强调未经建委会同意，不得随便修改设计。于是，第二天一大早，石格司便上了山，指令汉协盛营造厂将石灰三和土基础即日全部挖掉返工，按照图纸用1：3：6的水泥混凝土完成基础工程。

此外，开尔斯为武汉大学珞珈山新校舍所设计的校园建筑，其屋角均为比较平缓的北方式屋角，然而，汉协盛并未严格按图纸施工，而是依照自己既往的经验与习惯，将文学院、学生饭厅以及男生宿舍亭楼的屋角做成了翘而尖的南方式屋角，从而违背了建筑师开尔斯的设计意图与初衷。这一错误在施工阶段未能及时纠正，等到工程完竣后，已无法更改。后来，上海六合建筑公司续建珞珈山新校舍二期工程时，均严格按照图纸规定以及开尔斯本人的强烈要求，将图书馆、工学院、法学院、体育馆、华中水工试验所等建筑的屋角都做成了北方式屋角，这就无可奈何地造成了珞珈山校园建筑群的屋角造型已无法做到整体风格上的统一与协调。

由于汉协盛在施工工程中遇到严重的经济困难，一度陷入半停工状态，因而各种偷工减料的情况在所难免。据沈中清回忆，"例如大屋顶钢筋混凝土屋面板不用水泥砂浆抹面即行盖瓦。铺底瓦用的石灰砂浆，砂子是东湖边挖的泥砂，而不是采购的标准砂，尔后绿瓦屋面上生长小树杂草，都是泥砂在起作用。又如一区教授住宅垟体砌筑砂浆，也是用的泥砂。每月月终不能按时发送工资，工人有意见有情绪，影响操作质量，例如理学院外垟面水泥砂浆粉饰工程，不按工艺操作规程施工，而是抹灰一次成功。房子交工不久，外粉饰即起壳龟裂，屋面则漏雨浸水"。另据建筑设备委员会工程处技工姜保春回忆，由汉协盛承建的珞珈山新校舍一期工程，"由于工程量大，时间要求快，因此在质量上不够过关。交付使用后，文、理学院、饭厅以及宿舍门楼，琉璃屋顶全部漏水。后由学校工程处组织工人进行全部翻修"，而到了二期工程建设时，接手大部分工程的上海六合建筑公司"整个施工管理，工程质量都很严格"，承担了部分工程的袁瑞泰营造厂也"完成得很好"。总之，正是在武汉大学珞珈山新校舍一期工程建设中，"汉协盛既亏了大本，又影响了名声。尔后在续建工程中，汉协盛便自动放弃了投标权"（沈中清语）。就这样，武汉大学的新校址珞珈山，竟然成了汉协盛这家在武汉三镇最负盛誉的建筑厂商的"滑铁卢"！

不管怎样，汉协盛毕竟是在非常艰难的情况下为武汉大学完成了珞珈山新校舍一期工程的建设，使武汉大学得以在 1932 年初由武昌

图 2　由汉协盛营造厂承建的国立武汉大学珞珈山新校舍一期工程部分
　　　建筑（1931 年秋全部竣工，其中下图左下角的附设小学校舍由汉
　　　口永茂隆营造厂承建）

东厂口的老校舍整体搬迁至珞珈山新校舍。尽管汉协盛在整个工程建
设中出现过不少问题，但从总体上来讲，仍然是瑕不掩瑜。对此，武
大方面自然也是心存感激。1932 年 3 月 7 日，武大全体师生首次在
新校舍集会，王世杰校长向大家简单介绍了新校舍建设的大致经过，
在对建筑工程师开尔斯先生和建筑设备委员会诸多重要人物所作出的
贡献依次表达了高度的谢意之后，还特别提到了沈祝三及其名下的汉
协盛营造厂，他充满感激而又深表惋惜地向广大师生介绍道：

　　　再则，承包主要建筑物的是汉协盛营造厂，老板是沈祝三先生。他的出身原很微贱，在汉口经营建筑事业有数十年之久，汉口的大部分的主要建筑如汇丰银行等都是他造的。可是现在他的目盲已有十多年了。他每天自早至晚，都坐在他的小办公室的桌边接应电话，指挥珞珈山及其他部分的工人从事工作。我们真抱歉得很！在他投标之后，金价大涨，而他所用的材料中，外货又甚多；因此，据他交工的时候的估计，亏本有二十四万元之多。他的估计是不是十分精，我们虽不得而知；而他的亏累却是无可置疑的事实。可惜本校的经费也在十分困难中，无法补偿他。可是无论如何我们应该感谢他，当时肯以比较低廉的标价，担任这个巨大的而且困难的工事。

武汉大学珞珈山新校舍一期工程结束后，汉协盛损失甚巨，经过结算，亏损竟在 40 万元以上！可谓元气大伤。为了渡过难关，沈祝三不得不将他旗下的三元里房屋、阜成砖瓦厂等多处资产抵押给浙江兴业银行。这笔贷款后来连本带利滚成 100 余万元，直到武汉沦陷时期，才用汪伪政府发行的"中储券"还清。1941 年 1 月，沈祝三在汉口病逝，享年 64 岁。他的两个儿子当时在抗战大后方读书，1945 年抗战胜利后返汉继承父业，但此时的汉协盛，早已一蹶不振。到了 1949 年，曾经鼎鼎大名的汉协盛营造厂，最终消失在历史的长河之中。

气势恢宏的武汉大学狮子山建筑群

吴　骁

　　众所周知，武昌珞珈山是武汉大学的所在地，也是这所著名高等学府的标志、象征甚至代名词。珞珈山位于武汉大学校园的东南角，海拔 118.5 米，为武昌东湖南岸临湖最高峰，方圆 540 亩，约占武汉大学整个校园面积的 1/10。与这座高高耸立的庞然大物比起来，隐藏在建筑众多、植被浓密的校园各处的其他十多座体量极小的小山丘，就不那么引人注目了。一般人在武大校园中穿行，虽然到处都能感受到地势的高低起伏，却很难意识到，自己在不经意间路过的那些斜坡，可能就是一座座有名字的"山"！不过，除了珞珈山之外，武大校园里还有一座小山，相对于其他更小的山丘来说，还是比较显眼的，那就是位于珞珈山西北数百米处、现今海拔 55 米的狮子山。

　　在武汉大学校园内，狮子山可谓是一座"飞来峰"。鳞木化石、腕足类化石和南麓一公里长的逆掩断层表明，由四亿年前泥盆纪砂岩组成的狮子山主体，是在一亿四千万年以前的一次地壳变动中，被从不远的北方推来，落在两亿七千万年前形成的砂质页岩上的。在东湖西南岸与珞珈山北麓之间，有一片由十余座高低起伏的小山丘所形成的"丘陵"地带，尤以狮子山相对高耸，自成中心。1928 年底，刚刚改建成立的国立武汉大学，原本择定了珞珈山南麓地势平坦的"卓刀泉东湖嘴一带"作为新校舍建设地点，但不久后，学校从上海请来的美国建筑工程师开尔斯来到珞珈山实地考察一番后，提出了新的构想——以珞珈山西北面的狮子山为主要校舍建筑中心，各院系的教学楼则分别建在邻近的各个小山上。这一想法随即被采纳，这就在事实上改变了学校之前的选址决策。正因如此，狮子山这座"飞来峰"便成为了武汉大学珞珈山新校舍建设乃至日后校园景观的核心区域。

与珞珈山一样，狮子山也是东西走向，其东坡比较平缓，西坡相对陡峭。起初，开尔斯主要为武汉大学设计了分别以图书馆、理学院和工学院大楼为中心的三组建筑群，其中就有两组位于狮子山上——图书馆位于狮子山顶，理学院则位于狮子山的东麓。狮子山原本海拔65米，其最高点在后来建成的法学院大楼一带。根据开尔斯的设计要求，其山顶在施工建设的过程中被削低了10米，并且开出一片平坦的广场作为建筑基地。由于狮子山是石头山，爆破炸出的石头可就地取材制成混凝土，从而节省了不少材料费和运输费。

据国立武汉大学建筑设备委员会绘图员沈中清回忆，在开尔斯的规划设计中，狮子山顶的一组建筑群"以图书馆为中心，它的东翼是文学院大楼，西翼是法学院大楼，图书馆与东西两翼采取对称平衡中央突出的手法。图书馆的南面是狮子山的南山坡，在山坡上布置学生宿舍，利用地形紧抱（8000m^{2}投影面积）山坡而建，自楼前路拾级而上宿舍屋顶平台，共计踏步95级。假定学生宿舍的外地面标高为±0.00，屋顶平台标高为14.00，文法两学院大楼外地面标高亦为14.00，图书馆的外地面标高为15.50。这样，宿舍屋顶平台就成为图书馆和它两翼的楼前广场"，"法学院大楼的西边是学生饭厅，外地面标高为11.00，为了适应地形的变化，学生饭厅与法学院大楼偏斜15°"，"在设计构思中的想像，如人们站在珞珈山北麓半山腰远眺狮子山建筑群，好像是整体似的一座十几层高，二百多米开阔的巨大宫殿，观瞻甚是华丽宏伟"。[1] 而位于狮子山东麓的另外一组以理学院大楼为中心的建筑群，与文学院大楼和学生宿舍之间仅有区区数十米的距离，从远处望去，在观感上亦是浑然一体。

1930年3月，国立武汉大学珞珈山新校舍一期工程正式开工，其主要工程由当时负有盛名的汉协盛营造厂中标承建。经过将近两年的艰苦施工，到1931年秋，一期工程基本完工。在狮子山上下，山

---

[1] 参见沈中清：《工作报告——参与国立武汉大学新校舍建设的回忆（国立武汉大学新校舍建筑简史）》，1982年3月，第9~10页，武汉大学档案馆馆藏档案，全宗号4，年代号1982，分类号X22，案卷号6。

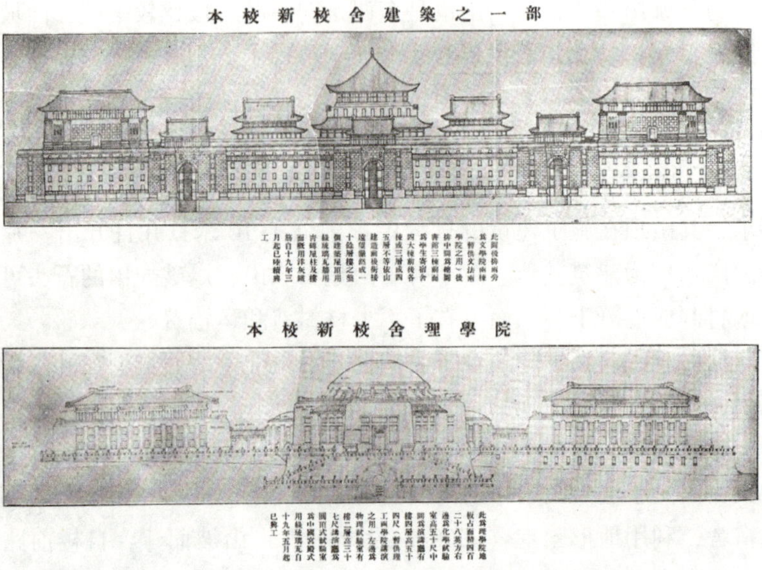

本 棱 新 棱 舍 建 築 之 一 部

本 棱 新 棱 舍 理 學 院

图 1　由开尔斯设计的分别位于狮子山顶及其东麓的两组建筑群（1930 年）

顶的文学院大楼、学生饭厅与南坡的学生宿舍大致同步落成，其东麓的理学院主楼及东西两翼附楼稍后竣工。在其余校舍建筑尚未动工的情况下，文学院、法学院、图书馆以及学校行政办公室均集中暂设于文学院大楼内，工学院则暂附于理学院大楼内。由于狮子山建筑群的核心建筑——图书馆大楼尚付阙如，其半山腰上规模庞大的学生宿舍也就暂时成为了该建筑群的视觉焦点所在。1932 年初，武汉大学全体师生喜迁新居。1935 年毕业于国立武汉大学法学院政治学系的杨鸿年，数十年后回忆起自己当年随学校搬入珞珈山新校舍的经历时，如此写道：

> 山上男生宿舍为四层楼房，分四单元。每两单元交接处，就有一座四层楼高的大门，门上有阙。因为阙在楼上，离地即为五层，加上飞檐绿瓦，自下仰视，在当时真可谓天上宫阙。
>
> 每单元又分为四斋，共十六篇〔斋〕，以天地元黄宇宙洪荒

日月盈昃<长>辰宿列张为名，称天字斋、地字斋等等。因为宿舍靠山而筑，地势所限，各房间多少不一，越在下层房间越少，而以四楼诸斋房间最多……每日晚饭后，同学三五成群，漫步于青山绿水之间，颇有身在仙境之感。这样校园，当时可称全国一流，甚至可说全国第一，同学学习情绪，从而大大加强。

　　……说到校舍建筑，老校长声称，第一要求坚固，校舍建成之后，希望能够维持二百年。二要美观，为了达到这一目的，就采取了一些中国传统装饰宫殿的办法来装饰校舍，结果也就将学校装扮为一座宫殿了。特别是男生宿舍，既高入云间，又门、窗百千，游人竟有比之为布达拉宫者。珞珈山也就成了武汉的一个风景区，来武汉者无不以一睹为快。①

图 2　1931 年秋落成的国立武汉大学珞珈山新校舍一期工程部分建筑

　　1932 年 9 月初，曾经为 1929 年的西湖博览会设计场馆的著名建筑师刘既漂慕名参观了武汉大学珞珈山新校舍，对于校园核心地带尚未全部完工的狮子山建筑群，他高度称赞道：

----

　　①　杨鸿年：《珞珈琐忆》，台北市国立武汉大学校友会编印：《珞珈》第 124 期（1995 年 7 月 1 日），第 52~53 页。

图 3　位于狮子山上的男生宿舍与文学院大楼（右）

　　除却教授住宅及女生宿舍之外所有建筑物都列成一排，最妙是排在一座枕木式的山上，换而言之，把整个山变成一个伟大的建筑物，这一点十分值得赞美，好像西藏拉麻庙之危立悬崖一样，这种少有的天才，构思是否出诸美国建筑师的设计，抑或出诸武大当局的规定，我没有询及指导者不得而知，但无论如何，我认为这是武大全部建筑最精彩之一点。①

在狮子山上下已经完工的各处建筑中，刘既漂最为欣赏的便是在山顶东西相望的文学院大楼与学生饭厅。对于前者，他认为"这部建筑的外表完全脱形于北京的城门楼子，斜线的屋角，成方的小窗，四四方方的一件大东西摆在山顶上，远望好像和宿舍联成一体，在外表的美观上，它能给我们于相当的好感"。至于后者，他又特别指出："这部建筑我认为很满意，光线空气都很适当，楼上也是食堂，现在暂时充作礼堂，外表亦很美观，高度的屋顶上加造两排横窗，这种构造在中国新建筑中确实是件新闻，外表虽然没有门面，走檐的双柱，多窗式的屋面，及丰富的屋角云头，尽够使观者忘却食堂之无门

---

①　刘既漂：《武汉大学建筑之研究》，《前途》第 1 卷第 2 期（1933 年 2 月）。

面，这是建筑师的心得！"①

不过，在恢宏与美观的背后，珞珈山新校舍一期工程的这批建筑也存在着不少缺憾。比如说，按照开尔斯的原有设计，武汉大学所有中式屋顶建筑的屋角均为起翘比较平缓的北方样式，然而，承建珞珈山新校舍一期工程的汉协盛营造厂，却没有严格按照图纸进行施工，而是根据南方地区根深蒂固的建筑习惯，将文学院大楼、学生饭厅以及学生宿舍顶部三座亭楼的屋角全都做成了翘而尖的南方样式。由于开尔斯先生远在上海，代表其负责监工的德籍工程师石格司又未能发现并纠正这一细节上的错误，等到开尔斯1932年春终于有机会亲临武昌珞珈山现场察看由自己一手设计的武汉大学新校舍时，一期工程的所有建筑均已落成，屋顶上的脚手架也早已拆除，尽管开尔斯对此大为不满，但木已成舟，势难挽回。不过，开尔斯对这一细节问题仍然极为在意，以致于他宁可牺牲整个校园建筑群在屋角方面整体风格上的协调一致，也要在后续的诸多建筑中坚决地纠正这一失误。在他的极力坚持下，狮子山顶续建的图书馆、法学院，狮子山下的体育馆以及珞珈山北麓的工学院、华中水工试验所等二期工程建筑的屋角最后全都被纠正回北方式的平角。

近年来，有一种流传甚广的说法，认为武汉大学文学院大楼的屋顶做成翘角，象征着"文采飞扬"，法学院大楼的屋顶做成平角，则意寓"法理严正"，似乎这一切均是建筑设计师匠心独具，有意为之。但在事实上，这种牵强附会的解释，既是对开尔斯先生设计原意的错误揣测与严重歪曲，也不符合当时的建筑厂商在这一点上根本就没有将其设计方案严格贯彻落实的基本史实。对于这种说法，我们大可反问一句——如果文学院屋顶的翘角寓意是"文采飞扬"，法学院的平角是"法理严正"，那么，同属珞珈山新校舍一期工程的学生宿舍和学生饭厅屋顶的翘角又该作何解释？二期工程中的图书馆、工学院、体育馆、华中水工试验所等建筑的屋顶又为什么要做成平角？另一方面，民国时期所谓的"文学院"和"法

---

① 参见刘既漂：《武汉大学建筑之研究》，《前途》第1卷第2期（1933年2月）。

学院"，与我们今天所说的仅包括文学或法学单一学科的学院概念完全不同。就全国范围而言，当时各个大学的"文学院"，大体上相当于是所有人文学科的集合，而"法学院"则一般是将除商学外的其他社会科学学科都包括在内。就当时的国立武汉大学而言，其文学院一共设有中国文学、外国文学、史学、哲学四个系（其中哲学系一度更名为哲学教育系），法学院则下设法律、政治、经济三系（1930—1933 年还一度办有商学系）。如果说文学就应该讲求"文采飞扬"，法学就需要"法理严正"，那么，同样隶属于武汉大学文学院的历史、哲学、教育等学科，难道也都能够用"文采飞扬"来一并概括？同样附设于武汉大学法学院的政治、经济等学科，又岂可用"法理严正"来以偏概全？

除此之外，武汉大学珞珈山新校舍一期工程在极力追求美观的同时，在很多方面却忽略和牺牲了建筑最基本的功能——实用。前文中所提到的 1932 年 9 月来校参观的建筑师刘既漂，他虽然在一定程度上肯定了武汉大学的这批校舍建筑在某些方面的美观性，但另一方面，他也一一指出了学生宿舍与文学院、理学院大楼部分房间在光线、教室声响效果等方面的诸多不足之处，认为其中的某些设计"反乎现代建筑原理"。他直言不讳地批评道："武大建筑的整个设计的原则，应该由内部分配的设备为主，外表的美观应为客，换而言之，先把实用的问题解决后然后再谈美观。武大的建筑，正得其反，内部一切分配，都跟着外表美观而迁凑，这一点，为最大的错误。"①

无独有偶，1934 年，国民政府教育部在派人视察了武汉大学之后，于当年 7 月 20 日发来训令，既高度肯定了"该校新建校舍，环境优美，并力能注重设备，于教学研究，殊称适宜"，同时也指出了新校舍的一些具体缺陷，如"该校理学院教室，光线多欠充足，各实验室亦嫌狭小，宿舍门窗向壁设置，未能利用天然美景，以后新建

---

① 参见刘既漂：《武汉大学建筑之研究》，《前途》第 1 卷第 2 期（1933 年 2 月）。

筑固须注意美观，但同时犹须顾及实用方面"。① 不论是来自学术界还是政府主管部门的批评意见，对于武汉大学珞珈山新校舍各项后续工程的建设，似乎还是产生了一定的积极影响的。从那以后，武汉大学陆续兴建的图书馆、工学院、体育馆等建筑，相对于一期工程中受诟病较多的学生宿舍、理学院等建筑而言，在美观与实用的结合方面可以说都有了非常明显的改进。

1933 年 8 月，狮子山山顶的总图书馆工程开始平定地基，武汉大学珞珈山新校舍二期工程就此全面开启，主要由上海六合建筑公司、汉口袁瑞泰营造厂等中标单位承建。就狮子山上下首尾相望的两大建筑群而言，山顶中心的总图书馆于 1935 年 9 月落成，图书馆西侧的法学院大楼于 1936 年 8 月竣工，其东麓的理学院扩建工程则于 1936 年 6 月完工，至此，开尔斯最初所构想的"好像是整体似的一座十几层高，二百多米开阔的巨大宫殿，观瞻甚是华丽宏伟"的武汉大学狮子山建筑群最终成型。

图 4　1936 年底的国立武汉大学珞珈山校园

在开尔斯最早的设计方案中，武汉大学图书馆为一主二从三座中

---

① 参见《教育部致国立武汉大学训令》（7 月 20 日），中国第二历史档案馆编：《中华民国史档案资料汇编》第五辑第一编教育（一），江苏古籍出版社1991 年版，第 202 页。

国宫殿式建筑，其中央主楼最初设计为攒尖式屋顶，两侧的附楼则为歇山式屋顶。后来，大概是由于经费预算的限制，原拟修建的三座大楼最终被缩减为一座占地呈"工"字形、由一座主楼和前后两翼的四座附楼联结而成的单体建筑。图书馆的整体外观为中国传统宫殿式风格，屋顶采用了别具一格的八角歇山顶样式，整个建筑的上半部分形似一顶皇冠，下半部分则由四对西式双联廊柱托起前面两座附楼的中式歇山顶，其细节又采用了西式的罗马柱、石拱门等，充分体现了"中西合璧"的建筑风格，成为武汉大学校园内最为雄伟壮观的标志性建筑。

在狮子山山顶空间比较狭小的地基上，设计师刻意将图书馆位置后移，采用基柱托起建筑后部，用环廊与地面相接，从而使图书馆的前方更加平坦宽阔，背面也更显高峻宏伟。图书馆东西两侧的文学院大楼和法学院大楼，其外形大体一致，堪称一对"姐妹楼"。这两栋大楼均为绿色琉璃瓦庑殿顶的四合院回廊式建筑，在中式的大屋顶中间开有天井，四面直立的清水墙体上各加有四根一米宽的斜角大立柱，使墙面呈现出传统的城墙形状。略有不同的是，文学院大楼平面呈"口"字形，并利用四合院中的地面空间加设了一间大教室，而法学院大楼则在四四方方的主体部分北面又加建了两层楼的大教室，使其平面大体呈"凸"字形。文学院大楼与法学院大楼左右基本对称，相对矗立，可谓左辅右弼，忠实地拱卫着图书馆大楼，使之更显雄伟气势。图书馆下方依山而建的学生宿舍，屋顶则是一片非常开阔的平台，与图书馆外地面的高差仅有 1.5 米，共同构成了一个面积广阔的山顶广场。文学院、法学院、学生宿舍及其三座亭楼，以及法学院西侧的学生饭厅，紧紧地围绕着图书馆这个中心，犹如众星拱月，并与周边的体育馆、理学院、工学院等建筑遥相辉映，相得益彰，成为武大最具标志性的核心校园景观。

狮子山东麓的理学院大楼，其中央主楼采用拜占庭式的穹顶与希腊十字平面的楼体，局部屋檐饰以中式绿色琉璃瓦，东西两翼以环廊相连的附楼则是中国传统的单檐庑殿顶楼阁，一楼还做成了类似城台的造型，从而与中央主楼共同组合成了又一处"中西合璧"、颇为美观的建筑群。但遗憾的是，这几栋建筑正是刘既漂所批评的"内部一切分配，都跟着外表美观而迁凑"的典型，很多房间的通风、采光、视线以及声响效果都很成问题。有鉴于此，该建筑群后来在扩建时，便放弃了之前的一些华而不实的设计手法，只是在前排两侧附楼的后方新建了两座造型较为朴实的西式平顶楼，并在外墙、阳台、屋檐等处略施一点简单的中国传统建筑装饰元素而已，虽然同样是中西杂糅的外形，但与前期建筑相比，则已是更多地让外观适应于实用了。

1931—1949 年曾任教于国立武汉大学文学院的著名女作家苏雪林，晚年在台湾时，曾多次撰文回忆武汉大学的校园风物，其中自然少不了要重点提及这座美丽校园内最具标志性的狮子山建筑群，如在《忆武汉大学图书馆》一文中，苏雪林开篇便写道：

朋友，你看见过北平文华武英殿没有？见过大前门和天坛没有？国立武汉大学便是模仿中国宫殿而建筑的。文法两学院有点像大前门，而夹在中间的图书馆则颇类天坛，银灰色的墙壁，碧绿色的玻璃瓦，远挹湖光，近揽山色，居高临下，气象万千，北平帝皇居也许比这个更为壮丽，但却没有这样天然风景的陪衬。①

在《怀珞珈》一文中，她又如此写道：

天空漆黑，遥望狮子山顶的大学本部，万窗齐辟，灯火辉映，好似一座金刚钻缀成的牌坊，气象庄严之极，也壮丽之极。这是我们乘凉时永不能忘的印象。民国三十九年，我再赴法邦，寄迹世界闻名的花都。战后法国政府为吸收游客增加国富计，将巴黎着意打扮起来，每星期有两三次铁塔、凯旋门、圣母院、圣心堂及一切有名建筑，齐放光明，但我总觉得不及武汉大学夜景之美。我何以有此偏见，自己也说不出所以然，恋旧心理当然是

①　苏雪林：《忆武汉大学图书馆》，国立武汉大学旅台校友会编：《珞珈》第 34 期（1972 年 4 月 1 日），第 12 页。

一理由；实际上巴黎各建筑都笼罩在十丈软红之中，先就有一股子尘俗气，武大则屹立湖山佳处，背景是那么高旷清远，灯火光中，愈觉玲珑缥缈，看起来自然给人一种神仙楼阁之想了。①

图 5　武汉沦陷期间，侵华日军发行的以武汉大学狮子山建筑群为背景图案的明信片

图 6　从武汉大学行政大楼（原工学院大楼）楼顶远望狮子山建筑群

---

① 苏雪林：《怀珞珈》，《珞珈》第 35 期（1972 年 7 月 1 日），第 8 页。

　　数十年的时间过去了，狮子山上的图书馆、文学院、法学院的名称前早已被武汉大学师生加上了一个"老"字，当年的学生宿舍后来也被称为"老斋舍"（不过狮子山东麓的理学院倒是个极少被冠以"老"字的特殊例外）。这批兴建于 20 世纪 30 年代的民国建筑，历经近百年的风雨沧桑和多次大大小小的修缮，其外观仍基本保持原貌。另一方面，狮子山上下由第一代珞珈人所种下的各种花草树木，早已是枝繁叶茂，郁郁葱葱，将这座昔日的寂寞荒山装扮得绿意盎然，同时也给这个建筑群换上了一幅更加色彩斑斓、生机盎然的美丽"背景"。无论岁月如何变迁，武汉大学的狮子山建筑群，始终巍然屹立在校园的核心地带，永远都会是这座被誉为"世界上最美丽的大学之一"的高等学府中一道最为经典和永恒的校园风景线。

中西南北之间

——关于"文采飞扬"与"法理正直"的一场历史误会

刘文祥

　　坐落在武昌东湖之滨的武汉大学，以其山水相映的自然环境和沧桑典雅的民国建筑闻名于世，被誉为中国最美丽的大学校园之一。位于校园核心地带，由雄伟壮丽的老斋舍，左右对称的老文学院、法学院，别具一格的学生饭厅以及居中点睛的老图书馆共同组成的狮子山建筑群，是武汉大学最重要的标志性建筑景观，其中老文学院和法学院是一对左右对称、外观相似的姐妹楼，都是中带天井，平面呈口字形的中式屋顶大楼。这两栋楼出自同一设计师，但在外观上有一个显著区别：东侧文学院的屋角出挑较远且较为上翘，似中国南方建筑风格，而西侧法学院的屋角则较为紧凑平缓，好似北方官式建筑。这一细节上的区别，过去曾有武大师生将其解释为文学院的翘角象征"文采飞扬"，而理学院的平角则寓意"法理正直"。① 这种说法听上去倒是颇有趣味，乃至令人不禁要佩服这位不会讲中文的美国建筑师，竟然会对中国传统文化有如此深刻的理解。但是仔细观察我们便会发现，除了文学院之外，附近的学生饭厅和男生宿舍的屋角也是起翘较高的南方式，而居中的图书馆则是与法学院一样的北方式。这样看来，单纯用所谓"文采飞扬"或"法理正直"似乎就难以解释了。事实上，从历史资料中我们可以发现，在武汉大学狮子山建筑群中所出现的屋角造型差异，完全是建筑设计史上"中西南北"风格之间的一场"误会"。

---

① 参见李晓虹、陈协强：《武汉大学早期建筑》，湖北美术出版社 2007 年版，第 24~25 页。

90

图 1　落成之初的国立武汉大学文学院

图 2　落成之初的国立武汉大学法学院

图 3　文学院屋角

图 4　法学院屋角

武汉大学珞珈山校舍营造之时，中国建筑设计领域正在进行着由官方主导的方兴未艾的"中国固有之形式"运动，即在大型公共建筑设计上倡导复古主义的民族形式风格。以南京中山陵为起点，这场运动席卷大江南北，一时间在中国许多城市中掀起了一阵"大屋顶"热潮。作为国民政府在华中地区重点建设的最高学府，武汉大学新校舍在酝酿之初就确定了以民族形式为总体建筑风格。基于这一理念，武汉大学建筑设备委员会的李四光、叶雅各等人在上海找到了麻省理工学院建筑系毕业、熟悉中国传统建筑的美国设计师开尔斯，聘其为武汉大学新校舍总设计师。

从 1929 年到 1936 年，开尔斯先后为武汉大学设计了校园总体规划和文、法、理、工学院，男生宿舍，学生饭厅，图书馆，体育馆，华中水工试验所等主体建筑。虽然从年龄上看，承接武汉大学设计项目时，开尔斯并不算太老，但从若干当事人的回忆中可以得知，当时这位美国建筑师身体已经不大好了，不能经常两地奔波。在 1929 年受聘之初来到珞珈山实地察看后数年间，他就常住上海，不再常来武汉了。武汉大学的建筑，都是他在上海完成设计后，将图纸送到武汉，由他的全权代表、德籍工程师石格司负责与校方及营造厂具体沟通，并在图纸上签字审核的。

狮子山上的文学院是最早兴建的教学楼之一，于 1930 年 4 月开工，由汉口汉协盛营造厂承建，次年 9 月竣工。而法学院大楼则是于 1935 年 8 月开工，上海六合建筑公司承建，次年 8 月竣工。在武汉大学档案馆，至今仍保留着开尔斯所绘制的武汉大学建筑设计图纸。从中我们可以发现，尽管两栋楼前后相隔五年时间，但其屋顶造型在图纸上是完全一致的，屋角都是起翘平缓的北方样式。此外包括狮子山上的男生宿舍、学生饭厅等建筑，在开尔斯的设计图纸中，大屋顶的样式都是屋角平缓的北方式。那么，为什么实际建成的文学院、男生宿舍和学生饭厅的屋角，却变成了起翘较高的南方风格呢？

当时的武汉大学校长王世杰曾在 1932 年 3 月 7 日的总理纪念周讲话中提到："在从事于理学院建筑的一月之前，他（开尔斯）因为过度辛苦的工作，竟然在上海病了。这一病下来就有两年之久，到现在还未完全痊可。病中几乎危急不起，可是我每回到上海去看他的病的时候，他的病室里总是满满的陈列着关于武大校舍的图案。最近他在上海听说武大全体迁到了新校舍，他竟又扶病到汉口来了。"① 也就是说，自工程开工后，直到由汉口汉协盛营造厂承建的文学院、男生宿舍、学生饭厅、理学院等一期工程完竣后的 1932 年春，开尔斯才再次来到珞珈山。我们不难想象，这年春天，原本怀着激动喜悦心情从上海来到武昌，急切想一睹自己在华最大设计作品的开尔斯，在现场看到眼前新近落成的校舍建筑的第一眼时，是如何瞬间皱起眉头的。

据建委会工程处绘图员沈中清回忆："文学院、学生饭厅、学生宿舍亭子楼的屋角都做成南方式，是没有照图施工，开尔斯很有意见，但已建成，脚手架也拆下来了，也就算了……打这以后，法学院、体育馆、工学院等等都是做的北方式屋角。"② 原来，文学院、男生宿舍和学生饭厅的屋角起翘，并非开尔斯的设计意图，而是汉协盛营造厂的擅作主张。而开尔斯因身体缘故根本就无法千里迢迢地赶到武汉来现场监工，是造成这一错误直至竣工后才被发现的原因所在。尽管这些建筑的设计图纸上都有开尔斯全权代表石格司的签名，或许这位德籍全权代表并不那么在意这些细节（或者更可能是他对于中国建筑风格的地域差异并不如开尔斯那般熟知和敏感），但开尔斯显然对于这一问题颇为在意。他在后来的设计中仍坚持北方式屋角的造型，即便以狮子山建筑群之间屋顶造型不统一为代价，也要在后来的图书馆、法学院上纠正回北方屋顶样式。这位美国建筑师若是知道，1932 年春天他留在珞珈山的失望乃至愠怒，会成为几十年后武大师生们津津乐道的"别具匠心"，不知是否会感到一种有趣的慰藉。

开尔斯对于中国传统建筑南北风格上的喜好倾向，在 20 世纪二

---

① 《王校长纪念周演说辞》，《国立武汉大学周刊》第 119 期（1932 年 3 月 12 日）。

② 沈中清：《工作报告——参与国立武汉大学新校舍建设的回忆（国立武汉大学新校舍建筑简史）》，1982 年 3 月，武汉大学档案馆馆藏档案，全宗号 4，年代号 1982，分类号 X22，案卷号 6。

三十年代来华参与"中国固有之形式"运动的外国建筑师中，似乎具有共性。如主持设计了燕京大学的美国著名建筑师亨利·墨菲便也曾表达过同样的看法："即使初到中国，为了显得他对当地建筑观察深入细微，墨菲一上来便声称他喜欢一种'更紧缩'的北方风格，而不是繁复的南方样式……"① 民国初年墨菲在中国建筑实践的声名鹊起，使得他得到了国民党政权的看重，在受聘为南京国民政府建筑顾问后，主持设计了南京灵谷寺阵亡将士纪念塔和纪念堂，并完成了"首都计划"。与此同时，除了燕京大学外，墨菲还设计了雅礼大学、福建协和大学、金陵女子大学等教会大学校园建筑。上述这些案例，也包括开尔斯设计的国立武汉大学，绝大多数均位于中国南方城市。事实上，由国民党当局发起主导的"中国固有之形式"运动，其最核心的阵地也就是在南京、上海等长江流域城市中。在这场建筑复古运动中兴建的众多"固有形式"的大屋顶建筑，多采用了北方官式风格。这些大屋顶与南京、上海本地原有的建筑语汇之间，基本是断裂脱离的。如国民党在上海江湾修建的市政府大楼，就完全是一个北京明清皇家建筑的翻版，而与上海本地的诸如"豫园"等江南建筑风格完全无关。然而，当这一模式在地处长江中游，相对远离"中国固有之形式"运动中心的武汉复制时，在建筑师、营造厂、业主三者的关系中，建筑师明确而强势的理念相对淡化，营造厂的自主性相对增强，由此就不可避免地导致在最终的建筑作品上呈现出细微的裂痕。

承建武汉大学文学院、男生宿舍和学生饭厅的汉协盛营造厂，是汉口近代著名的建筑营造厂，承建了汉口众多地标性近代建筑。该厂的老板沈祝三是浙江宁波人，与当时鼓吹和支持"复兴民族文化"的蒋介石是老乡，营造厂的工人也大多是南方人。在建筑理论建构尚未完成、建筑文化交流尚不深入的当时，在中式大屋顶的建造问题上，比起苍白的图纸，工匠们更倾向于根据既有的经验来完成建造。出自江南工匠之手的大屋顶，往往不知不觉就会带有浓郁的江南特

---

① 唐克扬：《从废园到燕园》，生活·读书·新知三联书店 2009 年版，第56 页。

图 5　国民政府时期的上海市政府大楼

图 6　江南风格的上海豫园

色，这种案例并不鲜见：出现在武汉大学建筑屋顶上的问题，也同样出现在了同时期的汉口商业储蓄银行大楼上。该大楼由上海的陈念慈建筑师设计，汉协盛营造厂（一说汉兴昌营造厂）承建，1933 年始建，次年竣工。从登载于 1933 年《建筑月刊》杂志上的设计图纸来看，大楼顶层的中式阁楼，屋顶是一个线条平直的简化的北方式屋顶。① 然而从后来大楼落成后的老照片来看，这个屋顶却被建成了一个完全的江南式屋顶：无论是上翘的屋角，两侧升起的屋檐还是山墙、鸱吻的装饰造型，都具有浓郁的江南建筑风格。其与设计图纸的相异程度，远甚于汉协盛在武汉大学的几个屋顶上的问题，可以说完全是抛开了图纸另起炉灶。文献中没有记载陈念慈建筑师此后对这个走样的屋顶有无异议，或许作为比开尔斯更了解中国实际的本土建筑师，他对于这类"画虎类犬"的结局，早就做好了心理准备也未可知。由此可见，在当时中国的南方城市里，本土建筑风格语汇的惯性是极强的，如果没有来自政治力的强力干预和建筑师的深度介入，要想在江南建筑传统氛围中演绎出地道的所谓"中国固有形式"，多半是很容易走调的。

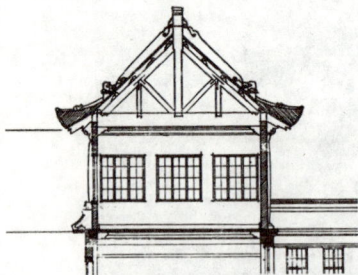

图7　图纸上的汉口商业银行顶层阁楼　图8　落成之初的汉口商业银行顶层阁楼

这或许也从一个细微的方面折射出了20世纪30年代"中国固有之形式"运动所存在的一些问题。究竟何谓"中国固有之形式"？从南京、上海等地的实践来看，当时所谓的"中国固有之形式"，其实就是北京明清皇家宫殿建筑的"固有形式"。这样一种单一历史时期、单一地域、单一建筑类型的艺术风格，要想概括整个中国古代建筑艺术，显然是难堪大任的。尤其是中国建筑文化的南北差异，在这

① 陈念慈：《汉口商业银行——剖面图（乙）》，《建筑月刊》1933年第1卷第9、10期合刊，第12页。

场运动中被人为忽略，这是导致在武汉大学等设计案例中出现偏差的根本原因所在。以这场运动为开端，此后数十年的历史中，中国又不断上演了数次建筑领域的民族形式复古运动，其结果是使得以北方官式建筑为核心的建筑样式，在大江南北深入人心，成为了国人心目中的一种隐隐的中国古建筑"范式"。这也正是在今天的中国，一些南方乡村新建的庙宇祠堂，会出现外观俗艳、与乡村原有古建筑格格不入的"红墙黄瓦"的历史根源所在。八十多年前留在武汉大学狮子山建筑群中的两种不同造型的屋角，正是中国近代建筑史上建筑设计"中西南北"之间的碰撞所产生的裂痕。这种历史的经验教训，值得今天国人借鉴反思。

武汉大学宋卿体育馆

——以民国大总统命名的校园建筑

吴　骁　刘文祥

　　在武汉大学校园李四光塑像背后浓密绿荫的掩映中，坐落着一座呈半圆柱形状的古朴典雅的建筑。其屋顶覆有三层绿色琉璃瓦，每层间都有一排透亮的窗户，配以黄色墙面，葱郁林木，整个建筑显得气派庄严。进入大门后，顿觉视野宽广，空间高阔，明亮简洁。在其大门右下方的墙上，镶嵌着一块汉白玉石碑，上书五个黑色大字——"宋卿体育馆"。

| 图1　"宋卿体育馆"石碑 | 图2　黎元洪 |

　　所谓"宋卿"者，中华民国大总统黎元洪之字也。而这座宋卿体育馆的落成，也与黎大总统本人有着密切的关系。黎元洪是湖北黄陂人，曾协助湖广总督张之洞编练湖北新军，辛亥革命武昌首义之后，他被推举为湖北军政府大都督，后来又出任中华民国首任副总统，最后更是成为中国历史上唯一一个两任大总统和三任副总统的

人。黎元洪平时对家乡的教育事业颇为关心，早在民国元年，他就曾与一些湖北地方知名人士"公同发起创办武汉大学，以为共和发轫地之纪念"。① 从那时起，"武汉大学"的筹办历时多年，1921 年后又改名为"江汉大学"继续筹办，但直到黎元洪 1928 年在天津去世，他为之操劳多年的这所"武汉大学（江汉大学）"，依然没能成功开办。

正是在黎元洪去世的那一年，中华民国大学院将原国立武昌中山大学改组为国立武汉大学，其后短短数年内，武汉大学便在武昌郊外的珞珈山建起了雄伟壮丽的新校舍，而且办学育人亦卓有成效，社会声誉不断提高。对此，黎元洪远在天津的两个儿子黎绍基和黎绍业也是看在眼里。1934 年 3 月 16 日，他们联名致函国立武汉大学，诚恳地谈到了其先父筹资兴学的遗愿，并表示愿意将其先父生前所留下的一笔巨款捐赠给武汉大学，他们在信中称：

> 先君在世，鉴于武汉最高学府之缺乏，曾拟创办江汉大学于武昌，收容有志求学之士，以期造就。筹款十万元，购中兴煤矿公司股票一千股（计十万元）作为基金。遭时多故，事未竟而先君弃世。绍基等于先君遗志，不敢辄忘，每思继作，而力感不足。贵校创办以来，惨淡经营，成绩昭著，拟将此项基金转移贵校，用以培植人才，藉了先君心愿。尚祈将此款用途及保管方法见示，并望派员莅津，商量手续，是为至幸。②

武汉大学时任校长王星拱接信后，立即予以回复，盛赞黎氏兄弟"作育愿弘，孝思弥笃，曷胜钦佩"，并按照他们的意见，拟定了该款项的具体用途及保管办法：

一、中兴公司股票票额洋十万元过户后，由校抵借现金，用

---

① 参见《武汉大学决定开办》，《申报》1915 年 8 月 29 日。

② 参见《国立武大 1934 年利用黎绍基、黎绍生捐款（中兴煤矿公司股票）建体育馆材料》，武汉大学档案馆藏国立武汉大学档案，全宗号 6，年代号 1934，分类号 L7，案卷号 12。

以建筑体育馆，颜其额曰"宋卿体育馆"；

二、在宋卿体育馆内特辟一适当部份为宋卿前大总统纪念堂，即在堂内设辛亥革命首义文献保存处，由校指定专人，负责搜集、编纂辛亥首义史实刊行；

三、中兴公司股票十万元之股权，由学校委托黎重光①先生或黎仲修②先生及另一经校指定之一代表共同行使之；

四、上述用途及保管办法双方请凭李仲揆、李介如先生作见证人。③

与此同时，王星拱还派学校事务部主任熊国藻携带复函前往天津，与黎氏兄弟面商。对于武汉大学所拟定的该款项用途及保管办法，黎氏兄弟认为"甚为妥善"，表示愿"照来示原议进行一切"，并将这些股票当面交于熊国藻带回武汉，以办理过户手续。④

值得一提的是，在黎氏兄弟将黎元洪的这笔遗产捐赠给武汉大学后不久，还发生过一段小小的插曲。据说，黎元洪生前非常看好武昌落驾山（即珞珈山）一带的"风水"，曾表达过死后安葬于此的愿望。然而，就在黎元洪去世后不久，珞珈山便被国立武汉大学圈定为新校址。这一带本是坟冢遍地的荒山野岭，当初武汉大学在此建设新校舍时，不知费了多少力气，打了多少官司，才将山岭间的累累荒坟全部迁出。到了1932年3月18日，国立武汉大学第153次校务会议正式作出决议："在政府圈定本校校址界内一切土地既经学校依法收有，作为学校建筑设备之用，校内外任何私人或团体概不得在此界内取得土地或营新坟。"⑤ 1935年11月，国民政府在武昌为黎元洪举行国葬。此前，其家人曾多次与武汉大学交涉，表示"如果让黎大总统葬在珞珈山，则愿意另捐巨款盖一座行政大楼"。当时，武汉大

---

① 黎绍基，字重光。

② 黎绍业，字仲修。

③④ 参见《国立武大1934年利用黎绍基、黎绍生捐款（中兴煤矿公司股票）建体育馆材料》。

⑤ 《国立武汉大学校务会议纪录》（第四册），第10页，武汉大学档案馆藏国立武汉大学档案，全宗号6，年代号1932，分类号L7，案卷号23。

学早有修建总办公楼的规划，甚至早已完成设计方案，其模型就存放在工学院楼顶，只是苦于经费不济而迟迟未能动工。此时此刻，面对黎家的巨额捐款许诺，王星拱校长宁可不盖行政办公楼，也仍然要坚决履行学校过去所作出的决议，因此，尽管黎氏父子曾经为武汉大学的建设提供过巨大的帮助，但终因黎元洪的这一遗愿有悖于学校的有关规定，最后还是遭到了王星拱校长的婉言谢绝。于是，最终无法如愿的黎大总统，便只好屈尊下葬于珞珈山附近的卓刀泉土公山了。对此，武汉大学校友袁恒昌曾评价道："这种坚守原则不用权术的君子之风，其沉毅精神，即此小事也令人肃然起敬。"[1]

当时，武汉大学早有建设体育馆的计划，但因经费所限，一直都未能付诸实施。1934 年 3 月，黎氏兄弟捐赠的这笔巨款从天而降，正好弥补了武汉大学建设体育馆的经费空缺。在建筑师开尔斯根据武汉大学建筑设备委员会和体育部的意见完成了体育馆的规划设计工作之后，宋卿体育馆自 1935 年 3 月即开始招标，但因标价过高，远超预算，建委会只好商请开尔斯修改设计方案。9 月，体育馆再次招标，由上海方瑞记营造厂中标承建。在双方签了合同，立了保人，甚至连搅拌机也已经运进工地现场之后，方瑞记却迟迟不肯开工。经校方多次催促，均无结果，导致整个工期被延误了将近一年之久。学校迫不得已，最后只好将此工程转交给上海六合建筑公司承建，直到 1936 年 7 月，宋卿体育馆才终于开工。[2]

宋卿体育馆长 35.05 米，宽 21.34 米，一共 4 层（含地下 1 层），当时是按照 1500 人的在校学生规模进行设计的，总造价 12.37 万元，其不足之数由学校自行筹资予以弥补。该馆于 1937 年初完成主体工程，但直到 1937 年秋季开学之际，方才正式投入

① 参见袁恒昌：《第八宿舍——武大公墓》，董鼐总编辑：《学府纪闻·国立武汉大学》，台湾南京出版有限公司 1981 年版，第 353 页。
② 参见《武汉大学 1936 年为建筑学校体育馆借款的便函》，武汉大学档案馆藏国立武汉大学档案，全宗号 6，年代号 1936，分类号 L7，案卷号 35；沈中清：《工作报告——参与国立武汉大学新校舍建设的回忆（国立武汉大学新校舍建筑简史）》，1982 年 3 月，第 19 页，武汉大学档案馆藏档案，全宗号 4，年代号 1982，分类号 X22，案卷号 6。

图3 正在吊装中的宋卿体育馆钢质三铰拱（钢三铰拱结构最早出现在1867年巴黎世博会机械馆之中，而在20世纪30年代的中国，钢三铰拱是较为先进的新结构，上海江湾体育场也采用了这种结构）

使用，而此时全面抗战已经爆发，于是，这座崭新的现代化体育馆仅仅只被武汉大学师生使用了一个学期，学校便被迫西迁四川乐山了。正因为此，校方原拟在体育馆内设立"宋卿前大总统纪念堂"及"辛亥革命首义文献保存处"的计划便未及实现，而建筑师开尔斯为该体育馆所设计的喷泉、游泳池等附属建筑亦均未能按原计划一一建成，为这座美丽的建筑留下了历史的遗憾。不过，体育馆内至今犹存的刻有"宋卿体育馆"五个大字的汉白玉石碑，对于捐资兴学、支持教育的黎元洪家族来说，亦是差可告慰了，宋卿体育馆也由此成为整个民国时期武汉大学校园建筑中唯一一栋以人名命名的建筑。

据统计，武汉市建于抗战前的体育场馆，目前仅有文华书院翟雅各健身所与国立武汉大学宋卿体育馆这两处一直保存至今，而宋卿体育馆更是唯一的钢筋混凝土结构建筑。在20世纪30年代的中国，大跨度钢结构建筑尚不多见，此前国内修建的诸多体育馆，包括外国教会所建的一些大学体育馆建筑，多为砖木结构。而宋卿体育馆屋顶采用跨度20多米的钢三铰拱，这在当时的中国是十分先进的新式结构。在建筑材料方面，其三铰拱由英商安利英洋行代办，在英国钢厂订制；室内所铺的木地板，为美国进口的橡木地板；建筑全部的钢筋、钢窗等金属构件，也都使用的是进口钢材。①

在外观上，宋卿体育馆秉承了武汉大学一贯的"中西合璧"建筑风格，将西方现代体育场馆覆上中国传统琉璃瓦和装饰图案，绿色琉璃瓦屋顶随三铰拱的弧线轮廓而转折，形成别具一格的半圆形山墙和曲折多变的屋顶造型，产生了独特的建筑美感。而建筑师开尔斯对中国传统建筑造型的运用亦富于创造性，在体育馆的屋顶设计了多层天窗，不仅使屋顶造型富于变化，也极大地改善了室内采光和通风。

馆内空间分为地上地下两层，上层为木质地板的室内篮球场，可进行各类体育比赛和教学，还可用做小型展览会、演示会及舞会等文娱活动的场地，篮球场四周的二层还设有小型的观赛看台；地下一层则设有健身房。开尔斯原计划在体育馆东门外广场建一座圆形喷泉，西门外平台建一座游泳池，惜因抗战爆发未能实现。

图 4　宋卿体育馆外景

宋卿体育馆的全套设计图纸，曾于 1936 年 2 月发表在上海市建

---

① 参见沈中清：《工作报告——参与国立武汉大学新校舍建设的回忆（国立武汉大学新校舍建筑简史）》，1982 年 3 月，第 21 页。

筑协会发行的《建筑月刊》杂志上，① 引得当时中国建筑业界的关注。可以说，宋卿体育馆不惟使武汉大学的体育场馆领先全国高校，也代表了民国时期武汉地区室内体育馆建筑的最高水平。

宋卿体育馆曾见证过武汉大学历史上的诸多特殊时期与重要事件。在 1938 年的武汉抗战时期，国民党在国立武汉大学校园内举办的珞珈山军官训练团，就曾在宋卿体育馆中开展训练活动，蒋介石亦曾在体育馆内对参训军官点名训话。② 在武汉沦陷期间，宋卿体育馆曾被侵华日军用做军官俱乐部。③ 抗日战争胜利后，国立武汉大学于1946 年秋复员武昌珞珈山，1947 年 6 月 1 日，国民党军警在武汉大学校园内制造了震惊全国的"六一"惨案。随后，武大师生将宋卿体育馆作为三位遇难同学的灵堂，并于 6 月 22 日在此举行了声势浩大的追悼会。④ 1949 年 6 月 1 日，武大师生又在这里举行了"'六一'二周年纪念大会"。1952 年 10 月 13 日，刚刚成立不久的武汉大学电影队，在这里公开放映了第一部影片——苏联喜剧片《幸福的会见》。1955 年 1 月 23 日，经国务院批准从武汉大学分离出去的武汉水利学院，其成立大会典礼也是在武汉大学的这座体育馆里举行的。⑤

数十年过去了，历经风雨沧桑的宋卿体育馆，一直都深受武大师生的喜爱，并且至今仍在使用中。从入学报到到毕业联欢，从体育比赛到文娱活动，宋卿体育馆在一代又一代武大师生的各种难忘的校园记忆中从未缺席过。不光是武大师生平时经常可以来到这里

---

① 参见《武昌国立武汉大学体育馆及游泳池全套图样》，《建筑月刊》第 4 卷第 2 号（1936 年 2 月）。

② 参见《蒋委员长亲莅军官训练团点名》，国民政府军事委员会政治部编印：《政治通讯》第 2 期（1938 年 6 月 20 日）。

③ 参见汤商皓：《1985 年回国重游珞珈母校武大忆往感怀记》，见武汉大学校友总会、武大武汉校友会合编：《武汉大学校友通讯》1991 年第 1 期。

④ 参见《本校"六一"惨案辑略》，《国立武汉大学周刊》第 371 期增刊（1947 年 7 月）。

⑤ 参见武汉水利电力大学校史编写组：《武汉水利电力大学四十年（1954—1994）》，武汉水利电力大学 1994 年版，第 3 页。

图 5　1949 年 6 月 1 日，武大师生在宋卿体育馆举行
"'六一'二周年纪念大会"

图 6　宋卿体育馆今日内景

锻炼身体，陶冶性情，一年四季络绎不绝的校外游客，亦可深入其中，领略其迷人的风采。当然，睹物思人，我们永远都不应忘记黎元洪父子为资助国家教育事业而不惜慷慨解囊、捐资兴学的义举，并将这种高度重视与鼎力支持教育的可贵精神不断发扬光大。

珞珈石屋、听松庐与半山庐

刘文祥　吴　骁

1930 年前后，国立武汉大学在武昌郊外的珞珈山新校址开展大规模的新校舍建设之时，曾经在珞珈山的北山坡上先后修建过三座小型附属建筑——珞珈石屋、听松庐、半山庐。这三座建筑不仅风格各异，而且也分别见证过各种各样的颇有意味的校园往事。但可惜的是，听松庐与珞珈石屋早已荡然无存，只剩下半山庐至今犹在。不仅如此，有些武大师生校友在撰写回忆或宣传文章时，常常会将这三者混淆。有鉴于此，我们有必要将这三栋老房子各自的来龙去脉原原本本地讲清楚，借以全面澄清关于它们的种种误传。

珞珈石屋——从建筑工程处到"任李二公祠"

1929 年初，国立武汉大学最终确定在武昌郊外、东湖之滨的落驾山（后改为珞珈山）—狮子山一带建设新校舍，学校邀请的美国建筑师开尔斯要求武汉大学建筑设备委员会提供珞珈山一带的详细地形图。随后，时任代理校长刘树杞便前往汉口邀请他的留美老同学、麻省理工学院土木系毕业的缪恩钊来校，聘其为建筑设备委员会监造工程师，并且要求他负责尽快把珞珈山地形图测量出来，以便进行建筑设计。缪恩钊随即邀请沈中清做他的助手，还另外请了姜福德等 4 名测工，并从湖北省建设厅借了测量仪器。1929 年 3 月 18 日，沈中清和 4 名测工携带全部测量仪器和设备，从武昌城内步行至珞珈山新校址，租借了一位广东商人刘燕石在珞珈山北的一处私人庄园居住和工作。据沈中清回忆，"那时落驾山上树藤杂草一片原野，五里之内没有人烟，山上野鸡野兔常有遇见。有时刘公打一只野鸡给我们加餐。晚上我们用煤油灯照明做内业"。在监造工程师缪恩钊的领导下，沈中清等人夜以继日地辛勤工作，在当年 8 月完成了全部测量工作。①

图 1   1929 年建成的珞珈石屋

1929 年 7 月，沈中清等人在测量珞珈山地形的同时，还充分利用在山上"就地捡集的乱石"，开始修筑建筑设备委员会工程处办公室。这是一座三开间的平房，建筑面积 192 平方米，造价 0.58 万元，由缪恩钊、沈中清设计，"前廊阳台用乱石砌筑四根柱子，盖青布瓦屋面，外观造型古色古香"，"地板门窗装修均用杉木料，做古铜色油漆"。后来，校长王世杰将这座小房子命名为"珞珈石屋"——顾名思义，就是用珞珈山上的石头砌成的小屋。整个建筑因系就地取材，故而呈现出珞珈山当地石材所特有的黄褐色，外立面亦朴实无华，别具自然纯朴的郊野气息，屋旁还配以庭院花木，亦扶疏有致。珞珈石屋于 1929 年 10 月竣工，11 月，建委会工程处进驻办公。在其修建之前，珞珈山上的建筑仅有西南山坡的彤云阁与北山坡的刘氏

① 参见沈中清：《工作报告——参与国立武汉大学新校舍建设的回忆（国立武汉大学新校舍建筑简史）》，1982 年 3 月，第 5~6 页，武汉大学档案馆馆藏档案，全宗号 4，年代号 1982，分类号 X22，案卷号 6。

图 2　1929 年建成的珞珈石屋

庄园，因此，珞珈石屋也是武汉大学在珞珈山上建造的第一座建筑。虽然只是一层平房，但因其所处地势较高，"坐落在珞珈山北麓半山腰，面对狮子山建筑中心，用望远镜远眺施工现场的一切活动一目瞭然，真是理想的监督岗"。①

　　1931 年底，国立武汉大学珞珈山新校舍一期工程全面竣工。1932 年春，全校师生从武昌东厂口旧校舍迁入珞珈山新校舍。由于当时学生人数不多，狮子山上的学生宿舍还有不少富余房间，学校便暂时将部分房间用做行政办公用房及单身教职员宿舍，工程处也从珞珈石屋搬到学生宿舍。随后，学校便将珞珈石屋这个刚刚空出来的"工程处旧址"安排给时任史学系主任李剑农与经济系主任任凯南两位教授居住，他们均是只身从湖南老家来到武大任教的教授，未带任何家眷。据时任法学院院长皮宗石之子皮公亮先生回忆，当时，任凯南住西边，李剑农住东边，前房作书房，后房作卧室，共请了一个厨师做饭。两位教授十分勤奋，除授课外，几乎整天在屋里看书写作，石屋安静得像一座庙。于是，他们的湖南老乡与留英同学、外文系女

────────────

　　①　参见沈中清：《工作报告——参与国立武汉大学新校舍建设的回忆（国立武汉大学新校舍建筑简史）》，1982 年 3 月，第 12 页，第 14 页。

教授袁昌英便开玩笑地将"珞珈石屋"称为"任李二公祠",后来,这个名字慢慢地传开了,成为"珞珈石屋"的绰号。① 此外,著名经济学家、思想家、翻译家,1935 年毕业于国立武汉大学法学院经济系的夏道平校友,不仅将这两位时年 50 岁上下的教授尊称为"石屋二老",甚至还曾经和另一位同学一起,充满崇敬感地一路尾随这"二老"从珞珈山下慢慢地走回山上的石屋。②

图 3　"石屋二老"——李剑农(左)、任凯南(右)

令人遗憾的是,20 世纪 70 年代初,"珞珈石屋"被拆除,在其原址上建起了一座三层楼的招待所(后来又改作研究生院办公楼),于是,武汉大学在珞珈山上建造的第一栋房子,就此销声匿迹,唯有石屋门前下山的一段老石阶留了下来,还在无声地诉说着这座早已不复存在的老房子当年的沧桑往事。

① 参见皮公亮:《珞珈山上的第一栋房子——其人其事》,武汉大学校友总会编:《武大校友通讯》2007 年第 1 辑,第 65~69 页;皮公亮:《珞珈石屋与任李二公祠》,《武汉文史资料》2016 年第 1 期,第 29~31 页。
② 参见夏道平:《石屋二老》,国立武汉大学旅台校友会编:《珞珈》第 36 期(1972 年 10 月 1 日),第 1~4 页。

听松庐——从"建筑设备委员会会所"、"招待室"到蒋介石寓所

前文所述曾经在珞珈山上为沈中清等人提供住所的广东商人刘燕石，早在民国初年，便已在这一带买下了不少山地。国立武汉大学选址珞珈山之后，他对武汉大学的新校舍建设非常支持，当他在珞珈山一带所持有的 300 多亩土地均被圈入武汉大学校址范围之后，他不仅比较迅速地与武汉大学校方一起办妥了这些土地的征购手续，还多次以"中人"的身份，积极帮助武汉大学办理与校址内其他一些地主之间的购地手续。①

刘燕石在珞珈山北坡的那座庄园中，原有一片面积约为 15 亩的松树林。武汉大学买下这块土地后，便在这片松林中盖了一栋两层的小洋楼，也正是因其隐藏在松涛的怀抱之中，故得"听松庐"之雅名。听松庐由缪恩钊、沈中清设计，胡道生合记营造厂承建，1930年 4 月开工，9 月竣工，建筑面积 360 平方米，造价 1.44 万元，是国立武汉大学珞珈山新校舍一期工程全面开工之后，学校在珞珈山上建成的第一栋建筑。②

听松庐体量虽小，但具体用途却不少。在 1932 年刊行的《国立武汉大学第一届毕业纪念册》的插图中将其称为"建筑委员会办公室"。③ 1933 年度和 1934 年度的两本《国立武汉大学一览》中的插图则称之为"建筑设备委员会会所（一名听松庐）"。另一方面，从 1932 年起，学校连续五年刊印的校园地图上，均将听松庐标注为

①　相关研究可参阅刘文祥：《珞珈山：一座现代中国大学校园的营建（1928—1937）》，武汉大学硕士学位论文，2013 年，第 70 页；刘文祥：《抗战前国立武汉大学珞珈山校园选址征地考论》，冯天瑜主编：《人文论丛》2014 年第 2 辑，中国社会科学出版社 2015 年版，第 481 页。

②　以上内容主要参见沈中清：《工作报告——参与国立武汉大学新校舍建设的回忆（国立武汉大学新校舍建筑简史）》，1982 年 3 月，第 12、15 页。

③　参见《国立武汉大学第一届毕业纪念册》，1932 年，第 122 页。

图 4　1930 年建成的听松庐

图 5　1930 年建成的听松庐

"招待室"。① 此外，据皮公亮校友回忆，当时的建筑设备委员会委员长李四光"曾短期来武大工作，他一家人（妻子和女儿）三口就

---

① 以上内容参见《国立武汉大学一览》（中华民国廿一——廿五年度），1932–1936 年。

住在这里",而"武大例行的校务委员会每次也是在这里召开"。①

作为学校的招待所,听松庐在 20 世纪 30 年代不知接待过多少来自全国乃至世界各地的贵客。如在 1932 年底,著名学者胡适来到武汉大学访问期间,就曾在听松庐下榻数日。12 月 1 日,他还在日记中写道:"独宿招待所;此屋孤立山上,颇感寂寞。就点烛写明日讲稿,到一点始睡。"② 再如皮公亮校友回忆,"20 世纪 30 年代,国民政府军事委员[会]在武汉成立行营,陈诚是当时的负责人,他经常来武大,每次来,校方都在这里接待"③。

抗日战争爆发后,国立武汉大学于 1938 年春西迁至四川乐山,而学校迁走后逐步腾出来的珞珈山校舍,也被国民政府大量借用,成为各种抗战活动的重要场所。其中,听松庐就曾数度成为蒋介石、宋美龄夫妇在珞珈山的居所。1938 年 5 月 14 日,陈诚在珞珈山给他的夫人谭祥写了一封信,信中提到蒋介石刚刚与薛岳一同奔赴前线,宋美龄的侍从则将她的行李运往庐山,在信的结尾,陈诚又补上了两行小字:"此次回汉均住平阅路,今午来珞珈山招待所,因先生、夫人已不要此屋也。"④ 也就是说,蒋介石、宋美龄夫妇之前就是住在珞珈山招待所(即听松庐)的,在他们分别离开之后,"已不要此屋也",陈诚才得以从武昌城内的平阅路搬到珞珈山上的听松庐居住。不过,一段时间后,蒋介石和宋美龄又重新住回了听松庐。当年 10 月上旬,蒋介石曾在他的日记里多次提到听松庐——"十月一日上午,往珞珈山听松庐憩息,下午,登山眺望,傍晚,散步东湖湖滨,晚宿听松庐……二日午,游养云山野餐毕,回听松庐……八日晚,往

① 参见皮公亮:《鲜为人知的"听松庐"》,《武大校友通讯》(2015 年),武汉大学出版社 2016 年版,第 354~355 页。

② 参见《胡适的日记》(手稿本)(十一),台湾远流出版事业股份有限公司 1990 年版,原书无页码。

③ 皮公亮:《鲜为人知的"听松庐"》,《武大校友通讯》(2015 年),第 355 页。

④ 参见陈诚著,何智霖、高明芳、周美华编辑:《陈诚先生书信集——家书》(下册),台湾"国史馆"2006 年版,第 453~454 页。

珞珈山听松庐宿，静坐观月"。① 通过上述记载，我们固然无法得知蒋介石、宋美龄1938年在听松庐居住的具体起止时间，但至少可以清楚地了解到，在当年的5月和10月，蒋宋夫妇确实曾经在听松庐居住过一段时间，这是确信无疑的。

1938年10月12日，因武汉形势危急，国民政府军事委员会参事室主任、国立武汉大学前任校长王世杰在离汉赴渝的前一天，曾专门从汉口渡江前往由他一手建成的武汉大学珞珈山校园住宿一晚。他在当天的日记中写道："晚宿珞珈山前山招待所，佺德芳及武大留驻学校之庶务余君同在招待所中度宿。晚间偕往湖畔山坡，观月出，幽寂之至。"② 珞珈山上的听松庐，就这样陪伴着国立武汉大学首任校长王世杰度过了其一生中在武汉大学的最后一夜。

令人遗憾的是，在武汉沦陷期间，曾经迎来过众多风云人物的听松庐，不知何故，竟然被侵华日军拆毁。20世纪90年代初，武汉大学在听松庐旧址附近修建了一座名为"珞珈山庄"的学术交流中心和招待所，而当年曾显赫一时的听松庐，如今已找不到任何痕迹，只有其旧址附近的几棵一直存活至今的古老松树，依然是其风云往事的历史见证者。

半山庐——从单身教员宿舍到招待所

在珞珈石屋东面的听松庐落成数年后，其西侧又建起了一座欧式风格的小洋楼——半山庐。与珞珈石屋和听松庐一样，半山庐仍然由缪恩钊、沈中清设计，胡道生合记营造厂承建，1932年开工，1933年竣工，建筑面积507平方米，造价2.03万元，③ 为学校单身教员宿舍，因其地处珞珈山的半山腰而得名。半山庐的主体部分平面呈

---

① 参见黄自进、潘光哲编辑：《蒋中正总统五记·游记》，台湾"国史馆"、世界大同文创股份有限公司2011年版，第109页。

② 参见《王世杰日记》（手稿本）第一册（民国二十二年五月~民国二十七年十二月），台湾"中央研究院"近代史研究所1990年版，第400页。

③ 以上内容主要参见沈中清：《工作报告——参与国立武汉大学新校舍建设的回忆（国立武汉大学新校舍建筑简史）》，1982年3月，第13页。

"山"字形，高约 7 米，由两个阳台将三栋两层的楼房连缀而成，屋顶四角均采用平角飞檐，中间一楼伸出一个装饰性屋檐为入口，整栋楼用色简拙，皆青砖墨瓦，外观朴素简洁，四周花木点缀，与珞珈山的苍秀山势混为一体。因为是单身教员宿舍，其内部的建筑布局设计为一个个单独的房间，并配有会客室、储藏室、厨房、卫生间等公共设施。每间宿舍内都配有壁炉，颇有几分"英伦范"。不过，由于没有独立的厨卫与储物空间，其住宿条件相对于珞珈山东南坡上"第一教职员住宅区"的 20 多栋教授别墅（最初修建了 18 栋，后来又增建了 4 栋，但仍然继续沿袭"一区十八栋"之俗称）而言，自然是要简陋得多。

图 6　1933 年建成的半山庐

半山庐位置良好，环境幽雅，视野开阔，风景绝佳。1935 年下半年曾在这里居住过一个学期的国立武汉大学法学院政治系教授缪培基，后来曾如此回忆半山庐及武汉大学珞珈山校园风景：

> 这是一幢两层洋楼，专供单身教授住居的宿舍，踞山腰，深隐松林中，蝉唱虫吟，萤光点点，饶有诗意。我与陈恭禄教授住楼上，郭斌佳教授住楼下，另有其他二位教授。每日三餐同席用膳。汉口市长吴国桢常来访斌佳谈天，得与相识。半山庐面对图书馆、文学院、法学院、理学院和学生宿舍。工学院正在施工。

兼采宫殿式与西洋式之长的建筑，典雅堂皇。蓝色琉璃瓦掩盖浅黄色的高墙，在晴空一碧下显得和谐悦目。东湖在侧，微波荡漾，水色山光益增艳丽。每当黑夜岑寂，湖面一平如镜，反映高悬的明月，闪烁的繁星，漫步沙滩，有如置身仙境，忘却世事的烦嚣。①

缪培基在上文中两次提到的那位郭斌佳教授，当时在国立武汉大学文学院史学系任教，为美国哈佛大学历史学博士，美国史学会会员，因其外表英俊而颇受珞珈山上广大女性的青睐。当时还只是一个小女孩的杨端六、袁昌英教授夫妇之女杨静远，在半个多世纪后，曾在一篇回忆文章中如此描述这位当时还非常年轻的单身教授："他庄静寡言矜持，十足的英国绅士派头。论长相，他是我所见过的最俊美的中国男子。二十八岁，风度翩翩、博士、教授、未婚，他的到来，在武大群芳中引起的无声轰动，可以想见。不知是否择偶眼光太高，尽管许多热心朋友为他张罗，他都一直保持单身……"② 抗战爆发后，武汉大学曾委托郭斌佳教授主持搜集战时史料。③ 后来，他又出任国民政府外交部参事，并在 1943 年 11 月随蒋介石一同前往埃及参加开罗会议，在中国代表团内负责"政治"与"国际要闻"工作。④ 抗战胜利前夕，郭斌佳还在美国旧金山参加了联合国制宪会议，并在联合国成立后担任安理会事务部第一司司长。⑤ "直到四十多岁，他

---

① 缪培基：《王世杰武汉大学与我》，《珞珈》第 88 期（1986 年 7 月 1 日），第 6~7 页。

② 杨静远：《一个小女孩眼中的战前珞珈山》，台北市国立武汉大学校友会编印：《珞珈》第 117 期（1993 年 10 月 1 日），第 51 页。

③ 参见《国立武汉大学 1938 年请郭斌佳主持收集战时史料便函及事务人员值勤表》，武汉大学档案馆馆藏国立武汉大学档案，全宗号 6，年代号 1938，分类号 L7，案卷号 88；《沿革概要》，《国立武汉大学一览（中华民国廿六、七年度合刊）》，1939 年，第 17 页。

④ 参见梁敬錞：《开罗会议》，台湾"商务印书馆"1973 年版，第 82~87 页。

⑤ 参见庞森：《走进联合国》，四川人民出版社 2005 年版，第 308 页。

才和过去的美国女教师结婚，定居纽约。"①

图 7　曾在半山庐居住过的国立武汉大学文学院史学系教授郭斌佳
——"我所见过的最俊美的中国男子"（武大子弟、校友杨静远语）

　　抗战胜利后，国立武汉大学从四川乐山复员武昌珞珈山，此时的半山庐，依然是单身教授们的聚集地。后来被誉为武汉大学"哈佛三剑客"的韩德培、吴于廑、张培刚教授，以及谭崇台、刘绪贻、余长河、周新民、万卓恒、庆善骏等多位教授，均曾在半山庐居住过。新中国成立后，半山庐曾作为学校招待所使用，后来又改为校医院的住院部。1983 年武汉大学 70 周年校庆之时，学校又将半山庐改回为招待所。2000 年，新武汉大学合并组建后，半山庐成为学校人事部的办公处。2006 年，人事部迁出，武汉大学校友总会、董事会与教育发展基金会进驻半山庐合署办公。② 2014 年，上述几家单位搬出半山庐，学校又对这栋已有 80 多年历史的老房子进行了修缮。据说，半山庐修缮完毕后，又将作为招待所使用，但也有人提议可将其辟为武汉大学抗战纪念馆。

---

　　①　杨静远：《一个小女孩眼中的战前珞珈山》，《珞珈》第 117 期（1993年 10 月 1 日），第 51 页。
　　②　以上内容参见刘以刚：《漫谈武大半山庐》，《武大校友通讯》2009 年第 1 辑，武汉大学出版社 2009 年版，第 178~179 页。

"石屋" 与二 "庐" 之辨

通过上文中的全面介绍，我们可以得知，珞珈石屋、听松庐与半山庐是武汉大学 1929—1933 年间在珞珈山北山坡先后建成的三座完全不同的建筑，它们同处珞珈山上，但名称不同，建筑规模与风格各异，也各有各的过客与故事。在 1933 年度和 1934 年度的两本《国立武汉大学一览》的插图中，就同时刊登了这三座建筑的照片，其名称分别为"珞珈石屋"、"建筑设备委员会会所（一名听松庐）"和"教员公共宿舍"。而在 1934 年刊印的"国立武汉大学校舍设计平面总图"上，这三栋房子则分别被标注为"珞珈石屋（工程处旧址）"、"听松庐（招待室）"与"单身教员宿舍"，其中，珞珈石屋在平面图上呈长方形，听松庐为"L"形，半山庐则近似一个"山"字形；此外，珞珈石屋与听松庐之间的一条小路，还被命名为"小松径"。① 不过，也许正是因为这三座建筑相隔过近，再加上听松庐和珞珈石屋被拆除的时间又比较早，于是，它们便很容易被一些武大师生校友乃至校史研究者混淆，结果就令人遗憾地生出了不少以讹传讹的史实错误。

比如前文曾提到的武汉大学校友夏道平，他在 1972 年的《石屋二老》一文的开篇中，便如此写道：

> 战前在珞珈山住过的校友们，大概都知道"半山庐"，没有听说过"石屋"。石屋是我为写这篇东西特给半山庐取的一个外号（其实应该说是"本"名）。因为我觉得：石屋的"石"和我所写的两位主人公有些相同的属性。半山庐不过是表明这个建筑物的位置而已。
>
> 说明了这一点以后，校友们一望这个题目该会马上想到两位

---

① 参见《国立武汉大学一览（中华民国廿二年度）》，1933 年；《国立武汉大学一览（中华民国廿三年度）》，1934 年。

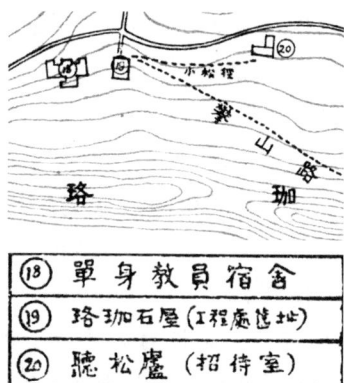

图 8　珞珈石屋、听松庐与半山庐在珞珈山上的位置示意图（1934 年）

教授：任凯南（戆忱）和李剑农老师。因为珞珈山的许多建筑中只有这一座石屋；这座石屋，在战前也只住过这单身的二老……

石屋建在珞珈山腰。矮矮的四面围墙，全是就山取材的花岗石砌成的。面积，用我们在台湾听惯了的用语来讲，有四十多个建坪。周围，除高高低低的花树和灌木以外，是一片松林。所以右上方相去约三百公尺的那幢二楼小洋房（来宾招待所）叫作听松庐。

听松庐这个名称很幽雅，但它的风格不像石屋那样纯然古朴。①

由上可见，夏道平校友是知道珞珈石屋与听松庐是两座不同的建筑的，但他并不知道同时期其他校友们"大概都知道"的"半山庐"，其实是珞珈石屋这座小平房西边的另外一栋二层的小洋楼，而"石屋"也不可能是砖木结构的半山庐的"外号"和"'本'名"。

———————

①　夏道平：《石屋二老》，《珞珈》第 36 期（1972 年 10 月 1 日），第 1 页。

119

再如 1993 年出版的《漫话武大》一书，在其所收录的《蒋团长训话》一文中，又将听松庐与半山庐混为一谈：

在珞珈山的北坡，有一栋精致的小洋楼，因它位于珞珈山的半山腰，因此被称为"半山庐"。后来有人认为"半山庐"之名不雅，乃提议改其名为"听松庐"，由于该楼周围松林密布，风入叶动，涛声澎湃，确实是听松的好地方，于是书有"听松庐"三字的匾额挂在该楼门上。

听松庐建于 30 年代，是校内最早的贵宾招待所，也是校内名气最大的小建筑物，现在仍是学校的招待所。

听松庐建成后一直是宾客盈门，接待过不少贵宾，但它最"风光"的时间则是 1938 年。1938 年夏，抗战的炮火已逼近武汉，武大被迫西迁四川乐山，珞珈山已是人去楼空。蒋介石看中了珞珈山，便在武汉大学内开办了一个专门培训国民党高级军官的军官培训团，并亲自兼任团长，"团长官邸"就设在听松庐，听松庐一时成为武汉三镇乃至全国的中心。①

事实上，听松庐与半山庐是 20 世纪 30 年代中期在珞珈山北坡上同时并存的两座建筑，在这样的前提下，总不可能会有人提议将某栋建筑的名称改成另一栋建筑的名字吧？该文的作者其实并不了解武汉大学历史上的"听松庐"究竟是一座怎样的房子，在将其与半山庐误认为是同一处建筑之后，眼前看到的固然是"现在仍是学校的招待所"的半山庐，但其所具体描述的"由于该楼周围松林密布，风入叶动，涛声澎湃，确实是听松的好地方"，"校内最早的贵宾招待所"等基本信息，实际上指的却是早已在珞珈山上消失了数十年的听松庐。大概也正是因为这篇文章犯下了将听松庐与半山庐相混同的这样一个前提性错误，再加上确有一些武大老校友知道蒋介石当年的

---

① 《蒋团长训话》，刘双平编著：《漫话武大》，武汉大学出版社 1993 年版，第 50 页。

"'团长官邸'就设在听松庐",于是,蒋介石曾在半山庐居住过的说法,也由此产生并慢慢地流传开来了。

实际上,这种说法完全不合常理。在当时,全武汉大学住宿条件最好的住宅,便是珞珈山北坡上作为学校招待所的听松庐,以及位于珞珈山东南坡上的 20 多栋教授别墅(即前文所述"一区十八栋")了,而相比之下,作为"教员公共宿舍"的半山庐,住宿条件就要逊色得多了。1938 年春,随着原本居住在"十八栋"的武汉大学教授们开始随校西迁,逐渐腾出房屋,周恩来、黄琪翔、康泽、郭沫若、万耀煌等军政要员纷纷入住条件优裕的"十八栋",而以蒋介石的身份地位以及蒋夫人宋美龄女士的生活品质,却要屈驾于一栋比蒋的下属们的住宿条件简陋得多,甚至连独立卫生间都没有的武汉大学单身教员公共宿舍,这实在是有些说不通。

相比之下,通常被学校用于接待贵宾的听松庐,不仅住宿条件并不亚于"十八栋"的教授别墅,而且与互相紧邻的"十八栋"别墅群大为不同的是,听松庐"孤立山上,颇感寂寞"(胡适语),其周边除了一片松林外,并无其他任何临近建筑,这样一种相对独立的周边环境,非常便于隔离与保卫,自然就比"十八栋"更加适合充当蒋介石的官邸。此外,与偏居一隅的"十八栋"相比,听松庐紧邻校园中心地带,对于当时身兼珞珈山军官训练团团长,经常要前往大操场、礼堂、体育馆等处亲训参训军官的蒋介石来说,住在听松庐显然要比住在"十八栋"拥有更多工作上的便利。

当然,前文中早已充分举证,陈诚在 1938 年 5 月 14 日的一封家书中曾明确提到蒋介石、宋美龄曾在珞珈山招待所(听松庐)居住过,而蒋介石在 1938 年 10 月上旬的日记中更是四次提到他在"听松庐"住宿或休息,却从未提及听松庐附近的"半山庐",由此,我们可以确证,所谓蒋介石、宋美龄夫妇曾经在半山庐居住的说法,完全与史实不符,理应尽早予以纠正,以免继续以讹传讹。对于半山庐这样一座已经拥有 80 多年历史,并且早在 2001 年便已入围"国家重点文物保护单位"的武汉大学早期校园建筑,我们当然应该视为珍宝,妥善保护,但若是继续将其作为"蒋介石旧居"来进行宣传,那就大错特错了。此外，对于珞珈石屋与听松庐这两座早已不复存在的校园建筑，我们也不应将其慢慢淡忘，而是要充分挖掘其历史印记与文化底蕴，就像讲述至今依然存在的半山庐背后的故事一样，将这两座已经作古的老房子的沧桑往事也不断地传述给一代又一代的珞珈学人。

鲜为人知的"庚子烈士纪念馆"

刘文祥

在武昌珞珈山西南麓武汉大学校园内，紧邻八一路北侧有一座"校中之校"——武汉大学第一附属小学。很多人不知道，这座看似普通的小学校园，曾经是武昌地区颇有名气的一所中学——私立武昌东湖中学的校址所在。而私立东湖中学时代留存至今的唯一一幢曾名"庚子烈士纪念馆"的早期建筑，背后更有着一段跨越晚清民国数十年历史的不凡故事。

2011 年是辛亥革命百年大庆，而早于辛亥革命 11 年发生在湖北武汉的自立军庚子起义，则可谓首义之区革命的前奏曲。1900 年（光绪二十六年，农历庚子年），八国联军攻占北京，慈禧太后携光绪帝仓皇西逃，清政府一时间陷于混乱。早前被镇压的维新派部分人士认为时机已到，计划借庚子事变之机发难。唐才常、林圭等维新人士在上海成立"自立会"，并在汉口成立"自立军"总机关，广泛联络长江流域的会党势力和清军，以康有为等的汇款为经费，统领自立七军，计划于当年 8 月 9 日以武汉为中心，发动湘、鄂、赣、皖四省起义，拥戴光绪皇帝重新主政。然而，由于经费不周等原因，起义延迟，最终被湖广总督张之洞破获机关，并将唐才常等骨干人员抓捕杀害，自立军起义也被迅速扑灭。这场起义虽未成功，却是中国革命史上具有转折意义的事件，它上承戊戌变法，下启辛亥革命，是两种革命道路发生转变的拐点。自立军的鲜血，证明了保皇维新必然失败的命运，使得革命派开始成为承担革命重任的主角。11 年后，正是在当年被自立军先烈鲜血染红的武昌，响起了一举葬送满清王朝的枪炮声，这其中既有历史的巧合，也蕴含着某种必然。

唐才常等十余名自立军首领在武昌紫阳湖被杀后，当天即被掩埋

123

于武昌洪山北麓。1912 年，依孙中山访问武汉期间的倡议，于此修建了庚子烈士陵园，并于 1929 年、1935 年两次扩建。此园坐南朝北，墓碑上有"铁血精神庚子烈士墓"字样，墓前有六柱圆顶纪念亭。依山而下建有墓道，墓道北端尽头建有"庚子革命先烈墓道"牌坊。今墓道已被八一路切断，烈士墓、纪念亭及牌坊尚存。

据《私立武昌东湖中学一览》记载，20 世纪 30 年代，武汉大学部分人士曾动议"利用大学附近优良之环境，创造一设备完善，师资优良，训练严格之中学，以适应社会之需要"。而 1935 年庚子烈士墓第二次重修扩建之时，所拨款项尚有余款，主事者"愿以修墓之余款，捐建中学校舍一栋，以作永久纪念建物"，这与武汉大学人士的想法正合，于是在珞珈山与洪山之间的这片农田上，便于当年建起了这所"私立东湖中学"。在东湖中学的建设捐款名单中，"建筑庚子烈士公墓委员会"捐款 11000 元，为数目最大者。在建成的校舍中，最为醒目的、居于校园中央地带的便是礼堂所在的建筑——庚子烈士纪念馆。这是一幢平面呈"T"字形的两层白墙红顶建筑，坐东朝西，遥对洪山北麓的庚子革命烈士墓。据记载，当年楼内设有"礼堂一大间，图书标本室一大间，办公室四间，教室六间，足供学校办公及三百学生阅书受课之用"。可见此楼集礼堂、行政楼、图书馆、教学楼四大功能于一身，可谓当时东湖中学最为重要的核心建筑。

图 1   私立武昌东湖中学全景（1937 年）

在《辛亥革命辞典》一书中，有"庚子革命烈士祠遗址"条目，称此楼"1912 年建"，这显然是错误的。《私立武昌东湖中学一览》

图2　庚子烈士纪念馆（当年为私立武昌东湖中学校舍，
现为武汉大学第一附属小学校舍）

有"二十四年夏，校址、校舍及设备，均粗具规模"一语，据此推断此楼的建成年代，当为1935年。此外，虽然名曰"庚子烈士纪念馆"，但并非实质意义上的"纪念馆"，事实上是学校的礼堂、图书馆、教学楼和行政办公楼。《辛亥革命辞典》一书中的"楼内原陈列有庚子革命烈士文物"的说法，并未见诸《私立武昌东湖中学一览》的文字介绍中。即便确有文物陈列，可以肯定的是那也并非建设这一建筑的主要功能和目的。

　　这幢以庚子烈士墓修缮余款建筑起来的"庚子烈士纪念馆"，虽并未成为纯粹意义上的"纪念馆"，但这一捐资助教的善举，却也毫无疑问是纪念烈士的最佳方式。不惟庚子烈士纪念馆，整个东湖中学的校舍建设都得到了武汉乃至全国各界社会名流和组织的襄助。在《私立武昌东湖中学捐款人一览》中，除了"建筑庚子烈士公墓委员会"及武汉大学校领导和教职员工外，我们还能看到诸如"汪精卫先生"、"陈辞修先生"、"汤恩伯先生"、"居觉生先生"等著名人士，以及"既济水电公司"、"上海商务印书馆"、"中英庚款委员会"、"金城银行"、"盐业银行"等企业或组织。而在东湖中学校董名单中，也能看到诸如夏斗寅、周苍柏、李范一等地方社会名流的名字。可见私立东湖中学的成立和建设，在当时的武汉教育界可谓一桩盛事。这所学校依托国立武汉大学的声誉以及绝佳的天然环境而建，正所谓"毗邻胜境，地绝尘嚣，有大学可资观摩，有湖山足供游览，环境之佳，洵不多觏"。据一些老校友回忆，当时的东湖中学是一所半对外的学校，武大子弟占少数，更多的是来自校外周边地区的小孩，学校虽然创办不久，但在当时却是武昌地区一所档次较高的学校。可以说，东湖中学的建设，成为了武汉大学与武汉、湖北地方合作兴学反馈地方的一个经典范例。

这一美丽的校园工程，在近代中国的历史风云中，也铭刻了武汉这片革命热土上动人的火热记忆。它不仅串连起数十年前可歌可泣的庚子革命事迹，更在很快到来的抗战中扮演了极其重要的角色。在东湖中学正式成立后数月，全面抗战爆发，不久武汉即成为全国抗战的中心，事实上的战时首都。这一时期，武汉大学珞珈山校园也成为当时远东反法西斯运动的训练中心和重要指挥中枢，位于武汉大学校内的东湖中学校园也一并迎来了前所未有的光荣时刻。在武汉抗战期间，众多党、政、军各级组织借用武汉大学和东湖中学校舍举办各种训练活动或召开重要会议，诸如1938年1月的"中央政治学校特别训练班"，就是在寒假期间利用东湖中学校舍举办的。而著名的珞珈山军官训练团更是一个最为重要的代表。珞珈山军官训练团分为训练高级军官的将官班和训练下层军官的校官班。将官班先于校官班，于1938年3月1日至3月20日在武汉大学校园内举办了第一期。随后国民政府军事委员会扩大训练规模，成立了珞珈山军官训练团，增开了规模更大的校官班，每期人数达数千人。由于人数众多，人数较少的将官班便迁至东湖中学校舍举办。将官班在东湖中学举办了两期，其间团长蒋介石、教育长陈诚、副教育长万耀煌多次前来训话，德籍顾问法肯豪森将军也活跃于此。可以说，1938年春夏之际的东湖中学，集中了当时中国的绝大多数高级军事将领。在这里举办的将官研究班，为中国人民抗日战争和人类反法西斯运动作出了巨大贡献。年轻而美丽的东湖中学校园，在武汉抗战的时代洪流中刻下了这一段光荣的记忆。

光阴荏苒，历经八十多年的风风雨雨，当年的"私立武昌东湖

126

中学",早已更名为武汉大学附属中学,并另迁新址,而珞珈山西南麓的老校园,则成为了武汉大学附属小学。沧海桑田,当年的校园和周边风貌发生了翻天覆地的变化。曾经的东湖中学校舍,如今仅剩下庚子烈士纪念馆一幢建筑尚存,在武大附小与周边其他建筑的夹缝中静静伫立。今天已经没有多少人知道这幢建筑的来历,更不知道它曾经叫做"庚子烈士纪念馆",以及这幢老建筑所承载的一座城市跨越百年的厚重历史瞬间。已经列为全国重点文物保护单位的15处"武汉大学早期建筑"中,并未包括庚子烈士纪念馆,此楼目前未列入任何级别的文物保护单位,这不禁令人为其前途担忧。辛亥百年大庆已过,庚子自立军起义作为辛亥革命的序奏,其历史意义当然重大,事实上,庚子烈士墓已列为湖北省文物保护单位,而武汉大学校园内的这幢曾经作为庚子革命之纪念馆的校舍建筑,后来又成为了珞珈山军官训练团将官研究班等抗日战争时期训练机构的举办地,可谓承载着武汉城市记忆中最为光荣的和最具血性的豪迈记忆之一,其历史意义无比珍贵,理应得到充分的保护和宣传。

斯人已逝，黉宫长在

——邵逸夫先生捐建的武汉大学人文科学馆

刘文祥　吴　骁

邵逸夫（1907—2014 年）先生是香港地区著名的实业家和慈善家，他最为中国内地民众所熟知的地方，便是由其慷慨捐建给全国各地不同学校的多得数不清的"逸夫楼"。多年来，他对祖国持续不断的捐资助学善举，成为了长久为国人所铭记的不朽传奇。在武汉地区的诸多校园中，也同样有着多座"逸夫楼"，其中，1990 年落成的武汉大学人文科学馆，堪称武汉地区众多"逸夫楼"中的经典之作。

20 世纪 20 年代末，当时的国立武汉大学选定了武昌东湖南岸的珞珈山地区建设新校舍，并聘请了美国建筑工程师开尔斯进行总体规划设计。在开尔斯的规划方案中，主要校舍建筑环列于狮子山南坡、珞珈山北坡（火石山）和两山间的山梁（笔架山）这一 U 字形地带；中间则环抱运动场。从 1930 年到 1937 年，武汉大学陆续建成了狮子山上的文、法、理学院，图书馆，学生饭厅和男生宿舍，以及珞珈山北坡的工学院、水工试验所等建筑，但两山间山梁上居中的大礼堂和南北两侧的两栋大楼，均未及开工，便因抗战爆发而被搁置。尽管开尔斯没有留下这座大礼堂的详细设计图纸，但从他所设计的校园规划平面总图中可以看出，这座建筑体量宏伟，占地面积超过了狮子山顶的图书馆，在设计构想中显然是一幢总摄全局的中心建筑。20 世纪50 年代，武汉大学在该地段的北面和南面先后修建了生物大楼和物理大楼，但中间原计划修建大礼堂的地块仍然长期空置。到了 20 世纪80 年代，在当时的武汉大学校园总体规划中，这里被辟为建设文科区主楼的用地。

1988 年 9 月 10 日，由邵逸夫先生捐款 1000 万元港币、国家教委投资 335 万元人民币共同兴建的武汉大学人文科学馆，在原大礼堂规划用地举行奠基仪式，11 月 15 日正式开工，全部工期历时两年整，最终于 1990 年 11 月 15 日竣工验收，11 月 20 日举行落成典礼。人文科学馆占地面积 4000 平方米，建筑面积 11183 平方米，高 38.95 米，共计 10 层。邵逸夫先生当时曾亲笔为之题写了"人文科学馆"五个大字，并被镶嵌在大楼的东西两面（可惜在后来的一次修缮中不知所踪，至今仍未恢复）。至此，武汉大学珞珈山校园核心区的这一缺位了 60 余年的空白，最终以浓墨重彩的一笔得到了填补。

图 1　1990 年落成的武汉大学人文科学馆

负责人文科学馆建筑设计的是东南大学建筑设计研究院的沈国尧教授。沈教授主持设计的人文科学馆建筑方案，在自然环境、历史文化等各方面，成功创造了中国高校建筑领域的一件经典作品。众所周知，珞珈山校园以其得天独厚的自然山水和美轮美奂的近代建筑而被誉为中国最美丽的大学校园。在这样一所风景如画而又积淀深厚的校园核心地带建设新建筑，必须充分尊重历史建筑所形成的既有建筑氛围。但与此同时，在 60 年后所兴建的人文科学馆，显然也不应只是机械地复制民国建筑的模板而毫无时代精神。人文科学馆的建筑风格，为在这两者之间寻求平衡进行了创造性的探索。沈国尧曾说："我们的原则是首先气势上的中国传统化，然后才是细部形象……有意于'或中或西之外，亦古亦今之中'……在立面的构成上吸取了我国宫殿、民居、园林建筑的特征，是有中国味的。"这幢大楼的屋顶使用了墨绿色琉璃瓦，既传承了武汉大学老建筑的风格，又结合这幢建筑周边环境的特点而加大了色彩深度，达到了更佳的视觉效果。这样的设计思路和手法，在对历史传统充分尊重的同时，也并未出于对开尔斯半个多世纪前所留下的经典作品过于敬畏而不敢作为，而是尽可能地展现出了一种开拓创新的时代精神和先锋气质。可以说，在武汉大学校园内 1949 年以后建设的所有建筑中，在传承与创新的协调上，人文科学馆堪称一个最为有创建性的尝试。

对自然环境的充分尊重和利用，也是人文科学馆的一大建筑特色。大楼所在地块地势向东自然下降，沈国尧利用这一地势，将大报告厅布置在东面的坡地上，而将大楼主体在西侧形成较高立面。同时在中央主楼和南北塔楼之间，空出了两个通透的回廊，使人站在楼前可以透过大楼看到远处的东湖、磨山等自然风景，与校园山水形成了和谐的统一，以画龙点睛之笔，更加凸显了武汉大学世所罕见的山水灵秀。

图 2　人文科学馆侧景

在武汉大学人文科学馆的建设过程中，邵逸夫先生的代表，香港中文大学前校长、香港中文大学逸夫书院校董会主席马临博士曾多次风尘仆仆、不辞劳苦地亲临现场关心指导。1988 年 9 月 10 日，马临先生来校出席人文科学馆奠基仪式，称赞其建设地点是一块"风水宝地"，并且表示："作为中国传统的文学、历史、哲学，非常重视对人的培养，这是值得我们自豪的。"1990 年 5 月 30 日，他再次莅校视察工程进展情况，并在 6 月 4 日给学校的电文中称："新楼设计宏伟，外形美观，地点居中，不论在樱花林看正面或于东湖看背面，皆有美奂美轮之感。所费心血，一赏所愿，特致贺意。"8 月 20 日，马临先生再度致电武汉大学称："月前在武汉曾亲身偕同，参观新楼建筑情况，印象至深。据已见落成各新楼，可与贵楼新馆相比拟者，尚未多见。新楼气势雄伟，配合环境，面积宽广，质料上乘，可贺可喜。"当年 11 月 20 日，马临先生第三次莅临武汉大学，并代表邵逸夫先生在人文科学馆落成典礼上致词，他说："今年邵逸夫先生支持的建筑计划，已有近 20 座大楼完成，有图书馆、科学馆、体育馆，人文科学馆的落成还是我第一次参加。近年来，在香港，请文史哲新闻的老师，相当困难，因为这方面的资源人才愈来愈难得，学生们的语文水平也有显著的下降（尤其是中文水平）。语文是思考的媒介，其重要性是不需要强调的。现在武大的人文科学馆落成，邵先生特别向武大道贺……"他还高度评价道："人文馆为武大添的光彩是无限的。"

人文科学馆是一座兼具多种功能的"综合楼"，首先主要是供当时的中文、历史、哲学、新闻四系的教学、科研及办公之用，其中包括一些特殊实验用房，如历史系的考古分析实验室，新闻系的新闻制作及演播室、摄影实习用房等。主楼中部四楼设有四系共用的文科图书资料室。大楼底层设有科学会堂，由一个 500 多座的大型主报告厅与南、北两个小型会议厅组成，为一个相对独立、供全校师生共同使用的国内外学术交流场所。特别值得一提的是，武汉大学的中文、历史、哲学三个历史悠久的老系，多年来一直都没有稳定的办学用房，人文科学馆建成使用后，可谓"雪中送炭"，大大改善了上述三系的办学条件，对于武汉大学的文史哲等传统人文学科的发展可以说是一个非常有力的支持。

1991 年 4 月 10 日，由国家教委组织的邵逸夫先生第二批赠款建设项目评选结果在天津大学揭晓，武汉大学人文科学馆荣获一等奖，专家评议组认为其"精心设计，精心施工，与周围环境十分协调"，评议组成员之一、清华大学教授宋泽芬更是高度称赞它为"全国最美大学校园里的最美的一栋建筑"。1992—1993 年间，武汉大学在八一路修建了一座新校门，其校门牌坊两侧配套建成的一对门房小楼，便直接采用了人文科学馆塔楼的造型和外墙装饰，可见其建筑风格已经开始为这座校园所认可和接纳。

　　1992 年 9 月 11 日，85 岁高龄的邵逸夫先生携其夫人方逸华女士以及马临博士一道，亲自来到武汉大学访问，并且兴致勃勃地参观了由他本人慷慨捐建的人文科学馆。方逸华女士代表邵逸夫先生讲话，称"美丽的武汉大学给我们留下了深刻的印象。我们在武汉大学时间是短暂的，但对武汉大学的美好印象是永远的……我们会永远珍藏与武汉大学的友谊"。邵逸夫先生回到香港后，还曾专门致函武大校长，他在信中写道："日前访问贵校，参观人文科学馆，场面隆重热闹，印象至为深刻，更欣见该馆构思新颖，造型壮美，管理完备，能加强贵校的教学科研和国际学术交流条件，提高整体教学水平，实赖您和各位老师筹划有方以致，谨致敬意及谢意。"

图 3　1992 年 9 月 11 日，邵逸夫先生访问武汉大学，并在由其捐建和题名的人文科学馆前与国家教委、湖北省、武汉市各级领导以及武汉大学党政负责人合影（前排右起第六位为邵逸夫先生）

20 多年过去了，随着武汉大学办学条件的不断改善，原在人文科学馆办公的新闻、哲学两大学院已在本世纪初先后迁出，文学、历史两大学院也将在不久后迁出人文馆，一同进驻学校新建的更为现代化的文科综合大楼，随后，艺术学院、档案馆等单位将搬入人文馆办公，而馆内的报告厅、会议厅等公共设施，仍将是学校今后举办各种学术文化活动的重要场所。不论"人文科学馆"的使用功能如何变迁，这座大楼也依然是武汉大学最重要的标志性建筑之一，而它所承载的邵逸夫先生对武汉大学乃至整个国家教育事业发展建设的襄助之情，更应永远为一代又一代的武大师生所铭记与感恩。

武大"十区"考

涂上飙　向晓露

合校以前的武汉大学，教工住宅为寻找方便曾划分为"十区"，现在的人大多不知道十区的概念了。为给历史留下一些线索，特撰此文。

一、学校基本建设概述

1928年7月，国民政府大学院（后来的教育部）决定建立国立武汉大学的时候，李四光作为武汉大学建筑设备委员会主任，与林学家叶雅各等人一道在珞珈山选择新校址（旧校址在蛇山南面的东厂口）。经过国民政府和湖北省政府的批准，最后确定东以东湖滨为界，西以茶叶港为界，北以郭郑湖为界，南自东湖滨至茶叶港桥头上，总面积3000余亩（上报到教育部的面积为3063.9亩）的土地为武汉大学新校址。

其实，民国除了珞珈山新校址外，还有另外两处办学地点。一是磨山南面4000余亩的农学院的农林场，一是旧校址的东厂口，还有一部分作为医学院的附属医院。这三处加起来大约有8000亩的土地。比现在学校面积5000余亩要大得多。

珞珈山新校址，里面有珞珈山、狮子山（现樱园）、火石山（现行政楼东西两边）、廖家山（现理学院北面）、团山（现理学院东北面）、扁扁山（现湖滨游泳池附近）、侧船山（现经济与管理学院北面）等。

新校舍设计包括：文、法、理、工、农、医六大学院，大礼堂、图书馆、总办公厅、体育馆、饭厅等大建筑物；男生宿舍六栋，女生宿舍一栋；电气厂、工场各一栋；教职员住宅大小数十栋；其他房屋若干栋；自来水厂；纵横马路数十华里。

1929—1932 年，第一期建设的新校舍，包括狮子山上的理学院、文学院、礼堂、饭厅、学生宿舍和珞珈山南的教工宿舍等建筑完工。1933 年开始第二期建设，主要建筑有法学院、工学院大楼、理学院附楼和图书馆、体育馆、华中水工试验所、珞珈山教授别墅以及半山庐等，至 1937 年 7 月抗日战争爆发时，除农学院（部分工程）、医学院、大礼堂、总办公厅等项工程外，大部分工程陆续完成。

二、十区的最初划分

3000 余亩土地，为做规划的方便分作十区：第一区，位于珞珈山东南边，有坟约 30 处，拟建筑教职工住宅 40 栋；第二区，位于珞珈山北面，侧船山附近，有坟约 70 处，拟建筑体操场、体育馆；第三区，位于珞珈山中西部，有坟约 100 处，拟培植校林及教职员工共同宿舍；第四区，位于珞珈山北边，火石山处，有坟约 60 处，拟建筑理学院、工学院；第五区，位于狮子山的东边，有坟约五六十处，拟建筑大礼堂、办公室、图书馆；第六区，位于狮子山的中、西边，有坟约 50 处，拟建筑学生寄宿舍；第七区，位于狮子山的北边，团山、廖家山处，有坟约 60 处，拟建筑文学院、法学院；第八区，位于廖家山的北边，北临东湖，有坟约 60 处，拟建筑本校动力自来水厂、工厂、煤气厂；第九区，位于廖家山的西边，有坟约 30 处，拟建筑医学院；第十区，位于郭家山南、茶叶港东，有坟约 150 处，拟建筑农学院。

从当时的规划来看，十区是依据地理自然方位，从南到北依次划分的。后来依据建筑的所在地，为寻找的方便来划分区域。

三、一区的出现

一区，就是教职员住宅第一区。它在珞珈山的东南头，即我们现在所说的十八栋，基本是独立或连体的别墅形式，主要用来延聘教授。当时学校许多著名的教授及学校领导都在一区住过。

图1　20世纪30年代中期的国立武汉大学"第一教职员住宅区"

据当时曾经住在十八栋的查全性（中国科学院院士、化学与分子科学学院教授）和皮公亮（《长江日报》资深记者）介绍，十八栋住过的名人有：

第4栋（双栋）住过范寿康、陶因、刘廼诚、钟心煊等人。范寿康（1896—1983年），著名哲学家。陶因（1894—1952年），著名经济学家。刘廼诚（1901—1976年），著名政治学家。钟心煊（1892—1961年），著名植物学家。第5栋（双栋）住过郭霖和蒋思道。郭霖（1894—1942年），著名机械工程专家。蒋思道，著名法学家。第6栋（双栋）住过缪恩钊、高翰。缪恩钊（1893—1959年），著名土木工程学家。高翰（1902—1996年），著名哲学家。第7栋（双栋）住过陶延桥、李儒勉。陶延桥（1898—1985年），著名化学家。李儒勉（1900—1956年），著名英语语言文学专家、翻译家。

第8栋（单栋）住过王星拱、皮宗石、刘正经。王星拱（1887—1949年），著名教育家、化学家、哲学家，国立武汉大学校长。皮宗石（1887—1967年），著名教育家，国立武汉大学法学院院长、教务长、图书馆馆长。刘正经，数学家。第9栋（双栋）住过查谦、余炽昌、吴维清和席鲁思。查谦（1896—1975年），物理学家、教育家。余炽昌（1899—1977年），著名的桥梁专家。吴维清，著名数学家。席鲁思（1896—1966年），著名古典文学研究专家、中文系"五老"(声望很高的五位老教授)之一。第 10 栋(双栋)先后住过汤佩松、方重、陈鼎铭、吴于廑、刘秉麟和查谦。汤佩松(1903—2001 年),著名植物生理学家,中央研究院院士。方重(1902—1992 年),著名英语语言文学专家、翻译家。陈鼎铭,化学家。吴于廑(1913—1993 年),著名历史学家,武汉大学副校长。刘秉麟(1891—1956 年),经济学家,教育部部聘教授。第 11 栋(单栋)住过周鲠生、刘秉麟。周鲠生(1889—1971 年),著名法学家、教育家,中央研究院院士,国立武汉大学校长。第 12 栋(双栋)住过徐天闵、张有桐、方壮猷。徐天闵(1888—1957 年)著名古典文学研究专家、诗人,中文系"五老"之一。张有桐,政治学系教授。方壮猷(1902—1970 年),著名历史学家。第 13 栋(单栋)住过叶雅各。叶雅各(1894—1967 年),林学家,农学院院长。第 14 栋(单栋)住过邵逸周。邵逸周(1891—1976 年),著名矿冶学家,工学院院长。14 栋后来改为学校招待所。

第 16 栋(单栋)住过皮宗石、葛扬焕。葛扬焕(1899—1972 年),著名法学家。第 17 栋(单栋)住过杨端六、袁昌英夫妇,外籍老师及陈华癸、周如松夫妇。杨端六(1885—1966 年),著名经济学家,法学院院长、教务长。袁昌英(1894—1973 年),中国早期女作家、翻译家,"珞珈三女杰"之一。陈华癸(1914—2002 年),著名微生物学家、教育家、中国科学院院士。周如松(1912—2005 年),周鲠生之女,著名金属物理学家。第 18 栋(单栋)分别住过三任校长王世杰、王星拱和周鲠生。王世杰(1891—1981 年),著名法学家,中央研究院院士,国立武汉大学校长。第 19 栋(双栋)和第 20 栋(双栋)先后住过汤璪真、黄叔寅、刘永济等人。汤璪真(1898—1951 年),数学家,毛泽东东山高等小学堂时的同学。黄叔寅(1902—1961 年),著名化学家。刘永济(1887—1966 年),著名古典文学专家,国家一级教授,中文系"五老"之一,文学院院长。第 20 栋和第 21 栋之间,原有一栋,在抗日战争中被毁。第 21 栋住过许宗岳。许宗岳(1911—1974 年),物理学家。

以上是老十八栋。学校后来又修建了四栋,即第 4 栋西边的三栋(第 1—3 栋)和第 16 栋西边的一栋(第 15 栋),但这里仍统称为十八栋。

第 1 栋（单栋）住过杨端六、袁昌英夫妇，第 2 栋（双栋）住过朱祖晦、刘廼诚、刘永济和陈源、凌叔华夫妇，第 3 栋（单栋）住过查谦和桂质廷，第 15 栋（单栋）住过高尚荫。朱祖晦，经济学家。陈源（1896—1970 年），著名文学评论家、翻译家，文学院院长。凌叔华（1900—1990 年），著名作家、画家，"珞珈三女杰"之一。桂质廷（1895—1961 年），物理学家、教育家，我国电离层物理学的奠基人之一，理学院院长。高尚荫（1909—1989 年），著名病毒学家、中国科学院院士，武汉大学副校长。

十八栋的房子是假四层楼，一楼是厨房和佣人室，二楼是饭厅、客厅和书房，三楼是卧室、洗手间（配有抽水马桶），四楼是储藏室。

十八栋在山上的分布排列成三排。从下往上看，第 1—7 栋为第一排，第 8—14 栋为第二排，第 15—21 栋为第三排。

1938 年 4 月，国民政府军事委员会政治部第三厅厅长郭沫若和夫人于立群从汉口搬到武汉大学，住进一区 20 号（即第 12 栋二单元，后称"郭沫若故居"）。5 月，国民政府军事委员会政治部副部长周恩来和夫人邓颖超也从汉口搬到武汉大学，住进一区 27 号（即第 19 栋一单元，后称"周恩来故居"）。2001 年 6 月，十八栋的周恩来故居、郭沫若故居被国务院列为第五批国家重点文物保护单位。

四、二区的出现

二区，就是教职员住宅第二区。它在现在校医院的西边下坡一带，即在梅园食堂下边向西南一直到现在的附小处，多为一、二层的房子。可惜的是新图书馆扩建时，把梅园食堂与图书馆之间的二区房子全部拆光，什么都没有留下。以后的人就没有二区的印象了。王煜雯在日志中写道："我知道武大特二区的时候，它已经只是一个地名了，里面残存着一栋孤零零的房子。可是，曾经它不是这样的。"

二区 24 号的后代以《缅怀老房子》为题，在博客中写道："二区的房子正在被拆掉，它一点一点地凋零，终于要消失了。疼痛在身体里慢慢扩散，漾到我的心中和眼中。那是我长大的地方，我们三代人在这个小区里度过了无数岁月。虽然我早已离开了它，但它的存在却是一个真实的安慰。走到天涯海角都记挂着它，骗自己：你随时都能回去，那些人和事一如往昔……""24号里载着我的春夏秋冬。春天阴雨绵绵，厨房和天井的地面上永远湿湿的一片，衣服永远也晒不干；夏天烈日炎炎，躺在黑暗的走廊里睡觉，在天井里吃饭，空气里是知了有节奏的喧嚣和西瓜清凉的香气；秋天天气晴好，坐在屋后的葡萄树边晒太阳，搜寻着草丛中的蚱蜢；冬天阴冷刺骨，挤在小房里吃羊油麻辣火锅，辣得满头大汗手脚却还是冰凉……"

　　从学校往里走，接近二区的时候，马路的两边有不少生活供应点，如理发店、冰棒房、澡堂、银行、邮局、食堂、副食店、新华书店、汽车队、菜场、杂货店和小餐馆等。经过二区要上一个坡，不到50米就到卫生科了。经过卫生科，二区就走完了。前面有一个煤店及百货商店。百货商店的后面是东中区，隔着一条马路是三区，粮店和幼儿园在三区。过了幼儿园就是东三区，往东大约一里路几乎没有人住，直到九区。

图2　20世纪30年代中期的国立武汉大学"第二教职
员住宅区"（左为"老二区"，右为"新二区"）

　　二区分为老二区、新二区和特二区。老二区最初建设的两排房子是一楼一底，中间有亭子间，上海弄堂式的楼房。两头的房子共住四家，一个门进去住两家，楼上楼下是不同的住户。两排房子的中间有人工的石山、种植的树草。当时还有铁栅栏，1958年大办钢铁时，栅栏被拆除炼钢了。只有住户自己开前门才可进入此大院。当时这里住的是职员、讲师。苏雪林来武汉大学前，在安徽大学已是副教授，对来后只能当讲师一直耿耿于怀，但对分到一套二区的住宅非常高兴。

在学校的第二批建设中，新二区也修建起来。总共四栋，可以住16户，四间大房、四间小房。与老二区不同的是，新二区住的是教授。1946年，吴宓先生来武汉大学外语系任系主任时，就住在这里。不过，他也因未能分到著名的十八栋的房子而感到遗憾。新中国成立初期，学校的一些负责人徐懋庸、邬保良、何定杰、周新民等都在此地住过。

特二区是学校从乐山迁回珞珈山后修建的，也是教授住宅。两排白墙红瓦的两层房子，主房有两间大约19平米、有两间大约11平米，还有保姆间、厨房。房中有天井，把主房与保姆间、厨房隔开，外表看上去和老二区差别不大，但里面的格局则迥异。新中国成立后，何定杰、李崇准、李格非、程千凡、杨端六、刘永济、席鲁思等部门负责人和教授都住过此地。

当时老二区和新二区的分界线在图书馆和梅园食堂的交叉路口处，路的西南部分为老二区，路的东北部分为新二区，老二区的西边为特二区。

二区除了住过上面所说的人外，还住过其他老师，不乏有名之人。如外文系陈登恪、方重、胡光延、石民，哲教系程乃颐、胡稼胎、王凤岗，化学系葛毓桂、魏文悌、邬保良、尹致中，物理系葛正权、张其浚，机械系郭仰汀、罗树生、孙云宵，农学院郎星照、张传琮，中文系刘异，法律系潘源来、吴歧、吴学义，历史系韦润珊、吴其昌，电机系文斗、赵师梅、谭声乙，事务部熊国藻、余骏、张泽清、皮守仁，体育部袁浚，校长室丁曰华，图书馆黄孝桢、皮高品，注册部江孝桢、金长椿、金绍先，附小梁荣誉。

后来住在此处的还有张廷昌、熊全淹、周如松、曹胜涛、钟兴厚、李培森、方麟侣、牟瑞雯、熊全沫、胡国瑞、姚薇元、张云鹤、陈尧成、袁锦翔、杨鸿年等。

五、三区的出现

三区,即教职员住宅第三区。三区在民国时期也有老三区、新三区和特三区的说法。

老三区是 20 世纪 30 年代为从事学校管理的职员建造的住房。它在现在校医院东面,位于新工会及下面一片区域,是两家联体青砖的小屋,就像现在的联体别墅。总共有四排,十余栋。房子的间距很宽,家家都有独立小院,住房面积 50~60 平方米。据说肖杰老师的院落收拾得最得体。

图 3 20 世纪 30 年代中期的国立武汉大学"第三教职员住宅区"

新三区是 20 世纪 30 年代后期西迁乐山前,学校第二批校园建设时,为教授们修建的住宅。它和新二区的建设模式一样,总共三栋 12 家。房前栽有梅花、石榴和松柏。

特三区是学校从乐山迁回以后,为教授们建造的住宅。因是战争时期,修建的是平房,也有院落,100 多平方米。

新中国成立后,随着学校人员的增加,相继修建了东三区、北三区、南三区和西三区。

东三区是学校管理职员的居所。房子有两种户型,一种是单门独户,另一种是两家共用一个厕所。

141

北三区是珞珈山坡下三栋青砖的教授小楼，在现在新工会的东边。住房面积虽然不大，但环境优雅，樟树、栎树密集，小楼掩映在密林之中。各家培育的栀子花、茉莉、月季、枇杷、冬青等花香四溢。

后来三区又盖了36家、18家，都是三层楼房。

三区粮店旁边曾经有两排木板平房，十多户人家共用两头的厕所。在这里住着的多是职员、工人、苏联人（安娜的父母）和被划为右派的章蕴胎教授也在此住过。

1958年前后，在新三区（北三区）马路对面（大约现在的幼儿园处）修建了两排学校校长的住所。一排可以住四家，一排可以住六家。每户两层半，楼下两大间，楼上两大间。一楼后面是厨房，二层是厕所，厕所上面还有一间小房。这两排房屋因质量比较差，不久墙壁开裂。这十家住户从西往东依次是：1号门，曾昭安、曾宪昌教授父子；2号门，先是书记刘仰侨，后是何定华副校长；3号门，先是张勃川校长，后是刘宿贤副校长，最后是教务长张旭；4号门，高尚荫副校长；5号门，王治梁系主任；6号门，吴熙载系主任；7号门，楼下是党办开会的地点，牛太臣、郑杰、侯廉实、杨军主任在此住过；8号门，简增贵、付开廉两位老师合住；9号门，查全性、魏克全两位老师合住；10号门，吴于廑系主任。后来的书记庄果、纪辉、王泽江等都在此住过。

南三区是东三区和北三区之间的一块地方，西三区是36家、18家与东中区之间的一块地方。

经过考证，当时住在北三区的人特别多，主要有庄果、刘道玉、蒋浦、崔建瑞、童懋林、张焕潮、李国平、高尚荫、吴于廑、王泽江、戴礼彬、张远达、齐民友、吴厚心、张尧庭、邹新提、周焕文、雷晋干、曾尧昌、陈莘萌、王光樑、李鼎初、熊吟涛、田德成、石展之、王子孝、李琪、梁明理、梁家宝、焦庚辛、林颐庚、董庆华、卓仁禧、徐羽悟、曾云鹗、屈松生、程介克、曹栽福、李声䤪、王宗礼、吴成泰、董世华、余先觉、公立华、吴熙载、何海平、周凌云、徐万瑜、周嫦、刘年翠、周大璞、刘禹昌、詹伯慧、曹绍濂、彭雨新、曹泉、陶德麟、康明邦、吴纪先、刘涤源、李崇淮、朱景尧、王治柱、孔繁滋、汤再新、陈守成、聂文杞、韩德培、姚梅镇、马克昌、张泉林、陈德芝、付开廉、陈光祚、谢灼华、王德华等。

住在南三区的有蹇隶文、舒声、张俊生、魏克全、杨麒、陈远萌、曹照庚、肖羽华、周敦、郑正炯、熊平英、王鄂生、高镒光、唐瑞昌、方世国、吴林伯、张仲安、董云扬、陈国灿、方酉生、杨湘海、李德永、谭臻、尹景瑚、肖骥、李守庸、许海兰、马卫之、华从乙、朴富宁、韩华樑、赵德泉、杨敏才、胡心如、简增贵、彭斐章、张瑛玉等;住在东三区的有方衡、陈衡生、郭朝胜、杨弘远、陈漱涢等;住在西三区的有余家荣、查全性、张晓惠、孙祥钟等。

三区是所有区域中最大的一个居住群落,人员也很复杂,官员、教授、职员、工人都有。

1974年9月26日,学校对校园建设进行了规划,三区的具体分布是这样的:新工会的东边一片就叫三区;三区的东边是北三区(大体与现在的北三区一样);三区、北三区南边是一条马路,路南与三区相对的是老三区(原粮店附近);路南老三区的东边是新三区(现在的幼儿园附近);新三区经过一条马路往东就是东三区,东三区再往东是三区的养殖场;新三区的南边是特三区。

六、四区的演变

一、二、三区出现以后,随着学校建设规模的扩大,又出现了四区、五区的地域概念。

四区在狮子山西边与茶港之间的地带,即现在的桂园学生宿舍及以北一带。这里房子不多,是学校从乐山迁回以后,为新建农学院而修建的住宅,形式和东三区类似。

20世纪50年代院系调整,武汉大学水利学院被划分出去,成为独立的武汉水利学院。水利学院的南界限就在四区。四区被划分成两块,一块属于水利学院,另一块属于武汉大学的四区。应该说,院系调整后的四区就是现在叫做桂园的那一片。

1974 年 9 月 26 日，学校对四区建设是这样进行规划的：修建学生宿舍 11 栋；学生宿舍东北边建教工宿舍；教工宿舍的北边与武汉水利学院比邻处计划修建留学生宿舍、食堂、浴室等。当时没有"桂园"的称呼，被叫做"桂园"应该是 20 世纪 70 年代末 80 年代初的事情了。

七、五区的演变

五区就在四区的北偏西一带，即狮子山的西北面的郭家山。此处规划建设农学院，包括一栋主楼和侧楼。据陈一周（陈华癸院士、周如松教授之子）教授介绍，此处属于五区，主楼在 1937 年只建了一半，西迁回来后才完工。主楼的东边有一栋联体的平房，20 世纪 40 年代住着柯象寅、章文才、陈华癸等 4 位教授。院系调整后，水利学院就将此房拆了。主楼的西北边，即现在中国科学院武汉水生所所在地，是农学院的果林地。农学院的所在地在 20 世纪 50 年代院系调整的过程中，划归武汉水利学院（后改名为武汉水利电力大学）。主楼成为武汉水利学院的行政办公楼。2000 年学校合并，武汉水利电力大学回归武汉大学。其主楼成为学校学工部、团委、教育科学院、报社的办公地。

因原五区被划分出去了，有人说院系调整后的狮子山一带就是五区了。1974 年 9 月 26 日的学校规划，当时山上有学生一食堂，有学生宿舍 1—4 舍，办公单位有外语系（在民国时期的法学院），图书馆（现在为校史馆），数学系（在民国时期的文学院），物理系、化学系（在民国时期的理学院），化学系的北边为煤气厂、东边计划修建标本楼。当时也没有"樱园"一说，"樱园"的称谓也是后面的事了。

标本楼向东一点儿再往南就是生物系（现在的新闻与传播学院）了，再向南规划建设无线电大楼（现在的人文馆处），再向南修建物理系新楼（现在的马克思主义学院），再向南规划修建金工车间。

八、六区的演变

有人说六区在狮子山的东北面，具体的地方叫团山以及东南边的一片地方。团山在民国时期修建有女生宿舍，当时设计一栋，居住80人。实际上女生只有60余人，没有住满。现在这一片是湖滨教工宿舍。团山的南面是笔架山，东南面是乌鱼岭。这一代有化工厂、机械厂的平房，应该住着工人，现在这里是湖滨学生宿舍。

应该说六区在这里是有可能的。五区在郭家山，它的东边是廖家山，当时规划建设医学院。截至1937年，医学院还没来得及建设，学校就西迁了。1946年，学校从乐山迁回珞珈山，周鲠生校长一边恢复农学院（西迁后农学院划归中央大学），一边建立医学院。因为当时国共关系紧张，时局变化快，医学院在原规划之地没有开展建设。当时，农学院大楼刚刚竣工，医学院的实验室在农学院借一块地方工作。实习医院在原校的东厂口。学校从东厂口迁往珞珈山后，原校失修，抗战期间为日本人所占。学校迁回珞珈山后，筹建经费将其翻修一新，变成医学院附属医院。其实，医学院的主体多在附属医院。院系调整时期，原计划修建医学院的地方划归武汉水利学院，作为学生的宿舍，现在是工学部的学生宿舍了。

当时区域的划分是以原有建筑为基础的。廖家山没有建筑，不可能划分区域，而它的东边是有建筑的，那就是团山周边地区。因此，六区在此是有一定道理的。

1974年9月26日的学校规划，六区就在团山。当时有了"湖边"宿舍、"湖边"食堂的称谓。

九、七区的出现

七区在现在行政大楼（民国时期的工学院）旁边。两排铁皮顶、木板平房，灰浆地。1957年后，韩德培先生受到冲击，就在此处居住。他开始住下面一排，由于房子在大树下阴暗潮湿，有时还漏雨，后来就搬到上面一排。行政大楼下面还有一栋小平房，住了唐木匠等两家人，也是七区。

据 1974 年 9 月 26 日的学校规划，七区教师宿舍的西边是学生宿舍，分为 1—7 栋，学生食堂称为二食堂。可见，当时还没有"梅园"的称谓。七区教师宿舍的东边为卫生科、南边为文科阅览室（现在的档案馆），文科阅览室的东边规划修建卫生科住院部。

十、八区的出现

八区有两种说法，一说是现在自来水厂对面的平房，一说是化工厂的那排房子。应该说这两处地都是八区，因为它们与六区、七区相临，并在六区、七区以外。六区、七区紧随的就应该是八区了。

据 1974 年 9 月 26 日的学校规划，八区有武汉大学化工厂、生物系实验室、武汉大学综合机械厂。据说此处还办过附属中学（"共青团中学"）、九一二纪念馆。

八区的东南边为中国铁路职工东湖疗养院。疗养院一地本是武汉大学的，20 世纪 50 年代修建长江大桥的时候，铁道部在此借地建房给苏联专家住，说好大桥建好后还给武汉大学，后武汉大学没有及时收回，直到转世纪后花了 6000 万元才收回。

十一、九区的出现

九区是指东山头印刷厂（老附小）对面的一排平房，里面的住户多是印刷厂的职工。虽然大家共用厨房、厕所，但相处非常融洽。现在的九区范围扩大了，印刷厂的北边、东南边都变成九区了。以前在九区住过并有一定影响的老师有胡迪鹤、汪向明、卢文筠、萧萐父、彭尘舜、周新民、许俊千、曹永轼、李汉波、盛丽生、严怡民等。

九区的东边和东南边在民国时期也是武汉大学的土地，即现在的东湖风光村。早些年，不断有汉阳、沔阳的百姓到东湖边打鱼和船渡谋生。慢慢地就把这块地"侵占"了。

十二、十区的出现

十区，一位学校的老先生在《国共易帜前后武大的家属住宅区》一文中，认为十区是湖边铁路疗养院旁边的那一排破平房（许多人说这里是九区），也是章蕴胎教授和程千帆教授被赶到"嫩烟分染鹅儿柳"的地方。

"文革"后期，因与周边居民发生土地争端，学校在现在大门右侧、杨家湾旁边修建了两栋五层住宅，也被命名为十区。就在原来出版大楼的前面，靠近马路的边上。前几年，因八一路修建下穿通道，两排两室一厅的房子就被拆除了。

十三、东中区的来历

除了1—10区以外，新中国成立前，武汉大学还有个东中区。据《国共易帜前后武大的家属住宅区》一文，东中区原本是东湖中学的三栋两层楼房，后来一栋归了武大附小，两栋隔成了职工住宅。以现在的附小为基点，向东、东北和正北三个方向有三栋两层白楼，即东中区三栋、一栋和二栋。这三栋房子格局相同，门朝南开，中间有个天井，人从四个角上楼，住几十户人。

东中区因在东湖中学和二区中间，故得名。东湖中学创建于1934年，为武汉大学教职员及武汉各界名流发起创办。因地属于当时的东湖区，故称为东湖中学。1958年短暂称为"共青团中学"，后搬到东湖边上侧船山附近。东湖中学的原地成为现今的附属小学。

当时吴宓教授就在此区住过，院系调整后调往华中工学院的周克定、汤子章教授也在此住过。据说当时金克木教授住在东中区的二栋二楼。后来他写过一篇《珞珈山下四人行》，谈到他本人和历史系的唐长孺教授、外语系的周煦良教授、中文系的程千帆教授，4个三十五岁上下的人一起谈天说地的情景。当时东中区二栋的"数十户"人家中午或晚上，家家户户都把小桌子抬到走廊上吃饭，实际上就是听他高谈阔论。

抗 战 烽 火

20世纪30年代武汉大学
学生的抗日救亡运动

涂上飙

武汉大学的青年学生一向具有光荣的革命传统,勇敢地向各种黑暗和庸朽势力进攻,在20世纪30年代,当日本侵略军在中华大地上横行时,在中华民族处于生死存亡的紧要关头,他们再次以自己的英雄行为谱写了一曲曲抗日救亡的壮歌。

一、救亡活动的先声

1931年9月18日,日本帝国主义为侵略中国,在东北沈阳制造了九一八事变。由于国民党政府的妥协退让,东北迅速沦陷,然而日本侵略者并不就此罢手,不断扩大事态,1932年大举进攻上海,1933年又虎视眈眈地向华北扑来。一向具有爱国传统的武大青年学生,再也压抑不住心中的积愤,纷纷行动起来,发出了抗日救亡的先声。

当"九一八"的炮声打响时,武大的学生们立即行动起来,强烈要求校务委员会打电报给南京国民政府,敦促国联依照制裁公约第16条,一致对日实行经济绝交,并采取共同军事行动制裁日本侵略者。10月2日,武大学生与教师一起集会,商讨抗日救亡的具体行动。会上成立了武汉大学抗日救国会;决定出版抗日刊物,进行抗日宣传;组织"义勇军"从事实际的救亡运动。会后不久,武汉大学500名师生到国民党武汉行营请愿,要求发放武器,以备抗日。12月6日,武汉大学的学生会同其他学校的学生代表计150人,组织了示威团,策应北平南下示威团与全国其他学生代表赴南京进行请愿示威活动。同时，武大学生还开展了抵制日货活动。1932 年 9 月，他们签名发誓，在东北国土未收复之前，坚拒购买日货。为支援前方的抗日战士，他们还开展了募捐活动。据校史记载，1931 年到 1933 年，他们共募捐现款 3600 元，棉背心 1016 件，毛巾 1300 条。

在武大学生的带动下，武汉其他学校的学生也纷纷行动起来。湖北省立第二中学的学生何功伟为激发大众的忧患意识，印刷了大量的"田中奏折"，作为反面教材广为散发，以唤醒人民。他还组织了二中"抗敌后援会"，带领学生走上街头，进行抗日宣传。汉口第一男中的一些学生，将学校报栏改装为抗日宣传的基地。从报栏经常可看到关于当时形势的报道："日寇又占领通州，进逼天津，华北告急！""国民党政府与日寇签订了开门揖盗的塘沽协定。"

随着日本帝国主义侵略的加深，学生们的抗日情绪日益高涨。为了团结起来，学生陈宽、叶君健、李厚生（李锐）、郭佩珊、石秀夫、魏泽同、曾昭正等组织了各种同乡会、读书会。在读书会里，他们广泛阅读进步书刊，如《共产党宣言》、《反杜林论》、《国家与革命》以及《救国时报》、《大众生活》、《大众哲学》、《世界知识》等。在读书的同时，他们还展开讨论，研究马克思列宁主义，探索救国救民的道路，讨论红军应当怎样发展，国民党政府应当如何对待抗日等。他们为救亡而展开的各种活动，为一二·九运动在武汉的展开，做了思想上、干部上的准备。李厚生（李锐）、郭佩珊、石秀夫、曾昭正等都是工学院机械系的学生，其活动也最为活跃。

二、危急时的呐喊

由于国民党政府的一再退让，日本帝国主义一步步向华北紧逼。1935 年 12 月 9 日，在中华民族生死存亡的紧要关头，北平学生冲破国民党的白色恐怖，举行了声势浩大的"一二·九"救亡运动。消息传来，武汉大学的青年学生也纷纷行动起来，声援北平学生的爱国行动。

工学院机械系的学生李厚生，收到一封从北平辅仁大学寄来关于"一二·九"运动情况通报的信，经与同学魏泽同商议，立即将信写成大字报公布于众。大字报贴在文学院（现数学与统计学院）的墙上。在大字报旁，他们挂上一把菜刀，旁边贴着纸条："撕掉者以汉奸论处！"当了解到北平学生们的实际爱国行动时，武大师生们也都行动了起来。12 月 17 日，李厚生、郭佩珊、石秀夫等以工学院机械系二年级全体学生的名义，向教师发去信函，希望学校的教师能够站出来与学生们共同抗日。

在武汉大学的影响下，武汉各校的青年学生们一致要求成立一个共同的抗日组织，以统一领导全市的学生运动。12 月 12 日，武汉市中等以上学校的学生联席会议，在私立华中大学召开。私立华中大学、私立中华大学、省立高级中学、省立女子师范学校、省艺术专科学校、市一男中、市一女中、心勉女中等 40 余所学校代表百余人参加了会议。由于目的明确，会议很快通过了声援电文、《告全国同胞书》的决议。在给北平学生的电文中，武汉学生表达了"诸君奋发前驱，同人誓作后盾"的决心。在《告全国同胞书》中写道："华北事件发生以来，我们沉默着、观望着、期待着、希望有一个合乎人意的结果出来，希望我们国家的主权不至丧失纤维，国家的领土不至减少丝毫。几个月来，我们身体虽在课堂里，但我们的灵魂却老早飞到华北去了。"并表示"中华民族的主权，任何人不得侵犯，我们誓死抵抗侵略者……"最后，各校代表一致同意成立武汉市学联，以便领导全市学生运动。

12 月 13 日，私立华中大学的学生代表来到武大，希望武大推出代表领导武汉的学生抗日救亡运动。武大的学生接受了华大的建议，并在男生宿舍召开了代表会议，提出了候选人。最后经过几次协商，决定许升阶、李均平两人为武汉大学代表参与武汉学联的筹建工作。12 月 15 日，经过推荐的武汉部分学校的学生代表在私立华中大学举行联席会议，会议由许升阶主持，并通过了以下议案：（1）武汉中等以上学校各选派学生代表 2 人出席第二次联席会议；（2）私立华中大学负责起草下发通告；（3）决定联席会于 17 日下午 2 时在华中大学礼堂举行；（4）由武汉大学、私立华中大学分送各校通告。

12 月 17 日，武汉大学、私立华中大学、省立高级中学、市一女中、市一男中、汉阳中学等 53 校共 120 余名代表，在私立华中大学举行了第二次联席会议。会议正式成立了"武汉市中等以上学校学生救国联合会",该会的宗旨是"唤起同胞,共挽存亡"。会议根据草拟的组织大纲,选举武汉大学的许升阶为主席,私立华中大学的谭安琪、省立高级中学的何功伟、市一女中的万国端、省立女子师范学校的王曦为常务干事;还推举教育学院、省高级商业学校、省乡村师范学校、省立第二女中、省立第一中学、博文中学、中华大学等 15 校的代表为干事。

18 日,市学联在武汉大学召开了第二次干事会,讨论了工作计划,并决定着手组织全市学生示威游行活动。但由于学联是由具有不同的政治倾向的人员组成的,其中有爱国学生,也有复兴社分子、CC 分子以及无政府主义者。因此,在示威游行方式方法上产生了争议,复兴社分子许升阶、CC 分子朱全纪等控制了局面,决定示威在三镇各自分别进行,并强调示威只能在课余。这样的决定,当然引起真正爱国学生的忧虑。学联常务委员会何功伟、万国端等又分头到各学校联络,决定对示威游行计划再作周密考虑。何功伟提议 20 日举行三镇学生联合大游行,一定要到汉口日租界去示威。他负责武昌方面的联络,万国端则负责汉口方面的指挥,余梅青负责宣传。何的提议,得到了再次聚会同学们的同意。于是,一场对日寇的强大抗击运动正紧锣密鼓地准备着。

19 日,大家都进行了紧张准备。武汉大学此时实际负责游行工作的是李厚生、郭佩珊、潘乃滨等人。他们安排李声震、魏同泽等人去汉口做准备,以迎接武昌游行过来的学生。李厚生则将自己的床单、被单做成袖章、横幅,等待游行的开始。

到 20 日,武汉 70 余校的 2 万余名大、中学生走上街头,举行了声势浩大的示威游行。

汉口方面,市一男中的学生,高呼着"打倒日本帝国主义!""打倒汉奸卖国贼!"的口号,首先走出了校门。他们的任务是先同市一女中会合,然后到江汉关去迎接武昌过江的学生。很快,市一男中的学生来到四民街(现黄陂路)口,与市一女中的学生队伍会合。接着,圣罗以女中、懿训女中、博学中学、震旦中学、市立职业学校、心勉女中、武汉女中等校也纷纷加入游行队伍。汉口总指挥万国端按市学联计划，指挥各校队伍向江汉关集中，等到武昌方面的学生到达后，一同到日租界示威游行。

汉阳方面，为配合汉口、武昌的联合行动，省高级工业学校（汉阳高工）、汉阳中学、训女中学等 1000 余人，在汉阳大街上举行了示威游行。他们高举横幅标语，边走边呼口号，直到下午 3 时。

武昌方面，学生们听说要到汉口示威游行，个个精神抖擞。是日凌晨 6 时，武汉大学的学生们在李厚生、王前、汤钦训、潘基质、林祥威、张中蔚等人的带领下，乘民船到达汉口的江汉关。其他各校学生也迅速集合，整队出发。至 9 时 40 分，博文中学、省二女中、省女子师范学校、省立高级中学共 50 余所学校上万人会集到一起，游行队伍十几人一排，手执各色旗帜，向平湖门进发。当队伍向汉阳门前进时，遭到当局派来的宪兵、警察的阻拦，不让学生前进。这时，负责总纠察的何功伟灵机一动，跑到一高处大喊："中国人不打中国人！"其余学生乘势对士兵们展开宣传，向他们讲解抗日救国的道理，士兵们也不再阻挠。游行队伍由阅马厂，经过钟鼓楼洞、民主路到达汉阳门码头。由于政府当局的干扰，学生队伍到达江边时，轮渡被禁开，学生们无法过江。

到了上午 11 时，汉口方面的同学们在江汉关不见武昌来人，于是他们决定先行游行。游行队伍由江汉路、沿江路、三民路、中山路环行一圈，到五族街至黄陂路，出江边一德街码头。沿途围观群众无不为之热烈喝彩。他们于下午 1 时解散返校。武昌的学生因过不了江，到中午，不少学生返校了，只剩下省立高级中学、省女子师范学校、育杰中学、省一男中几校的部分学生。这时，实际负责武昌学生领导工作的何功伟传达了指挥部的决定，要大家一定坚持战斗，想办法过江。

为了确保联合示威的成功，何功伟等人一边派人去召回返校的学生，一边要求政府开航轮渡。他们先是找建设厅长刘寿朋，刘躲着不见。因找不到刘，学生代表们砸碎刘办公室的用品，愤愤而去。

21 日上午 9 时，学生代表再次到省政府请愿，要求恢复轮渡。省政府有关领导人开始与代表们只作一般性的讨论，不回答实质性的问题。直到下午，省政府外面的学生开始高呼口号，并用粗壮的木头

155

冲撞政府门时，省政府才答应 22 日开航轮渡。

当代表们到省政府请愿时，一度返校的学生又纷纷回到江边，等待过江。22 日一大早，武汉大学、华中大学、省艺术专科学校、三楚中学、实验学校、大江中学、善导女中、成达中学、省一女中、武昌女子职业学校、武昌师范等 19 校的学生已在江边等待。由于政府只派了建汉、仓汉、普安三艘船运送学生，直到 11 时，学生才全部过江。在汉口，训懿女中、圣嘉纳女中等校的学生在江岸迎接武昌的战友。这时，汉阳的学生也设法渡汉水来到汉口。

三镇学生经过几番周折终于会合了，他们不顾数日的疲劳，立即展开了游行。他们从王家巷出发，经民权路、三民路、市政府、中山路、民生路，最后到江汉关，为 23 日的大规模游行奠定了基础。

23 日，武昌各校的学生 8000 余人，迅速从汉阳门码头分乘四轮到达王家巷码头与等待在这里的汉口一万余人会合。然后沿交通路、江汉路行进，到三民路孙中山像前召开了声势浩大的市民大会。会上学生们高呼口号，控诉日本帝国主义的罪行，呼吁人们起来战斗，无数的市民无不为之鼓舞。会后举行示威大游行。游行队伍经过一圈大游行之后，又转到江汉路、江汉关，然后沿江边下行，向日租界进发。听说学生们要来，日本鬼子在租界戒严，四周堆起沙包，拉上铁丝网，并架起了机枪，停在江中的日舰还架起了大炮。学生队伍很快到达租界，高呼口号："打倒倭寇！""日本鬼子滚回去！"表达了学生们不畏强敌，誓死爱国的决心。

三、救亡运动的曲折

日益高涨的武汉学生运动，引起了当局者的不安，他们企图通过各种手段，控制学生运动的发展。因此，从 1936 年至七七事变爆发，武大学运进入曲折发展阶段。

当局为了瓦解武汉学运，一面公开加以"劝导"，一面派出心腹混入学生运动组织，控制学生。早在学生组织成立时就有不少忠实于当局的学生混入学联。这时，他们又大肆活动起来。一次，在学校的图书馆阅览室发现一名外来阅览者，经过询问，发现了其随身携带的武汉行营的特务证。于是，学校里有了复兴社分子、CC 分子的活动身影。

虽然学校里有了复兴社分子、CC 分子的活动身影，但学生们仍然继续从事革命活动。进步学生通过与投机分子的斗争，成立了武汉大学学生救国会。王前选为总干事，李厚生、石秀夫、潘乃滨、魏同泽、李汝俊、谢文耀等选为干事，继续领导武大学运。救国会下设总务、文书、宣传、交际、纠察、事物、出版七股，共计干事 17 人。李厚生在之后不久，就主编出版了会刊《救中国》。同时，他们还扩大组织，成立了战时经济、国防化学、救亡教育、中日问题、时事问题、社会问题、军事工程、军事无线电、国防文学、战时国际法规的各种研究会，聘请教授指导。他们还组织学生参加军事训练，还派遣学生分赴工厂、农村等地进行抗日宣传。

正值学校学生运动恢复发展的时候，出现了"应城事件"。武汉大学的学生为声援"应城事件"与武汉市的学生一道参与了罢课运动。弄得校长王星拱一度准备辞职，教务长皮宗石一度无法收场。因为此事，皮宗石先生最后不得不离开学校。

新学联成立，学生运动又活跃起来。这时，政府当局为了防止学生参加学运，由教育厅下令各校进行补考。各校进步学生随即掀起了一场反补考的斗争。武汉大学学生救国会，尊重大多数学生的意见，决定罢考。补考那天，爱国学生包围了考场，不准补考。在考场门口，一位学生拿着一把菜刀，上面写着"杀奸刀"，迫使学校不得不取消补考。在武大的带动下，其他学校也出现类似的反补考活动。

为了进一步扩大救亡运动的影响，受北平学生南下宣传团的启示，武汉大学学生救国会决定开展更广泛的宣传活动，走进工厂、农村。1936 年 4 月 1 日，有武大学生参与，由陈敌章等领导的第一批宣传团 300 名学生，打着"武汉学联扩大宣传团"的旗子，向鄂城葛店镇进发。一路上他们播下了抗日救亡的火种：向村民宣讲国家形势，控诉汉奸卖国求荣的罪行，日本帝国主义如何屠杀中国人民。他们还在街头村尾张贴标语，举行通俗易懂的演唱会，使沉寂的乡村出现了生机。4 月 5 日，在王曦、郭仁涛的带领下，第二批宣传队来到葛店，带来大批文娱节目和标语传单。他们在葛店活动一周后返回。

葛店宣传周的活动，引起了政府的恐慌。4月8日，湖北省政府和武江警备司令部通令，要武汉中等以上学校校长带领该校学联代表前来华中大学开会。警备司令部参谋长沈澄、教育厅长程其保等官场要人均到会。会议强令解散武汉市学联，从即日起停止一切活动。从此，武汉学联转入地下。市学联主席陈敌章（此后更名为陈述元）被迫离汉。反动当局解散学联后，又到处抓人，不到一个月，就有50多名进步学生被捕。

正在这时，中国共产党派人前来领导武民学运，使遭受挫折的武汉学运又活跃起来。1936年夏，何功伟、陈约珥先后被派往武汉发展党组织。他们在学校先后发展密加凡、孙士祥等人入党，接着又着手恢复进步学生组织的工作。是年初夏，在汉口六渡桥慈善里成立了"武汉学生救国团"，领导成员全部是前市学联里的进步学生，武汉大学学生救国会派李汝俊等二人参加。救国团成立后，为避免国民党的再次追查，仍以读书会的形式，在各校建立小组，开展抗日救亡运动。这年的5月30日是"五卅"运动11周年，学校救国团纷纷活跃在武汉三镇的街头巷尾，张贴散发传单，再一次轰动了江城。6月，国民党内部又面临着一场新的内战，学生们又行动起来，宣传反对内战，一致对外。

为了迎接新的战斗，1936年上半年，武大的一批学生又秘密进行了组织，李厚生、郭佩珊、石秀夫、谢文耀、刘西尧（刘锡尧）、魏泽同、李汝俊、彭秉朴、鲍光华、李震声等人，组织成立了"九一八公社"，由郭佩珊、李汝俊负责。1936年秋天，先前入学的杨克穆、叶君健、彭秉朴等人毕业离校了，但朱九思、万国瑞、姚树森、陈尚文、聂之俊、朱祖仁、丁佩珩等人考入武汉大学，壮大了革命队伍。9月，武汉大学青年救国团在化学系实验室秘密成立，青年教师刘彝凉、蒋文骥、唐世博、学生李厚生、郭佩珊、石秀夫、谢文耀、刘西尧（刘锡尧）、魏泽同、李汝俊、鲍光华、李声振、钱祝映华、潘乃斌、姚树森、万国瑞等参加会议。郭佩珊、谢文耀、魏泽同、姚树森被选为负责人。青年救国团的成立，为武汉大学党组织的发展，奠定了群众、思想及组织基础。

青年救国团成立后，首先要求改选学生救国会，以补充新的血液。姚树森在新生中进行宣传，李厚生等在机械系里开展活动。经过选举，学生救国会的十几个干事，大部分为青年救国团成员。祝映璜、郭佩珊被选为总干事，李厚生、魏泽同、李汝俊、谢文耀、刘西尧（刘锡尧）、潘乃斌、姚树森、鲍光华等被选为干事。

学生救国会的发展壮大，引起了国民党的不安。它们不断派人在校内寻衅滋事。1936 年的下半年，国民党中央政治学校的学生张公甫来校插班，经常对学生救国会的同学进行挑衅。一次，张公甫与学生救国会的干事鲍光华因政见不同，发生争执，鲍光华因人高马大将张公甫痛打了一顿。国民党政府借题发挥，要求严惩打人学生。虽然老校长王世杰曾经与湖北省政府有一个君子协定，学校事务由校方负责，军警不得干涉。但国民党军警根本不予理睬，要求抓人。迫于压力，王星拱校长不得不将鲍光华开除。

正当国民党消极抗日之时，华北危机日益加重。愤怒的学生再一次冲在前面。1936 年 10 月 31 日，武汉大学学生救国会发表了《反对日军在天津演习宣言》，他们怒吼道："5 年前，日寇在东北演习，接着我们便看到东北的沦亡；5 年后，日军在华北演习，接着我们便看到华北的丧钟；5 年的痛苦，5 年的愤怒，如今我们再也忍受不住了。"疾呼："反对日军在华北演习！反对冀察政务委员会给日军的演习以方便和协助。"

为使救亡运动持久深入，武汉大学学生救国会组织了时事座谈会、社会科学座谈会、文艺座谈会、新文学研究会、世界语研究会、歌咏队、话剧团等学生组织。李厚生主编的《救亡壁报》，内容短小精悍、丰富多彩。潘乃斌、钱祝华主编的《武大学生》由生活书店公开出版。歌咏队在理学院的阶梯教室唱响一首首救亡之歌，其中《五月的鲜花》最为动人。

"五月的鲜花开遍了原野，鲜花掩盖着志士的鲜血，为了挽救这垂危的民族，他们曾顽强地战斗不歇。如今的东北沦亡了七年，我们天天在痛苦中煎熬，失掉自由更失掉饭碗，屈辱地忍受那无情的皮鞭……再也忍不住这满腔的怒恨，我们期待着一声怒吼，吼声惊起这不幸的一群，被压迫者一齐挥动拳头。震天的吼声惊起不幸的一群，一起挥动拳头。"

为了战时的需要，武汉大学学生救国会还开展了军事露营，以文艺和演讲的形式走上街头，还到附近的豹子懈、黄石港、大冶矿区等地进行宣传。在民族危机不断加深之时，国民党政府却在西南准备打内战，这激起了武汉学生的愤怒，立即准备开展大游行。国民党军警大肆抓人，武汉大学学生救国会干事姚树森被捕，武汉大学校园布满特务、校警。学生运动转入地下。

尽管如此，救亡运动仍在持续。1936 年 11 月，武汉秘密学联在中共武汉临时工委的领导下成立。武汉大学的李厚生、万国瑞参加会议，李厚生还主持了会议。会议决定出版秘密刊物《武汉学联》，李厚生、万国瑞负责该项工作。12 月 9 日是一二·九运动一周年，武汉大学的学生在学生饭厅举行了纪念活动，魏泽同主持会议，郭佩珊作了武大学生救国会的工作报告。其他学生也纷纷上台演讲，宣传抗日。12 月 12 日，"西安事变"爆发，张学良、杨虎城通过"兵谏"扣留了蒋介石。武大的学生公开予以庆祝，李厚生、潘乃斌主编的《救亡壁报》，及时报道了张学良、杨虎城提出的八项主张。

四、全面抗战后的奋斗

七七事变后，抗日战争全面爆发。随着日军侵略的深入，武汉一度成为抗战的中心，武汉大学的青年学生展开了更为广泛的抗日救亡运动。

1937 年 7 月 8 日，武汉大学学生救国团致电南京国民政府，提出和平已经绝望，要求政府立即出兵抗日。不久，成立了"抗日问题研究会"。还通过话剧、歌咏、壁报、座谈会等多种形式，宣传抗日。9 月，董必武、郭述申、陶铸等来到武汉。10 月，他们以武汉大学"青年救国团"、"抗日救国会"为基础，发展了刘西尧、朱九思、潘乃斌等一批同学加入共产党。

1937 年 12 月 28 日，青年救国团在武昌成立，它是隶属于中共长江局领导的一个群众性青年抗日救亡团体。该团成立后，武汉的学生纷纷加入，武汉大学早在 1936 年就建立了武汉大学青年救国团，这时成为青教团的一个分团。郭佩珊、朱九思参加了成立大会。谢文耀成为青年救国团训练部门负责人。1938 年 3 月 25 日，全国学联第二次代表大会在汉口中山路总商会大礼堂开幕，武汉大学学生抗敌后援会、武汉大学抗研会两个单位成为大会主席团 9 成员之一。周恩来、董必武、郭沫若、邓颖超、陈诚、邵力子、于右任、冯玉祥等国共要人都参加了此次会议。为表示支持，周恩来、董必武、徐特立、博古、陈绍禹等还为大会题词。

此时，武大学生更为广泛地深入工厂、农村进行宣传活动。青年救国团武汉大学分团组织的"抗战教育团"，到大冶汉冶萍公司开办工人识字班，先后开班 11 个，受教育者达 300 余人。① 1938 年春，武汉的爱国人士发起了"救护伤兵医药捐款"活动，武汉大学的学生踊跃加入，仅 4 月 8 日，国立武汉大学学生抗敌后援会就捐款 16 元 1 角 6 分 5 厘。

当日军步步向武汉逼近的时候，武汉大学的不少学生纷纷奔赴抗日的各个战场。1937 年，周继颐、汤钦训、朱九思入党后去了延安。1937 年 12 月，潘乃斌、王晓云、张经谋、熊会苓、聂之俊、谢文耀、鲍光宗、顾大椿等去了陶铸在应城汤池创办的训练班学习。刘西尧、李声振、曹诚一、韦臻一、韦莲一、胡昌明等去了方毅在黄安七里坪创办的训练班学习。李汝俊、郭佩珊先后去上海寻找党组织，万国瑞、李厚生先后去了北平寻找党组织。聂之俊，江西人，工学院电机系学生，汤池训练班学习结束后，去了鄂西北参加抗日宣传，后被国民党逮捕杀害。鲍光宗，安徽人，法学院法律系学生，汤池训练班学习结束后在豫北参加抗日战争，不幸牺牲。谢文耀在大别山解放战争中牺牲。

五、部分学生运动骨干选介

刘西尧（1916—2013 年），男，原名刘锡尧，祖籍湖南长沙，1916 年 4 月出生于成都。1934 年进入武汉大学读书，其间加入武汉

---

① 《新华日报》1938 年 4 月 3 日。

秘密学联，参加组织武汉大学青年救国团，先后任总务干事、组织干事。1936年9月参加革命工作，历任湖北黄安七里坪农村工作训练班学员支部委员，黄冈中心县委书记，鄂东地委组织部部长、副书记兼宣传部部长，鄂豫边区鄂皖边地委书记兼军分区政委，长江地委书记兼军分区政委，鄂豫边区党校副校长，鲁中军区政治部宣传部部长，洪山地委书记，大冶地委书记。中华人民共和国成立后，历任湖北省委秘书长，省委第一副书记，第二汽车制造厂筹备处主任，国家技术委员会副主任，第二机械工业部副部长、党委副书记，国务院联络员、科教组副组长、组长，中国科学院核心小组副组长，第二机械工业部部长、党的核心小组组长，教育部部长、党组书记，四川省委书记、副省长、省委常委、省顾问委员会副主任。刘西尧同志是中共第九、第十、第十一届中央候补委员，党的十二大、十六大代表；第六届、第七届全国政协常委。因病2013年8月24日在武汉同济医院逝世，享年97岁。

李锐，男，1917年4月13日生，生于湖南省岳阳市平江县，现居北京。1934年考入武汉大学机械系。1935年，参加"一二·九"运动，为武汉秘密学联负责人。1937年2月入党，武汉大学工学院肄业，赴延安投身革命。1949年至1952年任新湖南报社社长、中共湖南省委宣传部部长。1952年，到京任国家能源局水电总局局长，主管水电建设11年。1958年，任中华人民共和国水利电力部副部长兼毛泽东的秘书。1979年，复任中华人民共和国水利电力部副部长、国家能源委员会副主任。1982年，任中共中央组织部常务副部长。是中共党史专家、毛泽东研究专家、政治家、作家。

朱九思（1916年2月20日—2015年6月13日），男，江苏扬州人，1936年入武汉大学哲学教育系学习，第二年转入外语系学习。1936年10月，被吸收进"武大青年救国团"，同年11月至12月，"武大学生救国会"成立，朱九思被选为理事；1937年10月，加入中国共产党；1937年12月，赴延安抗日军政大学执教，曾任冀察热辽边区群众日报社社长兼总编辑；1946年6月，任《冀热辽日报》（后改称《群众日报》）副总编辑，后任总编辑；1953年1月至6

月，调任湖南省教育厅常务副厅长；1953 至 1984 年，任原华中工学院副院长、院长、院长兼党委书记等职，历任新湖南报社社长兼总编辑，中共湖北省委宣传部、文教部副部长，中国高等教育学会第一届常务理事，湖北省高等教育学会会长。2015 年 6 月 13 日，在本校附属协和医院逝世，享年 100 岁。

叶君健（1914—1999 年），中国作家、翻译家、儿童文学家，笔名马耳，湖北黄安（今湖北红安）人，民盟成员。1936 年毕业于武汉大学外文系。1938 年在武汉国民政府军事委员政治部第三厅从事国际宣传工作，同年参加发起成立中华全国文艺界抗敌协会，在香港主编英文刊物《中国作家》，任重庆大学、中央大学、复旦大学教师，1944 年应聘赴英任中国抗战情况宣讲员，剑桥大学英王学院欧洲文学研究员，1949 年归国，历任辅仁大学教授，文化部外联局编译处处长，《中国文学》副主编，中国作家协会书记处书记、中外文学交流委员会主任。中国民盟中央委员，全国第三届人大代表，全国第五、第六、第七届政协委员。1999 年 1 月 5 日逝世，享年 85 岁。

林祥威，公路桥梁专家。江苏无锡人。1938 年毕业于武汉大学土木系。曾任国民党政府交通部公路总局第二区公路工程管理局副工程师。新中国成立后，任湖南省交通厅公路局副局长，湖南省交通厅设计院院长兼总工程师。长期从事公路勘察设计工作，对公路桥梁建设有较丰富的设计施工经验。

聂之俊（1916—1939 年），字明德，笔名焉之。江西省清江县人。1935 年，考入国立武汉大学工学院。在校读书期间，积极参加学校组织的各种进步活动。1937 年 7 月，到应城汤池参加陶铸主办的第一期农村合作事业训练班学习，1938 年加入中国共产党。同年 4 月，被党组织派往竹溪县，开展抗日救亡活动。后被国民党逮捕。1939 年 1 月 22 日，被秘密杀害，时年 23 岁。

潘基碹，湖南省宁乡县人，1914 年 12 月 29 日出生。1934 年考入武汉大学土木系。我国著名城建专家。1938 年大学毕业后投笔从戎，到国民政府航空委员会建筑处工作。1949 年 7 月，在湖南地下党的支持下，为保护省会城市的工矿企业、公用设施和房屋住宅作出了贡献。长沙和平解放后,他被任命为长沙市城建局局长。新中国成立后,他选择城市规划与建设工作作为自己的终生事业。2011 年 4 月 26 日逝世,享年 97 岁。

汤钦训,出生于湖南衡山,13 岁时到武汉读书,1935 年在武汉大学与同学李锐、朱九思参加一二·九运动。1937 年由同学刘西尧介绍入党。曾参与组建延安中国自然科学研究院,担任延安兵工厂厂长,1946 年随陈云进驻东北,曾任哈尔滨飞机厂厂长兼总工程师、航空工业部科技局局长等职,是中国航空工业的创始人之一。

郭佩珊,1912 年生,河北定县人。1930 年考入天津北洋大学,1933 年入党。后因疏散失去了与党组织的联系。1935 年,插班考入武汉大学机械系,参加了一二·九运动,是武汉大学救国会主要负责人之一。1936 年,他参加了武汉大学进步组织——"九一八公社"和武汉大学青年救国团;1937 年 9 月重新加入中国共产党,任武汉大学党支部组织委员,后兼任中共湖北省省委农委组织委员。1938 年,根据董必武的指示,考入国民党空军机械学校高级机械班;1941 年进入昆明空军第十飞机修理厂。1950 年 12 月,调任西南区空军工程部部长,1958 年转业到北京中科院任科学出版社副社长兼副总编辑,1963 年 7 月调任中科院物理研究所任副所长兼党委书记。1985 年 10 月病逝。

谢文耀,1913 年生,湖北汉川人。1936 年与武汉大学一批进步青年,成立了"武大青年救国团",并成为负责人之一,还秘密创办了油印刊物《武汉学联》。1937 年加入中国共产党,为中共武汉大学支部负责人。1938 年赴洪湖地区从事革命工作,曾任鄂豫边区天汉地委宣传部长职务。1939 年任《七七报》总编辑,1946 年 1 月《七七报》改名为《七七日报》,任副社长。1947 年 8 月 5 日,新华社中原野战分社成立,任副社长。刘邓大军开创大别山根据地后,参加了河南汝南县东南部土改工作。1948 年 2 月,被穷凶极恶的"还乡团"杀害,牺牲时年仅 34 岁。

纵观武大青年学生们的上述活动,他们在抗日救亡运动中起了先锋和主力军的作用,对于唤醒民众,推动抗日救亡运动的不断前进，作出了自己的贡献。他们的爱国主义精神，将永远为后人所赞颂。

（节选自涂上飙编著《国立武汉大学初创十年（1928—1938）》一书，长江出版社 2015 年出版。）

20 世纪 30 年代武汉大学
教师的抗日救亡运动

涂上飙

在民族危机不断加深时，学校的老师们也与国人一道为挽救民族危亡鼓与呼。他们通过著书立说，让国人了解日本这个民族；通过演讲宣传，让国人知晓这个民族的侵略本性；通过捐钱捐物，为抗日战争作出自己的贡献。

一、著书立说，认知日本

自从日本侵入东北以后，学校的教师们就不断地对日本加强研究，发表了不少论文，也出版了许多著作。

1935 年的《国立武汉大学文哲季刊》第 5 卷第 1 期发表了文学院历史系郭斌佳教授的论文《日俄战争》，对日俄在中国东北争夺的过程、目的及意图进行了揭露，目的是让国人认清帝国主义的本质。1936 年《国立武汉大学文哲季刊》第 6 卷第 1 号发表了郭斌佳的论文《庚子拳乱》，对事情的起因、义和团的由来、义和团的发展、义和团运动的排外、八国联军入京及辛丑条约等进行了阐述，目的是希望国人在侵略者入侵时，知道应该采取怎样的态度和策略。

历史系汪贻荪教授在 1936 年出版了《日本史》一书，对日本的地理位置、民族的起源、发展过程等进行了阐述，目的是让国人对日本有更多的了解。

除此之外，为了面对日益严重的民族危机，学校还出版了《国家总动员》一书。该书从政治、军事、经济动员的准备及防御的方法等进行了阐述，目的旨在加强认识，为对敌一战切实做好准备。

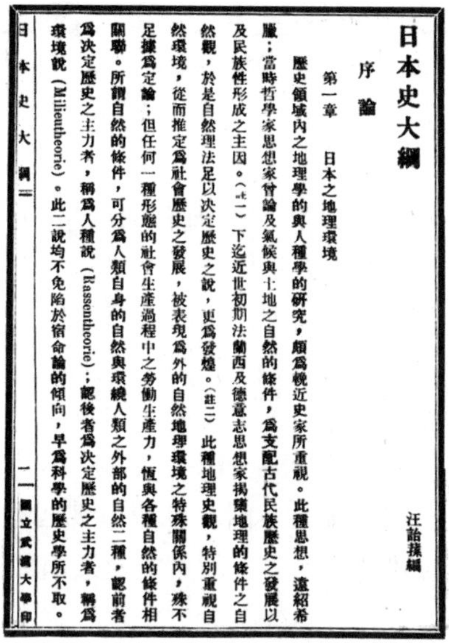

日本史大綱

汪詒蓀編

序論

第一章　日本之地理環境

歷史領域內之地理學的與人種學的研究，頗爲晚近史家所重視。此種思想，遠紹希臘；當時哲學家思想家曾論及氣候與土地之自然的條件，爲支配古代民族歷史之發展以及民族性形成之主因。（註一）下迄近世初期法蘭西及德意志思想家揭櫫地理的條件之自然觀，於是自然理法足以決定歷史之說，更爲發煌。（註二）此種地理史觀，特別重視自然環境，從而推定爲社會歷史之發展，被表現爲外的自然地理環境之特殊關係內，殊不足據爲定論；但任何一種形態的社會生產過程中之勞働生產力，恆與各種自然的條件相關聯。所謂自然的條件，可分爲人類自身的自然與環繞人類之外部的自然二種，認前者爲決定歷史之主力者，稱爲人種說（Rassentheorie）；認後者爲決定歷史之主力者，稱爲環境說（Milieutheorie）。此二說均不免陷於宿命論的傾向，早爲科學的歷史學所不取。

日本史大綱　二　國立武漢大學印

图 1

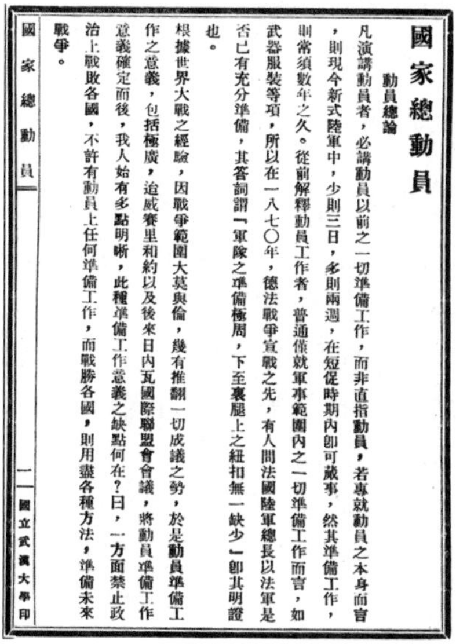

國家總動員

動員總論

凡演講動員者，必講動員以前之一切準備工作，而非直指動員，若專就動員之本身而言，則現今新式陸軍中，少則三日，多則兩週，在短促時期內卽可蔵事，然其準備工作，則常須數年之久。從前解釋動員工作者，普通僅就軍事範圍內之一切準備工作而言，如武器服裝等項，所以在一八七〇年，德法戰爭宣戰之先，有人問法國陸軍總長以法軍是否已有充分準備，其答詞謂『軍隊之準備極周，下至裹腿上之紐扣無一缺少』卽其明證也。

根據世界大戰之經驗，因戰爭範圍大莫與倫，幾有推翻一切成議之勢，於是動員準備工作之意義，包括極廣，迨威賽里和約以及後來日內瓦國際聯盟會會議，將動員準備工作意義確定而後，我人始有多點明晰，此種準備工作意義之缺點何在？曰，一方面禁止政治上戰敗各國，不許有動員上任何準備工作，而戰勝各國，則用盡各種方法，準備未來戰爭。

國家總動員　一　國立武漢大學印

图 2

二、演讲宣传，催醒国人

（一）1931 年演讲宣传

1931 年，九一八事变以后，教师们利用星期一总理纪念周的演讲，对日本的侵略行径进行大肆揭露，以警醒国人。在每个星期一总理纪念周，教师们都要进行演讲，基本上都与抗日有关。

1931 年 11 月 9 日的周刊，刊登了陈通伯院长《实力的准备》的报告，呼吁国人振奋精神，要求政府充实实力。

1931 年 11 月 23 日的周刊，刊登了周鲠生教授的《对日问题剖析》的报告。他说，日本侵入中国，可能出现四种结果：日本屈服、中国屈服、中日开战和调停妥协。他希望通过国际法及国际组织来阻止日本的侵略，但又认为日本决不会放弃东三省。因此，他要求青年要有抗战的决心，要做抗战的多方面准备。①

1931 年 12 月 7 日的周刊，刊登了时昭瀛教授的《东省事变之史的解释》的报告。报告通过追溯事变的历史过程，说明了事件发生的必然性。

（二）1932 年演讲宣传

1932 年 3 月 4 日的周刊，刊登了学校东省事件委员会的《国难与银行存款》的报告。报告号召大家要正确认识战争状态下中国的经济形势，要努力筑起中国金融上的壁垒。

1932 年 3 月 22 日的周刊，刊登了王星拱教务长的《国人今后应当努力的方向》的报告。报告通过分析当时的中日状况，提出了要与日本做长期的经济绝交，同时全国要通力合作拼命抵抗。

1932 年 3 月 30 日的周刊，刊登了邵逸周院长的《国防军需的准备》的报告。报告认为中国与日本打仗，不仅应在血肉上与之战斗，而且要在智力、财力、工力等方面都有发展，才能获得最后的胜利。

---

① 《国立武汉大学周刊》，1931 年 11 月 23 日第二版。

图 3

1932 年 4 月 19 日的周刊，刊登了周鲠生教授的《国联调查委员团与国联大会委员会》的报告。针对国联调查团的来校参观，周教授对国联面对的形势及作用进行了说明。强调中国一方面要作长期的抗战，同时也要注意国联的行动。他认为，国际宣传与外交活动对战争会有重要影响。

1932 年 4 月 26 日的周刊，刊登了皮宗石教授的《关于国难会议的报告》。报告对为解决目前时艰，如何推进民主政治作了介绍。

1932 年 5 月 3 日的周刊，刊登了张沅长教授的演讲。他在演讲中强调："中国的学术界应该要研究同中国状况适合的学术，拿这学术来领导民众努力于心里的建设和物质的建设，朝创造和生产这条路上走去，培养民力，发展民智，做民权民治的基础。"①

----

① 《国立武汉大学周刊》，1932 年 5 月 3 日第二版。

1932 年 5 月 10 日的周刊，刊登了周鲠生教授的《国际裁军会议》的报告。报告说明，世界各国都在高喊裁军，但都在增加军备投入。国联对中日关系的处置态度，将关系到国际安全。

1932 年 10 月 10 日的周刊，刊登了周鲠生教授的《东省事件之国际形势》的报告。报告通过各国对日态度的分析，认为应该靠自己来长期抵抗日本，但借助国际的干涉也是不应忽略的。

1932 年 11 月 28 日的周刊，刊登了吴其昌教授的《治学的态度和救国的态度》的报告。他说："到现在，是'同舟共济'，也可以说是为国家，同时也是为自己。现在要共赴国难抗日，但也应积极创造新的文化。只有新的文化产生，才能给中国以新的生命。"

（三）1933 年演讲宣传

1933 年 1 月 16 日的周刊，刊登了王世杰校长的演讲。演讲通报了山海关热河的战争形势，分析了日本侵略中国得不到国际有效援助的原因。一是世界经济凋敝；二是战债问题的纠纷；三是欧洲与远东问题有关系国家右派的得势。针对这一形势，他讲了全校教职员对国难及学校工作的态度。他说，对于救国的一般方针，要做长期的抵抗工作，大家一定要努力使中国整个社会的秩序不紊乱；学校是延续民族精神生命的工具，国难时期应该增加其效率；全校同学救国的见解是难得一致的，但无论哪种都不阻止。

1933 年 2 月 27 日的周刊，刊登了周鲠生教授的《东省事件的新形势》的报告。他说，通过国联和 19 国委员会的调查，出台了一个调查报告，认为东三省是中国领土；"9·18"事变不是日本合法自卫的行动；满洲国不是独立的组织；提出了解决东三省问题的建议。他又说，日本拒绝接受建议书的可能性很大，中国不能不有牺牲的准备，不能不抵抗。现在的形势，真是到了很严重的关头。①

1933 年 4 月 10 日的周刊，刊登了韦润珊教授的《从地理观点上谈谈东北四省》的报告。报告认为，东北四省物产丰富，是中国的生命线。现在拱手让人，是不得了的危机。

① 《国立武汉大学周刊》，1933 年 2 月 27 日第一版。

170

1933 年 5 月 22 日的周刊，刊登了查啸仙教授的《国耻与我们的责任》的报告。报告说，近百年我们有许多国耻，究其原因，一是我国民族意识不发达；二是我国学术，尤其自然科学不发达。我们必须认定国耻就是我们自身的耻辱，然后会有无上的勇气去做雪耻的工作。要做到雪耻，一要唤起民族意识，使全国人对于国耻均有十分深切的认识；二要推进学术，尤其自然科学，使之尽量发达。迈步前进，百折不回，这是全国中人人的责任，尤其是我们大学师生的责任。

1933 年 10 月 9 日的周刊，刊登了周鲠生教授的《外交与国防》的报告。报告说，国联调查团的报告出来后，中国获得了精神上的支持，但日本退出国联，并与中国签订《塘沽协定》。于是，出现了排日和亲日两种观点。目前，中国的外交，仍要持多做少说主义。对于国防要有整个的国防政策，要有永久的国防计划。

1933 年 11 月 13 日的周刊，刊登了郭斌佳教授的《现今满洲问题之核心》的报告。报告说，"满洲国"问题已经世界化，我们所希望的，就是世界各国，能够在远东，保持势力均衡的局面。

1933 年 11 月 20 日的周刊，刊登了查谦教授的《国防与科学》的报告。报告说，近代的战争，已变为科学的战争。要国防的巩固，也不能不注重科学。

（四）1934 年演讲宣传

1934 年 4 月 23 日的周刊，刊登了刘异教授的《世界战争的动力与趋势》的报告。报告说，为争夺土地、财产及资源，人们发起了战争。但战争是有百害而无一利的，是万恶的，是摧残人类毁灭世界一切的。过去的战争是人力战，现在的战争是机械战，未来的战争将会是化学战、电气战。作为学者应该为人类废除战争而努力。

1934 年 6 月 11 日的周刊，刊登了周鲠生教授的《对日外交》的报告。报告说，如何解决中日争端，有通过国际缔结和约说、有联俄对日说、有消极不承认说、有直接交涉说、有局部交涉说等。但这每一说都是有局限性的，应该研究更为适当的办法。

1934 年 12 月 3 日的周刊，刊登了周鲠生教授的《中国与国际联盟》的报告。报告说，国际联盟有四件事情使中国最失望。一是不平等条约修改问题；二是中日事件问题；三是非常任理事落选问题；四是经费问题。四个问题最令人失望的是中日问题。

（五）1935 年演讲宣传

1935 年 3 月 18 日的周刊，刊登了周鲠生教授的《欧洲政局与远东和平》的报告。报告说，对于远东事件，有两种看法：一种认为远东有其特殊情形，应该特殊解决；另一种认为，远东与世界及欧洲是连为一体的，应该考虑远东以外的情形。周教授坚决主张远东问题一体解决。

1935 年 5 月 7 日的周刊，刊登了郭斌佳教授的《从日美考察团说起》的报告。报告说，日本政友社来访，目的是推动中日提携。郭教授说，要做到这一点必须遵循以下原则：切实解决东省事件；日本要以互惠通商；废除不平等条约；在中国投资采取开明政策；对于华北要恪守条约等。对于美国的来访，郭教授认为与日本完全不同。美国在华贸易、投资及经济关系等都与日本不同。

1935 年 11 月 11 日的周刊，刊登了吴其昌教授的《历史上国难的教训》的报告。报告说，历史上的国难有三类，出现三种情况。一是突破国难，进而中兴；二是挡住国难，保持国力；三是不克国难，沦陷亡国。吴教授说，无论何种外族的力量，多不能征服中华民族。亡中国者，只有甘心出卖祖国的汉奸。历史的教训要记心头：要肃清汉奸；要团结内部；要自力更生；要统一意志；要决心牺牲；要彻底认识全民族的伟力；要坚决自信全民族复兴的成功。

（六）1936 年演讲宣传

1936 年 3 月 30 日的周刊，刊登了谭声乙教授的《原动力与国力》的报告。报告说，人力、火力、风力、水力等这些皆为原动力，所谓国力即一国人平均使用原动力之大小。我们应该提高原动力来增强国力。同期的周刊，还刊登了郓保良教授的《战争毒气与个人防御》的报告。报告介绍了毒气的要素、种类、简易治疗、防御方法及战争毒气的将来。

1936 年 4 月 27 日的周刊，刊登了杨端六教授的《战时经济的特征》的报告。报告说，战时经济的特征有三个：一是国民经济的权利和义务极不公允；二是子孙的负担加重；三是个人完全失去经济自由权。这就是欧洲战争时的特征，我们现在也应努力适应这一特征，否则战争是打不赢的。

1936 年 5 月 4 日的周刊，刊登了叶峤教授的《毒气作战与团体防御》的报告。报告讲了毒气的作用、毒气战的条件及毒气战的方法。对于毒气的防御，包括自备氧气、物理消毒及化学消毒三种。

1936 年 5 月 25 日的周刊，刊登了余炽昌教授的《为适应战时的运输——铁路上应有的准备》的报告。报告说，战时铁路运输的特点表现在：铁路运输要做到物尽其用，人尽其才；要增大其效能，保证其速度；要有防御、修复功能；要保证机车的数量。因此，要保证机车的畅行无阻；要增加机车速度；要减少机车的停顿；要有效地组织保证。

1936 年 6 月 1 日的周刊，刊登了胡稼胎教授的《战争之哲学观》的报告。对于战争，报告说，弱小的民族应该极力准备战争，造成势均力敌的局面，使任何国家对于战争，没有必胜的把握，于是人类才想方设法抑制欲望，而把全部的精力用到真善美三大理想上面去。这样一来，现在抵抗的战争应该有，将来侵略的战争或可无。

1936 年 6 月 8 日的周刊，刊登了韦润珊教授的《作战与天时》的报告。报告认为，作战与天时很有关系，空战、枪炮战及毒气战等都与天时有关。因此，在作战时，应该加强预备。

1936 年 6 月 29 日的周刊，刊登了陶延桥教授的《活性炭》的报告。报告对活性炭的意义、必要性质、原料构成、活性原理、活性方法、活性成分及检验活性炭的标准情形等作了介绍。

1936 年 10 月 5 日的周刊，刊登了普煦僖教授的《国难与教育》的报告。报告说，目前的国难有外在和内在的原因。就内在来看，教育的不健全是其中的重要原因之一，即国民的精神训练、人格陶冶的教育。因此，今后应以我国古代儒家之所谓"士"的修养作为我们精神教育的目标；应培养如宗教家那样的刻苦牺牲与服务的精神；须培养戒浮夸而重实学的风气；应培养一种积极的、乐观的、勇进的与奋斗的人生观。

1936 年 12 月 21 日的周刊，刊登了周鲠生教授的《中日问题外交史之一页》的报告。报告说，美国的远东政策是失败的，究其原因：一是英国的消极态度；二是中国外交缺乏多方面的活动。因此，今后美英两国在远东的政策应采取一致行动，彼此合作，否则徒予日本以侵略的机会而丧失其本国在华的利益；中国外交应多方面的活动，尤其是侧面交涉，不能完全依靠国联或其他一国的政府；中国应随时随地实行抵抗外力的侵略。

（七）1937 年演讲宣传

1937 年 3 月 22 日的周刊，刊登了周鲠生教授的《外交之检论》的报告。报告说，对日外交有两个目的，一是避免战争而保全国权；二是为准备第一目的不能达到，广求与国，以补助军事上的缺陷。鉴于前期外交的失败，现在应谨慎处理，努力改进：调整策略，即外交由中央直接负责，与日本进行直接交涉，由退让改为积极对抗；调整人事，将外交专家、政治家及有声望者派往外交战场；调整结构，要改良情报和裁撤小国使馆。

1937 年 10 月 11 日的周刊，刊登了周鲠生教授的《对日抗战中之外交》的报告。报告说，政府对于抗战最近是在积极的准备，卢沟桥事件就是政府积极准备的结果。抗战如果坚持半年以上，将会出现有利战局。因为，日本军部并不能代表日本全国甚或资本家；中国现在举国一致，不怕内乱，不怕外患。

1937 年 10 月 18 日的周刊，刊登了伍启元教授的《非常时期的中国财政》的报告。报告说，战时的经济是收入少而开支大，应该实行开源节流政策。通常战时国家的收入靠租税、国民自动献金、国业事业收入、出卖国有财产、发行公债和发行纸币。适应战时的需要，应该增加旧税、创设新税。目前较有希望的是转口税（国内关税和货物流通税）和一般财产税（按人或按物课税）。

1937 年 10 月 25 日的周刊，刊登了范寿康教授的《关于这一次的抗战》的报告。报告说，这一次抗战的目的是求中国的自由平等和维护世界的正义；抗战的前途是乐观的，经过持久作战是会胜利的；对于同学来讲应力持镇定尊重犯律，但也应利用各种机会来尽应尽的责任。

1937 年 11 月 8 日的周刊，刊登了钟兆璠教授的《抗战期中之对外贸易》的报告。报告说，为对付抗战时期的贸易逆势，应该努力生产、保护运输、管理外汇、统制进出口和实行物物交换。

1937 年 11 月 15 日的周刊，刊登了王星拱校长的《抗战与教育》的报告。报告说，即使在战争的环境下，也应该围绕大学的主要任务，为近代化的事业，努力学习专门的知识，即教育不可中断；但在一班课程之中贯注抗战精神是应当的。

三、捐钱献物，抵制日货

（一）捐钱献物

1. 捐钱

1932 年 1 月，为了支持马占山在东北的抗战，学校发起了募捐活动，师生共捐款国币 2663. 35 元。① 其中教师捐款细目如下：

王世杰、杨端六、袁昌英、苏雪林 100 元；

周谦冲、王星拱 80 元；

陈剑翛、陈源、皮宗石、周鲠生、邵逸周 60 元；

时昭瀛、陈登恪、梁明致、张其浚 50 元；

任凯南 40 元；

潘祖武、曾咸益、汤璪真、吴维清、葛扬焕、熊国藻、张有桐、吴学义、雷海宗、张沅长、苏益信、吴南薰、雷瀚、李儒勉、胡光廷、高志、陈鼎铭 30 元；

蒋思道、刘经旺、胡稼胎、叶志、魏文悌、葛毓桂、刘揆藜、陈敬安、陆凤书、黄中、郭霖、李剑农、梅汝璈、戴巽铭、俞忽、萧君绛、陶因、胡元义、黄叔寅、徐天闵 20 元；

朱世溱、周贞亮、陈尧成、高翰、方重、万卓恒、汪德亮、叶雅

---

① 《国立武汉大学周刊》，1932 年 1 月 13 日第二版。

各、蔡泽荫、陈伊文、刘昌合、许熙生、张珽、刘赜、何定杰、谭戒甫、钟心煊、钱南扬、王恭睦 10 元；

袁至纯、余椿、彭先荫、宋学藻、石琢、朱萍若、张泽、潘源来、萧文烂、管公度、陈志强、黄震、皮守仁、赵学田、尹致中、陈国英 5 元；

程纶、李琬、黄孝徵、董永森 4 元；

刘彬、李人达、江孝桢、金长春、陈子馀、范明霞、骆继驹、吴燊南、汤杰正、喻定华、刘光典 2 元；

王德晃、余浚、朱济川、金绍先、吕组文、黄碧澄、刘师古、伍益、李国琪、阮绥群、王厚聘、皮伟一、黄嗣仲、杜远谋、刘乐鱼、射门、盛炳尧、刘竹筠、周淑民、张仲伊、周桢祥、胡愈、李铁生、张国权 1 元。

1936 年 11 月，为了慰劳绥远抗战的将士，学校教职工及学生救国会，发起了捐款活动。全体教职员工起薪 1 元，共集国币 2000 元，通过汇寄交傅主席收转。学校还推派叶雅各、董审宜二先生于 23 日启程到达北平，于 24 日由北平前往绥远慰问。

1937 年 11 月，据国立武汉大学战将服务干事会的统计，当时的捐赠情况如下：

1937 年 7 月，教职员 7 月薪俸捐赠 2%，计 855.91 元；

1937 年 8 月，因造飞机，教职员 8 月薪俸捐赠，计 2016.36 元；

1937 年 9 月，因造飞机，教职员 9 月薪俸捐赠，计 993.34 元；

同时，袁昌英先生捐款 500 元，格拉塞先生捐款 50 元，缮印股工友捐款 20 元，张有桐先生捐胡芹生先生、太夫人寿礼剩余款 11.1 元。

2. 献物

在献物的活动中，苏雪林、袁昌英两位珞珈山女杰最为典型。抗日战争一开始，苏雪林便将自己的薪金、版税和稿费拿了出来，购买了五十两黄金，全部捐献了出来。以至于她在乐山时期生活十分地艰辛，不得不靠种菜、栽瓜来补贴生计。袁昌英十分惦记东北义勇军将士们，曾缝制棉衣千套送给东北抗日义勇军。

（1）1932 年的捐赠。

176

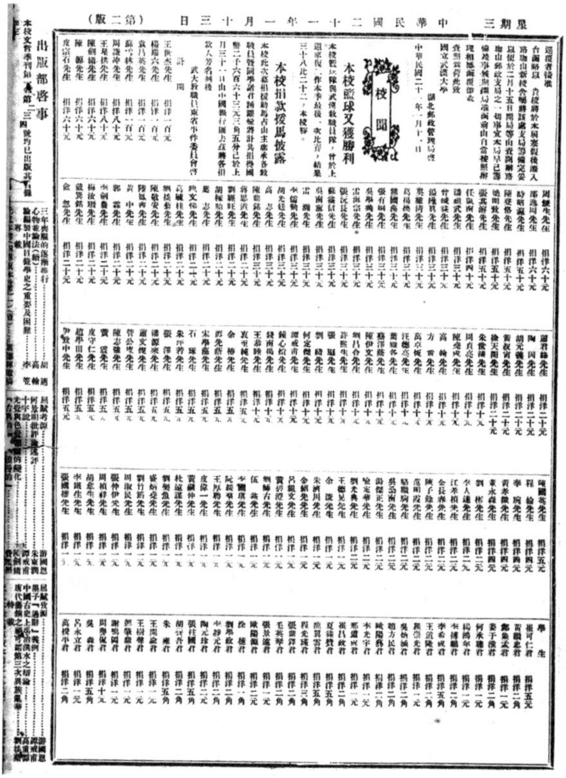

星期三　中華民國二十一年一月十三日　（第二版）

校聞

本校籃球又獲勝利

本校籃球隊與武漢教職員隊，曾於上週末復一作本季最後一次比賽，結果三十八比二十二，本校勝。

本校捐款援馬披露

本校此次募捐援助馬占山主席承各教職員暨同學諸君踴躍輸將計共捐得國幣二千六百六十三元三角五分已於上月三十一日由中國銀行匯去茲將各捐款人芳名列後

武大教職員東省事件委員會啓

王世杰先生　捐洋一百元
楊端六先生　捐洋一百元
袁昌英先生　捐洋一百元
蘇雪林先生　捐洋一百元
周謙沖先生　捐洋八十元
王星拱先生　捐洋八十元
陳劍翛先生　捐洋六十元
陳　源先生　捐洋六十元
皮宗石先生　捐洋六十元

出版部啓事

图4

1932年3月3日，她给胡适先生写信，请求把棉衣转送到。她说：

现在我们有一件事要请求你帮助。我们住在武汉方面的人，虽然尚未直接感受日本鬼的威胁，可是精神上也够痛苦了，每一想到北方义勇军在冰天雪地中，与敌人奋斗的艰苦，就不免流着同情泪。武大东省事件委员会虽然几次募集捐款汇寄北方，我们做女子的总觉得未尽天职，所以最近又发起了一个小小运动，赶做棉背心一千件，接济我们的义勇军。这事正在进行，不日就可完工。数虽很少，却是出自我们几十个人亲手裁缝，无非表达我们一点热忱而已。现在请求你的是：亲自替我们在北平打听一个寄交的处所。我希望这一点儿棉衣，不至随便落在不相干的人手里。你在北平当然知道有确实可靠的机关和经手人，可以使我们直接寄出。①

（2）1933 年的捐赠。

1933 年 3 月 27 日，学校东省事件委员会发布通告，公布了学校女教职工和教职工女家属亲手缝制的衣服的情况。缝制棉背心 1016 件，学校东省事件委员购买毛巾 1200 条，一并交给平汉铁路免费运寄北平朱子桥将军收转前方将士。② 具体捐赠如下：

王抚五夫人 15 件；

王雪艇夫人、张西堂夫人各 20 件；

袁昌英女士 22 件；

周鲠生夫人 12 件；

郭泽五夫人、刘正经夫人，汤璪真夫人、丁燮和夫人、皮皓白夫人、吴学义夫人 11 件；

吴维清夫人、张百高夫人、查啸仙夫人、蒋思道夫人、李儒勉夫人、陈伯通夫人、刘南陔夫人、叶雅各夫人、葛旌文夫人、钟心煊夫人、邵逸周夫人、高公翰夫人、缪恩钊夫人、陶环中夫人、刘宏度夫人、徐天闵夫人、熊鲁磬夫人、江孝祯夫人、金绍先夫人、王静徕夫人、李惟果夫人、刘昌合夫人、吴谱初夫人、潘源来夫人、喻国松夫人、余竟全夫人、魏文梯夫人、余次青夫人、张泽青夫人 5 件、文斗夫人、涂芙初夫人、金长春夫人、朱济川夫人、吴其昌夫人、袁至纯夫人、皮守仁夫人、尹致中夫人、葛毓桂夫人、时昭瀛夫人、陈登恪夫人、谭戒甫夫人、管公度夫人、萧君绛夫人、萧文烂夫人、胡元义夫人、胡稼胎夫人、罗树声夫人、陈尧臣夫人、张镜澄夫人、张仲伊夫人、何春乔夫人、董审宜夫人、陈鼎铭夫人、吴南薰夫人、熊搏九

---

① 黄绍纯著：《醴陵的孔雀袁昌英》，湖南人民出版社 2014 年版，第 109～110 页。

② 《国立武汉大学周刊》，1933 年 3 月 27 日第四版。

夫人、陈子馀夫人、陈恕田夫人、张雪蕉夫人、胡愈生夫人、万卓恒太夫人、张运生夫人等各 10 件；

张泽青夫人、左孝纯夫人、刘自切夫人、阮绥群夫人、梁耀山夫人、张傅琼夫人等各 5 件；

周溪、胡梅贞、暴学玉各 5 件；黄澄、周淑民、黄孝徵、许淑彬、张惠方、苏雪林等女士各 10 件；

李丰、倪慎仪、詹道湘、萧和玉、刘源、游本徵、饶禧林、阮学尹、杨令娴、周家曼、严思纹、曾宪华、何萃华、余锁、万叔寅、陆维亚、谭湘凤、张本、周国镜、杜娴诗、张有芝、王文柔、贺稚晨、曹典宁、李明、张詠平、艾华治、王芷芳、吴继珍、胡明仪、周如松、黄孝惠、杨绯、胡文贤、魏婉、吴静仪、殷学明、娄咏琴等女士各 12 件；

解春廷成衣店 20 件；

雇工 40 件。

收到学校寄来的棉衣、毛巾后，前方的将士十分感激。1933 年 4 月 8 日，宋哲元将军给学校来电，表示感谢！

武汉大学公鉴：敬启者，暴日自陷我东北愈肆猖獗，固为全国所痛愤，实亦军人之大耻，此次喜峰口罗文塔各战役，赖各方之指导，民众之援助，官兵奋不顾身得以小挫敌锋，迥承远劳慰问厚惠宠颁，拜领之馀，愈滋感怀，顽寇未除，枕戈时惕，惟有矢志歼敌，用副期许，专此鸣谢！敬送台祺。

4 月 12 日，孙魁元将军也来电，表示感谢。

武昌武汉大学东省事件委员会公鉴：刻由后援会转来贵会，惠赠棉背心 300 件，毛巾 400 条。敬领之下，感愤交集。魁元忝膺师干，志在党国，虽喋雪冰天、横刀荒漠，誓死奋斗，迭挫强锋。然未捣黄龙，寝馈难安，努力杀敌，以副雅意，除将收据掣经后援会转交外，谨电鸣谢，仍吩箴言。41 军军长孙魁元，叩文。

（3）1937 年的捐赠。

1937 年 10 月，学校教职员家属因眷念前方负伤的将士，将手工制作的卫生包 4600 个，通过武汉抗敌后援会转往前方。随着天气的寒冷，又赶制棉被 520 条，送交后方医院应用。对于救伤物品，将源源不断地供给。

1937 年 11 月，国立武汉大学战将服务干事会捐助各军事机关一批物品：

物品	数量	收受机关	备考
棉被	200 床	军政部陆军第 5 医院	内棉被 200 床系考试院
棉被	200 床	军政部陆军第 15 医院	及袁昌英先生捐款托办捐赠
棉被	350 床	武汉行营军医处	
卫生包	4600 个	南京军委会	由湖北民众抗敌后援会转交
饼干	4 罐	武汉行营军医处	南京私人捐
罐头食品	6 厅	武汉行营军医处	南京私人捐
茶叶	2 瓶	武汉行营军医处	南京私人捐
药棉	260 块	武汉行营军医处	
绷带布	162 卷	武汉行营军医处	
三角布	272 块	武汉行营军医处	
毛巾	558 条	武汉行营军医处	
草席	2000	武汉行营军医处	特别捐款定做
线袜	32 双	武汉行营军医处	
金斧香烟	2 条	武汉行营军医处	私人捐
药皂	2 块	武汉行营军医处	私人捐

与此同时，学校教职员全体同仁，除按月造飞机捐款额数、扣缴捐款、赶制棉被 550 床、布鞋 2000 双外，在 9、10 月份由私人自动捐款，订购草席 2000 床，及其他毛巾袜子等，先后送各伤兵医院应用，兹将捐助人及所捐物品表列于下：

人　名	品名	数量
王抚五夫人	饼干	二筒
刘南陔夫人	毛巾	二打
袁昌英先生	袜子	三打
周鲠生夫人	同上	同上
黄孝徵先生	毛巾	同上
黄孝怡先生	同上	同上
蔡俊芳先生	同上	同上
蓝守瑛先生	同上	同上
张有桐先生	金斧牌香烟	四条
张百高夫人	香片茶叶	四斤
缪恩钊夫人	毛巾	十条
蒋思道夫人	饼干	一大包
邵逸周夫人	同上	二盒
又	罐头食物	六筒
范令棣小姐	饼干	二筒
筥远伦夫人	毛巾	半打
叶雅各夫人	同上	十条
查　谦夫人	茶叶	四筒
黄续汉小姐	药皂	二十块
张有芝先生	肥皂	十块
陶余秀年女士	饼干	十斤
苏雪林先生	花子	十斤
葛毓桂夫人	草席	一百条
陈通伯先生	同上	同上
顾　如先生	同上	同上
方　重夫人	同上	同上
汤璪真夫人	同上	同上
李儒勉夫人	同上	二十条
陶延桥先生	草席	二十条

吴其昌夫人	同上	五十条
谭戒甫夫人	同上	五十条
苏雪林先生	同上	一百条
陈季丹先生	同上	二十条
刘宏度先生	同上	同上
高　翰先生	同上	同上
程迺颐先生	同上	同上
刘博平先生	同上	同上
陈尧成先生	同上	同上
刘秉麟先生	同上	五十条
捷　希先生	同上	三十三条
廖鸿英先生	同上	二十条
周鲠生夫人	同上	一百条
杜树材先生	同上	三十条
胡光廷先生	同上	二十条
皮高品先生	同上	同上
尹致中先生	同上	同上
韦从序先生	同上	同上
葛旌文夫人	同上	五十条
徐贤恭先生	同上	二十条
吴学义先生	同上	五十条
张有桐先生	同上	三十条
王云槐先生	同上	二十条
陆维亚先生	同上	同上
缪恩钊先生	同上	五十条
范寿康先生	同上	二十条
邵逸周先生	同上	一百条
汤佩松先生	同上	同上
谭声乙先生	同上	五十条
熊国藻先生	同上	一百条

石　民先生	同上	二十条
董永森先生	同上	同上
皮守仁先生	同上	同上
张泽清先生	同上	同上
朱光甫先生	同上	同上
阮学尹先生	同上	十条
魏　琬先生	同上	同上
杨端六先生	同上	九十七条

(二) 抵制日货

1932 年 9 月 17 日，学校东省事件委员会发出启示，号召大家起来抵制日货。启示说：

自从 1931 年九一八事变，日本帝国主义开始武力侵占东三省以来，已及一年之久，现在东三省虽在义勇军抵死奋斗之下，日本军阀不能安枕而卧，然彼等不独自今毫无悔过之心且将变本加厉，进扰热河。回顾内地人民，大多数尤复恒舞酣歌隔岸观火渡其殖民地之生活。今年上海人民激于义愤，实行抗日工作，致引起一·二八横暴事件，牺牲甚大；然卒赖我忠勇无比之十九路军将士捐躯杀贼，淞沪土地得以收回。吾辈身未参加战事之教育界同仁，清夜自思，前敌战士及义勇军艰难卓绝之情形及中华民国将来之危殆，能不自图振作，誓雪国耻？此时虽不能持枪杀敌，宁不能实行抵货运动？际此空前国难之会，我教育界同人(仁) 尤宜首先提倡，为国人表率。兹谨以至诚约请吾校教职员同学以及教职员家属与 9 月 18 日上午 9 时至 11 时各各亲至本校文学院第一教室竭诚签署抵制仇货之誓词，以示吾人长期抵抗之决心。

9 月 18 日上午，学校教职员同学以及教职员家属陆续到文学院第一教室，签署抵制日货誓言："在东北失地未收复以前，予决不购买日货，倘违此言，即为民族之罪人，为其他一切宣誓者之公敌，立誓以后，愿受其他一切誓者之监察。"

在众多的抵制日货的教职员中，袁昌英教授是自觉抵制日货的"强硬派"，不管日本货物多么便宜多么美好，她都一概不买，也不准家里任何人买。①

四、时时监督，不断加压

1931 年 9 月，学校全体校务会的成员电告中央政府，请求联盟国家一致对日经济绝交。同时，以王世杰校长名义，请求中央大学、北京大学、同济大学等大学联合商议组织国际宣传机关抗日救国。

1933 年 5 月 28 日，日本不断向平津进军，学校东省事件委员会立即向南京国民政府发去电文，反对签订协议。

> 南京中央党部国民政府钧鉴：日军进逼平津，而屈服妥协之传说，忽喧腾中外，务望仍抱定誓死抵抗宗旨，不签城下之盟；否则强敌乘于外，内乱炽于中，宋明亡国之祸，即在目前，不炽诸公何以善后，心所谓危，不敢不告。
>
> 武汉大学东省事件委员会

1935 年 12 月，在华北危机日益严重的时刻，学校教职工于 24 日发起倡议，决定成立学校教职员救国会。27 日在文学院会议厅召开会议，在学校东省事件委员会的基础上成立了"武汉大学教职员救国会"。通过了教职员救国会章程，选举周鲠生、范寿康等九人为执行委员。救国会成立后立即给南京中央政府发电，表达对时局的意见：

---

① 黄绍纯著：《醴陵的孔雀袁昌英》，湖南人民出版社 2014 年版，第 109 页。

图 5

南京中央党部执行委员会常务委员会、国民政府林主席、行政院蒋院长钧鉴：

自东北沦陷国难日深，中央隐忍图存，退让已达极境，乃日本犹复任令在华军人，节节进逼；少数汉奸，公然依附外人，藉口自治，不惜更举我关内数省土地，拱手送人。凡有血气，莫不深讨。青年学生，激于义愤，进行请愿，风起全国。咎由外交失策，不在学子之多事，政府诚宜因势利导，严令各地军警当局，不得摧残爱国运动，自伤元气。根本要图，尤在重整外交阵容，放弃退让政策。在临邦未将东北四省交还以前，绝对不与谈经济文化军事之合作；并请政府于最短期内，採适宜有效之方法，以收复失地。至于外交情势，并应公开与国人，俾人各有发抒所见，并为国事准备牺牲之机会。现今外寇深入，谁无同仇敌忾之

185

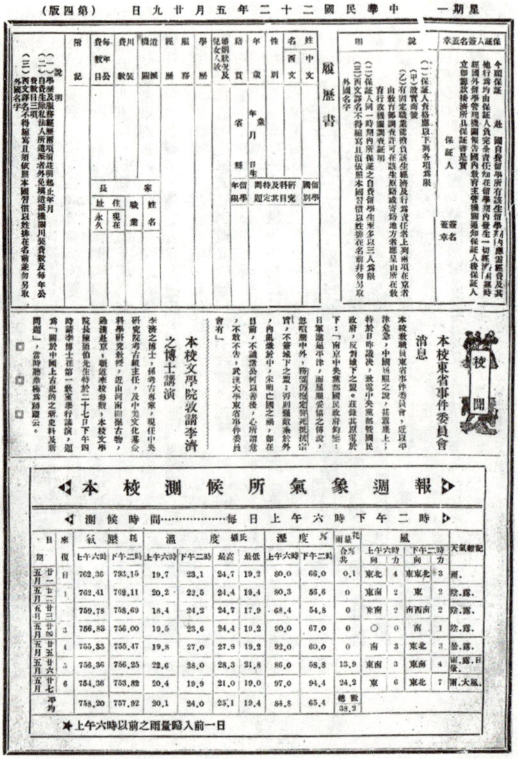

星期一　中華民國二十二年五月廿九日　（第四版）

保証人簽名蓋章

今願保証　赴　國自費留學所有該生留學期內應當經費及其他行為均由保証人負完全責任如在留學期內發生一切糾紛需時經國外留學管理機關報告國內教育主管機關通知保証人接保証人立即籌款接濟所具保証書是實

保証人　簽名蓋章

說明

（一）保証人資格應以下列各項為限

（甲）殷實商號

（乙）有固定職業能負該生經濟及行為責任者上列兩項在京者由教育部調查許可在該生原籍或寄籍地方者應呈由所在教育行政機關調查證明

（二）保証人同一時期內所保証之自費留學生至多以三人為限

（三）西文譯名不得縮寫且須依照本國習慣以姓排在名前並勿另取外國名字

履歷書

姓名 中文	
姓名 西文	
性別	
年歲	年　月　日生
籍貫	省　縣
婚姻狀況及兒女人數	
學歷	
服務經歷	
證據機關	
川裝費數	
每年公費數目	
附記	
留學國別	
研究科目及其特定問題	
留學年限	
家長 姓名	
家長 職業	
家長 住址 現在	
家長 住址 永久	

說明

（一）學歷及服務經歷兩項須註明起止年月

（二）自費生除私法人所遣派者外免填證據機關川裝費數及每年公費數目三項

（三）西文譯名不得縮寫且須依照本國習慣以姓排在名前並勿另取外國名字

校聞

本校東省事件委員會消息

本校教職員東省事件委員會，近以平津危急，中國屈服之說，甚囂塵上；特於日昨議決，致電中央黨部暨國民政府，反對城下之盟。茲錄其原電於下：「南京中央黨部國民政府鈞鑒：日軍逼處平津，而屈服委協之傳說，忽喧騰中外，務望仍抱定犧牲抵抗宗旨，不簽城下之盟；否則强敵乘於外，內亂發於中，宋明亡國之禍，即在目前，不識諸公何以善後，心所謂危，不敢不告，武漢大學東省事件委員會有」

本校文學院敦請李濟之博士講演

李濟之博士，係考古專家，現任中央研究院考古組主任，及中美文化基金科學研究教授，近由河南掘古物，過漢赴京，順道來校參觀，本校文學院長陳通伯先生特於二十七日下午四時請李博士在第一教室舉行講演，題為「關於中國上古史的之新史料及新問題」，當時聽衆極為踴躍云。

本校測候所氣象週報

測候時間……每日上午六時下午二時

日期	來復	氣壓 耗 上午六時	氣壓 耗 下午二時	溫度 攝氏 上午六時	溫度 攝氏 下午二時	溫度 最高	溫度 最低	溼度 % 上午六時	溼度 % 下午二時	雨量 耗 合共	風 上午六時 向	風 上午六時 力	風 下午二時 向	風 下午二時 力	天氣總記
五月廿一	日	762.36	793.15	19.7	23.1	24.7	19.2	80.0	66.0	0.1	東北	4	東東北	3	雨.
五月廿二	1	762.41	762.11	20.2	22.5	24.4	19.4	80.3	56.6	0	東南	2	東	2	陰.露.
五月廿三		759.78	758.69	18.4	24.2	24.7	17.9	68.4	54.8	0	東南	2	南西南	2	陰.露.
五月廿四	3	756.83	756.00	19.5	23.6	24.4	19.2	90.0	67.0	0	○	0	南	1	陰.露.
五月廿五	4	755.33	755.47	19.8	27.0	27.9	19.2	92.0	60.0	0	南	3	東北	3	陰.露.
五月廿六	5	756.36	756.25	22.6	28.0	28.3	21.8	86.0	58.8	13.9	東南	3	東南	4	雨.露.日暈.
五月廿七	6	754.36	753.82	20.4	19.9	21.0	19.0	97.0	94.4	24.2	東	6	東北	7	雨.大風.
平均		758.20	757.92	20.1	24.0	25.1	19.4	84.5	65.4	總數 38.2					

★上午六時以前之雨量歸入前一日

图 6

心，中央如有抵抗到底之决心，全国人心未死，必能分工合作，一致为政府后盾，以救危亡。否则中央政策必不见谅于国民，岂惟青年铤而走险，恐国事更不堪问矣。迫切陈词，诸维鉴纳。

国立武汉大学教职员救国会，同叩。

以后，于 1935 年 12 月 30 日，1936 年 1 月 4 日、9 日，在文学院会议厅召开教职员救国会第二、三、四次会议。

1936 年 1 月，面对日益严峻的中日形势，国立武汉大学教职员救国会再次向国民政府去电，提出对时局的意见书。国立武汉大学教职员救国会意见书：

行政院蒋院长钧鉴：

同人等痛感国事之日蹙，国难之日深，激于"天下兴亡，匹夫有责"之大义，凛于"栋折榱崩"，侨将压焉之危惧，谨本赤城，献其鄙见，如有可采，乞予实施，国家幸甚。

（一）关于外交者，约分三点意见：其一，请我政府根本放弃"退让政策"，及"中日亲善政策"。窃思年来政府所以采取"退让政策"者，实因积弱已久，武备不修，势力不足以抗衡强暴，收复失地，故欲借退让政策，以为缓衡，而得卧薪尝胆，埋头准备，以为"廿年沼吴"之计，此委曲求全之苦心，自为国民所共亮。但事至今日，敌方已窥破我计，不容我有卧薪尝胆、准备复仇之机会，故至目前，"退让政策"已由"复仇"变为"自"的杀意义矣。至于"中日亲善"，在九一八以前，原不失为一策，至九一八以后，则绝无并等亲善之可言。对于此两点，恐全国国民，无一人不誓死反对，应请我政府重行考虑，改弦更张。其二，在东北四省邻邦尚未交还以前，绝对不应与谈经济、文化、军事之合作。未侵略我领土之邻邦不与之谈合作，而独与割我四省领土者谈合作，在九一八以前不谈中日合作、而独于九一八以后谈合作，是则明明奖励我邻邦来劫夺土地也。事之痛心，宁过于此，且谈经济合作，是不啻奉送华北之煤、铁、棉花，供邻邦造炸弹以轰炸我全国也。谈文化合作，并学校教科书而亦须修改，是不啻代彼邦预先制造"顺民"、"奴妾"、"鹰狗"也。谈军事防共之合作，是不啻合晋陕甘宁青新疆蒙古而一并奉送也。其三，此后外交应随时公开。关于此点，时贤论之已详，外交绝对公开，则为国民者，随时可以替政府分忧，可以为国家效劳，上下之情相通，自无怨谤可兴，无误会可起。国交情形明了，自免无谓恐慌，自弭无端纷扰……凡此种种，愿我政府熟思之。

（二）关于国防者，窃维我国军备种种，既与敌人相差太远，无法可作正式交绥，则亦惟有采取阿比西尼亚抵抗意大义之方法，化整为零，用"散兵战"、"游击战"、"惊扰战"以困之，务求避免主力之接触，而诱其深入，分其部队，各个包围解决之。好在地势可得天助，以中国幅员之大，民庶之众，敌方兵力，断断不够分配，如我能此仆彼兴，人自为战，彼之兵力，将有疲于奔命、无所措手之苦。如是能支持一两年之久，则彼之经济，行将解体，此即元末汉族亡元之法也。如采取此种战术，所牺牲者惟有一二都市耳，中国本无重工业都市，即被损毁，恢复亦易，此层无可顾虑。但今后宜即日停止一切都市建设，移其费以建设内地军事基础，及组织训练一般民兵，此则须及早预备，刻不容缓耳。

（三）关于处置爱国运动，及训练青年问题者。窃思学生爱国运动，方法虽或未能尽善，而动机则绝对纯洁，此真国家民族赖以生发之种子，诚宜因势利导，使纳于正规，而为国家增加力量。今中央有鉴及此，召集全国学生代表晋京听训，意至善也。同人等甚愿于此机会，略献切实有效意见：在青年热血正沸之时，如徒以空言相责，彼将愈感苦闷，风潮将更延长，一二野心不逞之徒，反得乘间借口，从而利用鼓动，似非万全之策。今宜乘其爱国情绪激昂之时，指导其作实际报国工作，即使志愿参加军事工作之学生，得就近加入当地军营，受实际军事战斗之训练，或加入兵工厂，为军火制造之实习。如是则爱国之青年，得报国之路而心安，别有用意者，将无所施其伎俩。不特釜底抽薪，学潮可以无形消弭；即国家储才备用，亦为当务之急。此则于国家及青年，两有裨补呢。

同人等管窥之见，略如上陈。所言虽属粗枝大叶，而自问尚能代大多数国民意见，谨请。

政府鉴其之诚，采其原则。是否有当，伏候钧裁。

国立武汉大学教职员救国会同人恭具

（节选自涂上飙编著《国立武汉大学初创十年（1928—1938）》一书，长江出版社2015年出版。）

国联调查团参观武汉大学始末

吴　骁

众所周知，1931 年 9 月，日本军国主义者在中国东北悍然发动了九一八事变，继而在很短的时间内陆续侵占了东北全境。当时，南京国民政府无力抵抗，只能向国际联盟提出控告，将解决事变的希望寄托在国联的干涉上。应中国政府的一再要求，国联理事会在当年年底最终决定派遣一个代表团到远东实地调查九一八事变的基本情况。1932 年 1 月，由英、美、法、德、意五国代表组成，并以英国人李顿（Victor Bulwer Lytton）爵士为团长的国联调查团正式成立。随后，该团先后访问了日本东京、大阪以及中国的上海、南京、汉口、北平、沈阳、长春、吉林、哈尔滨等地。当年 10 月，《国联调查团报告书》正式发表，该报告虽然肯定东北是中国领土的一部分，拒绝承认伪满洲国，并在 1933 年 2 月的国联大会上获得通过，但由于日本方面拒不接受，甚至因此而退出国联，这份报告最终也就成了一纸空文，根本无法制止日本军国主义变本加厉地继续扩大对中国的侵略活动。

在九一八事变、一·二八事变接踵而至的国难深重关头，也是一部分中国人忍辱负重、争分夺秒地坚持进行各种经济、社会、文化建设的艰辛时刻。当时，华中地区的最高学府——国立武汉大学正在武昌郊外的珞珈山一带兴建新校舍，虽然这项规模宏大的建设工程先后受到了长江大水与国难突发的不利影响，但举校上下团结一心，咬紧牙关，终于在 1931 年底完成了珞珈山新校舍的一期工程，并于 1932 年春迁入新校舍开学上课。随后，"珞珈既声誉日隆，自引起国内外的重视。其著者为当时国际联盟调查团之远来珞珈考察"①。

1932 年 4 月 4 日，国联调查团抵达汉口。② 据 1934 年毕业于国立武汉大学法学院经济学系的汤商皓（又名汤子炳）回忆，当时，国联调查团希望"了解长江大水后华中地区实况"，该团抵汉后，曾"约集各该国驻汉领事会谈，得悉自沈阳事变后，中国朝野皆益励精图治，加强建设，其中如武昌近郊珞珈山武大新校区之伟大现代化工程，全系由中国人自己设计与施工，绝未假手于一外人所完成，情况至为突出，尤以此一工程设计新颖，费用俭节（涓滴归公），而规模宏壮，代表中国之新气势，咸认为有一实地参观与考察的必要。其意在求印证中国人是否如日本荒木陆相此次在东京所谈为一'长期落后之劣等民族'？即依据'优胜劣败'原则，日本能否征服中国？再如根据数十年来日人在中国东北之'经营成果'，日本第一步应否设立'满洲国'？进而依据此一模式，日人应否在中国逐步照样加以推行，以便越俎代庖，始能促进全中国之'现代化'？以上各点大致为该团因受日本荒木谰言影响所拟之假想与所欲考证之腹案。该团遂向我官方表示欲往珞珈山一游，我方自表欢迎，金以此举对我方极为有利，其关系我国荣誉自必重大"。武汉大学接此通知后，一方面由学校事务部主任熊国藻"安排在武昌与本校间接送之合水准交通工具及适当之接待场面"，另一方面又派出工学院院长邵逸周及法学院教授时昭瀛前往汉口进行联络。当晚，邵逸周教授返校，时昭瀛教授则留在汉口继续接洽。③

4 月 5 日上午，学校原拟安排法学院教授、著名国家法专家周鲠生为全体学生"演讲关于国际联盟调查团的事"，但由于周鲠生教授前一日渡江办事，"因阻于风"，未能及时赶回，只好由教务长王星拱做了一个简单的报告。对于"这次国联调查团到汉口来，我们学

---

① 汤子炳：《记李顿调查团参观珞珈山》，国立武汉大学旅台校友会编印：《珞珈》第 51 期（1977 年 3 月 1 日），第 45 页。

② 参见王启华译，金光耀校：《李顿赴华调查中国事件期间日记》，《民国档案》2002 年第 4 期，第 19 页。

③ 参见汤子炳：《记李顿调查团参观珞珈山》，《珞珈》第 51 期（1977 年 3 月 1 日），第 45~46 页。

校里预备单独的招待一次"一事，王星拱指出，其意义主要有三点：

第一，"国际联盟虽然没有什么力量，但它究竟是保持人类和平的趋向的一个团体。我们现在的力量又不够和人家打战，所以要借他们的力量来给我们帮帮忙"。

第二，"请友邦的人们到我们学校来看看，使他们晓得中国这几年来并不是完全在破坏，还有一些建设，虽然这建设的范围很少，但也总表示我们在努力"。

第三，"也使他们知道这里还有一个学术机关，在这纷乱当中并没有停止进行"。

有鉴于此，王星拱特向武大学生提出要求："为要使他们到这里来有好的印象起见，我们应该有一下准备，大家要想法怎样使他们满意才好。简单地说，凡是有碍观瞻的事或布置，大家要竭力避免一下。"①

4月5日下午4点半，国联调查团与中国代表顾维钧等人一行"由驻鄂绥靖署陈光组等陪同"来到武汉大学珞珈山校园参观，武汉大学方面主要由教务长王星拱、工学院院长邵逸周、法学院教授周鲠生等人进行招待，"五时在会议厅举行茶会，六时乘汽车沿东湖绕行本校一周，方始离去"。② 对于当日国联调查团参观武汉大学的情形，汤商皓曾有一段比较生动的回忆。据其所述："是日也，天气阴霾，阳光时隐时现，珞珈山头、东湖水滨皆凉风习习，虽闻贵宾来访，而本校弦歌不辍。"他因当时无课，"得与诸同学于列字斋宿舍凭窗窥望"。他们首先看到邵逸周教授"昂步疾行而来，立于列字斋最下层之辰字斋前"，"仪容甚壮"。稍后，又"遥见一列约八、九部轿车，进入校园大道蜿蜒而来，经前面车站将达辰字斋前"，邵逸周教授便赶紧前去迎接。"第一部车停止后首先下车者为时昭瀛教授，继则为由南京陪同该团前来之我国代表顾维钧博士。其后陆续下车者为李顿

---

① 以上内容参见《教务长纪念周报告》，《国立武汉大学周刊》第122期（1932年4月12日）。

② 参见《国联调查团参观本校》，《国立武汉大学周刊》第122期（1932年4月12日）。

爵士等，皆仰视此一依山而建立高耸庞大校舍，欣然动容，当由邵院长扼要说明所询各点。一行人等继续步行前进数武〔步〕，即与王校长雪公暨校中高级人员之欢迎行列相遇，经顾博士简要介绍后，李顿爵士欣悉王校长及本校老师多系饱学之留美、法、德等国出身，且言语便捷，致交谈融洽，乃先后至文理工诸学院参观，并略进茶点，聆听简报，随即纵览珞珈之山光与东湖之水色，复各登车，由校长座车前导，凡绕湖滨及山前山后一周，每至一处皆停车暂驻，由校长或邵院长分别说明校务革新与建设工程进度诸情况，每令听者悦服"。①

图1　1932年4月5日，国联调查团参观国立武汉大学珞珈山新校舍，并与武汉大学部分教职员在文学院大楼（学校行政办公室所在地）前合影（前排左二为调查团团长李顿爵士，第二排中立者为中国代表及顾问顾维钧，前排右三为校长王世杰，右二为教务长兼理学院院长王星拱，右一为工学院院长邵逸周，左一为文学院院长陈源）

　　武汉大学在接待国联调查团参观之时，曾由理学院教授钟心煊、工学院教授赵师梅、法学院教授梅汝璈、文学院教授高君珊四人作为代表，向其提交了一封公开信，表达了武汉大学的教授们反对侵略、

────────

①　参见汤子炳：《记李顿调查团参观珞珈山》，《珞珈》第51期（1977年3月1日），第46页。需要指出的是，汤文中所说的国联调查团离开南京、抵达和离开汉口以及参观武汉大学珞珈山校园的日期和具体时间均与李顿日记和《国立武汉大学周刊》的记载存在较大出处（后二者则基本一致），很明显是记忆错误所致。

维护国家主权的基本诉求, 其全文如下:

April 5th, 1932.

Commission of Enquiry.

League of Nations.

Gentlemen:

The undersigned, representatives of the Faculty of the National Wu-Han University, realizing the community of interest between the Commission and the University in their common search after truth, wish to submit the following points for the consideration of the Commission:

(1) To the repeated resolutions of the Council on Sept. 30th, Oct. 24th and Dec. 10th, 1931, China has offered her immediate and complete compliance. The responsibility for whoever consequences resulting from the non-observance of the Council resolutions should rest entirely with Japan.

(2) The members of the Commission have seen the devastation caused by the undeclared war in Shanghai. The killing of civilian population and the wanton destruction of cultural institutions proved beyond doubt that the measures taken by the Japanese militarists can no longer be camouflaged under the cloak of self-defence or protection of Japanese lives and property.

(3) In Shanghai and Nanking, the members of the Commission must have already observed the complete confidence which the Chinese people have reposed and are reposing in the League of Nations. In your observations in Japan, a different attitude of the Japanese people and press towards the League must have been manifested to you.

In both Manchuria and Shanghai, the Chinese people have refrained from self-assertive measures in the hope that pacific means of settlement under the auspices of the League are still possible. That the Chinese people may not be driven to utter despair about the efficacy of the existing international organizations, we hope that the Commission will find it possible to recommend to the League:

(1) That the Japanese troops now illegally occupying Manchuria and Shanghai be immediately withdrawn.

(2) That all outstanding Sino-Japanese questions be submitted to pacific and legal means of settlement either through or in connection with the League.

(3) That in order to observe strictly the obligations under Art. 10 of Covenant, the so-called Manchukuo be in no way given any recognition by the Commission while conducting its enquiry in Manchuria or by other agents of the League.

(4) Failing satisfaction to the decisions of the League, adequate preparations should be made for the enforcement of the sanctions as outlined in Art. 16 of the Covenant.

Respectfully submitted,

Chung Hsin Hsuan　（Science）

Chao Shih Mei　（Engineering）

Mei Ju Ao　（Law）

Kao Chun San　（Arts）①

值得一提的是，当时向国联调查团提交公开信的武汉大学教授代表之一梅汝璈（1931—1933 年在国立武汉大学法学院任教），在抗战胜利之后，曾代表中国政府出任远东国际军事法庭法官，参与了对那些发动侵略战争并犯下滔天罪行的日本战犯的正义审判。

此外，在国联调查团团长李顿本人当天的日记中，对于参观武汉大学一事也有如下的一点简单记录：

后来，我们横渡长江参观一个灾民收容所，看到受灾的孤儿

---

① 以上内容参见《国联调查团参观本校》，《国立武汉大学周刊》第 122 期（1932 年 4 月 12 日）。

和老人受到照料。之后，我们开车去乡下约 20 英里远的地方，参观一所刚刚建立的大学。它的位置极好，群山环抱，湖光山色，风景宜人。我们与教授们交谈了一番，回答了他们的提问，并收下了精制茶叶。在我们访问的途中，挤满了好奇的村民。①

4月11日，在学校举行的"总理纪念周"上，周鲠生教授作了题为《国联调查委员团与国联大会委员会》的演讲。他从专业的角度出发，先后向广大师生介绍了国联调查团成立的背景、经过、性质及其所面临的巨大困难，刚刚成立的国联大会常任委员会与国联调查委员团在性质上的不同以及两者之间的关系等基本情况，最后提出："调查团及委员会的报告内容如何，自然与大会关于中日争议解决的建议有莫大的影响。因此，我们在现在一方面固然要准备长期的抵抗，而他方面仍要注意国联方面的行动，在这个时期中，国际宣传与外交活动的工作，更是特别关系重要了。"② 另据汤商皓回忆，在国联调查团离去后，"本校于次周举行总理纪念周时，由校长雪公对全体师生报告当时国际局势及此次接待该团经过，并称吾人一切均能经受外人考验，劝同学安心向学以厚植建国救国之实力云"③。

尽管国联调查团的种种活动最终仍然无法制止日本军国主义对中国的侵略，但无论如何，该调查团在中国各地进行实地考察的过程中，毕竟也曾亲身感受到中国社会在某些方面的发展和进步（比如当时国立武汉大学珞珈山新校舍的建设，即为一个比较突出的典范），并将这些不错的印象付诸文字，传达给全世界，这对于改善中国的国际形象，反映中国人民追求进步、反抗侵略的正义诉求，多少还是有一定的积极意义的。正如武汉大学校友汤商皓所言：

---

① 王启华译，金光耀校：《李顿赴华调查中国事件期间日记》，《民国档案》2002 年第 4 期，第 20 页。

② 参见《国联调查委员团与国联大会委员会》（周鲠生教授讲），《国立武汉大学周刊》第 123 期（1932 年 4 月 19 日）。

③ 汤子炳：《记李顿调查团参观珞珈山》，《珞珈》第 51 期（1977 年 3 月 1 日），第 46 页。

该团……调查竣事后，其所拟之调查报告中，曾强调中国已大有进步，应具有其完整之领土与主权，郑重建议国联应限令日本恢复我东北九一八以前情况。此一建议虽遭日本之悍拒，然该团何以愿作一此〔此一〕严正之建议，致欧美各国迄至第二次大战告终，除德义二国外无一国承认"满洲国"，我并取得英美法合作，终于获致抗战最后胜利，实鉴于中国人于艰苦拂逆中能庄敬自强，非如日酋所言之劣等民族。当时庄敬自强之道，固非一端，然其中珞珈山武大建校之精神所予该团之印证与感应，不可谓为不大。①

① 汤子炳：《记李顿调查团参观珞珈山》，《珞珈》第51期（1977年3月1日），第46~47页。

一二·九运动中的王星拱校长①

吴　骁

　　20 世纪 30 年代中前期，对于新兴的国立武汉大学来说，可谓是一段励精图治、快速发展和迅猛崛起的黄金年代；然而，对于整个国家和民族而言，又是强邻日本不断入侵和蚕食我国国土，给中华民族带来深重的危机和灾难的时期。在日本军国主义步步紧逼，逐渐将两国之间的局部冲突扩大、升级为全面战争的这段时间里，武汉大学虽因深处内陆腹地，与日寇直接制造事端的东北、华北与上海等地相距甚远，但也不可避免地受到了不小的影响和冲击。一方面，局部抗日战争的爆发、延续与扩大，直接导致了整个国家中央财政经费的持续紧张，作为一所主要仰仗中央政府财政拨款的国立大学，武汉大学的建设和发展，也一度饱受经费紧缩与短缺之苦。另一方面，作为一个具有高度的爱国情感和民族良知的高素质人才的聚集地，武汉大学的全体师生不可能不对这场空前的国难有所反应，事实上，不论是在 1931 年的九一八事变之后，还是在 1935 年的一二·九运动中，几乎每一次波及全国的抗日救亡运动，都少不了武大人的身影。在这样的背景下，如何处理好读书、治学、办教育与参加爱国救亡运动之间的关系，便成为每一位武大师生所必须面临的重大问题。而作为国立武汉大学的主要领导人之一，王星拱对教育与抗战之间关系的看法、态度与具体的处置方式，也与这所学校的前途和命运息息相关。

　　作为早年曾参与五四爱国运动的一位先驱者，当时又身为华中地区唯一一所国立大学的主要负责人，王星拱对日寇的侵略既深感痛心

---

　　①　本文节选自吴骁、程斯辉：《功盖珞嘉"一代完人"——武汉大学校长王星拱》，山东教育出版社 2012 年版，略有修改。

疾首、义愤填膺，同时又始终保持着冷静、清醒与理性的头脑。一方面，他极力呼吁中国的政府和军队应当奋起抵抗日寇的军事侵略，对于武大学生发起或参与的一次又一次风起云涌的抗日救亡运动，也抱以深深的同情，乃至给予有力的支持；另一方面，他又始终竭力维系学校的正常教学秩序，对学生爱国运动的方向与方式进行积极合理的引导，对其"过激"、"越轨"之行动则进行一些必要的限制和干预，并且还多次苦口婆心地奉劝广大学子，在国难期间更应努力学习，"以学术救国"，通过"创进物质，奋发精神"的方式和手段，逐渐消除国家落后的根源，如此方能为向日寇"复仇"与更好地"立国"奠定牢固的根基。

1935年12月中旬，当北平学生发动一二·九运动的消息传到武汉后，武汉大学各院系的爱国学生迅速行动起来，准备召开全校学生大会，一致行动，同时还积极联系武汉其他各大中学校学生。为了争取广大教授和学校当局的同情与支持，武汉大学工学院机械系大三学生李厚生（后改名为李锐）以"工学院民二七级全体学生"的名义，草拟了一份"致全校教授先生书"，信中谈到了当时北平、上海各大学校长、教授等对时局的表态和同情学生的言论，并且痛陈："敌人侵占东北之后，而热河，而察哈尔，而平津，而整个华北。谁能担保不再而武汉……而全中国？这是最惨痛的凌迟。"信中还庄严宣告："现在唯有大学中的人们才是唤醒全国民众的泉源。'五四'的力量永远光荣地留在历史上。"据李锐后来回忆："武大校长王星拱还算是一个尊重蔡元培办学精神的人（校长办公室挂着蔡的大幅照片）。教授和讲师中不乏爱国之士，也有进步的助教……这封信当时是起了作用的，使许多教授包括王星拱同情学生的行动。"①

12月12日，武汉中等以上学校学生代表会议在华中大学召开，议决成立武汉学联。17日，武汉地区53所大中学校的120多名代表正式成立"武汉中等以上学校学生救国联合会"。20日，根据武汉学联的决议，武汉三镇学生同时举行了大规模的游行示威。22日，以

① 以上内容参见李锐：《"一二·九"运动前后在武汉》，《一二九运动回忆录》（第一集），人民出版社1982年版，第381页。

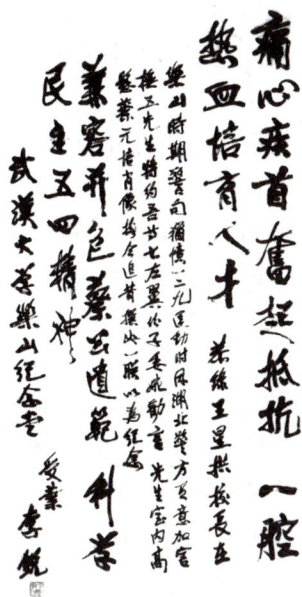

图 1　武汉大学校友李锐 1993 年纪念王星拱校长的题词

武大学生为首的武昌地区的 2000 多名学生，又冲破了省政府的封锁，渡江到达汉口，三镇学生得以汇集成一股更为巨大的联合游行示威的洪流。面对着这场声势浩大的学生爱国运动，王星拱总是以自己在"五四"时的心境对学生表示理解，从无任何责难之处，相反，还在一定程度上予以支持。据当时曾参与和领导学生游行示威的武大学生李汝俊（后改名为理如军）回忆，当他们在武昌街头活动了几个小时之后，正在考虑肚子饿了怎么办的时候，学校当局竟专门派车送来了大批糕点之类的食品。① 王星拱等学校负责人对青年学生的关心与爱护，由此可见一斑。

在这次游行示威活动后不久，王星拱校长专门托人带话，约请李汝俊等三位学生运动领袖某天晚上到自己家中谈话。身为一校之长，

---

① 参见理如军：《一点回忆》，武汉大学成都校友会主办：《王星拱校长纪念专刊》，1996 年，第 18 页。

在学生运动风起云涌的敏感时刻，选择间接、低调而不是直接、张扬的方式与学生领袖进行联系和接触，选择晚上在自己家中谈话，而不是大白天在办公室谈，既达到了与参加爱国运动的学生及时、有效地进行沟通、调和的目的，又不至于在广大学生中引起较大的震动和影响，足见其在处理学生运动问题时分寸把握之妥当与手段之高明。据李汝俊回忆，他与另外两位同学在某天晚上来到王星拱校长家里，王校长非常客气地接见了他们，尽管态度比较严肃，但谈话本身是很随和的。他谈话的大意是：内忧外患，爱国青年学生，关心国家大事，这是很自然的，好理解的，不过，青年人闹运动，还得冷静考虑分寸和方式，不注意，不仅要荒废学业，还可能闹出吃亏的事来，如果因为运动而耽误了功课，就太可惜了，爱国救国还离不开培养大批办实业的科技人才啊！尽管王校长在一时之间并不可能立即说服这些血气方刚的青年学生，这三位同学在回去的路上也议论纷纷，认为他这个实业救国的想法未免太简单了！但他们也一致认为，像王星拱这样的一批蔡元培时代的北大老教授，确实是爱国的、民主的，认真地办教育，为国家培养真才实学的人才的。时隔多年，李汝俊回忆起这次谈话，仍是记忆犹新，认为王星拱这位爱国、民主、热心教育事业的学者、教授和教育家，实在是一位殷切地希望青年成就为爱国爱民而有真才实学的人才的忠厚长者，为人处事极有魅力，令人怀念和钦佩。[1]

在武大学生已参与了几次规模浩大的游行示威活动的背景下，1935 年 12 月 23 日，王星拱校长在"总理纪念周"上作校务报告之前，还特地就"救国运动和时局"表明了自己的看法和态度。对于武大学生参与游行示威，王星拱首先进行了高度的肯定，认为此举"是表现爱国之热忱，凡是中国人，人同此心，心同此理，无有不极端赞同的"。然而，从学校当局的立场出发，他又指出："这种举动不可以常有，常有是无用的。而且易于发生其他枝节。希望各位同学依照原定的不荒废学业的主张，努力于以学术救国的工作。"对于当时的时局和应对措施，王星拱明确地指出："敌人的侵略，从关外到

---

① 参见理如军：《一点回忆》，武汉大学成都校友会主办：《王星拱校长纪念专刊》，1996 年，第 18 页。

了关内，又从关内到了黄河流域，其严重自不待言，推演下去，其危险更不忍言。我们所能走的两条路，不外乎牺牲和忍耐。"在他看来，"牺牲"与"忍耐"这两者之间，并无本质的冲突，所谓"忍耐"，并不是消极被动地继续挨打，"忍耐"的最终目的，还是为了积极有效地作好抗战御侮的准备工作。他深刻地指出：

> 谈到牺牲，若是全国人民有同一的决心，并不是绝对无办法。俗话说：一人拼命，十人难当。古语说：蜂虿有毒，而况国乎。我们的军械，固然是不充实，但是，倘若我们四万万人都能够拼命去抵抗，用所谓游击战争的方法，也可以拖掉敌人一层皮，若是能够支持二三年下去，甚至于可以制敌人的死命。不过，我们须知道：这个牺牲是狠大的，尤其是几个大城市，必定要首先经受摧残的痛苦，若是有这就要看我们有没有承受痛苦的决心。其次谈到忍耐；忍耐似乎不好听，但是忍耐而能准备，也是一个办法。所谓准备，是包含我们所应当做的一切建国工作而言。最怕的是睡着不做，其次是只嚷不做，又其次是无系统的乱做。我们应当有一定的计划，同力合作的做，在一定的时间，要有一定的结果。现在多数人士，只注重应付目前的困难，而把永久的建国工作，看做迂远而不切于事情。这是不对的。目前固然要应付，永久也不可以忽略；因为个人的生命有限，民族的生命无穷。我们的祖宗，没有做这些工作，所以我们现在受这样的痛苦。我们若是再不做这些工作，我们的子孙将来所受的痛苦，比我们现在所受的还要大。我们大学学生现在所学的各种专门知识，都是直接的或间接的和这些建国工作有关。计划实施，是政府的责任，具体的做，是我们的责任。我们要有方法把这些专门知识实现出来，充实国家的力量。这个力量，在无事时期，可以赡养足生，在有事的时期，可以抵御外侮。能够这样的做下去，忍耐也是有意义的。①

---

① 以上内容参见《上周纪念周校长报告》，《国立武汉大学周刊》第254期（1935年12月30日）。

在这场席卷全国的爱国运动中，武汉大学的全体教职员也行动了起来，于 12 月 24 日召开全体大会，决定将 1931 年九一八事变后成立的"东省事件委员会"予以充实，并改名为"国立武汉大学教职员救国会"，并致电国民党中央党部、国民政府主席林森与行政院长蒋中正，竭力为全国各地风起云涌的学生运动进行辩解，指出"青年学生，激于义愤，游行请愿，风起全国。咎由外交失策，不在学子之多事，政府诚宜因势利导，严令各地军警当局，不得摧残爱国运动，自伤元气"，同时要求政府对日采取强硬外交，抵抗到底，"否则中央政策必不见谅于国民，岂惟青年铤而走险，恐国事更不堪问矣"。①

此时此刻，武汉大学全体教授在对广大同学的爱国行为表示"热烈赞同"的同时，也冷静而善意地"劝告"他们："救国的事情决不是这样简单，救国的大业也决不是单靠标语口号所能办到。我们要想对于国事有所作为，非具有充分的实力不可。实力愈厚我们对于社会的贡献也就愈大。诸位同学是国立大学的学生，国家社会对于诸位所怀抱的希望当然也比较一般青年来得更大，因此诸位同学所负的责任也就更重，可见诸君的行动关系至巨，不可不特别审慎。现在国事糜烂，已经到此地步，诸位正应努力身心各方面的修养，以备日后来肩荷普通人民所不能负的重任。诸位在此求学的目的，当然在于增进救国的能力。诸位务应认清自己的地位与目标。"至于学校，作为一个培养人才的机关和团体，就不能不讲纪律，"诸位要求自由，我们也赞同诸位有真正的自由；可是真正的自由，务须以不侵犯他人的自由和不扰乱国体的秩序为准则。我们相信本校对于言论集会等等只要在正当的范围以内，向不干涉……我们深望全体同学能保持旧有的良好学风，用火的热忱与铁的纪律，奋发精进，以肩荷救亡图存的大业"。最后，他们还给广大同学四项"奉劝"：

---

① 以上内容参见《武汉大学教职员救国会成立》，《国立武汉大学周刊》第 254 期（1935 年 12 月 30 日）。

（一）奉劝运用理智来救国，不要为一时情感所冲动；

（二）奉劝精诚团结，一致对外；

（三）奉劝遵行"己所不欲勿施于人"之良箴，保持高尚的人格；

（四）奉劝爱护学校即为爱护国家，勿为亲者所痛勿为仇者所快。①

12月26日，国立武汉大学校务委员会召开第11次临时会议，首先由王星拱校长以主席身份报告了此次学生"骚动"的经过，随后又通过了"关于学生张贴文告及集会事应如何规定案"，定出了以下三条办法：

一、学生准许张贴消息文告，但无论以私人或团体名义张贴，均须署名或盖印负责，并不得涉及攻击他人及妨害大局；

二、学生准许集会及为其他爱国表示，但须不妨害课业及学校秩序；

三、所有现已张贴之消息文告不合上列条件者，应于本晚一律撤除。②

12月30日，第267次校务会议又通过了"规定本学期考试日期及补考办法案"，进一步明确规定："凡因爱国运动不克应本期考试之学生，准予下学期开始时补考，其补考成绩分数免予折扣。"③ 由此可见，以王星拱校长为首的学校当局，在一定的程度之内，对武大学生的爱国运动保持了较大的宽容，同时又试图对其进行积极合理的引导，希望能通过理性劝诫与政策保障相结合的方式，来培养青年学

① 以上内容参见《全体教授劝告同学》，《国立武汉大学周刊》第254期（1935年12月30日）。

② 以上内容参见《国立武汉大学校务会议纪录》（第六册），第61~62页，武汉大学档案馆藏国立武汉大学档案，全宗号6，年代号1937，分类号L7，案卷号83。

③ 参见《国立武汉大学校务会议纪录》（第六册），第64页。

生遵守秩序、尊重他人、敢于负责的精神，并且让他们逐渐学会和努力做到读书与救国两不误，从而尽可能地将维护学校秩序与保障学生利益较好地兼顾起来。

然而，正处于热血沸腾、群情激愤状态中的青年学生，是很难心平气和地立即听取师长们苦口婆心的劝说的。在连续几天的大规模游行示威活动结束之后，"武汉大学学生救国会"正式成立。救国会成立后的第一件事，便是决定罢课。尽管有少数学生反对并发生过争论，但最终仍然是少数服从多数，通过了这项决议。12月30日，武大学生正式宣布罢课，并在文、法、理、工学院门口布置岗哨，强行制止少数同学及教授入内，引起了学校当局的极大震动。王星拱校长眼见局势已无法控制，再加上他对学生运动的看法与教务长皮宗石等人又不尽一致，于是提出辞职，并离开了珞珈山，前往汉口德明饭店居住。①

王星拱辞职后，武汉大学前任校长王世杰主持下的教育部迅速予以慰留。12月31日，教育部致电王星拱，称其"素著贤劳，比来处理校事，尤极持重，时会艰危，义难言辞，务望继续积极负责，以利校务"②。1936年1月6日，教育部又发来一则电报，称"该校长因学生不服劝导，擅自罢课，引责辞职，业经本部慰留。嗣接该校全体教职员及学生电请挽留，具见护校精神一致，对于学生，业经本部长以个人资格切实劝告，并责令立即中止罢课，想该生等应有觉悟，不因爱国行动而毁校。现在国难方殷，该校长应继续任劳任怨之精神，打销辞意，积极负责，如仍有学生不服劝导，有越轨行动，应严予制止，以维校纪，并将处理情形随时报部为荷"③。与此同时，武汉大学学生救国会为了争取王星拱校长对学生运动的同情和支持，也特地组织了一部分同学去汉口对其表示慰问和挽留。1月7日，武汉大学部分教职员及学生过江赴汉口请王星拱校长回校总理事务，至此，王

---

① 以上内容参见李锐：《"一二九"运动前后在武汉》，《一二九运动回忆录》（第一集），第385页。

② 《教育部鱼电》，《国立武汉大学周刊》第256期（1936年1月27日）。

③ 《教育部鱼电》，《国立武汉大学周刊》第256期（1936年1月27日）。

星拱才打消辞意，于当日下午五时偕各代表一道返回学校，并于 8 日正式复职，召开校务会议，重新开始主持校务。学校的局势，也逐渐恢复了常态。

一二·九运动过后，武汉大学学生救国会仍然长期在学校内积极活动，引起了湖北地方军政当局的高度警惕。当时，湖北省政府曾指名要逮捕学生救国会的大多数委员，只是由于王星拱校长的强烈抵制，方才作罢。与此同时，出于保护这批学生起见，王星拱还特意找来李厚生（李锐）、魏泽同等 7 位负责人谈话，说得到省公安局的通知，提醒他们要小心，不要乱来，如果他们的活动过于"越轨"，他也保护不了他们，无法负责他们的安全。据李锐回忆，"王虽然态度严厉，但措词较委婉。对于这种善意警告，我们当然一笑置之"①。而所谓的严厉的态度与委婉的措词，也正是王星拱校长向青年学子们表达负责之心与关爱之情时的一贯表现。

据武汉大学校友刘西尧晚年回忆，在 1936 年 12 月的西安事变之后，负责武汉秘密学联工作的李锐和杨纯因"身份已暴露"，"在学校呆不住了"，"幸王星拱保护才未被捕"，他本人在 1994 年回武汉定居后，"才知道王星拱曾找他们谈过话，以前我只知道国民党军警要进校捕人，他们躲避开了，校方以高等学府不让军警进来为由，挡住了国民党军警的搜捕"。②

---

①　李锐：《"一二九"运动前后在武汉》，《一二九运动回忆录》（第一集），第 397 页。

②　以上内容参见刘西尧：《攀峰与穿雾：刘西尧回忆录》，武汉大学出版社 2000 年版，第 19~20 页。

抗战爆发初期的王星拱校长①

吴　骁

1937 年，抗日战争全面爆发后，国立武汉大学校长王星拱一面强烈地呼吁抗战到底，同时又充分利用自己的社会声望与工作职权，从精神和物质两个方面竭尽所能地支援抗战；一面则继续坚守自己的本职岗位，不为实施"抗战教育"的巨大呼声和强烈要求所左右，而是继续坚守常规教育，坚持将研究高深学问、培养专门人才作为抗战救亡的一个必不可少的重要手段。与此同时，他也不忘在常规教育中适当地灌注抗战的精神，对于部分学生所从事的抗战救亡活动，则尽可能地保持着宽容、默许与保护的态度。

一、积极呼吁与支援抗战
—— "咬定牙关，撑起脊梁，抱必死之决心，争最后的胜利"

1937 年 7 月 7 日，驻华北日军挑起卢沟桥事变，中华民族的抗日战争就此全面爆发。丧心病狂的侵华日军，除了与中国军队作战外，还大肆屠杀平民，并刻意摧毁中国的文化教育机关。7 月 29 日至 30 日，日寇几乎完全摧毁了天津南开大学校园，激起了国内外各界人士的极大愤慨。8 月 1 日，时任国立中央研究院院长蔡元培、国立北京大学校长蒋梦麟、国立北京大学文学院院长兼中国文学系主任胡适、国立清华大学校长梅贻琦、国立中央大学校长罗家伦、国立浙江大学校长竺可桢与国立武汉大学校长王星拱七位学术教育界的领袖

① 本文节选自吴骁、程斯辉：《功盖珞嘉"一代完人"——武汉大学校长王星拱》，山东教育出版社 2012 年版，略有修改。

人士，联名致电国际联盟智识合作委员会，对日寇在华北地区犯下的战争暴行进行了严厉谴责：

> 日本在华北之军事侵略，现已蹂躏北平附近，并沦天津为废墟。日军除残杀数千非武装的市民外，并以炸弹燃烧弹，蓄意毁灭南开大中学之图书馆、实验室及宿舍之全部。南开为张伯苓博士三十年来辛苦经营之学府，为文化及人道计，鄙人等请求贵会对于此种野蛮屠杀，及肆意摧毁教育机关之行为，公开加以谴责，并请转达各国政府，对侵略国速采有效制裁方法，庶公道复彰，而此种惨酷行为，不致再现。①

从 1936 年到 1937 年，在中日关系日趋紧张，全面战争的爆发已是迫在眉睫之时，武汉大学理、工两学院的师生也开始施展专业所长，为抗战进行积极的准备。1936 年 11 月，武汉大学实习工厂接到任务，开始设计、试制防毒工具与钢盔等，化学系与机械系教师则负责烧制和试验过滤与中和毒气用的活性炭。全面抗战爆发后，从 1937 年 9 月起，学校还接受汉阳兵工厂的委托，由实习工厂加工制造了大量手榴弹，用于支援前线的抗战，直至当年年底停工拆机装箱为止。对于这项工作，王星拱校长极为重视与支持，据当时曾在武汉大学实习工厂工作的机械系讲师赵学田的日记所载，1937 年 4 月下旬，王星拱校长曾邀请化学系与机械系的相关教师到招待所举行茶会，在会上宣读了教育部的训令和指示，并委派赵学田等三位教师到武昌公共科学实验馆为武汉各公立中学的理化教员作关于防毒面具的演讲。对于这件事，赵学田后来回忆说：“通过这次接触，我对王校长支持教师爱国活动的崇高品质有更深的印象。”②

据王星拱校长自己后来的回忆与总结，在抗战初期，武汉大学师

---

① 《对日军残暴行为请加以谴责 蔡元培等致电国联 并吁请各国加以制裁》，《中央日报》1937 年 8 月 2 日。

② 以上内容参见赵学田：《怀念王星拱校长》，武汉大学成都校友会主办：《王星拱校长纪念专刊》，1996 年，第 13 页。

生所进行的抗战工作，主要分为以下三个方面：

第一，学校方面。办理各种战时工作训练班，限令学生参加受训。

第二，教职员方面。首先，成立教职员战时服务干事会，内分机械修造、电信交通、土木工程、医药救护、防毒宣传、妇女工作、食粮管理等九组。其次，成立教职员射击会，学习打靶。再次，慰劳伤兵。每人照飞机捐额扣薪，捐制棉衣分送各后方医院。再次，献金。除由各教职员眷属自由捐献全部金饰外，每人以一个月实得薪额购置救国公债。

第三，学生方面。成立各种有关抗战的座谈会、研究会，发行各种抗战刊物画报，利用假期街头演讲，表演抗战戏剧等。①

除了积极引导武汉大学师生在物质方面直接支援抗战外，王星拱校长还经常对广大师生进行精神上的动员和鼓励。1937 年 9 月 27 日，他在该年度的开学典礼上，就武大师生在抗战时期所应当采取的态度和趋赴的方向这一问题发表了自己独到的见解。

在这场振奋人心的演讲中，王星拱首先指出了在抗日战争全面爆发的背景之下所举行的这一次开学典礼，与过去几年的一个明显不同之处——"今天是武汉大学举行开学典礼，并补行九一八纪念的一天，各位想必都有深切的感想。在过去几年之中，上项典礼和上项纪念都是同日举行，但是今天和过去五年之中同样的一天是大不相同。在过去五年中，我们把眼泪咽下去，往肚皮里流，今年我们的眼泪是往外流了。不但流泪，而且流血。敌人的压迫，我们是不能再忍受下去了，我们要出气！蒋先生告诉我们说：'出气是要吃苦头的。'我们又须牢记着：我们要准备吃苦头。"

接着，王星拱在简要地向新老同学强调了武汉大学的"精神"——"努力服务，用功读书"与"风纪"——"研究实学，恪守纪律"之后，便开始着重阐述"在抗战时期——非常时期——我们所应当采取的态度和所应当趋赴的方向"这一主题。

---

① 以上内容参见王星拱：《抗战以来的武汉大学》，《教育杂志》第 31 卷第 1 号（1941 年 1 月），第 6 页。

首先，"就采取的态度而言，我们——尤其是受过高等教育的我们——在平常时期，都偏重理智之分析，但是在非常时期，我们应当偏重——至少应当兼重——情绪之奋发，和意志之坚定。我们都知道：人类心理的动作，可以分为三部分：理智，情绪和意志。理智是指导我们道路的，情绪和意志，是组成我们进行的力量的。我们的道路，是已经选定了，而且是敌人压迫着我们所必须走的一条路——抗战的一条路。(即是不求战而应战的一条路) 现在要从情绪和意志的方面，增加我们进行的力量"。

在"情绪"方面，王星拱认为，"无论有什么大难临头，我们不能存恐惧的心理。我们要把恐惧变成愤怒。从心理方面讲，恐惧和愤怒本是同一本能动作之消极和积极的两方面：恐惧是觉得对象可怕，愤怒是觉得对象可恨。恨到极点，自然无怕之可言"；从生理方面讲，一个动物对于强敌攻击的恐惧情绪，也能产生出一种"特别内分泌"，由此刺激而引发愤怒的情绪，进而产生出比平常高出十倍不止的抵抗力量，"这还是就分个而言，若是整个集团——像我们民族四万万五千万人的集团——的分子力量，都照这个比例增加起来，那真可以塞乎天地之间了"。

在"意志"方面，王星拱则认为："我们只要有百折不回至死不变的意志，任何困难都可以克服，任何危险都可以抵抗。"由于我们的抗战是为了"保护民族生存"和"维持世界公理及人道"而战，有着"至深且远的意义"和"至高无上的价值"，因此，"我们应当牺牲我们所有的一切，来依归这个至善的目标。……向着这个目标去进行，是我们的义务，是我们的责任。我们所有的一切，既应当都付在牺牲之列，自然更不能闹意气，争地位，图舒服，占便宜，以致损伤我们抗战的力量，妨害我们神圣工作之进行"。最后，王星拱还以物理学原理作比，生动形象地强调了意志的重要性："我们常把光来比喻理智的分析，把热来比喻情绪的奋发。光和热是两种能力，这两种能力的效用，是不同的，光能指示路途，热能鼓动前进，同样底，我们可以把原子内储的能力——放射的能力——来比喻意志的坚定。这个放射的能力可以说是无穷尽的。我们有了坚定的意志，就和这种能力一样，可以发生无穷的工作出来。"

其次，"再说到我们所应当趋赴的方向：我们——尤其负着介绍及发展近代科学的人们——在平常时期，都偏重物质之创造和补充，但是在非常时期，我们要偏重——至少要兼重精神之锻炼和警惕。在人类生存条件之中，精神物质，不可偏废：无物质则无所依附，无精神则无所主持。国家自然也是如此。物质不发展至一定的程度，则必贫而且弱。然而没有精神为之主宰，为之推动，纵有物质，也是无用的。……固然，物质方面，如果能有充实的准备，自然是最好的事情；然而物质也不是唯一无二的必需因素。而且敌人也不让我们在物质上有充分的准备。惟其因为物质方面有缺乏的地方，所以精神方面，更不能不有艰苦卓绝的毅力，牺牲奋发的热心，来补偿它。我们这一次的战争，是拼命的战争，不是比武的战争。我们纵然打到死，也是不可为不义屈。有了这样的决心，最后的胜利，自然是属于我们的"。

就"物质"方面而言，王星拱还深刻地指出，"近代战争中所谓物质，不是专指军械而言，换言之，近代战争，不但是疆场上的军事战争，而且是全国人民的整个经济战争"。他敏锐地注意到了日本经济基础的"脆弱"之处——军事工业大量挤占了民用工业与国际贸易的份额，在别国领土作战及装备的相对先进导致其所需军费大大高于中国，等等，"凡此生产降低，贸易减少，租税加重，以及物价高涨，债券低落，等等情形，都是他们的经济致命伤，而且历时愈久，还要愈加严重"。而与之相比，中国的抗战则反而在某种意义上是占了经济落后的便宜——"我们的经济情形，没有经过近代的高度化和尖锐化。从短时间里行使力量这一点讲起来，这种情形，固然是一个缺陷。然而从长时间里拼命拖延这一点讲起来，这种情形，反来是一个优长。我们的经济力量，是浩大而散漫的，只要用有效的方法统制起来，集中起来，可以说是取之不禁〔尽〕用之不竭的。敌人也知道这些区别，所以他们总想在短时间内得着战胜国的地位，而结束战争"。而针对日本帝国主义企图通过速战速决的方式尽早灭亡中国的策略，我们应当以持久抗战的方针予以应对，"如果我们恐惧战争，也想早期结束，那正是上着敌人的算路。我们要打定主意，长期抗战，把敌人拖到筋疲力尽不能有丝毫侵略的意念的时候，方才放手"。

就"精神"方面而言，王星拱亦从国内民意与国际舆论两方面进行了剖析。对于前者，他指出："我们这一次抗战，是整个民族之意志的表现，在历史上，无论什么战争，都比不上这一次抗战中这样的精诚团结，一心一德。男女老幼，士农工商，没有不提起日本人就痛恨切骨的。"对于后者，他认为西方列强大多是充分同情乃至切实帮助中国抗战的，"天下究有公论，我们为保护民族生存维持世界公理与人道及国际和平而战争，自然是全世界人类所共同赞许的。甚至于敌人国家里面的人民，也有大部分是同我们同情的，因为日本的侵略，是他们军阀要实现他们的世界主人翁的梦想。不是他们全国人民所诚意赞同的。他们的农工阶级，都要把金钱和生命拿出来供给军阀的不知意义所在的牺牲。他们的资本阶级，虽然也是主张侵略中国，但是不愿用武力的工具。至于他们的知识分子，外交人士更是知道世界大势，是不容允日本军阀这样悍然不顾一意孤行的，不过在积威之下不能说话罢了"。通过这些分析，王星拱最终得出结论——"我们这一次抗战，对于我们自己，是维护生存，对于世界上，是维持公理，就是对于敌人方面，也是吊民伐罪的王者之师。总而言之，全世界的人类，除了日本万恶军阀以外，都是和我们站在一条线上的。我们看到这种情形，在精神上自然得到极其恳挚的安慰，和热烈的鼓励。"

在深入、详尽的理性分析与概括总结之后，王星拱最后又向武汉大学的莘莘学子们大声疾呼道："我们大学学生，应当作国民的表率。我们应当咬定牙关，撑起脊梁，抱必死之决心，争最后的胜利。我们相信：有志者事竟成，苦心人天不负，国难被除，民族复兴之光明的旗帜，是树在前途等着我们的。"①

---

① 以上内容参见《本学期开学典礼校长训词》，《国立武汉大学周刊》第287期（1937年10月4日）。

二、纵论 "抗战与教育"

—— "专门人材之养成，也是抗战中之不可缺乏的工作"

全面抗日战争爆发后，中国的众多高等学校和文化机关饱受战火的摧残，损失极其惨重。在无比严峻的形势下，对于大学教育在战时的出路究竟何在，战争期间应采取怎样的教育方针等问题，全国的文化教育界展开了一场广泛的争论。一部分人士认为，大敌当前，全国上下，理应 "全民皆兵"，青年学生应当直接开赴前线，杀敌建功，或是从事战地服务；而与之相应，学校教育也应当直接服务于抗战需要，调整学科与课程设置，开设军事课程，一切以抗战为中心，实施 "抗战教育"，等等。当时，由国民政府教育部颁布的《高中以上学校学生战时后方服务组织与训练办法大纲》，第一、第四、第五条就分别规定："全国高中以上学校在战时除应继续实施正常教育外，应加紧实施业经教育部规定之特种教育，预备从事后方服务，以协助军事推进，发挥国防教育之实效"；"在战时各学校每周得酌减普通学科教学时数四小时至六小时，即以其时间施行特殊科目之教学训练"；"训练特殊技能之高级职业学校及专科以上学校除照前条规定施行特殊教学外，并须就其专门部分与战事有关联者加紧训练，其时间即再减少普通或次要学科之时间抵充"。①

在武汉大学，成立于 1935 年 "一二·九" 运动风潮之中的 "国立武汉大学学生救国会"，于 1937 年 10 月 4 日正式更名为 "国立武汉大学学生抗敌后援会"；另有一部分中共地下党员则领导成立了一个 "抗战问题研究会"，成为中国共产党的一个基层 "外围组织"。这些热血沸腾的青年学子，不仅时常以话剧、歌咏、墙报、读书报告会、形势座谈会等多种形式，积极投入抗日救亡运动，而且还与部分教师一道，强烈要求校方调整和改革教学内容与方法，实施 "国难

---

① 以上内容参见《高中以上学校学生战时后方服务组织与训练办法大纲》，《武大 1937 年制定大学生抗敌后援会章程》，武汉大学档案馆藏国立武汉大学档案，全宗号 6，年代号 1937，分类号 L7，案卷号 45。

教育"。如学生抗敌后援会就曾于 1937 年 11 月 3 日上书王星拱校长，指出："金以全面抗战，既经发动，急需技术人员，以协助军事之推进，应请学校依照部颁大纲，实施特殊教学与训练，用副国家期待大学诸生之至意。"尽管他们对王校长过去教导广大学生的某些"含义至深"的高论如"学问之道，研究愈深，分门愈广，其间关系亦愈密，而有赖于各种基本知识者亦愈显"等表示"钦服无已"，但同时也指出，"惟是非常时期，异乎正常时期者，在能斟酌缓急，本校各科课程，虽关联交错，但决非缺一便不可以他求，如不修化学史，不致不能学习国防化学工艺，不修甲骨文，不致不能学习战时文字宣传"，而鉴于"国事危殆，缓不济急"，故特恳请王星拱校长能"俯顺众情，施行特殊科目之教学，加紧专门部分与战事有关之训练，减少普通或次要学科之时间，使生等得养成非常时期之技术，以供国家驱使之处"。①

对于这样的思想和主张，王星拱虽能表示充分的理解，但也是持相当的保留意见的。1937 年 11 月 8 日，他在学校的"总理纪念周"上，专门发表了题为《抗战与教育》的演讲，就这两者之间的关系问题，进行了一次比较深入的探讨和剖析，而这亦可视为对那些要求立即实施"国难教育"或"抗战教育"的部分学生的一个公开和正式的回应。

首先，根据王星拱的归纳总结，社会上一般人士主张在抗日战争时期教育应当"抗战化"，其主要依据，一是在于达尔文的进化学说（教育须适应环境），一是在于杜威的实验主义教育学说（教育为预备生活之历程）——"教育既要适应环境，现在我们是在抗战的环境之中，所以我们要实行抗战的教育。教育既是预备生活之历程，现在我们的生活，是抗战的生活，所以我们的教育要抗战化。"针对前一种观点，王星拱深刻地指出："我们须知道——并须深切底知道：

---

① 参见《呈为呈请实施国难教育事》，《武大 1937 年成立学生救国会的章程》，武汉大学档案馆藏国立武汉大学档案，全宗号 6，年代号 1937，分类号 L7，案卷号 46。

我们为什么受敌人的压迫，为什么在抗战工作上还要感受许多的困难，是因为我们的国家，没有经过近代化，还是一个落后的国家。我们国内的环境，是一个落后的环境。政治的设施，社会的组织，科学的贯输，工业的发展，无一样不落后。我们仅仅在落后的环境中，去求适应，是不够的。我们须得创造环境，改善环境，才可以把国家的力量充实起来。"尽管王星拱也非常认同进化学说，但对于教育应当如何去适应环境这个问题，又有着比一般人更加深刻的认识——"我们要适应世界上进步的大环境，不要适应国内落后的小环境。我们要适应人家已经走到 20 世纪的环境，不要适应我们还留在十七十八世纪的环境。"

针对后一种观点，王星拱分析指出："所谓预备生活之历程，也是就近代化之生活而言，因为近代机械繁兴，事业复杂，我们要有灵敏的脑力和活动的手力去应付或控制，所以他们主张要先在学校里把这些近代知识练习出来，以后可以在工厂公司商店农场以及各种事业机关里做一个能手……总之预备生活者，是预备近代化的生活，不是中古时代优游简陋的生活，更不是我们社会中常有的腐败龌龊的生活。"就抗战本身而言，因为物质落后，我们已经吃了不少亏，"我们前一代的祖先，没有准备得好，使我们感受困难，那是因为他们没有知识和力量做到这一层，我们不能怪他们。我们这一代的人，如果仍然不往近代化的途径上去努力，使我们的后人还是和我们感受同样的困难，那就是我们所造作的不可饶恕的罪过……纵然我们所有在座的人，都在这一次战争中打死了，还有千万亿兆的同胞将来要撑持我们的国家和民族。要使他们懂得建国御侮的真实途径，就是我们未死以前的责任……在任何困难状况之下，我们要近代化我们的国家，在任何困难状况之下，我们要获得专门学识，因为所有近代化的事业，都是需要专门学识才能创设起来的：这是我们无可旁贷的责任"。

王星拱还指出，"在长期抗战之中，教育不可中断，这是社会所诚挚希望，政府所明白揭示的"，但他同时又强调，"所谓不可中断者，乃一班的教育，不是抗战的教育。抗战的教育，既无历史可言，自无所谓中断"。针对某些人认为一般教育的内容与抗战无关的说法，王星拱斥之为"武断肤浅"，并进而分析道："我们人类向上的志趋，人民的民族观念，以及各种致力国家的技能，和公民人格及个人人格之修养，都是贯注在一班教育课程之中。即以抗战之直接关系而论，高射炮之描准，要用高等数学……古代史中之事迹，可以启迪民族意识。"至于应该如何处理好两者之间的关系，王星拱最后的结论是："我们在一班课程之中，贯注抗战精神，是应当的，把一班的课程都变为抗战课程，是不可能的。"

其次，一般人士主张实行"抗战教育"的另一个理由，便是"抗战是国家民族生死存亡之所系，我们要实行全民抗战，我们要全国总动员，所以我们要用教育的力量，教导全国的国民，去担任抗战的工作"。对于这一点，王星拱并不否认其重要性。但他在肯定抗战宣传工作的重要性的同时，也不忘提醒广大青年学子，不要忽略了社会事业中的另外一个重要原则——"分工"。他指出："任何社会组织，都是一个有机体。其中各部分有各部分的机能，各部分有各部分的工作，更重要的一层是各部分行各部分的责任，我们不能拿这一部分去做那一部分的事情，更不能拿所有各部分都去做某一部分的事情……我们要维护我们国家之生存，必定要近代化我们的国家，要近代化我们的国家必须要有专门学识，这些专门学识，除了大学以外，是无处可以获得的。大学教育，不是替国家装门面，也不是为诸位同学谋地位，是为维护和延续民族生存之急切的需要之供给。现在我们所亟待举行的简单广大的宣传，固然是重要；但是它是一班普通的工作，大学学生能做固然很好，但是别人也可以做得上来。然而专门学识之探求，除了大学学生，是无人可以担任的。我们须得认识清楚，这是我们的无可旁贷的责任。我们若是脱离了特有的责任，去担负共同的责任；抛弃了专门的工作，去进行普通的工作，那究竟是所得者少，所失者多。而且在这里所得者，从他处也可以得来，在这里所失者，是不能从任何其他部分补偿得起的。"

结合到武汉大学的"特殊情形"，王星拱又指出，自全面抗日战争爆发以来，全国的多数大学，因为大多处于东部沿海地带的"战区"之内，备受日寇的直接或间接摧残，虽然很多大学均已内迁，继续在内地开学上课，但因为客观上的种种不便，"都不能履行经常教学的轨范"，而"武汉大学在比较安全的地方，图书仪器，都可以照常使用，我们更应当利用这个绝无仅有的机会，多求一些专门学识，以备国家之征用。这是我们的特别机会，同时也就是我们的特别责任"。

针对每一个人所具有的截然不同的"性情"和"造诣"，王星拱提出，每一位青年学生对于抗战的具体态度，都应该因人而异，区别对待。如果有人能在国难如此深重的情形下，还能像德国的大文学家歌德和法国的大科学家巴斯德那样"读死书"、"死读书"，"未曾不是大有利益于国家"。但在事实上，也不可能让每个人都做到这样，就学校方面而言，"我们在抗战的时期，我们的一班教育，自然是披带着抗战的色彩，贯注着抗战的精神。此外我们又有军事训练，教导军事知识；最近还设有各种训练班，直接担任抗战及后援的工作。学校的规定课程，并可以由各院系酌予减少，以便实现各人都能担任一部分与抗战直接有关的职务。但是我们不能变更原定的课程也不能减少超过一定的程度，因为我们所应当尽的特殊的无可旁贷的责任，是不可抛弃的"；而对于那些实在无法做到安心读书、一心想要直接参与抗战的学生，王星拱也为他们指出了一条明确的出路——"有军官学校可以保送，有航空机械防空各班，也正在招生——都给予我们以直接贡献的机会"，同时，也尽可能人性化地通过准许休学并保留学籍的方式，在学校里为他们留下了"后路"。但总的原则，仍然是"我们不能把整个学校停顿下来，去做学校以外所能做到的抗战工作"。

最后，王星拱总结道，尽管教育也和其他各项社会事业一样，在抗战时期将要经受一番相当大的变迁，然而，由于教育有其本身的任务，是不容随意进行变更的，"尤其是大学教育，其任务为专门人才之养成，专门人才之养成，也是抗战中之不可缺乏的工作。各位不要忘记了本身所应尽的责任"。[1]

---

[1] 以上内容参见《抗战与教育》（总理纪念周校长讲演），《国立武汉大学周刊》第 292 期（1937 年 11 月 15 日）。

三、坚守大学校长本职
—— "苟有一个学生能留校上课，本人当绝不离校"

王星拱对于抗战与教育之间的关系的基本看法，简而言之，就是一句话——"前方抗战固然重要，后方育人也不可少"①。早在1937年7月16日，当王星拱应邀参加由中国国民党中央政治会议举行的"庐山谈话会"时，便与其他20多位与会代表"议决建议于大会：如战事发生，学校不停办……"② 在形成了这样的基本理念后，王星拱更是不遗余力地在校园内外广为宣传自己的这些主张。对此，当时在武汉大学政治系一年级就读的端木正，曾有如下回忆：

> 在公开的场合，在个别的谈话，我都听到王星拱校长的讲话，他的看法令我心悦诚服。他说，敌人的飞机还没有炸毁我们的学校，我们不能自己瓦解了。我们不是要和日本兵拼命，我们的敌人是日本东京帝大，只要日本的大学还在上课，我们无论多么艰苦也要把学校办下去。战争需要培养专门人才，将来建国更需要人才，大学不能停办，念书也是抗战。
>
> 这是他的讲话大意，他讲时更加铿锵有力……③

正因如此，当武汉大学的部分师生要求学校实施"抗战教育"时，便遭到了王星拱校长的断然拒绝。他指出："战时教育这名词在

---

① 转引自《抗战时期内迁乐山的武汉大学》，武汉大学乐山校友会编：《武汉大学乐山纪念堂》专刊（内部交流），1993年，第14页。

② 参见《竺可桢全集》第6卷，上海科技教育出版社2005年版，第335页。

③ 端木正：《抗日战争爆发后的武汉大学》，武汉大学校友总会、武大武汉校友会合编：《武汉大学校友通讯》（1993年第2期、1994年第1期合刊），第93页。

全世界教育史上都没有的，教育的意义应该是埋头读书。"① 当年 12 月初，由于社会上"盛传武汉大学业已暂行停课，并已有学生多人离校"，汉口《大公报》记者特地来校调查，对此，王星拱校长郑重声明"并无其事"，并且表示："学生如离校赴前方工作，或学生返其家乡作后方后援工作者，均任其自由离校，如学生留校，则必须上课。"他还声明："苟有一个学生能留校上课，本人当绝不离校。如一旦有变故时，学校当局必尽力设法，以谋学生之安全。至于学生最近要求变更课程，乃绝不可能之事，此实有事实上之困难，即如学生求所谓抗战教育之课程，院长亦无法办到，各教授亦无此种学识，无法授课……教职员方面，则全部在校，学生离校者，亦仅有必须离校之一小部，想其数目当在百十人之间。"在此之前，王星拱校长还曾在学校发出布告："如有同学返里者，可由校方贷款，而同学赴军事机关服务者，学费则可退还。"②

总之，在全面抗战爆发后半年多的时间里，在王星拱校长的极力坚持与合理引导下，尽管前线的战事日益激烈，但身处后方的武汉大学，依然弦歌不辍，始终保持着平日里的那种正常的教学秩序与良好的读书风气。对此，王星拱校长颇为满意，对于当时的情形，他曾有如下回忆：

自芦〔卢〕沟桥的炮声震惊了珞珈山以后，本校师生无不怀于国难的严重，而肩荷着抗战与建国的两重使命。所以当时珞珈山周遭的气氛，特别显示出紧张，活跃。不过紧张中却含有充分的理智，活跃并不曾无谓的骚动。因此，师生间除在不影响课业的原则之下，做些切实有效的抗战工作外，一向特有的读书精神，仍未尝减削，自是一件可喜的事。

……

① 转引自《武汉大学学生实施抗战教育》，毛磊、刘继增、袁继成等：《武汉抗战史要》，湖北人民出版社 1985 年版，第 181 页。
② 参见《武大停课问题 王校长谈并无其事》，《大公报》1937 年 12 月 5 日。

毕竟日人"三月灭华"的口号，全是梦中的呓语。开战后半年多，东湖水涯，珞珈山顶，弦歌的声浪，依然随时随地可以听到。他如校中教学上的设置种种，那时固拥有五个学院——文理法工农，十五个学系，七百九十余名学生，所需要添置的图书仪器很多，乃因临近武汉，与海外交通，尚称便利的原故，供应上还不成问题。后来日人毒计，想毁灭我文化，遂到处派机摧毁我文化机关。珞珈山的领空，也时常发现它们的阴影，但每过一次，只平添了我们无限的敌忾和仇恨，从没有遭遇过损失。就当时国内一般的大学情况来说，那个时代的珞珈山，还比较幸运，还不失为青年读书的好场所。①

不仅如此，由于武汉深处内陆腹地，在全面抗战爆发之初，除偶尔遭受日机的零星空袭外，战火尚未全面烧及，相对来说还比较安全。因此，不少以西南各省为最终目的地的内迁高校，此时均以武汉为中转站；另有不少因家乡已经或是面临沦陷、所在高校停办或是正在迁徙途中的所谓"战区学生"，也纷纷流亡到武汉，并就近转入武汉地区各大高校借读。1937—1938 年，武汉大学本校的在校学生人数总共不超过 800 人，但这段时间内学校先后接收的来自国内其他高校的借读生，竟有将近 700 人，使大批流亡学生能够比较顺利地继续和完成学业，在这个特定的历史时期里，为中国高等教育事业的存续和发展作出了特殊的贡献。

王星拱虽然从根本上反对实行"抗战教育"，但是他对于部分学生在学校所从事的各种形式的抗日救亡运动，基本上是采取宽容和默许的态度，极少加以干涉。在武汉大学这样一所由国民政府直接控制下的国立大学里，武大学生中的中共外围组织——"抗战问题研究会"还能多次邀请周恩来、董必武、博古等中共高层领导来到学校发表演讲，宣传抗战，这即使是在国共两党第二次开始全面合作的时

---

① 王星拱：《抗战以来的武汉大学》，《教育杂志》第 31 卷第 1 号（1941 年 1 月），第 6 页。

期内，也是非常难得的，而这与王星拱校长的开明与宽容也是分不开的。另一方面，每当这些学生的活动受到国民党当局的密切注意和高度警惕，乃至种种限制和破坏，甚至人身安全也受到严重威胁时，王星拱校长也总是挺身而出，想方设法地用各种方式保护自己的学生。比如，当国民党武汉警备司令部将抓人的布告贴到校园内时，王星拱就愤而指出："学校是学术天地，我的学生出了问题由我负责，你们不得擅自进校抓人。"而当潘乃斌（后改名为潘琪）等"抗战问题研究会"成员被特务跟踪时，王星拱校长亲自找他们谈话，要他们赶紧离开武汉，并资助离汉的路费。等到这些学生安全离开武汉后，学校才贴出处分他们的布告，以掩人耳目。①

值得一提的是，在全面抗战爆发初期，王星拱校长不仅自己多次在校园内发表演讲，从各方面详细阐述他对抗战救国的总体认识与基本态度，还经常主动邀请一些社会各界著名人士来校进行抗战宣传。自从 1937 年 7 月全面抗战爆发后，武汉地区的抗日救亡运动就日益高涨，特别是在 1937 年 11 月首都南京沦陷前夕，随着国民政府的绝大多数机关、部门和党政首脑要员先后移驻武汉，各大党派领袖、各地知名人士与社会团体也纷纷云集武汉，使之逐渐成为当时中国事实上的"战时首都"和全国抗日救亡运动的中心所在。在这样的背景下，武汉大学的珞珈山校园，在长达一年多的时间里，亦可谓是风云际会，名流纷至——包括蒋介石、汪精卫、陈果夫、陈立夫、陈诚、李宗仁、周恩来、陈独秀、董必武、博古、王明、陆定一、沈钧儒、王世杰、罗家伦、陶希圣、郭沫若、萧军、冼星海等在内的众多军政要员或文化名人，均曾来过武汉大学发表演讲，或是从事与抗战有关的其他活动。用武大校友端木正的话来说，珞珈山上出现了"难得的名人风貌"，而这些名人，有很大一部分都是由校方直接出面邀请过来的。能有幸目睹如此之多的社会各界名人之风采，这足以令当时的武大学生受益匪浅，如端木

---

① 参见武汉大学校史编辑研究室：《武汉大学校史简编（1913—1949）》，1983 年（内部发行），第 116 页。

正本人当年就曾聆听过陈独秀、汪精卫、王世杰、董必武等政界名人的演讲，还曾见过著名音乐家冼星海教武大学生唱歌。直到晚年，端木正还感慨道："我至今仍深信，王星拱校长认为应该让青年学生多见识名人的风貌，是对青年学生增进学养的一种教育方式，这种想法是有教育价值的。"①

四、抗战烽烟中的宝贵友谊
——"对于彼蒙此莫须有之诬蔑，
为正义，为友谊，均难默缄"

在抗战初期，王星拱和他的同乡、同事与终身挚友，中国共产党的主要创始人之一陈独秀之间的那份超越政治、党派纷争与思想、意识形态分歧的宝贵友谊，亦是一件值得大书特书的事情。1937 年 8 月 23 日，因抗战爆发，国民政府将陈独秀提前释放出狱。9 月中旬，陈独秀来到武汉，其间与王星拱过从甚密。11 月 21 日，王星拱特地邀请陈独秀来武大演讲。在这场题为《怎样才能够发动民众》的演讲中，陈独秀提出，"要发动民众，参加抗战"，"第一，必须解除民众自身的痛苦"，"第二，必须让人民有经常的组织"，"第三，必须让人民有政治的自由"，② 使在场的很多学生听众深受感染和教益。

这次演讲结束后不久，王星拱校长在校园里碰上了政治系学生端木正，便问他听了这场演讲没有，感觉怎么样，端木正回答："很满意，名不虚传。"王校长接着又说："这次我请仲甫③来，两边都不讨好，只要同学满意就好。同学表示希望听他，我只要能请各界名人来，不论是哪个党派的，也不论是哪个学科的，让青年人多见识一些有成就的人，对学生的修养有好处。"王校长的这番话，令端木正感

---

① 参见端木正：《抗日战争爆发后的武汉大学》，《武汉大学校友通讯》（1993 年第 2 期、1994 年第 1 期合刊），第 92 页。

② 参见陈独秀：《我对于抗战的意见》，亚东图书馆 1938 年版，第 24~31 页。

③ 陈独秀，字仲甫。

慨万千："我听了肃然起敬,这是位教育家!他为了对同学有好处,不计个人的得失。回想当时的会场,就是民主修养的课堂;听众中有几个是当时陈独秀的同党同派?但是从会场的秩序和气氛看出,武大师生的兼容并包精神充分体现出来,没有人扰乱会场,更没有人叫倒好。"①

1938年1月,正当陈独秀在武汉为宣传抗战而积极奔走时,刚从苏联回国不久的王明、康生等人,出于所谓"反托派"的政治需要,竟公然诬蔑其为"日本间谍"、"托匪汉奸",引起了社会各界人士的极大震惊。面对好友横遭冤屈,王星拱义愤填膺,很快便挺身而出,与其他几位对陈独秀的人品、个性比较了解的人士一起,公开出面为其辩诬。从1938年3月16日起,《大公报》、《武汉日报》、《扫荡报》等重要报纸,均在显著的位置发表了时任国民党中央政治委员会委员、中国实业银行董事长傅汝霖,国民党中央执行委员、中央训练团教育委员会主席段锡朋,国民政府监察委员高一涵,国防参议会参议员陶希圣,国立武汉大学校长王星拱,国民党中央执行委员、国防参议会参议员周佛海,国民党中央政治委员会委员梁寒操,国民政府立法委员张西曼,国民政府立法委员林庚白九人联名的公开信,信中声称:

> 中国共产党内部理论之争辩,彼此各一是非,党外人士自无过问之必要;惟近来迭见共产党出版之《群众》、《解放》等刊物及《新华日报》竟以全国一致抗日立场诬及陈独秀先生为汉奸匪徒,曾经接受日本津贴而执行间谍工作。此事殊出乎情理之外,独秀先生平生事业早为国人所共见,在此次抗战中之言论行动,亦国人所周知,汉奸匪徒之头衔可加于独秀先生,则人人亦可任意加诸异己,此风断不可长,鄙人等现居武汉,与独秀先生时有往还,见闻亲切,对于彼蒙此莫须有之诬蔑,为正义,为友

---

① 参见端木正:《抗日战争爆发后的武汉大学》,《武汉大学校友通讯》(1993年第2期、1994年第1期合刊),第91页。

谊，均难默缄，特此代为表白，凡独秀先生海内外之知友及全国公正人士，谅有同感也。①

王星拱等人的仗义执言，不仅谴责了王明、康生等人的无耻谎言，表明了"独秀先生海内外之知友及全国公正人士"的正义立场，在武汉三镇引起了强烈的反响，也让此时正在蒙受着不白之冤的陈独秀本人，因及时地得到了包括王星拱在内的诸位友人的鼎力援助，心中倍感宽慰与温暖。

---

① 《为陈独秀辩诬 傅汝霖等九人致本报函》，《大公报》1938年3月16日。另外，此公开信于3月16日见报后，林庚白立即致函《新华日报》："本日大公报登载为陈独秀辩诬一函，列有贱名，查该函于友人持示时，经告以陈独秀为倡导新文化之有功者，吾人本中华民族和平，宽大，之精神，与东方政治家之立场，对于其人格，予以维护，原则上自可赞助，惟该函措辞，颇涉于共产党所指为托派者之语气，非国民党同志应有之口吻，当提出修正文句，乃倾读该函，并未更易一字，本人生平在政治上之主张，态度，素极坦白，雅不愿苟同！兹特郑重声明，本人于该函之内容，完全不能同意，应不负任何责任！敬乞贵报予以披露为幸。"（参见《来函照登》，《新华日报》1938年3月17日。）

武汉抗战与国立武汉大学

刘文祥

1937 年底南京沦陷后，国民政府名义上宣布以重庆为陪都，但事实上主要的党政军机关和要员都云集在了长江中游的武汉。从 1937 年底至 1938 年春，武汉成为了事实上的战时首都，而随后更展开了轰轰烈烈的"武汉保卫战"，从南京沦陷至武汉沦陷的大半年时间，是抗日战争前期颇为重要的"武汉抗战"时期。在这一时期，作为华中地区最高学府的国立武汉大学，除了爱国师生积极参与支援抗战外，其位于武昌郊外的珞珈山校园，也成为当时远东反法西斯战争的重要指挥和训练中枢，这在世界大学校园中都十分罕有。

一、武汉大学学生参与抗战宣传及厂矿西迁

抗日战争爆发后，国民政府迁都重庆，但在 1938 年上半年以前，武汉事实上成为战时首都，以武汉为中心的抗战宣传活动如火如荼地开展起来。在这一时期，国立武汉大学的青年学生，也投入到了这一时代洪流中，深入到武汉周边地区工矿企业，到工人中开展抗战文艺宣传。

1937 年冬，著名音乐家冼星海来到武汉大学，与武大同学们交流抗战文艺宣传，随后于 11 月 26 日带领武汉大学学生救亡歌咏队，与著名戏剧家洪深率领的上海救亡演剧二队，遵照时在八路军武汉办事处的周恩来的指示，乘坐汉冶萍公司轮船前往黄石地区，开展抗敌文艺宣传工作。[①] 抵达黄石后，他们住在石灰窑中窑江边的振德中

---

① 程泰:《人民音乐家冼星海在黄石》,《黄石文史资料》1984 年第 5 期。

学，这里距离石灰窑主要的工矿企业，如大冶铁厂、利华煤矿、华记水泥厂等都比较近。在接下来的十天时间里，冼星海率领的武大学生歌咏队和洪深的上海救亡演剧二队在黄石港、石灰窑、下陆、铁山等地的工矿企业和村舍中举办了多场演出，表演抗敌话剧、合唱救亡歌曲等。12月5日以后，救亡演剧二队返回武汉，冼星海和武大学生歌咏队留在黄石地区，转赴大冶铁厂的冶雄体育会继续开展抗日救亡歌咏活动。"此后白天他带领武大学生队分赴工厂、矿山、学校、伤兵营、壮丁队和黄思湾附近农村，教授救亡歌曲，散发用红绿纸印好的歌单、传单；晚上在振德中学开办救亡歌咏教授班……经过短短几天紧张的教唱、培训与组织筹备以后，12月8日下午二时在冶雄体育会广场举行了'港窑湖各界民众救亡歌咏大会'。"① 在冼星海的带领下，武大学生歌咏队在黄石地区开展了深入工人民众的抗敌文艺宣传，为武汉大学与汉冶萍厂矿的交流历史画上了浓墨重彩的一笔。

1938年初，国立武汉大学一、二、三年级学生西迁四川乐山，而四年级学生则留在珞珈山本部直至毕业。而抗日战争爆发以来，陆续有华北、华东地区因战事而学业中辍的流亡学生来到武汉大学借读以完成学业。卢沟桥事变后不久天津沦陷，河北工学院停办。当时在校学生柯俊辗转来到了国立武汉大学，成为武大民国二十六年度理学院化学系四年级借读生，并于1938年6月以全班第一名的优异成绩毕业。此时，柯俊原在河北工学院的老师姚南枝正供职于"国民政府"经济部，姚南枝向经济部长兼工矿调整处处长翁文灏推荐了柯俊前去供职，随后柯俊便成为了经济部工矿调整处技术员。此时正值武汉会战期间，日军步步紧逼，形势日渐危急，武汉及周边地区的大量工矿企业正在经历被称为"东方敦刻尔克"的战略大转移。刚刚离开武大校园的大学毕业生柯俊，也投身到了这场攸关民族存亡的西迁运动中。

---

① 周衍雄：《义演跑遍矿区，歌声唤起万民——记人民音乐家冼星海在黄石》，张昌满主编：《黄石抗战纪实》，中共黄石市党委史办公室、黄石市新四军历史研究会出版1995年版。

工矿调整处当时的主要职责，是负责组织协调武汉及周边地区民营厂矿的内迁工作。汉冶萍公司在鄂境内的汉阳铁厂、大冶铁矿、大冶铁厂等厂矿，主要由钢铁厂迁建委员会负责拆迁。但在具体拆迁过程中，钢迁会与武汉卫戍司令部、长江航业联合办事处以及工矿调整处等多方仍展开了合作，而工矿调整处技术员柯俊也具体参与了汉冶萍厂矿拆迁和爆破工作。工矿调整处业务组组长林继庸在大冶各厂矿拆迁工作基本完成后曾表示："此次督拆迁大冶厂矿工作繁重，应付困难，本处所派李副组长景潞、柯组员俊两员，辛劳月余，处置有方，其劳可念。"① 此外，柯俊等工矿调整处职员还在武汉会战期间，对于经过钢迁会拆迁后仍有残留设备原料的汉冶萍厂矿，再尽全力进行了拆迁转运，同时又以大局为重，在面临艰难抉择的关头果断作出了正确决定。"汉阳铁厂尚留有2500千万之汽轮发电机一座、锅炉三座，因迁建会来不及拆运，即由李景潞率领技术员孙东根及华成电器厂工人前往拆迁……时间已是10月20日，机件已拆得180余吨，而且装上了木船，预备于21日装载于三北公司凤浦轮运往宜昌。不料事出突然，上海工商界的头面人物吴蕴初的天原化工厂由国外购得三效蒸发器全套，重数十吨，于21日早晨由香港经粤汉路运抵武昌……民生汉口分公司人员已在21日完全撤退。当时武汉江面只有三北公司的一艘凤浦轮。李荃荪和柯俊商酌之下，认为天原如无蒸发器就无法复工，工矿调整处无发电机还可另行设法。当时已闻武汉西部的金口即将封锁，武汉形势万分吃紧。两位技术员权衡轻重，不以机件属于自己还是属于其他厂家为标准，而是以大局为重，从对整个工业之实际需要为出发点，决定把凤浦轮上装发电机的吨位让给天原厂。"然而由于另装发电机的木驳在沦陷前夕的武汉已找不到动力拖行，"不得已，木驳乃于10月23日晨风放先行"，柯俊等人乘坐满载的凤浦轮，于当天下午离开武汉。遗憾的是，装载汉阳铁厂发电机的木驳行至城陵矶时遭遇日军空袭，被炸沉于江中。"然天原电化厂得因此而保存物资，后来在渝卒能复工，所产盐酸、烧碱、漂白粉等，足以供给后方皂烛、造纸、染炼工业需用，而天盛耐酸陶器厂、

---

① 黄振亚：《长江大撤退》，湖北人民出版社2006年版，第206页。

天厨味精厂，亦赖以维持恢复，对于后方化学工业之树立，关系甚大。"①

二、国民党临时全国代表大会

1938年3月29日至4月1日，中国国民党在武昌召开了临时全国代表大会，这也是国民党自1924年召开一大以来至今唯一一次"临时全国代表大会"。其时正值抗战初期，中国首都南京已告陷落，国民政府名义上迁都重庆，而事实上则以武汉为战时首都，继续同日本侵略者展开对抗。此时在武汉召开的这次临全代会，无疑在国民党党史和中国抗战史上，都具有极其重要的意义，而这次会议的会址，正是在珞珈山国立武汉大学校园内。

1935年11月，国民党在南京召开了第五次全国代表大会，决定次年5月5日公布《中华民国宪法草案》并于11月12日召开制宪国大。但由于日本侵华步步紧逼，国大代表未能如期选出，随后不久抗战全面爆发，原定于1936年底召开的制宪国大也就宣告流产。而抗战初期在军事上遭遇了重大挫折的中国，对日抗战与国家建设该向何处去，国民党自身又需要适应形势做出怎样的变革等，都成为迫切需要回答的问题。这样一些重大问题，显然需要召开一次全国党代会来予以解决。

鉴于武汉在当时作为事实上的战时首都，国民党五届中常会第七十二次会议，决定临时全国代表大会在武汉召开："军事负责同志应在武汉就近调度，分身来渝，诚恐有碍于军事之进行……且自首都沦陷，政府西移，政府各机关分驻渝汉，主管长官身当前敌者皆居武汉，若会场设在武汉，以便政府重要代表就近出席，亦无不合。"②

---

① 张朋园、林泉访问，林泉纪录，郭廷以、张朋园校阅：《林继庸先生访问纪录》，台湾"中央研究院"近代史研究所1972年版，第106页。
② 《中国国民党第五届中央执行委员会常务委员会第七十二次会议纪录》，武汉地方志编纂委员会办公室编：《武汉抗战史料》，武汉出版社2007年版，第4页。

虽然会址迁汉一事，时在重庆的国民政府主席林森曾表示反对，但鉴于当时的形势，临全代会在武汉举行也就成为必然的选择。

1938年3月30日，各大报纸都刊发了中央社的一条简短消息："中国国民党临时全国代表大会29日上午八时，在渝举行开幕典礼……九时许礼成，惟以代表尚未到齐，闻拟稍缓数日，再行正式开会。"① 然而事实上，包括蒋介石在内的绝大多数会议代表，根本没有前往重庆。而3月29日上午由林森在重庆主持的这场"开幕典礼"，以及所谓"代表尚未到齐，闻拟稍缓数日，再行正式开会"的说法，完全是个障眼法，当晚大会就在武昌国立武汉大学校园内正式召开了。国民党在开会地上释放假消息，以及每天都是晚上天黑以后才开会，都是为了"避免敌军注意，增加武汉空袭之危险"②。

这次的临全代会之所以选择在武汉大学召开，也是有着多方面的考虑。早在当年2月，国立武汉大学就决定西迁四川乐山，4月时全校一、二、三年级学生和大部分教职工便已在乐山开学。而校园内自1930年以来陆续修建的大学校舍，其恢宏壮丽之程度在国内首屈一指。且自抗战以来，武汉市区虽已多次遭到日机轰炸，但城郊的珞珈山却从未被轰炸过，成为一个相对安全的区域。在这种情况下，武大校园自然成为大量战时训练机构和高层官员的云集之地。由蒋介石亲任团长的珞珈山军官训练团（后改为中央训练团）便在校园内开展训练，蒋本人也住在珞珈山上的寓所中。一时间，珞珈山成为当时中国的秘密中枢。

临时全国代表大会在武汉大学的具体会址在哪栋建筑中，曾众说纷纭。较为常见的一种说法是宋卿体育馆，该说最早见诸《湖北文史资料》，随后为许多公开出版物所采用。然而这一说法并无原始史料支持。

1938年3月14日国民党中央执行委员会武汉办事处致武汉大学

① 《临时全国代表大会昨在渝举行开幕礼》，《大公报》（汉口版）1938年3月30日。

② 《王世杰日记手稿本》（第一册），台湾"中央研究院"近代史研究所1990年版，第226页。

的有关借用校舍召开临全代会的公函中这样写道："关于开会会场，拟即暂行借用贵校礼堂，并请借拨房屋一部分，以为工作人员办公之用。"武大随即复函："本校谨当遵嘱照办……祈查照派员来校接洽为荷。"① 看来，国民党原本拟借的是武大"礼堂"。

国立武汉大学原本规划在校园核心区建设一座大礼堂，但因经费困难一直未能兴建。而 20 世纪 30 年代作为礼堂使用的，是学生饭厅的二楼。该处虽可容纳数百人开会，但建筑格局相对局促，层高较低，内部还有两排柱子阻挡视线。国民党方面派员来校考察后，对这一场所显然并不满意。

图 1　1935 年落成的国立武汉大学图书馆

那么，国民党方面实际考察后最终决定的会场地址，究竟是武大的什么建筑呢？负责此事的时任国民党中央监察委员会铨叙部次长王

① 《中国国民党中央执行委员会武汉办事处公函（中武字第 228 号）》，1938 年 3 月 14 日，武汉大学档案馆藏国立武汉大学档案，6-L7-1938-36。

子壮，在其日记中详细记载了他与几位党工赴珞珈山，从考察确定会址到会场布置的全过程。1938 年 3 月 27 日，他在日记中写道："三时随叶先生往东湖珞珈山武汉大学，以学校正中建于山巅之图书馆为会场。"随后他对图书馆大楼内外进行了详细考察，对于这幢雄伟壮丽的建筑，他在日记中难掩赞美之情："庄严雄伟，极富东方建筑美，而去其雕梁画栋之纤巧部分者也，房计五层，全部以铁筋洋灰而覆以绿琉璃瓦，飞甍画栏。墙壁均为洋灰之本色，而有各式古代之图案浮雕，故其象庄严，其气雄浑，而可经久不变，较诸北京之各大学建筑，可为青出于蓝者，国内有数之伟大作品也。"有鉴于这幢建筑的"其象庄严，其气雄浑"，王子壮等人自然毫不犹豫地决定以其作为这次极为重要的党代会的会址。随后他还在日记中记载了会场的布置情况："会场系就图书馆略加改造，正中悬总理遗像及伟大之党、国旗。其余墙则敷以蓝白红三色之条布。一入其中，极逞肃穆庄严之境象也。"① 3 月 29 日大会开幕当天，与会代表王世杰也在日记中记下了具体的会址："本党全国临时代表大会，于今日开幕……晚八时，在武昌珞珈山武汉大学图书馆举行会议。"② 4 月 1 日大会闭幕日这天，他又在日记中写道："临时代表大会，今晚续在武汉大学图书馆举行，至晚十二时遂宣告闭幕。"③ 从这些原始记载中，我们当可以确信国民党临时全国代表大会会址是在当时的武汉大学图书馆（现称老图书馆）而无异议了。

显然，国民党方面最终选定图书馆作为临时全国代表大会会场，其主要的考虑并非在于建筑面积、可容纳人数等因素，而在于图书馆建筑所独有的"庄严肃穆之境象"。作为在抗战当头的紧要时刻所召开的一次将对国民党领导体制进行重要变革，并确定抗战时期全党全国大政方针的重要会议，会场的建筑环境显然应尽量与之相称。在武

---

① 《王子壮日记手稿本》（第四册），台湾"中央研究院"近代史研究所 2001 年版，第 426~427 页。

② 《王世杰日记手稿本》（第一册），台湾"中央研究院"近代史研究所 1990 年版，第 226 页。

③ 《王世杰日记手稿本》（第一册），台湾"中央研究院"近代史研究所 1990 年版，第 230 页。

图 2　国立武汉大学图书馆阅览大厅内景（1938 年 3—4
　　　月国民党临时全国代表大会会场）

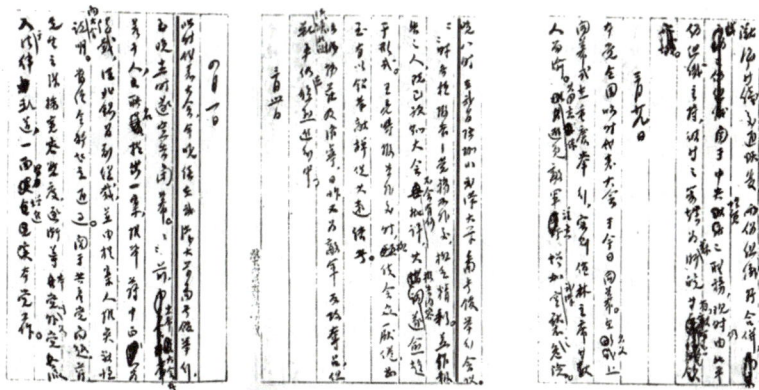

图 3　国民政府军事委员会参事室主任、国立武汉大学前任校长王世杰
　　　在 1938 年 3 月 29 日和 4 月 1 日的日记中对中国国民党临时全国代
　　　表大会召开情况的记述

汉大学所有能够举行大型会议的室内场所中，显然也唯有图书馆大厅
能担此大任了。

　　中央社曾在会议结束后不久的快讯中说："出席代表及全体中委

约五百人"，这一人数只是具有参会资格的全体代表总数。武汉大学图书馆阅览大厅，建筑面积不足 400 平方米，一般只能容纳一两百人就座。即便移出厅内木桌，也不可能容纳下五百人。从这一细节可以印证临全代会的实际到会人数大大少于应出席数。事实上，根据相关记载，这次大会的实际到会人数，只有 272 人，大大少于国民党五大的 405 人。① 这主要是由于许多代表正身当前敌，忙于军事，无法分身前来武汉开会。

尽管出席人数严重不足，但在特殊时局下，这丝毫不影响会议讨论国民党的重大事项。这次会议的一大重要内容，是改革了国民党的领导体制，决定设立总裁和副总裁。在此之前，孙中山曾任国民党及其前身中华革命党的总理。他逝世后，国民党将其推举为"永久总理"，而党中央的领导则实行中央执行委员会集体负责制。面对抗日战争爆发后的新时局，旧有的集体领导体制已经无法适应战争状态，于是在临全代会上，国民党决定推行"总裁制"，在中央设总裁一人独揽大权。

在总裁之外另设一看似多余，实际也没有多少实权的"副总裁"，在会上曾有过反对声音。王世杰在日记中曾写道："关于副总裁之设置，议场中颇有人表示不赞同者。"② 事实上，副总裁的设置，很可能是蒋介石本人的意愿。孙中山逝世后，蒋汪斗争成为国民党内的一大重要矛盾。虽然在政治资历、个人声望等方面，汪皆在蒋之上，但通过军事手段不断积累政治资本的蒋介石，在抗日战争初期的国民党内已经具有了他人无法挑战的权威和地位。自恃甚高而又在这场权力斗争中长期处于下风的汪精卫，自然是颇为郁闷，蒋对此心知肚明。在登上总裁大位之时，蒋介石也觉得需要对汪精卫作出安抚，以维持党内团结。对此，《申报》香港版就明确说道："（蒋介石）建

---

① 金雄鹤：《国民党八十四位中常委实录（上册）》，台海出版社 2013 年版，第 2 页。

② 《王世杰日记手稿本》（第一册），台湾"中央研究院"近代史研究所 1990 年版，第 231 页。

议设立副总裁，并推荐汪兆铭氏充任之。"①

为了保证汪精卫任副总裁一案得以通过，大会将总裁和副总裁两项内容合并为一案进行表决，使得反对汪任副总裁的意见无法单独表决。蒋介石在当选总裁后的发言中，也极力对汪施以溢美之词："兄弟膺兹重任，誓当不避艰阻，竭智尽能，在大会提示之下，追随汪先生之后，与全党同志，努力迈进。"② 与会代表齐世英后来回忆道："蒋先生这次的措词恐怕是煞费苦心，但不甚得体。"③ 作为总裁的蒋介石，在全国代表大会上公开表示要追随副总裁汪精卫之后，倒确实是有些"不甚得体"，也确实体现了蒋此时的"煞费苦心"。

除了设立总裁一案，临全代会还讨论了许多重要事项，如通过了《抗战建国纲领》，决定成立三民主义青年团，设立中国国民党中央执行委员会调查统计局（"中统"）和国民政府军事委员会调查统计局（"军统"）两大特务组织，召开国民参政会等。

《抗战建国纲领》共 32 条，涵盖了政治、经济、军事、民生、外交等各方面，是中国对日抗战的重要指导纲领。与以往国民党的政治文件相比，这一纲领有了一些新提法，如第十条指出要"指导及援助各地武装人民，在各战区司令长官指挥之下，与正式军队配合作战，以充分发挥保卫乡土捍御外侮之效能，并在敌人后方发动普遍的游击战，以破坏及牵制敌人之兵力"；第二十五条提出"发动全国民众，组织农、工、商、学各职业团体，改善而充实之，使有钱者出钱，有力者出力，为争取民族生存之抗战而动员"；二十六条则说"在抗战期间，于不违反三民主义最高原则及法令范围内，对于言论、出版、集会、结社当予以合法之充分保障"等。④

① 《申报（香港版）》1938 年 3 月 30 日。
② 《中国国民党抗战建国纲领决议案》，荣孟源主编：《中国国民党历次代表大会及中央全会资料（下）》，光明日报出版社 1985 年版，第 344 页。
③ 沈云龙、林泉、林忠胜访问，林忠胜纪录：《齐世英先生访问记录》，台湾"中央研究院"近代史研究所 1990 年版，第 210 页。
④ 《中国国民党抗战建国纲领决议案》，荣孟源主编：《中国国民党历次代表大会及中央全会资料（下）》，第 484 页。

对于因抗日战争爆发而流产的制宪民主进程,《抗战建国纲领》第十二条提出要"组织国民参政机关"。据此,临全代会决定成立"国民参政会",作为抗战时期国民大会召开前的临时政治协商机构。毛泽东、陈绍禹(王明)、周恩来、秦邦宪(博古)、林伯渠、吴玉章、董必武、邓颖超等中国共产党都是国民参政会的参议员。

4月1日晚大会结束前,蒋介石发表了闭幕词。这篇讲话的核心内容是共产党问题和国民党自身改进的问题。蒋介石虽依然认为"共产党过去因为不察国情,企图消灭本党,以致遭受许多事实的教训",但也提出"在三民主义至高原则之下……服从本党政府法令,都应该推诚相与,使大家与我们团结一致,共同为抗战建国来效命"。而对于国民党自身,蒋坦言"本党之所以空虚衰弱到现在这个地步,最主要的根本原因,就在于党纪不严。因为党纪不严,以致精神涣散,一切废弛",并特别强调:"希望我们同志永远记着我们在抗战军事剧烈的中间,于民国二十七年黄花岗先烈成仁纪念日,在辛亥革命肇始地点的武昌,举行了为党创造新生命的临时全国代表大会。"[1]

从蒋介石的闭幕词中不难看出,他对于国民党党纪涣散的严重问题有着较为清醒的认识,也对于这次临全代会于国民党振奋精神给予了很高期望。只是后来的历史证明,所谓"为党创造新生命",不过是蒋氏美好的一厢情愿罢了。

三、珞珈山军官训练团与中央训练团

抗战全面爆发后,全国各地的各类军队和民众训练活动也如火如荼地开展了起来,在南京沦陷后,伴随着武汉战时首都地位的形成,国民党方面看中了珞珈山校园良好的条件,积极着手在校园内举办各类战时训练活动。从1937年底开始,便陆续有机构借武大校舍举办

---

[1] 《中国国民党抗战建国纲领决议案》,荣孟源主编:《中国国民党历次代表大会及中央全会资料(下)》,第511页。

了各种训练班（参见表1）。

表1　　武汉抗日战争时期租借珞珈山校舍相关机构一览表

时　间	单　位	事　由	备　注
1937 年 12 月 28 日	国民政府军事委员会第六部	举办青年战时服务训练所	
1937 年 12 月	中央政治学校	举办抗敌自卫干部训练班	
1938 年 1 月 1 日	中央伤兵管理处南京休养院	借可容纳 3000 余人房屋供伤兵住宿	武大拒绝
1938 年 1 月 13 日	国民政府军事委员会全国学生军总司令部筹备处	租借校舍	武大拒绝
1938 年 1 月 18 日	航空机械学校	训练第九期甲种机械生 300 名，为期两月	武大回函：需请示教育部
1938 年 1 月 22 日	中央政治学校特别训练班	借东湖中学校舍办学	
1938 年 2 月	国民政府军事委员会政治部	借 400 人以上住宿房屋举办全国政训处长训练，为期两周	
1938 年 2 月 16 日	国民政府军事委员会战时工作干部训练团筹备处	借校舍使用	
1938 年 6 月 18 日	国民政府军事委员会军令部	调集参谋人员训练	

资料来源：武汉大学档案馆藏国立武汉大学档案，全宗号 6，分类号 L7。

　　随着武汉全国抗战指挥中枢地位的逐渐确立，国民党在武汉举办高级别干部训练团的意图日益明确。1938 年 2 月初，在蒋介石的授意下，由万耀煌负责具体实施的"军事委员会战时将官研究班"在武昌蛇山的表烈祠设立了筹备处，并准备在武胜门外的省立农业专门学校内开班训练。到了 2 月 15 日，蒋介石接受了早前万耀煌的建议，打算进一步扩大将官研究班的规模和范围，在当天的晚餐上正式表示要"速筹办军官训练团，指示由白健生（崇禧）主持，陈辞修（诚）正式负责，万武樵（耀煌）为副"，并说"（陈诚）负名义，武樵负实际责任"①。在 2 月 28 日，将官研究班已经先行在农专开始上课了，并计划于 3 月 1 日正式举行开学典礼。而开学典礼的前一天晚上，军委会决定第二天的开学典礼改在珞珈山武汉大学举行。这次的将官研究班一期到 3 月 20 日便宣告结业了。而在之前的 3 月 8 日，蒋介石再次接受万耀煌的建议，决定将将官研究班并入正在筹备举办的军官训练团。而这个规模庞大、级别颇高的战时军官训练团，再次看中了武昌东郊的珞珈山校园。"此地岗峦起伏，森林茂密，滨临东湖，湖光山色，气象万千，值此暮春四月在此举办此重大训练，确有天时、地利、人和之美……训练团利用武汉大学宽敞宏伟之校舍，不仅在此受训者心旷神怡，且地处武昌郊区，教育训练不受敌机光顾而中辍，实为难得。"②

万耀煌在日记中详细记载了珞珈山军官训练团的情况："此次调训对象，凡未直接参战之部队，副军长、师长、旅长团长甚至营长等均抽调前来后方，区分为将官班、校官班。"③ 这其中，将官班基本沿用先前将官研究班的旧制，教官与德籍顾问均为第一期原班人马。而与之不同的是，大量级别相对较低的军官也参加到了在珞珈山的这次训练团里，也就是这个人数多达数千人的"校官班"。对于这部分参训人员，万耀煌强调："管理方式不得不较为严格"，"……对于生活管理，小至理发、指甲、钮扣、一针一线，无不详密规定，大则部队行动，一切均依典令规定。"④ 这次军官训练团的讲授内容颇为丰富，万耀煌广泛邀请了当时在武汉的各届名人要员前来训话授课，包

① 《万耀煌将军日记（下册）》，台湾湖北文献社 1978 年版，第 66 页。
② 《万耀煌将军日记（下册）》，台湾湖北文献社 1978 年版，第 77 页。
③ 《万耀煌将军日记（下册）》，台湾湖北文献社 1978 年版，第 78 页。
④ 《万耀煌将军日记（下册）》，台湾湖北文献社 1978 年版，第 79 页。

括蒋介石、陈诚、陈立夫、冯玉祥等，还邀请周恩来主讲游击战等。这一时期，作为军委会政治部副主任的周恩来，还时常居住在武汉大学"十八栋"的寓所中。此外，军官训练团还安排有参观台儿庄战利品陈列展览、参观步炮兵射击及战车攻击等内容。这时中德之间的军事合作尚未决裂，珞珈山军官训练团里也活跃着德国军事顾问法肯豪森的身影。而每天下午五点，兼任团长的蒋介石还亲自对将官班点名训话。珞珈山军官训练团第一期自 1938 年 4 月 13 日在武汉大学开始编队，至 5 月 6 日结业，持续大半个月，前来参训的人员更是多达数千人，远远超过了当时武汉大学师生的总人数。训练期间，作为主要负责人的万耀煌也搬到了武大居住，他在日记中写道："我住在珞珈山武大 301 宿舍，日与周鲠生、雷震、熊国藻等校长、教授住还相处甚为融洽。"①

在顺利结束第一期的训练后，5 月 13 日，珞珈山军官训练团第二期再次在武汉大学校园开始编队，即第二期校官班和第三期将官班。而此时，前线战事日益激烈，徐州不久即告陷落，部分学员不得不先行离开返回战场。而徐州失陷后，中德决裂已成定局，希特勒下令召回中国的德籍顾问，这也使得战术方面的课程无人教授，拟办第四期将官班的计划被迫搁浅。但第三期校官班仍在战事正酣之时抓紧举办。6 月 10 日，万耀煌在向蒋介石汇报军官训练团的情况后，蒋介石表示"军官训练团可改称为中央训练团"②。7 月 1 日，军官训练团成立，仍由蒋介石兼任团长，组织上隶属于国民党中央党部，成为了常设的永久机构。可见，国民党的中央训练团是 1938 年 7 月在武汉成立的，且其直接前身便是当年的稍早时候在武汉大学举办的珞珈山军官训练团。在武汉保卫战期间，中央训练团继续在以珞珈山武汉大学校园为主的训练地活动，不断为前线培训和输送将官人才，直到武汉沦陷前夕才迁往湖南零陵。在最后时刻，全程负责这一宏伟训练工程的万耀煌毫不掩饰自己对珞珈山这段峥嵘岁月的情感："成立之初，由我负责，对之感情极深，临行的处长以上人员祖饯，他们对

---

① 《万耀煌将军日记（下册）》，台湾湖北文献社 1978 年版，第 82 页。

② 《万耀煌将军日记（下册）》，台湾湖北文献社 1978 年版，第 86 页。

我负责尽职精神，表示由衷敬佩，我亦引以为慰。现由李扬敬副教育长率领南迁，我往珞珈山巡视一次，已寂寞荒凉，不胜感慨。"①

---

① 《万耀煌将军日记（下册）》，台湾湖北文献社 1978 年版，第 97 页。

珞珈山上的国共合作与团结抗战

涂上飙　　向晓露

1937 年 7 月 7 日，卢沟桥事变爆发，全国性的抗日战争开始。在中日民族矛盾日益上升为主要矛盾的时候，蒋介石被迫接受了共产党 1937 年 9 月发布的国共合作宣言，国共第二次合作宣告成立。1937 年 11 月 18 日，南京国民政府开始在武汉办公，直到 1938 年 10 月 25 日武汉失守，武汉成为事实上的"临时首都"，成为全国抗战的政治、军事、经济、文化中心。此时的珞珈山成为共产党开展抗日救亡的重要阵地，成为共产党人联合南京国民政府协同抗日的重要场所。

一、确定抗战方针和培训抗日将官

在日军向华中步步紧逼的时候，武汉大学的珞珈山上为了对日作战，则显得异常繁忙，一度成为"临时首都"的抗战中枢。在这里召开过中国国民党临时全国代表大会，举办过国民党军官训练团。

（一）中国国民党临时全国代表大会的召开

1938 年 3 月 29 日至 4 月 1 日，国民党临时全国代表大会在珞珈山召开。为防止日军飞机的狂轰滥炸，会议开始后，武汉各大报纸都刊登了国民党临时全国代表大会 29 日在重庆召开的消息。1937 年 12 月，南京沦陷后，国民政府宣布迁都重庆。但迁都非一日之功，在武汉沦陷前夕，国民党中央、国民政府军事委员会、外交部、经济部、财政部、内务部等一些重要部门都在武汉办公。因此，在 1938 年近一年的时间里，武汉成为了中国事实上的战时首都和抗战大本营。

会议通过了《抗战建国纲领》，确定了抗战救国的总方针。其内容有：

中国国民党领导全国从事于抗战建国之大业，欲求抗战必胜，建国必成，固有赖于本党同志之努力，尤须全国人民戮力同心，共同担负。因此，本党有请求全国人民捐弃成见，破城畛域，集中意志，统一行动之必要。特于临时全国代表大会制定外交、军事、政治、经济、民众、教育各纲领，议决公布，使全国力量得以集中团结，而实现总动员之效能。其纲领如左：

甲：总则

（一）确定三民主义暨总理遗教，为一般抗战行动及建国之最高准绳。（二）全国抗战力量，应在本党及蒋委员长领导之下，集中全力，奋励迈进。

乙：外交

（三）本独立自主之精神，联合世界上同情于我之国家及民族，为世界之和平与正义，共同奋斗。（四）对于国际和平机构及国际和平之公约，尽力维护，并充实其权威。（五）联合一切反对日本帝国主义侵略之势力，制止日本侵略，树立并保障东亚之永久和平。（六）对于世界各国现存之友谊，当益求增进，以扩大对我之同情。（七）否认及取消日本在中国领土内以武力造成之一切伪政治组织，及其对内对外之行为。

丙：军事

（八）加紧军队之政治训练，使全国官兵明了抗战建国之意义，一致为国效命。（九）训练全国壮丁，充实民众武力，补充抗战不对。对于华侨回国效力疆场者，则按照其技能，施行特殊训练，使之保卫祖国。（十）指导及援助各地武装人民，在各战区司令长官指挥之下，与正式军队配合作战，以充分发挥保卫乡土，捍卫外侮之效能，并在敌人后方发动普遍的游击战，以破坏及牵制敌人之兵力。（十一）抚慰伤亡官兵，安置残废，并优待抗战人员之家属，以增高士气，而为全国动员之鼓励。

丁、政治

（十二）组织国民参政机关，团结全国力量，集中全国之思虑与识见，以利国策之决定与推行。（十三）实行以县为单位，改善并健全民众之自卫组织，施以训练，加强其能力，并加速完成地方自治条件，以巩固抗战中之政治的社会的基础，并未宪法实施之准备。（十四）改善各级政治机构，使之简单化，合理化，并增高行政效率，以适合战时需要。（十五）整饬纲纪，责成各级官吏忠勇奋斗、为国牺牲、并严守纪律、服从命令、为民众倡导。其有不忠职守，贻误抗战者，以军法处治。（十六）严惩贪官污吏，并没收其财产。

戊、经济

（十七）经济建设，以军事为中心，同时注意改善人民生活。本此目的，以实行计划经济，奖励海内外人民投资，扩大战时生产。（十八）以全力发展农村经济，奖励合作，调节粮食，并开垦荒地，疏通水利。（十九）开发矿产，树立重工业的基础，鼓励轻工业的经营，并发展各地之手工业。（二十）推行战时税制，彻底改革财务行政。（二十一）统制银行业务，从而调整工商业之活动。（二十二）巩固法币，统制外汇，管理进出口货，以安定金融。（二十三）整理交通系统，举办水陆空联运；增筑铁路、公路、加辟航线。（二十四）严禁奸商垄断居奇、投机操纵，实施物品评价制度。

巳、民众运动

（二十五）发动全国民众，组织农工商各职业团体，改善而充实之，使有钱者出钱，有力者出力，为争取民族生存之抗战而动员。（二十六）在抗战期间，于不违反三民主义最高原则及法令范围内，对于言论、出版、集会、结社、当予以合法之充分保障。（二十七）救济战区难民及失业民众，施以组织及训练，以加强抗战力量。（二十八）加强民众之国家意识，使能辅助政府肃清反动，对于汉奸严行惩办。

庚、教育

（二十九）改订教育制度及教材，推行战时教程。注重于国民道德之修养，提高科学的研究与扩充其设备。（三十）训练各种专门技术人员，予以适当之分配，以应抗战需要。（三十一）训练青年，俾能服务于战区及农村。（三十二）训练妇女，俾能服务于社会事业，以增加抗战力量。①

会议还决定改变领导体制，实行总裁制，选举蒋介石为国民党总裁；还作出召开国民参政会，成立三民主义青年团的决议。

在珞珈山召开的国民党临时全国代表大会，是全面抗战爆发一年后召开的一次重要会议。会议通过的《抗战建国纲领》是国民政府在抗战初期全面的政治纲领。包括外交、军事、政治、经济、民运、教育等各个方面，对巩固抗战的政治和社会基础，改善人民生活，发展战时经济，都有十分重要的意义。确定召开国民参政会，对于团结全民抗战，起到了非常积极的作用。成立三民主义青年团，对于集结全国青年，充实战斗活力，都是一项意义非凡的举措。

（二）国民党军官训练团的举办

抗战全面爆发后，为集中训练全国各地的军队将官，国民政府军事委员会决定在珞珈山举办训练班。

珞珈山军官训练团分为高级将官班和低级校官班。蒋介石为团长，陈诚、万耀煌分别为正、副教育长，还有德籍顾问法肯豪森。

关于培训的目的，陈诚曾在培训讲话中说："民国22年及23年的庐山训练，是为安定内部与准备攘外的训练，以复活与展开革命精神为使命；民国24年的峨眉训练和26年的庐山训练，是为抵御外侮与复兴民族进行的训练，以奠定与巩固统一的基础；此次训练是为抗战建军建国的训练，以争取抗战的必胜和建国的必成为使命。"

就培训的内容，陈诚说："一是精神训练，以亲爱精诚团结统一为归；二是体格训练，以能刻苦耐劳肩负重任为归；三是生活训练，以戒除骄奢树立风气为归；四是行动训练，以迅速确实达成任务为归；五是智能训练，以管、教、养、卫为基点；六是服务训练，以救国救民为本务。"

---

① 《新华日报》1938年4月3日。

据郭沫若回忆："军官训练团是高级将领的短期训练班，受训者是将官阶级，大抵由远远的各大战区调来的。以三个月为一期，在武汉时代只办了两期便结束了。"① 珞珈山军官训练团第一期，1938 年 4 月 13 日开始，5 月 6 日结束。培训的对象，万耀煌说，凡是没有直接参战的部队，副军长、师长、旅长、团长甚至营长等均抽调前来参加。将官班因人数较少，曾在私立东湖中学（实际上的武大附中）内进行。

训练团以讲授学习为主，国民党要员蒋介石、陈诚、陈立夫、冯玉祥等曾为将官们讲过课。万耀煌是培训的实际负责人，他因此住在珞珈山"十八栋"的别墅里，与郭沫若先生为邻。在国共合作的年代，共产党人也被邀请为将官们讲课，周恩来曾被邀请主讲游击战争问题。授课之余，还安排有参观活动，如参观台儿庄战利品陈列展览、在喻家山参观步炮兵射击及战车攻击等。

为保证培训的质量，培训团的团长蒋介石有时会亲自对将官班点名、训话。

5 月 13 日，珞珈山军官训练团第二期开始。第二期以后，由于前线战事吃紧，不少学员不得不先行离开返回战场。原定在珞珈山举办第四期将官班的计划被搁浅。

6 月 10 日，万耀煌经请示蒋介石，将军官训练团改称为中央训练团。7 月 7 日，中央训练团成立，蒋介石仍兼任团长，隶属于国民党中央党部。在武汉保卫战期间，中央训练团继续在珞珈山等地进行训练活动，武汉沦陷前迁往湖南零陵。

二、共产党人在珞珈山的抗日活动

1937 年 9 月，国共第二次合作形成以后，共产党先派董必武、叶剑英来到武汉。不久，郭述申、陶铸也被派往武汉。12 月中旬，中共中央决定成立中共长江中央局（亦称中共中央长江局）。12 月 18 日，王明、周恩来、博古、邓颖超等从延安来到武汉，与先期到

① 郭沫若：《洪波曲》，百花文艺出版社 1979 年版，第 132 页。

达的董必武、叶剑英等会合，开展统战及抗战宣传工作。在珞珈山，他们根据当时的形势以演讲的方式充分发动民众；同时，他们利用国共合作的有利时机，进行了卓有成效的统战工作，为抗战作出了历史性贡献。

（一）通过演讲发动民众

共产党人到达武汉后，一边恢复武汉的党组织，一边利用合作的有利条件充分发动民众。在珞珈山上，共产党人通过演讲，动员青年同志投身到抗日的革命洪流之中。应武汉大学师生的邀请，在抗日战争的初期，不少共产党人先后来到珞珈山上演讲，作抗日宣传。

1937年10月，董必武就邀请周恩来、王明到武汉大学一起来作抗战形势报告，还邀请张爱萍、张经武、宋一平到武汉大学举办的"抗日战争常识研究班"讲课。之后，董必武还两次来到武汉大学，在学校礼堂作了题为《群众运动诸问题》和《怎样开展群众运动》的演讲。1937年12月31日，周恩来在学校礼堂以《现阶段青年运动的性质和任务》为题进行了演讲。其部分内容如下：

今日青年运动的性质

根据今天抗战的形势，我们来说一说目前青年的环境。

今天，无疑是个变动的战斗的历史上从未有过的大时代。敌人要我们每个人、每个人的子子孙孙都做亡国奴。我们要求生路，便只有抗战，便只有坚持抗战到底。这时代是战斗的。这时代不能与过去"五四"、"五卅"、一九二五年大革命时代相比。过去是对内的局部的政治斗争，这一次是对外的全面的反法西斯侵略的抗战。现在是整个被压迫、被屠杀、被奸淫、被侵略的中华民族的人民起来反抗的时期，所以现在的形势全变了。在国家环境整个的变动下，青年在这时代里所占的地位是最困难而又最重要的。如今我们青年再不能如过去那样地学习，找工作，结婚……再也不能依照平常的生活程序过日子了。战争了，我们再不能安心求学了。文化中心的京、沪、平、津、粤、汉已去其四；后方的学校，也多半停了课；成千成万的青年人无家可归，无学可求。尤其是东北的青年朋友，一再地漂泊流浪，一再地尝受人间的惨痛。一支名叫《松花江上》的歌曲，真使伤心的人断肠。然而我们应该骄傲，应该自豪。我们这一代青年应该庆幸恰好生活在这样的动乱的时代里。我们要在这时代里学习得充实起来，锻炼得强健起来。

我们青年不仅仅有今天，而且还有远大的未来。他不仅管自己的一生，而且还要管及他的子孙，他的后代。今天的青年不仅要问，怎样争取抗战最后的胜利；而且要问，在抗战的胜利取得后，怎样改造中国，使它成为一个自由的、民主的、共和的国家。

因此，我们想，在积极方面，这是一个最好的时期。它可以把我们这一辈的青年锻炼得更伟大，前程更远。这机会在平常是很难找到的。

今日青年运动的任务

我们中国的青年，不仅要在救亡的事业中复兴民族，而且要担负起将来建国的责任。救国，建国，我想"任重道远"这四个字，加在中国青年的身上是非常恰当的。

我们今天应该努力的方向是什么？我贡献给诸位青年朋友的有四个：

第一，到军队里去——这是今天挽救民族危亡的最有效的方法。建立生力军，充实我们的旧队伍，责任都在我们青年朋友的肩上。我想，一个人不能自卫，便不能做人，国家也是这样。所以我们最好受正规的军事训练，随时到直接杀敌的战场上去。

第二，到战地服务去——战地的民众缺乏组织，到处在流浪着、彷徨着。要起来自卫，要起来斗争，却没有人领导。我们得去把他们组织起来，武装起来，领导着他们去打游击战，去配合正规军的行动，去封锁消息，坚壁清野，破坏敌人必经的交通线……至少也得做到军民合作，使汉奸不易活动。

第三，到乡村中去——我们虽然失去了许多地方，但后方还有很多的城乡。今天的后方民众，有许多还不知道抗日是什么一回事。我们要继续作战，继续加强军队的战斗力，必须动员起广大的群众到军队中来。我们要改良过去那种不合理的动员方式。有作为的青年们，因此必须有组织地、直接地下乡动员群众，使农村壮丁勇敢地、自动地到前线去。在工作的时候，我们得注意有待抗日军人家属的问题。最好能够做到有钱的出钱，有力的出力，让乡下有钱而不愿当兵的人切实负责赡养抗日军人的家属，使他们没有后顾之忧。这样，我相信会造成政府与人民的合作，减去许多摩擦的。再者，我们还可以进行许多人民自卫的工作，准备将来配合着政府军的抗战。

第四，到被敌人占领了的地方去——我们再不能让华东、华南象东北四省一样，给敌人安安稳稳地拿去了。我们要艰苦地在那残暴的统治之下锻炼我们自己，秘密地把我们的救国组织发展起来，与我们的正规军取得里应外合。

我们的青年朋友分散到群众中去，分散到全国各个角落里，那我们的力量是无比的！

工作和学习是分不开的。如今我们只有在不断地学习中，我们的工作才能顺利地展开。我相信，只要我们肯，在任何地方都可以学习的。我们要各找一个适合于自己的地方，去发扬我们自己的长处，去学习，去工作。

这并不是说我们得抛弃以往的学习，而是根据以往的那点根基，去发扬光大，去使理论适合于实际，去把知识活用。

中国的青年运动有着最光荣的传统。今天，我们青年面对着民族解放的斗争，我们的使命是伟大的。

我们去工作，我们要克服任何的困难，我们要解除任何的疑团。我们是勇敢的，沉毅的，艰苦的，深刻的……我们是抗战的支柱。

我们的前程是光明的，远大的。

青年朋友们，努力去争取抗战的最后的胜利，努力去争取独立的自由的幸福的新中国的来临！① （注：这是在武汉大学的演讲的第二、三部分，刊载于武汉《战时青年》第一期。）

---

① 《周恩来选集》（上卷），人民出版社1981年版，第88~91页。

在演讲中，他讲了中国青年运动的性质和任务，要求青年人不仅要在救亡的事业中复兴民族，而且要担负起将来建设新中国的重任。号召青年人到军队里去、到战地服务去、到被敌人占领了的地方去，从事救亡运动。1938 年 9 月，在国共两党撤离武汉时，周恩来还演讲过毛泽东的《抗日游击战争的战略问题》一文的内容。

1937 年 11 月 21 日，前党的书记陈独秀也应王星拱校长之邀来珞珈山作过报告。王明也在文学院（现数学与统计学院）的大教室作过演讲。

（二）与国民党合作共同抗战

共产党人还利用同国民党一起合作共事的机会，努力做好统战工作。1938 年 2 月，国民政府军事委员会政治部成立，陈诚任部长，周恩来、黄琪翔任副部长。政治部下设三个厅，郭沫若任第三厅厅长，负责抗战宣传动员工作。第三厅厅长副厅长：范寿康（武大文学院哲学系教授）、范扬。第三厅下设第五处、第六处、第七处三个处。有很多进步人士在其中，如第六处处长田汉，负责艺术宣传。其中一科科长洪深，负责戏剧音乐。第七处处长（兼）范寿康分管对日宣传和国际宣传。其中一科科长杜国庠，担任日文翻译。其中三科科长冯乃超，担任对日文件起草。（注：政治部除第三厅之外，还设有第一厅、厅长贺衷寒；第二厅、厅长康泽；总务厅、厅长赵志尧以及秘书长张厉生。）①

为方便工作，1938 年 5 月，国民政府军事委员会政治部向武汉大学要了三套房子，分给周恩来、黄琪翔、郭沫若居住。周恩来和邓颖超夫妇住在珞珈山一区教工宿舍 27 号，郭沫若住在周恩来下面一排 17 号，黄琪翔住在 301 宿舍。

据郭沫若的回忆："那时陈诚、周公、黄琪翔和我，都住在珞珈山的武大教授宿舍里面，我们要算是比较灵通的。'最高'（蒋介石）

① 李泽主编：《武汉抗战史料选编》，内部刊印，1985 年，第 103 页

有时候也住在这儿的官舍里。"①

周恩来、邓颖超和郭沫若利用在珞珈山居住的有利时机，做了大量的革命宣传和统战工作。1938年6月，周恩来、邓颖超就在珞珈山寓所，接见了美国记者斯诺。会谈中周恩来一再感谢斯诺的《西行漫记》在中外的影响，使广大读者了解了中国共产党和红军的真实情况，希望他继续真实地向全世界介绍中国人民抗日战争的情况。会谈后他们还共进了午餐并合影留念。

郭沫若1938年4—8月，基本上住在风光绮丽的珞珈山下。后来，在他的书里记载了当时居住的感受：

> 武昌城外的武汉大学区域，应该算得是武汉三镇的物外桃源吧。
>
> 宏敞的校舍在珞珈山上，全部是西式建筑的白垩宫殿。山上有葱笼的林木，遍地有畅茂的花草。山下更有一个浩渺的东湖。湖水清深，山气凉爽，而临湖又还有浴场的设备。离城也不远，坐汽车只消二十分钟左右。太平时分在这里读书，尤其教书的人，是有福了。
>
> 在校舍之外，有不少的教员宿舍，点散在山上，大都是三层楼的小洋房，有良好的卫生设备，冷热水管，电气电话，一应俱全。这些都是由学校自备发电机或总站来供应的。有人说，中国人在生活享受上不如外国人。但如到过武汉大学，你可以改正你的观念：在这地方，在生活享受这一点上，那些擘画者们，至少是把外国人学到了。
>
> 武汉成为了抗战司令台之后，武汉大学疏散到四川我的家乡乐山县城（旧时嘉定府城）去了。剩下的校舍成为了军官训练团的团部。于是这儿便成为警戒区，或者也可以说是紫金城了。"最高"兼任着团长，陈诚任副团长。较大的几座教员宿舍便成了他们的官邸。戒备是很森严的，没有"特别通行证"或各种交通工具的方便的人，根本便无法进出。

---

① 郭沫若：《洪波曲》，百花文艺出版社1979年版，第72页。

　　我自己很幸运。因为范寿康原是武大教授的关系上，由于他的斡旋，让我把张有桐教授的宿一舍顶下来住了。（应该声明，并没有顶费。）我的"特别通行证"凑巧还保留在手边，那是"洛字第二一八号"，是四月廿六日填发的。有"军事委员会军官训练团团长"的官章，填发员是熊鸿，这人倒不知道是何许人了。

　　这宿舍在大学区的深处，背山面湖，汽车可以直达。一共是三层，底层是地下室，那儿有佣人室和厨房。其上的两层都有客厅、有书房、有寝室、有浴室，有可以眺望湖山的月楼。假如你要登山，再上一个坡，你便达到了珞珈山的山顶。大约在前一定有什么诗人在这儿流连过吧，山名"珞珈"不也就可以想见了吗？

　　我们——我和立群是四月底由汉口的太和街搬到这里来的。不久黄琪翔搬来了，做了我们的邻居。那是一栋比翼建筑，站在月台上两家便可以打话。更不久，周公和邓大姐也住到靠近山顶的一栋，在我们的直上一层，上去的路正打从我们的书房窗下走过。有这样的湖山，有这样的好邻居，我生平寄迹过的地方不少，总要以这儿为最接近理想了。

　　当时的生活尽管是异常忙碌，差不多每天清早一早出去，要到晚上，甚至有时是深夜才能够回家，但在夜间月下的散步，星期日无须下山，或者有友来访的时候，可留下了不少的甜蜜的回忆。我们在东湖里游过水，划过船，在那岸上的菜馆里吃过鲜鱼。浓厚的友情，闲适的休憩，是永远也值得回味的。

　　而且，在这大学区域里还有最好的防空设备，有因山凿成的防空洞，既深且大，也有高射炮阵地环列在四周。但却不曾受过一次轰炸。敌人是应知道这儿是做着军官训练团的，有高级的人员集中着，但它却从不曾投过一次弹，尽管对于武昌城是炸得那样频繁，而每次敌机的航路又都要经过这大学区的上空。

　　我们在当时是作着这样的揣测：无疑敌人是爱惜这个地方，想完整地保留下来让自己来享福。

这揣测，后来是猜中了。敌人占领了武汉之后，把大学区作为它的司令部。

实在一点也不错，武汉大学那个区域，的确是武汉三镇的一个物外桃源。①

周恩来、黄琪翔、郭沫若负责和主抓的第三厅工作，开展了大量的宣传、征募和慰劳工作。在工作中，三位革命人士及其夫人也结下了深厚的友谊，黄琪翔的夫人曾回忆说："琪翔和恩来、沫若两同志不仅是同事，而且是芳邻，更便于彼此往来。颖超和恩来同志经常对抗战的形势和前途进行分析和讨论；琪翔亦力图与恩来同志密切合作，扩大团结抗战的影响。还经常和大革命时期的老友叶剑英、叶挺、郭沫若来往，对时局交换意见。这个时期，我和邓颖超、宋庆龄、李德全、史良几位大姐一起搞妇女的抗日救亡工作和儿童保育工作。组织了战时妇女救国委员会和儿童保育会，并把家属组织起来，搞一些支援前线和慰劳伤兵的活动；另外还开设了一个医务所，为军人和老百姓治病，每月的开支需要几千元，全靠社会募捐来维持。在这些活动中我得到邓颖超等几位大姐的引导和帮助。"

在珞珈山期间，周恩来还会见过不少国民党要员。1938 年 7 月，李宗仁来到武汉，周恩来设宴款待他，畅谈团结抗战问题。

三、国民党人在珞珈山的抗日活动

1938 年，武汉成为全国的抗战中心，蒋介石、汪精卫、冯玉祥、孔祥熙、何应钦、陈诚、白崇禧、张群等国民党要人都暂留武汉。其中不少要员纷纷来到珞珈山，在此决策、规划、指挥抗战，留下了武汉抗战史上光辉的一页。

1937 年底，蒋介石来到武汉，将抗战最高统帅部——国民政府军事委员会设在武昌，坐镇指挥。因军官训练团设在珞珈山，作为团

---

① 郭沫若：《洪波曲》，百花文艺出版社 1979 年版，第 125～127 页。

长的蒋介石经常会来到珞珈山。为方便工作，蒋介石有时会居住在半山庐里，其侍从室主任陈布雷及随行人员，也在此居住办公。

在半山庐居住期间，蒋介石不仅指导开办珞珈山军官训练团，还在每星期的总理纪念周检阅国民党党政军要员。郭沫若的回忆，记下了蒋介石当时的训话情景：

> 这里每星期一例行的纪念周，这时是联合举行，所有武汉三镇党政军高级机关的高级人员，都奉命到训练团的团本部来参加，小汽车不用说要像龙虱过街一样布满武汉大学的校庭，霎时间真显得是猛将如云而谋臣如雨。一切准备停当之后，"最高"训话开始。一种咬字不准确的宁波官话从尖锐而亢噪的嗓子里很勉强地逼出，为了调整脑细胞的联系，每一句话中，差不多都要插进"这个是"。多的时候，甚至可以插到五个。
>
> "今天啦，唉，这个是，这个是，要给诸位，讲一讲这个是，这个是，这个是……""亲亲与尊贤"（贤字的声音被读如县，并特别拉长而打一个漩涡）。
>
> "唉，这个是，这个是，唉，这个是'中庸'的治国平天下之道呵，治国平天下之道呵。哎，这个是，这个是，这个是，就是要亲亲与尊贤。"
>
> 这样的一篇大道理，翻来覆去，差不多要讲一个钟头，不过"这个是"起码要占四十分钟。①

陈诚作为武汉卫戍总司令、国民政府军事委员会政治部部长、珞珈山军官训练团教育长，有时在政治部办公，有时在总司令部办公，有时也要到珞珈山蒋委员长临时官邸来汇报工作并给军官训练团训话。

黄琪翔1937年底到武汉。军事委员会政治部成立时，任政治部副部长。黄琪翔初住汉口德明饭店，后因周恩来住武昌珞珈山。黄琪

---

① 郭沫若：《洪波曲》，百花文艺出版社1979年版，第132页。

翔也来到珞珈山居住，与周恩来、郭沫若为邻，更便于彼此往来，讨论工作。

万耀煌作为珞珈山军官训练团的副教育长，在负责军官训练团期间，常住珞珈山一区 301 宿舍。

此外，李宗仁因疗伤，曾在珞珈山旁的东湖疗养院，住了二十多天。在此期间，与周恩来有过接触，讨论过抗日问题。张群也到过珞珈山，并在东湖的游泳池里游过泳。

抗战初期周恩来在武汉大学
几次演讲的正确时间

吴 骁

1993 年出版的《漫话武大》一书，内有一篇名为《周恩来在武大》的文章，该文声称 1937—1938 年，周恩来曾先后三次来到武汉大学发表演讲，而且还比较详细地叙述了关于这三次演讲的一些具体细节，兹将其主要内容摘录如下：

第一次演讲是在 1937 年秋天的一个下午，周恩来在学生大礼堂（现为学生俱乐部）发表了《关于中国共产党抗日救国的十大纲领》的演讲。尽管事先没有出通知或海报，但大礼堂仍被挤得满满的。周恩来以非凡的说服力和通俗生动的语言，讲述了国内外形势，深刻地阐明了中国共产党抗日救国的十大纲领，号召广大青年学生以饱满的爱国热情投身到抗日救国的洪流中去，为争取抗战胜利而斗争。师生们被他的精彩演讲深深吸引住了，礼堂内鸦雀无声。突然，传来一阵阵的空袭警报，敌机又要来轰炸了。周恩来临危不惧，镇定地指挥学生疏散，自己和警卫员则只在房子的木柱后面站着，等警报解除后又继续演讲。演讲结束后，师生们都不愿离去，很多人怀着崇敬的心情将他团团围住，请他签名。外文系一个学生没带笔记本，只带了一本《俄语一月通》的小册子，便激动地将此书送到周恩来的手上，周恩来高兴地在这本小册子上签上了自己的名字。如今，"周恩来"三个遒劲有力的字体和这本小册子还珍藏在学校档案馆。

周恩来到武大的第二次讲演是 1937 年 12 月 31 日上午。这一天，武汉风雨交加，寒冷刺骨，江面风大浪急。当时周恩来还住在汉口八路军办事处,"八办"的同志担心他的安全,劝他改期到武大演讲。周恩来认为,"共产党人不能失信于民",于是便乘坐清晨第一班轮渡过江。渡船在波涛汹涌的江中颠簸了近一个小时,才靠上武昌中华门码头。他和警卫员接乘小车赶往武大,路过大东门外时,恰遇一位因贴抗日救国标语而被流氓打伤的中年人。周恩来立即让小车把受伤人送进医院,自己则和警卫员冒雨一路跑步赶到武大。他来不及换下湿淋淋的衣服,准时走上设在大礼堂的讲台,以《现阶段青年运动的性质和任务》为题发表演讲。台下师生见此情景无不感动,纷纷脱下外套和棉衣递上主席台,恳求他换衣服后再讲,但他执意不肯中断演讲去换衣服。这时,一位老教授脱下自己穿的皮大衣直接走上讲台,一定要他穿上。周恩来激动地叮嘱老人:"老先生,不能这样,您老当心着凉!"老教授指着胸说:"老实不相瞒,鄙人往日心里结着冰,身着三层貂裘不知暖;今周先生一把火,化冰驱寒,目下心窝正冒热气哩!"台下的师生无不被这一情景感动了,情不自禁地热烈鼓掌。周恩来在演讲中指出……

周恩来在武大的第三次讲演是在 1938 年夏初,地点是在大操场。此时周恩来已住进武大,他一连讲了两个晚上,演讲的主要内容是宣传毛主席的著作《抗日游击战争的战略问题》……①

这一说法出现后,一直被武大方面沿用至今。然而,到了 2012 年,有一位从事党史研究的学者在某专业党史杂志的"史实考辩"栏目上发表了一篇名为《1937 年秋周恩来没有在武汉大学演讲》的文章,文中明确指出:"1937 年秋周恩来并未到过武汉,遑论亲临武汉大学演讲。"该文主要以中共中央文献研究室编辑的《周恩来年谱(1898—1949)》一书中的相关内容为据,指出周恩来在 1937 年夏秋之际,先后在南京、陕西、山西等地活动,根本就没有来过武汉,

① 参见《周恩来在武大》,刘双平编著:《漫话武大》,武汉大学出版社1993 年版,第 46~47 页。

直到当年 12 月 18 日，周恩来才抵达武汉，并于当月 31 日来到武汉大学发表演讲。该文还指出：

> 另外，前述几则资料都提到了周恩来在武汉大学演讲期间突然响起空袭警报这一细节。有史料表明：1937 年下半年忙于华北、华东战事的日军并未空袭过武汉；在当年底国民政府一些重要部门陆续迁入武汉、武汉成为事实上的陪都后，翌年初"天气稍暖后"日机"才经常企图窜入武汉上空，武汉的空袭警报也经常发出"。

> 综上所述，1937 年秋周恩来没有到过武汉，因此也就无从谈起在武汉大学演讲。武汉大学珍藏至今的周恩来签名（显然是没有日期落款）应当是 1938 年秋（时值武汉会战期间）的那两个晚上（吻合前述史料中周恩来在"秋天的一个下午"来到珞珈山的说法）中的一次周恩来到校演讲毛泽东的《抗日游击战争的战略问题》时所留。武汉大学方面在认定 1937 年秋周恩来到校演讲中国共产党的抗日救国十大纲领时应当是存在着误判年份又兼从此误判出发推定史实的错误。①

上述判断，无疑是符合基本史实的，那么，《漫话武大》一书中的《周恩来在武大》一文，又为何会犯下这种"误判年份"的错误呢？该文中所绘声绘色地描述的周恩来"1937 年秋天"在武汉大学发表的所谓"第一次演讲"的具体场景，又究竟是从何而来的呢？

实际上，早在 1982 年，武汉大学中文系教师周姬昌就在《文物天地》杂志上发表了一篇名为《周恩来同志在珞珈山》的文章，文中没有提及 1937 年 12 月 31 日周恩来来武汉大学演讲一事，但专门指出了周恩来 1938 年曾在武汉大学发表过两次演讲，其具体内容如下：

---

① 以上内容参见方海兴：《1937 年秋周恩来没有在武汉大学演讲》，《红广角》2012 年第 8 期。

就是在这一年里，周恩来先后在珞珈山武汉大学作过两次演讲。一次在夏天，另一次在秋天。据廖其康同志回忆：第一次演讲时，天气酷热，周恩来同志身穿白衬衫，戴着灰色鹅蛋形的硬顶凉帽。讲台设在武大主楼门前的石砌平台上（见本页上右图），桌上铺着白布。听众站在操场上。周恩来主要讲了两个问题：一是抗日形势；二是统战政策。他号召广大青年奔赴抗日前线，直接为抗日服务。当时，台下的学生们递上条子，要求介绍延安情况。周恩来高兴地说：延安是党中央所在地，是毛主席居住的地方，是领导抗日的模范根据地，是八路军、新四军的后方，也是陕甘宁边区政府的所在地。延安没有贪官污吏，没有剥削，没有压迫，没有苛捐杂税，更没有发国难财的，而且男女平等，是全国的抗日模范地方。他也如实地谈到延安的学校条件差和自力更生解决困难的情况。在讲演中间，敌机来了。一些进步师生，扶着周恩来同志要他到防空洞躲避一下。周恩来连声说"不怕，不怕"，毫无惊慌之色。在躲避敌机的时候，还为学生签名。一个学生带了本《俄语一月通》，周恩来同志就在这书的扉页上签上"周恩来"三字（见本页下图）。时隔四十多年，这本小册子，一直珍藏在武大图书资料室，给全校师生留下了珍贵的纪念品。

第二次演讲，是在武大的学生俱乐部里举行的，规模没有第一次大，内容大致相同。在这两次演讲以后，武大学生要求去延安的越来越多。周恩来对这些学生非常关心。有一次，还派廖其康同志亲自送二十多名青年学生经西安去延安。这批青年到延安后，有些进抗大，有些进陕北公学。后来都成了抗日的骨干分子。①

关于周恩来这两次演讲的具体细节，上文中明确指出系"据廖其康同志回忆"，而该文在前文中还曾说明，"当时在珞珈山寓所担任警卫工作的有随从副官廖其康和警卫员吴志坚。每次周恩来同志外

---

① 周姬昌：《周恩来同志在珞珈山》，《文物天地》1982年第1期。

出，都是这两位同志随卫"。因此，上述记载的可信度应该是比较高的。

现在，我们再回过头来看看《周恩来在武大》一文对周恩来"1937年秋天"在武汉大学的所谓"第一次演讲"具体细节的描述，便不难发现，其中的躲避空袭警报与为武大学生所带的《俄语一月通》签名的两个关键情节，无疑是来自上述1982年的《周恩来同志在珞珈山》一文。但不知何故，前者在参考和利用后者的具体内容时，却张冠李戴地既弄错了时间——将1938年夏误作"1937年秋天"，又搞错了地点——将"主楼门前的石砌平台"（大操场前）误作"学生大礼堂"（现为学生俱乐部），在基本史实方面出现了严重的错误，并且在过去20多年的时间里一直在持续误导着广大关注此类问题的受众群体。

至于《周恩来在武大》一文所提到的周恩来曾于1937年12月31日来到武汉大学发表演讲，这倒是千真万确的，与基本史实完全相符。1938年1月创刊的《战时青年》杂志，在其创刊号上刊登了周恩来当时的演讲词《现阶段青年运动的性质与任务》，该文在标题旁有一说明："二十六年十二月三十一日，周先生在武汉大学讲演。这是陈用文君笔记的讲演录……"①（见图2）至于当天演讲的一些具体细节，中共武昌区委党史办公室1991年主编的《武昌革命风云录》一书，在《周恩来在珞珈山为团结抗战而斗争》一文中，曾有如下记载：

> 1937年12月31日，当时住在"八办"的周恩来应武汉大学"抗战问题研究会"的邀请，到武大演讲。
> 这一天，风雨交加，寒冷刺骨，江面风大浪急，过江十分危险。"八办"的同志都力劝他改期演讲，但他谢绝了大家的好意，却乘坐清晨第一班轮渡，在波涛汹涌的江中颠簸了将近一个小时才到达武昌。接着，他和警卫员乘坐小车直奔武大。汽车行

---

① 参见周恩来：《现阶段青年运动的性质与任务》，《战时青年》创刊号第1期（1938年1月10日）。

禮 堂 及 食 堂

禮 堂 內 部

图 1　20 世纪 30 年代的武汉大学学生食堂（上层为临时礼堂）（1937 年 12
　　　月 31 日，周恩来第一次来到武汉大学发表抗战演讲即在此处进行，其
　　　主题为《现阶段青年运动的性质与任务》；1938 年秋，周恩来还在此
　　　地就抗日形势与统战政策问题发表过一次演讲）

至中途又遇见一位因张贴抗日救国标语而被一伙流氓打伤的中年
人，周恩来让小车送他去医院，自己冒雨一路跑步赶到武大，来
不及换掉淋湿的衣服，准时走上讲台。台下来听演讲的人见此情
景，十分感动，争着脱下外套、棉衣，纷纷递上主席台，周恩来
执意不肯换下身上的湿衣服。这时，一位姓赵的老教授抱着件皮
大氅直接走上讲台，一定要他穿上。周恩来反而叮嘱他道："老

先生，可不能这样，您老当心着凉！"赵老教授拍着前胸说："老实不相瞒，鄙人往日心里结着冰，身着三层貂裘亦不知暖，周先生今番一把火，化冰驱寒，目下心窝正冒热气哩！"①

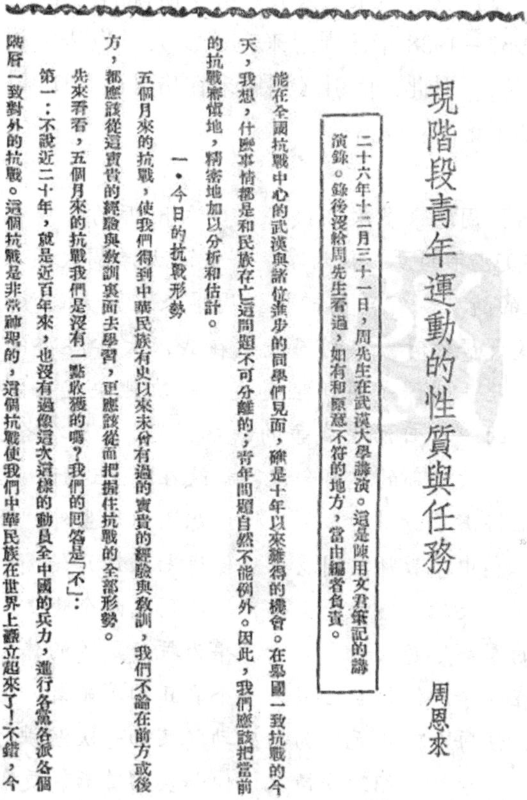

現階段青年運動的性質與任務　周恩來

二十六年十二月三十一日，周先生在武漢大學講演。這是陳用文君筆記的講演錄。錄後沒給周先生看過，如有和原意不符的地方，當由編者負責。

能在全國抗戰中心的武漢與諸位諸少的同學們見面，確是十年以來難得的機會。在舉國一致抗戰的今天，我想，什麼事情都是和民族存亡這問題不可分離的；青年問題自然不能例外。因此，我們應該把當前的抗戰審慎地，精密地加以分析和估計。

● 今日的抗戰形勢

五個月來的抗戰，使我們得到中華民族有史以來未有過的寶貴的經驗與教訓，我們不論在前方或後方，都應該從這寶貴的經驗與教訓裏面去學習，更應該從此把握住抗戰的全部形勢。

先來看看，五個月來的抗戰我們是沒有一點收穫的嗎？我們的回答是「不」……

第一：不說近二十年，就是近百年來，也沒有過像這次這樣的動員全中國的兵力，進行各黨各派各個階層一致對外的抗戰。這個抗戰是非常神聖的，這個抗戰使我們中華民族在世界上矗立起來了！不錯，今

——19——

图2　1938年1月，《战时青年》杂志创刊号上刊登的周恩来1937年12月31日第一次在武汉大学发表演讲的演讲词——《现阶段青年运动的性质与任务》

① 《周恩来在珞珈山为团结抗战而斗争》，中共武昌区委党史办公室主编：《武昌革命风云录》，1991年，第155~156页。

非常明显，《漫话武大》中的《周恩来与武大》一文对周恩来1937 年 12 月 31 日在武汉大学演讲一事的相关描述，正是来源于上述《武昌革命风云录》一书中的《周恩来在珞珈山为团结抗战而斗争》一文。只不过此次演讲实际上是周恩来第一次来到武汉大学发表演讲，而并非是《周恩来与武大》一文所说的"第二次讲演"。

另外，1937—1938 年，周恩来在武汉大学发表演讲的次数，显然远远不止三次。对此，前引《周恩来在珞珈山为团结抗战而斗争》一文，亦有如下记载：

> 此后，周恩来多次在武汉大学或附近的学校机关中作过演讲。仅 1938 年的夏、秋两季，据武汉大学周大璞教授和廖其康（周恩来的随从副官）的回忆，周恩来在武大的演讲就有三次。如他在武大居住时，常到国民党在武汉大学举办的一个"军官训练团"里去讲课或同师生交谈。一次他决定去训练团讲解毛泽东同志的《抗日游击战争的战略问题》，原准备安排在白天，由于要参加政治部的重要会议，就改在晚上进行。这天晚上，武大操场上挤满了听讲的人群，除训练团的师生外，还有武大部分师生员工和中学教师。周恩来从傍晚七点钟开始，一直讲到夜晚十一点。夏天的天气十分炎热，他利用了两个晚上，反复阐述了毛泽东的军事思想，号召革命青年为抗日建国的伟大事业作出贡献，并在斗争中锻炼自己成为一个真正的革命者。他那富有激情的语言，使每个听众无不为之感动。又如一次演讲时，武大学生递条子，要求他介绍延安情况。他如实回答后，更激起了学生对革命圣地延安的向往。有一次正在演讲，忽然拉起了警报，周恩来迅速组织人群隐蔽；演讲完后，师生们不肯散去，纷纷挤到前面，拿出笔记本、书籍，请他签名留念。现在武汉大学档案馆内还保存着周恩来当时在一个学生的《俄语一月通》上的签名。①

---

① 《周恩来在珞珈山为团结抗战而斗争》，《武昌革命风云录》，第 157～158 页。

图3　1938年夏，周恩来在武汉大学大操场作抗战演讲时给武大学生的签名

很显然，该文所述的后一次演讲，来源于前文曾引证过的1982年周姬昌发表的《周恩来同志在珞珈山》一文，主要是廖其康的回忆。而将毛泽东的著作《抗日游击战争的战略问题》连续讲了两个晚上的那次演讲，则应该是出自于"武汉大学周大璞教授"的回忆了。

综上所述，周恩来第一次来到武汉大学发表演讲的时间应该是1937年12月31日，其主题为《现阶段青年运动的性质与任务》，地点为武汉大学狮子山顶学生饭厅二楼的临时礼堂（现樱顶大学生俱乐部）。根据武汉大学教授周大璞的回忆，1938年夏，周恩来曾在武汉大学工学院（现行政大楼）前的大操场利用两个晚上的时间讲解毛泽东的《抗日游击战争的战略问题》。另据周恩来随从副官廖其康的回忆，同样是在1938年夏，周恩来还曾在大操场演讲抗日形势与统战政策，其间曾躲避空袭，并在武大学生的《俄语一月通》一书中留下了签名；1938年秋，周恩来又曾在学生礼堂就抗日形势与统战政策问题发表过一次演讲。除此之外，在1938年的"武汉抗战"期间，周恩来还多次在珞珈山军官训练团授课，① 在此不再赘述。总

---

① 可参阅陈家珍：《回忆珞珈山军官训练团》，中国人民政治协商会议全国委员会文史资料委员会编：《文史资料存稿选编·军事机构（下）》，中国文史出版社2002年版，第771~772页；赵旭：《崇高的形象 博大的襟怀——回忆1938年夏周恩来在武昌珞珈山军官团的一次讲课》，中国人民政治协商会议云南省昆明市委员会文史资料委员会编：《昆明文史资料选辑》第17辑（1991年7月），第1~4页。

之,《漫话武大》一书中的周恩来在"1937 年秋天"第一次来到武汉大学演讲这一说法是明显错误的,理应在武汉大学日后的校史研究与宣传中予以彻底纠正,而不能再继续沿袭这一错误。

风 云 际 会

武汉大学与东湖

刘文祥

2011 年夏，暴雨使得武汉东湖水位猛涨，一组雨后武汉大学学生在湖边栈桥"凌波微步"的照片蹿红网络，一时间，到武汉"看海"成为网络热词。2016 年秋，武汉大学为配合东湖风景区湖岸线景观整治而拆除湖边的工学部主教学楼（俗称"变形金刚"）的新闻，再次使人们关注起这所大学与身旁紧邻的东湖之间的关系。自1928 年选址珞珈山以来，这所日后被誉为"中国最美丽"的大学，就与身旁这个浩淼无垠的大湖开始了风景上的互动。不仅是东湖造就了武大的"最美"，武大也更是东湖从一片城郊荒泽迈向一个近代风景区的最早拓荒者之一。

沙湖一梦：民初任桐的东湖风景区建设构想

位于今天武汉市三环线以内，水域面积达 33 平方公里的东湖，曾长期是中国最大的城中湖。但清末民初的武昌城区仍主要局限于明城墙以内。东湖距武昌城最近处也有约 4 公里的距离。对于古城里的居民而言，东湖不过是远处一抹泛着波光的模糊的天际线，与环绕在这座城市外围的其他众多湖泊沼泽并无任何区别。

近代最早"发现"东湖的是清末民初一位客居武昌的浙江人。此人名任桐，字琴父，浙江永嘉人，1900 年来鄂，在武昌商埠局任职，民国后归隐田园，过起了隐士生活。他自幼便嗜游历山水，"每与山水为缘分……遇一丘一壑必纵览而必登"。归隐后，任桐在武昌城北郊沙湖西北岸建筑了民国时期武汉著名的私家园林——琴园。琴园曾留下了许多近代名人的文化足迹，谭延闿曾为该园题字，康有为

265

曾题写楹联，黄侃曾游园作诗。武汉大学的前身国立武昌高等师范学校，亦曾组织师生前往该园野游。

图1　左为武汉市武昌区沙湖公园"新琴园"景区内的任桐铜像，右为国立武昌高等师范学校学生游览琴园留影

1923年，隐居琴园的任桐编写了一本《沙湖志》，将他对武昌郊外湖泊群的风景想象，全部倾注在了这本著作中。此书所称的"沙湖"，指的就是今天的武汉东湖，而今天的沙湖，在书中则被称为"小沙湖"。在任桐的笔下，我们看到了一个由东湖、沙湖、晒湖、南湖、汤逊湖、青菱湖、梁子湖、严东湖、严西湖等武昌郊外众多湖泊群共同构成的一个"大沙湖"风景区。而这一风景区的核心"沙湖"，也就是今天我们所称的东湖。

任桐根据大东湖地区的自然地貌和民间传说，归纳出了"沙湖十六景"，其中"琴堤水月"、"雁桥秋影"、"寒溪渔梦"、"金冢桃花"、"东山残碣"、"卓刀饮泉"、"泉亭松韵"、"沟口夕阳"、"鸥岛浴波"九景，皆位于东湖。这些景点构想中的许多，在日后的东湖风景区建设中已然实现，如琴堤水月即今贯穿湖心的沿湖大道，雁桥秋影即沿湖大道二十三孔桥，鸥岛浴波即落雁岛等。

在这十六景中，"金冢桃花"一景，正是位于今天的珞珈山武汉大学。《沙湖志》记载："逻迦山之阳，民国初年女伶金月英葬此，性贞烈，墓畔多桃花，游人过此，有人面桃花之感。琴父拟联：人面已成无色相，桃花还结有情缘。"此处的"逻迦山"，即今天的珞珈山。任桐在此提到的金月英墓，早已无迹可寻，但在侵华日军种下樱

266

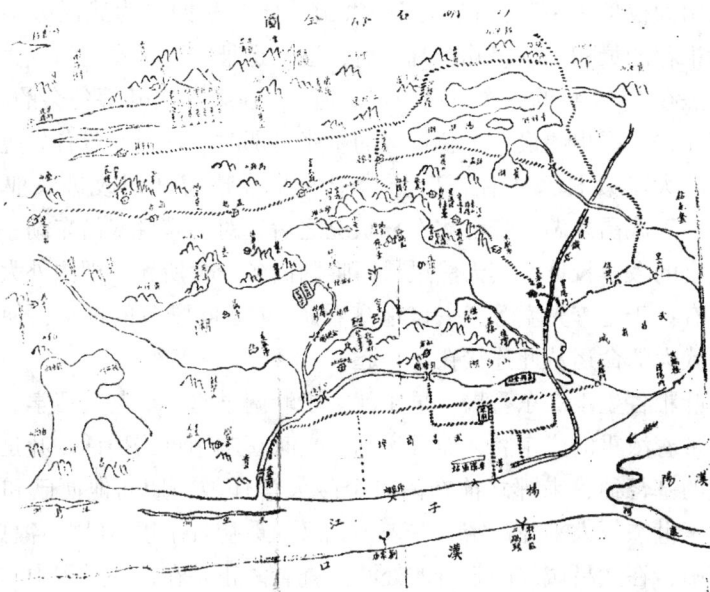

图 2　任桐在《沙湖志》中所绘制的"沙湖名胜全图"

花以前的 20 世纪二三十年代，桃花确实曾经是珞珈山一带每年春日最引人注目的花卉。如 1938 年 3 月 24 日王世杰日记便写道："今日偕李仲揆渡江，赴珞珈山，校园中桃花盛开，鲜艳无比。"任桐在此挖掘出女伶金月英的故事，似乎是有意将东湖南岸这片桃花盛开的丘陵地带，打造成大东湖风景区中一个以"桃花结情缘"为主题的景点。

　　遗憾的是，由于民国初年的社会动荡和自然灾害等原因，任桐在《沙湖志》中所描绘的"沙湖十六景"建设构想，最终只是一纸空想，乃至于连他精心建筑的琴园，也不断遭到摧残，最终毁于抗战期间。

试选珞珈：国立武汉大学新校园选址东湖珞珈山

　　1928 年，国民政府在汉组建成立了国立武汉大学。当年 7 月 23

日的《申报》报道:"武汉大学筹委李四光,提出建设计划大纲,拟以洪山为校址……"武昌东郊的洪山,便是李四光为武汉大学新校址所推荐的最初选址。几个月之后,这一选址发生了变化。武大校长王世杰在 1929 年的一次讲话中曾说道:"在某一次开筹备会的时候,李四光先生提出建设一个新校舍的主张。那时,适逢叶雅各先生——前金陵大学森林系主任,后受聘于湖北省政府计划改进农业事务者——于武昌东湖一带考察农林状况之后,对大家说武昌东湖一带是最适宜的大学校址,其天然风景不唯国内各校舍所无,即国外大学亦所罕有;于是李先生等亲去该地察看。"正是叶雅各的推动,使得东湖与武大的命运从此连接在了一起。

叶雅各生于广东番禺,早年就读于岭南学堂,后赴美留学。他讲中文带着浓重的广东腔,而且说到高兴时喜欢用英语插话。叶是一位虔诚的基督徒,来鄂之前在南京金陵大学任教,期间他便已和李四光、王世杰等人来往甚密。在来到武汉的最初日子里,叶雅各总是早出晚归,在武昌城外的郊野四处游走查看。正是在这一过程中,他便看中了武昌东湖南岸的丘陵地带。

相较于之前的洪山,"东湖一带"更加偏东,距离城区稍远一些,但有山有水,自然环境优美。1928 年秋天,武大建筑设备委员会的几位委员共同前去实地察看,一致认为其是理想的校址。11 月 28 日建委会第一次会议上,便正式决议武汉大学新校址选在"卓刀泉东湖嘴一带"。东湖嘴是东湖南岸珞珈山(时名落驾山,后由闻一多改名"珞珈")东南麓的一个小村庄,卓刀泉在其南面,两地之间是一片地势较为平坦的滨水地带。1928 年底建委会的计划,主要校舍就准备建在这里。

1928 年的珞珈山既无丰茂植被,亦无人文古迹,不过是一座湖畔荒山。在东湖南岸,尚有其他类似的丘陵山岗,为何建委会独独选中了珞珈山呢?这一选址的关键,与珞珈山所处的地理位置有关。建委会委员们虽然希望武大到城郊建设新校舍,但又并不希望离城区太远,而是能和城区保持一定距离下的若即若离的关系。既地处郊外,又在有山有水的选项中"距离武昌城最近"的珞珈山,自然成为最佳选项。

1929 年初，李四光在上海聘请的美籍建筑师开尔斯来汉实地考察后，武大新校舍的选址又进一步发生了微调。开尔斯更倾向于将大学建在珞珈山北至湖滨的丘陵地带中。这是一个被东湖水三面环绕的湖畔半岛，其上以狮子山为中心，分布着十余座小丘陵，地势起伏多变。开尔斯的建议得到了建委会的采纳，武大最终的校址也就在 1929 年初最终确定了。

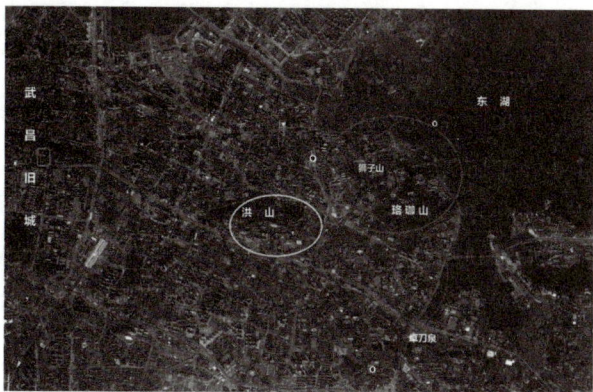

图 3　图中左边的小方框为武大城中老校址，中间的椭圆圈为 1928 年夏李四光最初建议的新校舍选址，右下方的椭圆圈为 1928 年秋建委会确定的新校舍选址，右上方的椭圆圈为 1929 年初经开尔斯建议调整后的武大新校舍最终选址；武大校园西侧在民国时期也是东湖的一个湖汊"茶叶港"，今已被填

经过"选址三部曲"，武汉大学一步步靠近东湖，最终与这片湖水在物理上实现了"零距离"接触。今天将武大与东湖分割开来的东湖南路，直到中华人民共和国成立后才划出校园成为城市道路，而在民国时期，武大校园是直接濒临湖水的。除了在东湖西南岸的珞珈山地区征地建校之外，武汉大学还从 1933 年开始筹建农学院，并在东湖东岸的磨山一带陆续购买了 4000 多亩土地作为农学院的农林试验场，其大致范围包含了今天的东湖磨山景区、中国科学院武汉植物园以及东湖梅园的一部分，等等。不仅如此，武大当时在持续征购珞珈山和磨山一带土地的过程中，还从当地渔民手中一并购买了与校园

接壤的一部分东湖水域渔权，被武大购买的东湖水域大约占到了东湖总面积的五分之一。

藏修息游：黉宫学府与湖山风景

1930年，珞珈山新校舍工程正式开工兴建。由美国人开尔斯设计的武大校舍建筑，总体上采用了当时中国大型公共建筑所时兴的"中国固有形式"风格，即传统的宫殿式复古建筑，但在装饰上更加简洁。这批校舍屋顶统一采用了绿色琉璃瓦，屋檐以下的梁柱、额枋和墙面皆不施彩绘，径以水泥灰色作为外墙装饰。

图4　国立武汉大学图书馆建筑细节

开尔斯在武大所采用的这种以绿色琉璃瓦为最醒目特色的近代建筑风格，与东湖风景区的碧水青山和谐统一。它不仅影响了武汉大学，也奠定了日后整个东湖的建筑风格基调。20世纪50年代后东湖的建设中，如听涛景区行吟阁、长天楼、濒湖画廊、屈原纪念馆、碧潭观鱼、中科院武汉植物园科普楼，磨山景区朱碑亭，乃至于东湖周边的武汉体育学院、华中师范大学等高校建筑，均采用了类似的"绿屋顶"。

1932年春，武汉大学正式迁入珞珈山。从此往后，武大师生的

图5 东湖听涛景区的标志性建筑行吟阁（建于1955年，与武汉大学民国校园建筑风格颇为相似）

学习生活，都与身旁这片浩淼的东湖水有了越来越紧密的联系。武大学生时常三五结伴，前往东湖垂钓、泛舟、野游，东湖也成为了当时武大校园文学中最常见的场景和意象。

图6 20世纪30年代日本人印制的东湖风景明信片（照片拍摄地为武汉大学湖滨泳场，此处除了左为武汉大学的游泳场外，也是东湖游船停靠的码头之一，照片中可见湖岸边停靠的大量游船）

　　而东湖带给武大师生的一项最大的礼物，便是水上运动在武大的兴起。迁入珞珈山后，武大聘请了从德国柏林体育大学留学归国的游泳教师袁浚担任体育老师和体育部主任。袁浚出生于洞庭湖上的一个船工家庭，自幼熟悉水性，在他的努力下，武大体育教学有声有色，得到了教育部褒扬，特别是游泳成为一大特色。学校在东湖边兴建了两个湖滨游泳场，游泳还被列为必修课，游泳达标也成为武大学生毕业的必要条件。

图 7　国立武汉大学游泳队

图 8　20 世纪 30 年代武大东湖湖滨泳场的游泳景象

　　1933 年夏，身在武昌的张学良向袁浚学习游泳技巧，并多次前来武大东湖边游泳。某天，张学良和时任武汉行辕参谋长钱大钧等人一同偕各自夫人前来武大共同游泳。当时中国学校均禁止女生游泳，认为"有伤风化"。张学良等军政要人带夫人下水男女混泳的消息在珞珈山迅速传开，学生们纷纷来到湖边围观，张学良还特意让夫人赵一荻为众人表演游泳。有了名人带头，袁浚趁热打铁，向武大申请废除女生游泳禁令并开设女生游泳课，得到了校方的批准，武汉大学也成为中国最早开设女生游泳课程的大学，一时间武昌东湖之滨堪称开风气之先。

20世纪30年代的武汉大学珞珈山校园，与同时期东湖西岸的"海光农圃"，共同成为最早建设武汉东湖风景区的开拓者。当时武大已然成为了东湖的风景地标，乃至武汉三镇必去之旅游景点。民国时期著名的风景旅游刊物《旅行杂志》上，曾多次刊登有关东湖珞珈山的游记。曾在武大中文系任教的苏雪林，晚年在台湾时曾撰文写道："每逢春秋佳日，游人如织，都自那烦嚣杂乱的都市，涌向这世外仙源，抖落十斛襟尘，求得几小时灵魂解放之乐……每遇夏季，居住珞珈的人固然要把每天一半的光阴消磨在东湖里，三镇居民也成群结队而至，在那柔美湖波里，寻觅祛暑的良方。所以湖滨茶寮酒馆，鳞比栉次，热闹的景况抵得北戴河和青岛的汇泉浴场。"

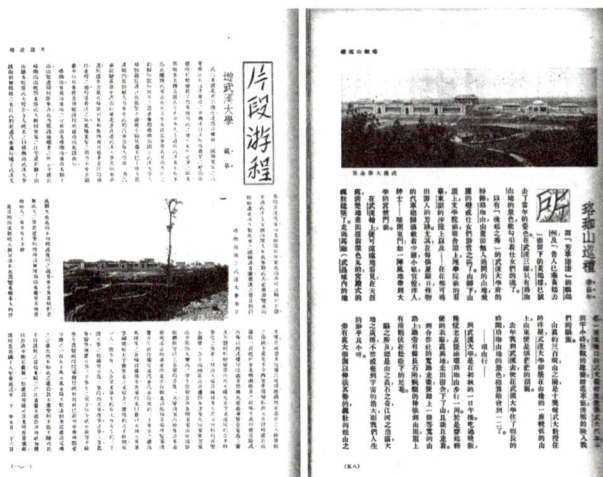

图9　20世纪30年代《旅行杂志》曾多次刊登有关武汉东湖珞珈山的游记

　　20世纪50年代以后，东湖南路的修建将武汉大学与东湖生硬隔开了，校园北部湖滨地区则被划出另建他校及其他科研机构，仍属于武大的沿湖地带，后来也不断遭到其他一些单位的蚕食占用。事实上，刚刚被拆除的工学部主教"变形金刚"，也正是在其所在地块不属于武大时期兴建的。不过，武大与东湖之间的连接，无论如何也不可能被斩断。2011年，武大校长李晓红提议效仿牛津剑桥两校的赛艇传统，举办武汉大学和华中科技大学的龙舟赛，这一赛事至今已连续举办五届。武大与华科大皆位于东湖南岸，两校龙舟赛，也选择在东湖磨山景区水域举办。这一独具武汉特色的同城高校水上赛事，也可视为武汉大学与东湖历史因缘的一种承续。

蒋介石与国立武汉大学珞珈山校园

刘文祥　吴　骁

在民国时期，国立武汉大学及其前身长期是华中地区的最高学府，它从刚刚创办的时候开始，就与中央政府有着密切的联系。作为民国后期中国的最高领导人，蒋介石与国立武汉大学之间也有着千丝万缕的历史联结，特别是在 20 世纪 30 年代，国立武汉大学的珞珈山校园便非常充分地见证了这一点。

1928 年 6 月，中华民国大学院决定彻底改组原国立武昌中山大学，在此基础上筹建国立武汉大学。年底，为了在武昌郊外建设新校舍，国立武汉大学建筑设备委员会初步拟定了 150 万元的建筑设备费，由中央政府和湖北省政府各分担一半，并先后得到了教育部和当时尚由国民党桂系军阀控制下的湖北省政府的批准。然而，1929 年 3 月底，蒋桂战争爆发，4 月初，蒋介石的南京政府便控制了武汉。当时，武汉大学之前所申请的 150 万元建筑设备费，"实际领到的只有二十万元，加以省政府已改变，情势变迁，一切都有落空之象"①。早在当年 3 月 5 日，国民政府便已任命王世杰为国立武汉大学校长，5 月 22 日，王世杰到校视事。在其正式就职前后，他曾先后前往上海、南京、武昌等地拜访财政部长宋子文、行政院长谭延闿、湖北省政府主席兼武汉行营主任何成濬等人，力求落实中央和地方政府分任半数的那 150 万元建筑设备费。11 月，王世杰曾经在给湖北省政府的一封公函中提到，在武汉大学的建筑设备费先后经中央和地方核准后，"本年五月，国民政府蒋主席鉴于兹事之重要，曾电令贵府继续

---

① 《本校第十九周年校庆暨三十六年度开学典礼校长报告》（1947 年 10 月 31 日），《国立武汉大学周刊》第 374 期（1947 年 11 月 1 日）。

付款，俾照定案进行"①。这就说明，即使是在当时湖北政局已变的情况下，身为国民政府主席的蒋介石，对于桂系势力过去曾经大力支持过的国立武汉大学珞珈山新校舍建设，仍然是继续予以全力支持的，在各种军政事务非常繁重的情况下，还抽空亲自电令湖北省政府继续为武汉大学拨款。

1929 年秋，武汉大学因为珞珈山新校址内的坟墓迁移问题，与一些地方土著之间产生了尖锐的矛盾，其中有少数豪绅，不断向湖北省政府纠缠施压，要求武大立即停止新校舍建设，另觅校址，而这种无理要求一度得到了湖北省政府的支持，武大新校舍建设一时陷于前功尽弃的边缘。在这种局面下，王世杰力挽狂澜，除了坚持原则、毫不妥协外，也积极向各方求助，争取支持。当年 11 月 20 日，王世杰还专门就此事直接致函蒋介石，这封信的底稿全文如下：

介公主席钧鉴：

前者节麾莅汉停宿，即赴前线，深以未及承诣行营，面陈种切为叹。夏间杰由宁来鄂时，我公殷殷以完成武汉大学新建筑计画相嘱。数月以来，深惧有负钧嘱，遂竭全力进行一切。现本工事筹备已竣，正在招标兴工，倘无阻滞，预计十数月内，即可就武昌城外东湖之滨，完成一新式大学。惟新校址内，杂有少数坟墓，此间思想顽蔽二三土劣，不顾法律，时以抗迁相援，工事遂生障碍。现行政院已令饬鄂省政府，严禁阻抗，倘我公便更嘱省府，负责禁止阻抗，新校之成，计日可待，莘莘学子，将供拜我公之赐！且抗阻迁坟之习，不止妨碍造校，此风若长，一切革命的建设，如造路、辟市、开矿之类，将均不免感受障碍。我公一言之纠正，其所成全，将不仅武大一校已也！谨此布臆，敬祝健康！

① 参见《国立武汉大学公函》（第 373 号），《本校关于建筑珞珈山新校舍处理纠纷的文件（一）》，武汉大学档案馆藏国立武汉大学档案，全宗号 6，年代号 1929，分类号 L7，案卷号 24；《为建筑案咨复湖北省政府公函（一）》，《国立武汉大学周刊》第 37 期（1929 年 11 月 24 日）。

王世杰肃上

十一月二十日①

王世杰在这封写给蒋介石的私人信函中，提到当年"夏间杰由宁来鄂时，我公殷殷以完成武汉大学新建筑计划相嘱"，说明武汉大学珞珈山新校舍的建设工程早已得到蒋介石本人的高度重视，以至于在王世杰赴汉就任武汉大学校长之际，蒋介石还专门就此事特别嘱咐了一番。也正因为此，当武汉大学的珞珈山新校舍工程遇到重大障碍时，王世杰便在第一时间想到向蒋"求援"。虽然在武大校方的原始档案中，我们没有找到蒋介石给王世杰的回信，但时隔不久，国民政府文官处便于12月2日致电王世杰，全文如下：

> 武汉大学王校长鉴：准行政院函开关于贵校长呈复建筑新校不能变更地点情形一案，现据教育部呈请令饬该大学速照定案进行工事，并令湖北省政府对于不肯迁坟之陈云五等剀切开导，勿许抗阻，已如所请，分别令行等由，经陈，奉主席谕，电达武汉大学等因，特达。国民政府文官处冬印②

其中的"奉主席谕，电达武汉大学"一语，清楚地表明了当时身为国民政府主席的蒋介石在此事上对行政院的处置方法明确表示认可的基本态度。正是在以蒋介石为首的国民政府、行政院、教育部等中央高层的一致支持下，湖北省政府也只得改弦更张，转而重新支持武汉大学的新校舍建设计划，一场迁坟风波也就此平息。将近半个世纪过后，当王世杰在台北寓所回首珞珈建校往事时，还对武汉大学校友殷正慈提到，当年叶雅各教授曾率人强行迁走了若干坟墓，"当地

---

① 参见《本校关于建筑珞珈山新校舍处理纠纷的文件（二）》，武汉大学档案馆藏国立武汉大学档案，全宗号 6，年代号 1929，分类号 L7，案卷号 25。标点为笔者所拟。

② 参见《本校关于建筑珞珈山新校舍处理纠纷的文件（二）》；《国民政府来电》，《国立武汉大学周刊》第 39 期（1929 年 12 月 8 日）。其中后者抄漏了"已如所请，分别令行"中的"分别"二字。

居民愤而上诉，事情闹到中央了。其时政府已很开明，故总统蒋公，和当时行政院院长谭组庵先生（延闿），均予校方以大力支持。且各坟既已迁动，已无法将风水还原，事属无可奈何。经熊先生①奔走调停，群争渐息……"②

由上可见，早在1929年夏秋之际，蒋介石就曾以国民政府主席的身份，直接在精神和经济两个方面大力支持过国立武汉大学珞珈山新校舍的建设工作，在此过程中，还曾直接支持武汉大学校方平息过一场一直"闹到中央"的迁坟风波，为珞珈山新校舍建设扫清了不少障碍。正是在以他为首的国民政府的大力支持下，武汉大学珞珈山新校舍一期工程克服了重重困难，最终于1931年底基本完成。1932年春，国立武汉大学从武昌东厂口旧校舍迁入珞珈山新校舍开学上课。

1932年6月底，蒋介石来到武汉，"因厌尘嚣，拟二十九日晨，赴武昌珞珈山武汉大学新校址一游，或设为分邸，就彼处办公"③，"该处已由省府布置就绪，备蒋长驻办公"④。不过，直到当年7月19日的傍晚时分，蒋介石才终于第一次来到武汉大学珞珈山校园游览。⑤

1932年10月10日，正逢"双十国庆"，当天上午，蒋介石先是"莅湖北省党部扩大纪念周训话"，随后又来到武汉大学"召集教职员"，发表了一场名为《造成救国的学风》的主题演讲，而这也是他在武汉大学的第一次演讲，其部分内容如下：

> ……像现在我们的武汉大学，可以说在中国的中部是个最高
> 学府，所以武汉大学实负有改造中国学风、挽救中国人心的责

---

① 即时任国立武汉大学事务部主任熊国藻。

② 参见殷正慈：《谒王校长雪艇先生谈珞珈建校》，国立武汉大学旅台校友会编印：《珞珈》第54期（1977年12月1日），第4~5页。

③ 《蒋中正召集将领会议》，《申报》1932年7月1日。

④ 《蒋中正开始在汉办公》，《申报》1932年6月30日。

⑤ 《蒋中正总统档案·事略稿本（15）》（民国二十一年六月至七月）（吴淑凤编注），台湾"国史馆"2004年版，第528页。

任。武汉大学的教师实是我们中国挽救危亡的第一位负责者……

……我认为最重要的一点还是在教育这方面，照着我个人的计划，国家将来的前途，统统要从教育做起，第一步就要把现在的学风完全变更过来，要成功真正的一个革命的新的学风，救国的学风，但这要我们最高学府——为一省的最高学府，居中国最中部的一个最高学府——就是武汉大学，来做一个模范。我认定把武汉大学做个模范，改造学风，改造人心，一定是事半功倍的方法，一定能按照我们的计划步骤，造成功一个新的湖北，造成功一个新的中国……

……就教育一方面讲，则改造学风，挽救人心，是要从我们最高学府武汉大学起头。今天在座的诸位教师有许多是从未见面，没有请教过的，今天是初见面，初相识，但兄弟是很忠实的希望我们武汉大学造成一个模范学府。我们同是担负救国的责任，大家用不着客气，应该言必由衷的大家贡献讨论，所以我就拿我这次到武汉三个月以来对于武汉大学所见所闻的，就客观的批评来贡献于我们学校当局和各位教职员……

我亲自观察武汉大学，初以为武汉大学是一定很注重训育的，学生出来一定可以做各校模范的，但我细细观察的结果，却不是那末样，与我的初意完全不合……现在我们武汉大学，我曾亲来看过。我来看时是今年暑假时期，同一个朋友来看。那个朋友是外国留学生，他在政治上、教育上，智识经验都很不差。他观察一番就觉得很忧愁。他说："学校很宏大，很整齐，可是学生不成一个样子。有的只穿了短裤，有的只穿了衬衣，都不穿外衣，衬衣、短裤又多奇形怪状，极不一致。还有拖着木屐，广东人不像广东人，日本人不像日本人。就衣的一方面看，已是不成样子，其他可知。无论学校规模怎样宏大，而精神跟不上教育，不注重精神，没有好的学风，是不能达到我们要求的程度。"他这一点批评虽然是批评我们武汉大学，可是我个人很感觉到不仅是我们武汉大学要注意这一点，就是我们中国一般人无论那一个都要注意……

……我个人对于批评是绝对欢迎、接受的，我希望各位对于这一点批评也要诚心诚意的接受。现在我们国家已是到了危急存亡的时候，正是我们应该赶紧改造、挽救的时候，我们负有政治上、教育上责任的人们，大家赶快共同努力，设法挽救。我尤其希望教育界，尤其希望湖北最高学府武汉大学的教授、教师赶快努力，注重训育，使学生完成做人的模范，不失现代的人格，由武汉大学的学风感化湖北全省，感化全中国，进而由全国学界感化全国人心，使我国四万万五千万人都改造成为新的国民。惟有这样做去，才可以抵抗外侮，才可以安定内部，才可以挽救危局，才可以建立国家。这就是兄弟对于我们武汉大学很忠实的贡献，还要请各位教师和校长原谅。①

蒋介石在这次演讲中对武大学生衣着方面的批评，很多年过后仍不断被一些校友所想起和提及，从这一有趣的小细节中，也可以看出蒋介石个人刻板严肃的性格特点。不过，对于蒋的这一意见，也有一些武大学生并不买账，到了1967年，蒋介石在台湾尚在世之时，还有一位武汉大学旅台校友使用笔名专门发表了一篇名叫《木屐》的回忆文章，文中指出，当时有些武大学生因为"穿惯了"木屐，"就百无禁忌地无处不穿"，"甚至穿木屐溜进图书馆，上礼堂，进教室，渐渐地损及学府的尊严。学校讲话了，这才略有顾忌，但始终没有禁绝"。他还特别提到了蒋介石当年的批评意见——"有人到过珞珈山，曾经说过，武大什么都好，只是学生爱穿木屐，很不成样子"，然后又颇不服气地回应道："可是我们学生自己习以为常，见怪不怪；尤其在夜阑人静燃烛苦读之际，水泥走廊上传来几声清脆的木屐声，反有点雨打芭蕉的感受，很富诗意。"②

由于蒋介石与夫人宋美龄都非常钟情于珞珈山水，平日一有余暇，他们便会经常来此尽情畅游一番。如在1932年12月1日，正值蒋介石和宋美龄结婚五周年纪念日，他在当天"下午与夫人往游洪

---

① 《蒋中正总统档案·事略稿本（17）》（民国二十一年十月至十二月）（王正华编注），台湾"国史馆"2005年版，第88~118页。

② 参见竹仁：《木屐》，《珞珈》第16期（1967年10月1日），第9页。

山东林，在林中作野餐，以为结婚纪念。餐罢，同观武汉大学及省府碟石山，傍晚乃回汉口"①。在如此重要的日子里选择前往珞珈山一游，足见蒋宋夫妇对这片山水的无比喜爱。再如 1934 年 10 月 8 日上午，蒋介石从汉口渡江前往武昌出席"三省总部扩大纪念周"，"十时散会"之后，"蒋即往游珞珈山"。② 1935 年 2 月 26 日，蒋介石在处理完当天的一些军政要务之后，又在"下午偕夫人渡江游珞珈山，晚仍返汉"③。

抗日战争全面爆发后，随着 1937 年底南京的沦陷，武汉也就成为中国事实上的战时首都。1938 年春，国立武汉大学开始西迁四川乐山，逐渐人去楼空的珞珈山校园，便被国民政府借用于开展各种抗战活动，成为当时中国抗战的一个重要指挥中枢。从这时起，蒋介石便开始常驻珞珈山，在武汉大学校园里留下了更多的足迹。1938 年 3月 29 日至 4 月 1 日，中国国民党临时全国代表大会在国立武汉大学图书馆举行，据时任国民政府军事委员会参事室主任、武汉大学前任校长王世杰当年 4 月 1 日的日记所载，"临时代表大会，今晚续在武汉大学图书馆举行，至晚十二时遂宣告闭幕。闭幕前，出席大会之若干人，联名提出一案，推举蒋中正为总裁，汪兆铭为副总裁，并由提案人推吴敬恒向大会证明。当经全体起立通过"④。就这样，武汉大学珞珈山校园便成为蒋介石最终在国民党内获得最高权力地位的一大"福地"。在此次大会召开前后，蒋介石还在武汉大学校园内开办了珞珈山军官训练团（当年 7 月 1 日升格为中央训练团），并亲任团长，在学校的操场、礼堂、体育馆以及东湖中学校舍等处均检阅或训练过该团的参训军官。在此期间，他曾多次下榻于珞珈山北坡的听松庐。

---

① 《蒋中正总统档案·事略稿本（17）》，台湾"国史馆"2005 年版，第502~506 页。

② 参见《三省总部扩大纪念周 蒋委员长出席训话》，《申报》1934 年 10月 9 日。

③ 参见《蒋昨游珞珈山》，《申报》1935 年 2 月 27 日。

④ 《王世杰日记》（手稿本）第一册（民国二十二年五月~民国二十七年十二月），台湾"中央研究院"近代史研究所 1990 年版，第 230 页。

在武汉抗战时期，蒋介石和以往一样，为了舒缓情绪，经常与夫人宋美龄一道寄情于珞珈山水之间，其日记与档案中也多处留下了相关的记载——1938年2月21日，"下午，会报后与夫人外出，到武汉大学附近散步"；① 3月17日，"正午，在珞珈山野餐"；② 9月27日，"正午，到珞珈山东岛上卧云亭，与夫人野餐，山明水秀，足以消愁自适"；③ 10月1日，"上午，批阅办公后，到省府，会客毕，即到珞珈山听松庐休息。下午，登山岭眺望，散步于东湖滨，自谓忙里偷暇，略纾烦虑而已"；④ 10月2日，"正午，到养云山野餐后，回珞珈山休息"；⑤ 10月8日，"本日为旧历中秋，夜宿珞珈山，观月静坐，公谓当军事倥偬之中得此休息，非以图乐，乃是消愁，然而此心仍不能略忘战况也"……⑥由此，我们足以了解到，在这段时间里，蒋介石不仅是长住在珞珈山，并且经常抽空在校园内外散步，甚至泛舟东湖，聊以休闲。在国难当头，强敌进逼的紧张时刻，宁静悠然的珞珈山水，成为这位当时中国最高领导人的心灵避风港，为他在军事倥偬之际提供了短暂而难得的"忧中之乐"。

直到武汉沦陷前夕，蒋介石仍在珞珈山驻留，指挥武汉保卫战的最后阶段。1938年10月16日，蒋介石在当天下午"与夫人在东湖边眺望，湖光秋色，别有风景，顿增西湖与故乡之感，江山未复，军

① 参见《蒋中正总统档案·事略稿本（41）》（民国二十七年一月至六月）（叶健青编辑），台湾"国史馆"2010年版，第182页。

② 参见《蒋中正总统档案·事略稿本（41）》，台湾"国史馆"2010年版，第275页。

③ 参见《蒋中正总统档案·事略稿本（42）》（民国二十七年七月至十二月）（萧李居编辑），台湾"国史馆"2010年版，第338页。

④ 参见《蒋中正总统档案·事略稿本（42）》，台湾"国史馆"2010年版，第374页。

⑤ 参见《蒋中正总统档案·事略稿本（42）》，台湾"国史馆"2010年版，第379页。

⑥ 参见《蒋中正总统档案·事略稿本（42）》，台湾"国史馆"2010年版，第408~409页。

民交瘁，言念国情，凄怆万千"。① 这段略显伤感的文字，也成为蒋介石一生中留在珞珈山的最后足迹。十天后，武昌珞珈山即陷于日军之手，而蒋介石也在 10 月 24 日深夜乘机飞赴衡阳，此后便再也没有回到过这个曾经留下他众多重要人生回忆的武汉大学珞珈山校园。

---

① 参见《蒋中正总统档案·事略稿本（42）》，台湾"国史馆" 2010 年版，第 440 页。另据《蒋中正总统五记·游记》一书所载，1938 年 10 月，"十七日下午，散步东湖湖滨，伫立眺望，曰：'湖光秋色，别有风景，顿增西湖与故乡山水之感。呜呼！江山依然，风景如故，战况国情，凄怆万千，深信上帝必有以佑我中华，转危为安也。'" 参见黄自进、潘光哲编辑：《蒋中正总统五记·游记》，台湾"国史馆"、世界大同文创股份有限公司 2011 年版，第 109 页。

1932 年胡适的武大之行

吴　骁

　　著名学者胡适与武汉大学有着深厚的不解之缘，他不仅与武大的诸多师生校友有着非常密切的友谊与交往，对于武大的建设和发展提供过大量的帮助，也曾多次亲临武汉大学参观、讲学，特别是 1932 年秋天的那次武大之行，既给他本人留下了非常深刻的印象，同时在武汉大学的校史上也留下了浓墨重彩的一笔。

　　胡适第一次来到武大是在 1925 年秋，当时，学校的名称还叫国立武昌大学。据胡适当年的日记所言，"这回南下是受了武昌大学和武昌商科大学的邀请，去讲演五次。但到了武汉之后，各处的请求很难拒绝，遂讲演了十余次"①。尽管胡适在武汉各处的讲演均深受广大听众的欢迎，但他本人对武汉当时的教育发展状况却不敢恭维，他在日记里如此写道：

　　　　武汉的教育最不行。近年野鸡大学添了许多，国立省立的也不少。国立武昌大学之外，又有国立商科大学，已很可怪了。又有省立文科大学，医科大学，法科大学，农科大学等，每校各有校长，均已委任；有学校未成立而校长已委任的（如农科大学）。此真是怪现状。此间斗大山城，那容得下这么多的大学校？第一步宜合并武大与商大，第二步宜合并省立各分科大学为一大学，第三步然后合并为一个武昌大学，名义上为国立，而省政府担负一部分的经费。或者画分武昌大学区，以两湖为主，担

----

　　①　胡适：《南行杂记》，《胡适的日记》（手稿本）（五），台湾远流出版事业股份有限公司 1990 年版，原书无页码。

负大部分的经费，而邻近各省分担一部分的经费。

……十余年来，武汉几乎没有学校可说……此时的救济，在于先定一教育计画，明察中国中部的需要，分期进行，不期于速效，而重在长久之计，使一班以教育为终身事业的人才以全力办理其事，五年之后便可改观。若如今日的现状，湖北仍是没有教育可说也。①

由此可见，当时，在胡适眼中，"武汉的教育最不行"，"十余年来，武汉几乎没有学校可说"，"若如今日的现状，湖北仍是没有教育可说也"，总体印象既然如此，对于邀请他前来讲学的国立武昌大学和国立武昌商科大学，胡适自然也是不怎么看得上眼的。不过，对于如何改进武汉的教育，胡适倒也非常"热心"地在自己的日记里提出了不少很有见地的建议，其中就包括了一个逐步将"武大与商大"及"省立各分科大学""合并为一个武昌大学"的计划。非常有意思的是，仅仅一年多的时间过后，胡适所构想的这个"三步走"的合校方案，就被刚刚北伐成功的国民政府以"一步到位"的方式实现了——1926 年 11 月 20 日，湖北省政务委员会决定将国立武昌大学、国立武昌商科大学、湖北省立法科大学、湖北省立文科大学、湖北省立医科大学等校合并，组建国立武昌中山大学。1927 年 2 月，武昌中山大学正式开学。不过，到了年底，学校即被国民党桂系军阀所解散。1928 年夏，中华民国大学院决定彻底改组原国立武昌中山大学，在此基础上筹建新的国立武汉大学。

在国立武汉大学的筹建过程中，由于时任大学院院长蔡元培先生的刻意安排，学校的主要领导人物及核心教职员多为他当年在国立北京大学担任校长时的门生故吏，很多人过去在北大都与胡适共过事，而武汉大学在经过了这次脱胎换骨的改建之后，发展势头也蒸蒸日上，在很短的时间内就取得了巨大的进步，可谓一日千里。对于自己昔日的这些北大老同事们在这所新兴的学府里所创造的办学佳绩，胡适自然是看在眼里，恰如他自己在 1925 年秋所期望的那样，"使一班

---

① 胡适：《南行杂记》，《胡适的日记》（手稿本）（五）。

以教育为终身事业的人才以全力办理其事，五年之后便可改观"。
1931 年初，曾有武大学生在一篇文章中如此转述胡适当时对武汉大
学的称赞："最近闻胡适先生有言云：'近年来国立各大学，无不风
潮迭起，惟国立武汉大学及东北大学，竟平静无波；朝气勃勃，将来
大学中之有最大发展者，恐亦舍此两大学而莫属者也。'"① 由此可
见，胡适当时对武汉大学的发展前景极为看好。不仅如此，由他担任
董事兼秘书的中华教育文化基金董事会，对于武汉大学当时在武昌郊
外的珞珈山所进行的新校舍建设也给予了大力的资助，而这也让武大
的同仁们感激不已。

1931 年底，国立武汉大学珞珈山新校舍一期工程完工。1932 年
春，学校迁入新校舍开学上课。3 月 18 日，武汉大学校长王世杰致
函胡适，非常诚挚地邀请他来校参观。信中称：

> 敝校年来于武昌城外珞珈山东湖湖滨一带，建造新校。迭承
> 鼎力赞援，迄于现在，幸已一部落成，移居上课，校中同人及青
> 年学子，莫不同深钦感。惟万里迢迢，今方发轫，全部工程，仅
> 及过半。拟请拨冗惠临，对于敝校同人未来工作予以指示，对于
> 学生赐以教言。谨定四月十五日为台从莅校之期，何日命驾，并
> 祈先期示知，以便欢迓……②

不过，胡适最后还是未能如王世杰所愿，在一个月后莅临武
大。到了 5 月 26 日，武汉大学举行了隆重的新校舍落成典礼，蔡
元培和李四光分别作为行政院与教育部的代表出席了此次庆典，但
他们的老朋友胡适还是未能应邀前来。6 月 7 日，王世杰再次致函
胡适，称他和蔡元培先生"均以兄不及南来同游为憾"，与此同时，
王世杰在信中还继续向胡适所在的中华教育文化基金董事会请求经

---

① 傲客编辑：《国立武汉大学概况》，《国立武汉大学安徽同学会会刊》，
1931 年，第 111 页。
② 《王世杰致胡适》，中国社会科学院近代史研究所中华民国史研究室编：
《胡适来往书信选》（中册），香港"中华书局"1983 年版，第 106 页。

费补助，并恳请胡适和中基会干事长任鸿隽"设法做到，庶几武大之试验不致终于完全失败"①。6 月 24 日，武大法学院教授周鲠生又致函胡适称："武大新校落成典礼，大驾未如约南来参加，颇令人失望，希望秋季天凉仍来看看武大，与旧友们聚会。"② 于是，在武汉大学的这些"旧友"们多次邀请和一再催促下，当年 11 月底，大名鼎鼎的胡适博士终于再次来到了他曾寄予厚望并给予巨大帮助的武汉大学，这是他第二次来武大，也是第一次来到武汉大学的珞珈山新校舍。

1932 年 11 月 27 日下午 6 点，胡适乘坐的火车抵达汉口大智门车站，铁道部平汉铁路管理局局长何竞武与国立武汉大学校长王世杰、文学院院长陈源以及一年前由胡适推荐来到武大任教的文学院教授胡光廷三位北大故友在车站迎接。随后，胡适便与王世杰等人一同过江，来到珞珈山武汉大学，在法学院院长皮宗石家中与先期来汉的杨振声（曾先后任教于武汉大学的前身——国立武昌师范大学与国立武昌大学）、唐钺两位北大校友以及武大政治系主任周鲠生、教务长兼理学院院长王星拱、经济系教授刘秉麟等人共进晚餐，堪称一次北大校友的小型聚会。当晚，胡适下榻于武大招待所（听松庐）。③ 据当日的中央社电，"胡适告记者，来汉系应武大之约讲演，讲毕拟赴长沙一行"，"闻胡兼中华教育文化基金董事会秘书，此来借便视察该会，在武大所设生物物理植物动物各讲座及设备"。④

11 月 28 日，胡适在王世杰、皮宗石的陪同下参观武汉大学珞珈山校园，他在当天的日记里写下了他的观感：

---

① 参见《王世杰致胡适》，《胡适来往书信选》（中册），香港"中华书局" 1983 年版，第 117~118 页。

② 参见《周鲠生致胡适》，《胡适来往书信选》（中册），香港"中华书局" 1983 年版，第 121~122 页。

③ 以上内容参见《胡适的日记》（手稿本）（十一），台湾远流出版事业股份有限公司 1990 年版，原书无页码，以下所引胡适日记内容均出自此书，不再单独作注。

④ 参见《胡适昨抵汉》，《中央日报》1932 年 11 月 28 日。

图 1　1932 年底，胡适访问武汉大学期间，在武大招待所
(听松庐)前与部分教职员的合影(前排左四为胡适)

　　上午与雪艇①、皓白②同去参观武汉大学。计看过的地方有
工场，小学，女生宿舍，文学院，理学院，图书馆，男生宿舍。
雪艇诸人在几年之中造成这样一个大学，校址之佳，计画之大，
风景之胜，均可谓全国学校所无。人说他们是"平地起楼台"；
其实是披荆榛，拓荒野，化荒郊为学府，其毅力真可佩服。

　　看这种建设，使我们精神一振，使我们感觉中国事尚可为。

　　值得一提的是，以上这些赞誉之辞，并不是客人当着主人的面所
说的客套话与恭维语，也不是在公开场合做的一点表面文章，而是记
录在纯属个人隐私的日记里的真实感想，完全是一番发自内心的高度
赞赏。

　　下午，胡适又与王世杰、邵逸周（武大工学院院长）、王星拱同
游东湖。他当天的日记还写道："下午七时，过江，在蒋介石先生寓
内晚餐，此是我第一次和他相见。"

――――――――――――

①　王世杰，字雪艇。
②　皮宗石，字皓白。

图 2 1932 年 11 月 30 日，胡适在武汉大学附设小学与该校部分师生及武大部分教职员合影（后排正中为胡适）

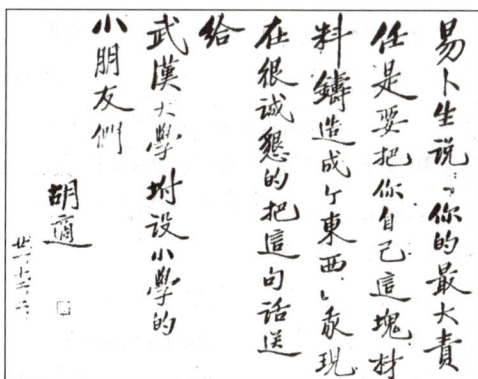

图 3 1932 年 12 月 2 日，胡适为武汉大学附设小学学生题词

11 月 30 日下午，武汉大学还在本校附设小学里为胡适、唐钺、杨振声三位教授举行了欢迎会。据胡适日记所载："两点，到附设小学欢迎会。擘黄①、金甫②和我都有短演说。对小孩子说话最难；金

———————

① 唐钺，字擘黄。
② 杨振声，字金甫。

甫说一个故事最好。擘黄和我都不成功。"两天后，12 月 2 日，胡适还为专门武大附小学生题词："易卜生说：'你的最大责任是要把你自己这块材料铸造成个东西。'我现在很诚恳地把这句话送给武汉大学附设小学的小朋友们。"①

据胡适日记所载，11 月 30 日下午 3 点半，在参加完附设小学欢迎会之后，他又参加了文学院茶会，"会见不少的熟人"。6 点，又发表了题为《中国历史的一个看法》的学术演讲，"这个讲演是我第一次讲这题目，当写出来"。不过，他当时的演讲内容倒是被在场的江思清记录了下来，随后便在《国立武汉大学周刊》上分两期连载发表。② 当晚 8 点，王世杰校长在家中为胡适举行公宴，主人为校长与陈源、王星拱、邵逸周、皮宗石等各学院院长。

12 月 1 日下午 3 点，胡适应武大政治学会的邀请，在学校大礼堂作了题为《谈谈中国政治思想》的演讲。③ 后来，他在日记里写道："此题稍繁复，不易有趣味，故今日之讲演不如昨夜一讲。昨夜吃了几杯劣酒……感觉不适，故讲演更劣。"当晚，他"独宿招待所；此屋孤立山上，颇感寂寞。就点烛写明日讲稿，到一点始睡"。

12 月 2 日下午 3 点，胡适又应武大中国文学系系会的邀请，作了题为《中国文学的史的研究》的演讲。④据其日记所载，"今日来者更多，约有一千三四百人。有许多是武昌各校来的。今天的讲演因为昨夜预备时间较多，故比较满意"。

12 月 3 日下午 3 点，武大校长王世杰将胡适送上了前往长沙的火车。12 月 7 日下午 1 点，胡适从长沙回到武昌，被武大派来的汽车接回珞珈山，在邵逸周家吃午饭，并与王世杰、周鲠生、王星拱、杨端六、陈源、皮宗石等老友作别。席间，王星拱"作旧诗送行，

---

① 参见《国立武汉大学附设小学校概况》，1936 年。

② 参见《中国历史的一个看法》（胡适博士讲，江思清笔记），《国立武汉大学周刊》第 146 期（1932 年 12 月 5 日）；《中国历史的一个看法》（续）（胡适博士讲，江思清笔记），《国立武汉大学周刊》第 147 期（1932 年 12 月 12 日）。

③④ 参见《政治学会讲演与辩论会》，《国立武汉大学周刊》第 146 期（1932 年 12 月 5 日）。

有'珍重文场开国史，当年四海称陈胡'之句"。饭后，胡适便赶往华中大学演讲，就此结束了他的第二次武大之行。在华中大学吃完晚饭后，王世杰又将胡适送到汉阳门码头，"握手告别"，他便渡江前往汉口，准备北归了。

1932 年秋天的这次武大之行，给胡适留下了非常深刻而美好的印象，正如他自己在日记中所言，"看这种建设，使我们精神一振，使我们感觉中国事尚可为"。从此以后，他只要与他人谈到武大，便赞不绝口，极力向对方宣扬武汉大学的建设成就。1933 年 12 月 11 日，武大文学院院长陈源在学校"总理纪念周"上作了题为《读书与环境》的演讲，在结尾处特别提道："我们学校在天灾人祸，内忧外患纷至沓来的时期中，创造出这个环境来，不可不说是一种异数。怪不得一位来华游历的美国外交官问胡适之先生中国究竟进步没有，胡先生说'你去武昌看一看武汉大学便知道了'。这一种改造环境的精神，希望各同学能够推广到各处去。"① 1947 年 10 月 31 日，在国立武汉大学 19 周年校庆上，时任校长周鲠生也在其报告中提到了这件事，他指出：

> 学界上对于本校最有认识的，要推胡适先生。他认为武汉大学珞珈山校舍设备是国内最值得称许和赞助之一个新建设。他曾经对一位在北平的美国朋友说，你如果要看中国怎样进步，可以去到武昌看看珞珈山武汉大学。那位朋友有一年果然来到本校参观了。胡先生在许多地方帮助本校，如关于战前中美基金会的捐助；最近李民基金会的奖学金，他为本校说话最有力。最大的帮助，还在他不断给予我们精神上的鼓励和友谊的批评。②

由此可见，在胡适先生眼中，武汉大学当时在武昌珞珈山所进行

① 《读书与环境》（上周纪念周陈源先生讲），《国立武汉大学周刊》第 187 期（1933 年 12 月 18 日）。
② 《本校第十九周年校庆暨三十六年度开学典礼校长报告》（1947 年 10 月 31 日），《国立武汉大学周刊》第 374 期（1947 年 11 月 1 日）。

的气势恢弘、规模浩大的新校舍建设，已然成为中国社会发展进步的一个缩影和象征，以至于他一有机会便要向社会各界人士大力推介。而作为一介社会名流，胡适的很多谈话也经常会见诸报端。1933年考入武汉大学文学院史学系就读的湖南学生施应霖，在半个世纪过后，曾经撰文一篇，讲述了自己当年"选定武大作为报考唯一对象"的六大原因，其中第六条便是"胡适之先生的引导"——"读高三时，在报纸上看到胡适先生对外国友人谈话：'你们要问中国有没有进步？去看看武汉大学就知道了'。谢谢胡博士，你给我指引了前进的方向。"而对于自己在胡适先生的"引导"下所作出的这个"正确的选择"，他认为，这给他"带来一生的幸福"。① 这么说来，胡适先生当年在美国友人面前对武汉大学的高度称赞，在经过新闻媒体的传播之后，不仅对于提高武汉大学的社会声誉极有效果，甚至还阴差阳错地成为了一个招生宣传的绝好广告，对于吸引众多优秀学生报考武汉大学起了令人意想不到的"名人效应"，进而深深地影响了不少青年学子一生的命运。而所有这一切，都始于胡适先生1932年秋天的那次令他印象深刻、观感良好的武汉大学珞珈山新校舍之行。

---

① 以上内容参见施应霖：《仍是珞珈梦里人》，台北市国立武汉大学校友会编印：《珞珈》第121期（1994年10月1日），第9~12页。

武汉大学珞珈山校园樱花的历史来源

吴　骁

　　武汉大学的樱花，在全国久负盛名，其校园也早已成为一处非常火爆的赏樱胜地。对于武大校园的樱花究竟从何而来这个问题，有些人常常会回答："日本人种的。"从最初的历史来源来看，此说固然不假，但就近些年来更为复杂的现实情况而言，这一论断显然就过于简单化，与事实不尽相符了。

　　另一方面，随着近年来武汉大学校园内由学校自行培育和栽种的樱花越来越多，另外一个新的答案又越来越盛行了——"周总理送的"。同是寥寥数字，与前一种说法相比，这第二种说法很显然又滑向了另外一个极端，而且距离完整的事实真相更加遥远。

"日本樱花"　诞于东瀛

　　众所周知，樱花是日本的"国花"之一。据某些生物地理学研究表明，世界上现有的100多种野生樱花的祖先有可能起源于喜马拉雅山地区，大约在数百万年前的渐新世和中新世时扩散到今天的朝鲜半岛和日本列岛。但我们今天通常所谈论和观赏的樱花，实际上是指现代意义上的"栽培樱花"，与"野生樱花"有着极大的区别。

　　基于分子生物学技术的研究表明，就目前的绝大多数栽培樱花品种而言，其育种核心种"大岛樱"乃日本所特有，在中国甚至都没有野生分布。因此，"现代栽培的观赏樱花"实际上是源于日本，这是一个显而易见、颠扑不破的基本事实。

　　由于樱花开时热烈，落时缤纷，短暂的绚烂之后，便随即结束生命的"壮烈"精神与日本的国民特性非常相近，因此，樱花一直深受日本人的喜爱，并逐渐成为日本人和日本国的象征。在日本，甚至有这么两句话——"欲问大和魂，朝阳底下看山樱"，"樱花就是日本人，日本人就是樱花"。

数百年来，由于日本人酷爱樱花，在几种野生樱花的基础上，不断通过园艺杂交精心培育出很多新的优良品种，最终形成了一个异常丰富、多达300余种的"樱家族"。其中，名气最大、栽植广泛，同时也极具观赏性的"日本樱花"（又名"东京樱花"、"江户樱花"或"染井吉野"），几乎成了"樱花"的代称，就连《中国植物志》新修订的名称中的"樱花"一词，都是用来专指"日本樱花"。

不仅如此，日本人在对樱花的长期追捧中，还逐渐养成了一个习惯，就是不管走到哪里，都要将樱花种到哪里，并常以此为礼物赠给友邦或友人。此外，从19世纪末开始，随着日本逐渐走上对外侵略扩张的军国主义道路，日本樱花也随着侵略者的铁蹄被带到了很多地方。

我国很多地方都种有樱花，也有多处比较著名的赏樱胜地。除了一些本国原产品种外，我国的樱花很多都来自日本——要么是战争年代为侵略者所留，要么是和平时期以友谊的名义获赠。比如沈阳、大连（旅顺）、青岛等地的樱花，最早即是由侵华日军所引进，而南京中山陵、玄武湖、梅园新村，北京玉渊潭公园以及武汉东湖磨山樱花园等处的樱花，则均为日本政府或人民为表示对华友好而馈赠。

敌寇"国花" 落户武大

武汉大学校园内原本并没有樱花。20世纪30年代，当时的国立武汉大学在武昌城郊外的珞珈山一带大兴土木，辟山建校，同时大规模地植树造林，逐渐将这片原本乱石丛生、坟冢遍地的荒山野岭，变成了黉舍巍峨、林木葱茏的美丽校园。

然而，到了1937年，武汉大学在珞珈山的校园建设尚未完成，就碰上日寇悍然发动全面侵华战争，大片国土不断沦丧。1938年初，武汉形势吃紧，武大师生只得忍痛告别珞珈山校园，西迁四川乐山。

1938年7月，时任武汉大学校长王星拱率领最后一批随校西迁

图 1 抗战爆发前夕的国立武汉大学男生宿舍与"校前路"（即今日之"樱花大道"）

的教职员离开珞珈山前夕，他决定留下少量教职员和校工负责看管校产。当时，本校法学院经济系助教汤商皓刚刚从日本留学归来，熟悉日语，其夫人又是日本人，王星拱校长就要求他留校看守。一开始，汤商皓再三推辞，但王校长仍"严令留守，并谓国难如此，能保全一部分艰难缔造之校舍便是替国家保留一部分莫大之元气"。最终，汤商皓被校长的"情辞恳切"所打动，决定"临危受命"，留守护校。

1938 年 10 月底，武汉三镇相继沦陷，武汉大学珞珈山校园亦遭日军所侵占。几个月后，汤商皓等人在其夫人的帮助下，来到珞珈山校园与驻扎在此的日军联队长进行交涉。对方向他表示，日军"对于无抵抗性之非军事设施决无意破坏。尤其对于此山明秀水之高级学府校园的一草一木，当善加爱护"。随后，汤商皓又驱车巡视校园，不断见到"士兵进出"，"军车云集"，不禁感叹："大好湖山，不久以前弦歌传道授业之地，忽一变而为柳营黩武之场……"

又过了几个月，汤商皓听说珞珈山驻军换防，于是又与留校同仁再次前来交涉。此次接见他们的是一位文职武官高桥少将，他将珞珈山校园与"日本日光、箱根之风景优美的文化地区"相提并论，强调"当尽力加以保护"，但同时他又提出，"惟值此春光明媚，尚欠花木点缀，可自日本运来樱花栽植于此，以增情调"。随后，他将汤商皓等人带到文学院前，"遥指将栽植樱树之处所"。汤商皓心里很清楚，"樱为彼之国花，梅乃我国国花"，于是便针锋相对地提出，"可同时栽植梅花，因中国人甚爱梅也"，希望借此维护民族尊严。但高桥的回答却是："樱苗易得，梅种难求，明年今日君等可来此赏樱。"

图2 武汉大学校友汤商皓

正是在1939年春，侵华日军从本国运来樱花树苗，在武汉大学珞珈山校园里种下了最早的一批樱花树。一般认为，日军在珞珈山种植樱花的主要目的，是为了缓解住在这里休养的大批日本伤兵的思乡之情，同时，亦有炫耀武功和长期占领之意。因此，珞珈山校园里的这第一批日本樱花，可以说是日本侵华的罪证、国耻的象征。

1946年秋，在八年抗战中饱经磨难的武汉大学师生，终于从千里之外的乐山回到了武昌珞珈山。次年3月，他们看到，侵华日军在校园里种下的樱花树开花了，一共28株，均匀地分布在男生宿舍三个拱门之间及其两侧的四个楼栋前（每个楼栋前各有7株）。看到这些侵略者留下的遗物，想起自己刚刚经历过的国恨校仇，武大师生的心情非常复杂，不少人恨不得立即将其砍掉，然而，主张保留这批樱花树的意见，最终还是占了上风。

图3　以上两张照片约摄于1947年春或1948年春，为目前所能找到的武汉大学校园日本樱花最早的照片

友谊使者　再临珞珈

日本国的樱花再次来到武汉大学珞珈山校园，已经是抗战结束

30 多年以后的事情了，这一次落户武大的日本国花，已经不再是国耻的印记，而是和平与友谊的象征。1972 年，中日邦交正常化。1973 年 3 月，有关部门将日本友人赠送给周恩来总理的一批"山樱花"（又名"福岛樱"、"青肤樱"等，在我国西南地区亦有大量出产）转赠了 20 株给武汉大学，由学校栽植于珞珈山北麓的半山庐前，1976 年开花。

图 4　武汉大学文理学部第四教学楼对面的山樱花

　　1983 年 1 月，为纪念中日友好 10 周年，日本西阵织株式会社向当时在京都大学学习的武汉大学生物系教师王明全赠送了 100 株"垂枝大叶早樱"（又名"丝樱"、"垂彼岸樱"、"八重樱"等，原产于日本）树苗，经王明全转赠给学校后，栽植于枫园和樱园，1986年开花。

　　1992 年，在纪念中日友好 20 周年之际，日本广岛中国株式会社内中国湖北朋友会砂田寿夫先生率团访问武汉大学，赠送"日本樱花"树苗约 200 株，栽植于人文科学馆东面的八区苗圃，可惜长势不大好，成活率并不高，已成活的部分于 1996 年开花。

　　砂田寿夫原为侵华日军士兵，在 1945 年日本战败投降后成为战俘，随后，他与其他 7000 多名日俘被集中安置在湖北仙桃等待遣返。在前后 8 个月的时间里，收留他的中国农民放下往日的国仇家恨，以

298

图5　武汉大学枫园的垂枝大叶早樱

德报怨，宽大为怀，对其照顾有加。砂田回国后，一直对中国老百姓的善良与恩德念念不忘。从1987年到1992年，他多次组织一些当年的日本老兵回到湖北"谢恩"，同时还赠送了大量的樱花树及其他厚礼，谱写了中日两国民间友好的一段佳话。

此外，1989年春，武汉大学还从武汉东湖磨山植物园引进了原产于我国云南的"红花高盆樱"16株，栽植在校医院旁。

最近几年，武汉大学校园的樱花又增添了一些新的品种，不过主要还是上述的日本樱花、山樱花、垂枝大叶早樱和红花高盆樱4种，校园各处共有樱花树1000多株。其具体来源可谓多种多样，除了本国出产的几处樱花外，既有侵华日军当年所留下的"国耻之花"，也有中日恢复邦交后由日本友人多次赠送的"友谊之花"。

目前，武汉大学珞珈山校园内最主要的4种樱花，其分布地点与基本性状分别如下：

日本樱花（*Cerasus yedoenis* Matsum.），1939年由侵华日军引进栽植，历史最早，数量最多，主要分布在樱花大道至行政大楼东侧；其特点是每朵花为单瓣，5枚花瓣，大而艳丽，花先于叶开放，花色粉白（白色至微红色），有微香味，特点醒目，观赏性极强；一般在3

图 6 武汉大学文理学部校医院旁的红花高盆樱

月中下旬至 4 月初开花，花期集中。

山樱花（*Cerasus serrulate* Lindl.），1973 年由日本和中国上海引进（周恩来总理当年转赠给武汉大学的那 20 株樱花即属此种），品种、数量都很多，有不少变种，在文理学部校医院前、教四楼前、樱园入口路旁、樱园南坡绿地（下沉花园）中均有栽植；花瓣有单瓣、重瓣、半重瓣，花色有大红、粉红、白色及淡绿，花、叶齐放，生长茂盛；4 月初开花，花期较长，可持续 15~20 天以上。

垂枝大叶早樱（*Cerasus subhirtella* Miq. var. *pendula* Tanaka.），为大叶早樱的变种，1983 年从日本引进，现分布在枫园三舍南侧路边和樱园南坡绿地中；其主要特征是枝条下垂开展呈弯弓形，花粉红色或淡红色，花瓣多达 50 枚以上（雄蕊约 20 枚），叶前或与叶同时开放；花期为 3 月底至 4 月初，由于这种樱花的花期比日本樱花更晚，故其虽有"早樱"之名，但无"早樱"之实。

红花高盆樱桃（*Cerasus cerasoides* Sok. var. *rubea*），为高盆樱桃的变种，与西府海棠较为相似（云南昆明等地即称其为西府海棠），1989 年从武汉东湖磨山植物园引进，植于文理学部校医院前公路北侧；其特点是先花后叶或花叶同开，花色鲜红，花为重瓣，近圆形，花朵繁密，垂枝重重；2 月中旬至 3 月初开花，为武汉大学校园内所有樱花类植物中开花最早者，故常被称作"早樱"，与垂枝大叶早樱正好相反，这种樱花可谓是有"早樱"之实而无"早樱"之名。

"樱花虽美　国耻勿忘"

长期以来，对于武汉大学校园的樱花究竟有何历史内涵，它们到底更多的是国耻的标志，还是友谊的象征，一直都是众说纷纭，争论不休。在笔者看来，唯有完整、准确地把有关基本史实掌握清楚，才有可能据此得出既符合事实，又合乎情理的结论。

樱花树的生命周期很短，一般只有二三十年。不过，在武汉大学校园以及整个武汉地区，由于广大园林工作者的精心呵护，日本樱花树的寿命能达到50年左右，而且长势比其他三种樱花都要好。1957年，武汉大学对部分已经老朽的樱花树进行了更新，1985年又补栽了一部分，主要是采用枝条嫁接的方式，对其进行大规模的繁殖移栽。

图7　中共"一大"代表、武汉大学校长李达在校园樱花道上漫步

1939 年由侵华日军种下的那 28 株最早的樱花树，到了 20 世纪八九十年代，已陆陆续续地死亡殆尽，其中的最后一株大约是在 1997 年前后死去的。至此，我们在武汉大学"樱花大道"上所看到的日本樱花，已经不再是侵华日军当年所种下的那一批了，而多为原种的第二代、第三代。

图 8　20 世纪 80 年代的武汉大学樱花大道

据武汉大学园林部门介绍，学校近几十年来所自行培育的日本樱花，基本上是以侵华日军最早种下的那 28 株樱花树为"母本"的，从"血缘关系"上讲，均为它们的"后代"。再考虑到在武汉大学校园沦陷于侵华日军之前，这个地方原本没有任何樱花，日本樱花这一外来植物品种本来就是由侵华日军以"国花"的名义引入珞珈山的，而今天让很多武大师生与游客如痴如醉的"樱花大道"之美景，不管它究竟有多么美丽，最早也是由侵略者"强加"给这个校园的，只是后来因为得到了历代武大师生的长期认可才得以一直延续至今。

因此，日本侵略者给武汉大学的校园烙上的这一"国耻"印记，乃是武汉大学的樱花洗不脱的"原罪"，这是任何人都无法否认的客观事实。

至于1972年中日恢复邦交之后由日本友人赠送给武汉大学的几批不同种类的樱花，那当然应该被视为中日友谊的象征。但它们的数量相对较少，其长势与观赏性也不如1939年这批日本樱花的后代，再加上知名度也远逊于后者，因此很少为绝大多数武大师生和校外游客所关注，远远不能与占据主体的"国耻之花"相提并论。

当然，不论1939年落户珞珈山校园的日本樱花给当时的武大师生带来了多少屈辱的记忆，作为一种著名的观赏类植物，它本身的美丽却是谁都不能否认的。所幸数十年以来，大多数武大师生均能以客观、平和、积极的心态来看待它们。

如在1947年的阳春三月，早年曾留学日本的武汉大学生物系主任张珽教授，直接将自己的课堂搬到了刚刚开花的樱花树下，他向同学们介绍，这些樱花"本来是我们中国人的耻辱，不过现在，日本人被打败了，这几株樱树反而成为了战利品，成为日本侵华的历史罪证"。

在这批听课的学生中，有一位名叫萧翊华，来自湖南农村，曾饱受日寇侵华之苦。看到这些樱花，一方面，他在感情上很难接受，而另一方面，从科学的角度来看，樱花又很有研究价值。于是，他怀着这种矛盾而复杂的心情，对珞珈山校园里的日本樱花开始了长达60年（1947—2007）的观测与研究（直到去世），后来还获得了"樱花教授"的美誉。而他对日本樱花花期的记录，甚至比日本本国还要早6年！

用萧翊华自己的话来说，他研究珞珈山日本樱花的初衷，正是为了"让樱花花期记录作为日军侵华的一项罪证，让后人记住日军在珞珈山留下的印记"，"向当年侵略我们的日本人证明中国人是不会忘记历史的"。

1985年5月，曾在武汉沦陷后留守护校的武大校友汤商皓重返母校，看到自己当年在珞珈山校园所亲眼见证的第一批樱花树，不禁发出了这样的感叹："敌酋所植之樱木，树本无辜，亦欣欣向荣，绿叶成荫，惟花已过时谢矣。上月东游 Washington D. C.，见白宫前亦樱木成林，可知景物无分国界也。"

十几年前，曾有武大学子自发地在来校赏樱的游人中散发传单，大声疾呼"樱花虽美，国耻勿忘"，试图努力利用所谓的"樱花节"对广大同学和游客们进行国耻教育。在他们的直接推动下，武汉大学校方于 2002 年在樱园老斋舍前竖起了一个"武汉大学樱花简介"的指示牌。2007 年，学校又在"樱花大道"的起点处安放了一块刻有"樱园"两个大字的景观石，并在其侧面铭刻的文字上明确指出：

> 武汉大学的樱花主要来自日本——日本军队攻陷武汉后，于 1939 年春从日本运来樱花苗木，栽种于此。武汉大学的樱花不仅以其景色秀美而蜚声国内，同时也是日本军国主义者侵华历史的见证。而今樱花的品种，是历代武大师生引种、驯化、栽培的成果，烂漫樱花与早期建筑群相映成景，成为校园内最具特色的景观园区。

图 9　武汉大学"樱园石"

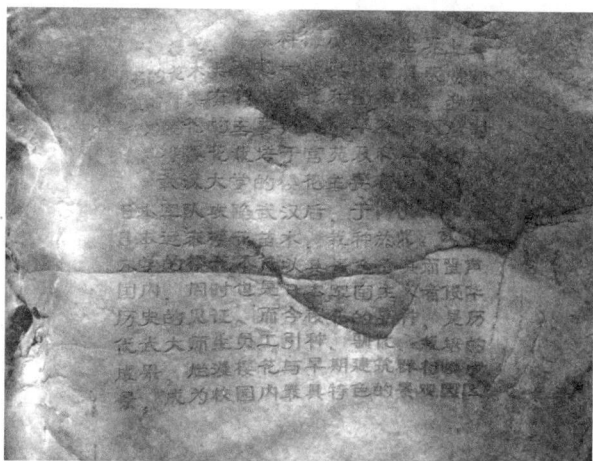

图 10 武汉大学"樱园石"铭文

武汉大学六一纪念亭

吴 骁

　　在武汉大学文理学部教四楼的正门前，立有一座由六根朱红圆柱与六角飞檐攒尖顶组成的古色古香的纪念亭，这便是学校当年为了纪念在 1947 年 6 月 1 日的珞珈山"六一惨案"中不幸遇难的三位同学而修建的"六一纪念亭"。

图 1　1948 年 4 月落成的武汉大学六一纪念亭

　　时光倒回到 1947 年 5 月，国共内战正在激烈地进行中，国统区内由中共地下党发动和领导的"反饥饿，反内战，反迫害"的学生运动也风起云涌，不断高涨，当时的武汉大学学生也积极参加了这场席卷全国的运动。5月22日，一千多名武大学生上街游行，有部分学生甚至冲进了湖北省政府，在里面涂写了大量反对内战与腐败政治的标语口号。与此同时，武大学生还决定响应北大学生倡议的"六二反内战日"，在6月2日这一天举行罢课游行。对此，武汉地方当局如临大敌，决定用强硬手段予以镇压。

1947年6月1日凌晨，武汉警备司令部纠集军、警、宪、特千余人，全副武装包围了武汉大学珞珈山校园，并按照事先拟定的"黑名单"逮捕了20多名武大师生。从睡梦中被惊醒的广大学生，看到身边的同学被捆绑押走，于心不忍，便纷纷向军警求情，并展开了各种营救行动，继而与之发生了激烈的冲突。随着冲突的不断加剧，突然有一个军官下令向手无寸铁的学生们开火！几轮枪响过后，黄鸣岗、王志德、陈如丰3位同学不幸中弹身亡，此外，还有3人重伤，16人轻伤。这便是震惊中外的武昌珞珈山六一惨案。

惨案发生后，时任校长周鲠生等学校负责人多次与政府当局进行了严正交涉，教授会、讲师助教会与学生自治会也先后发表了义正辞严的宣言，来自全国各地大中学校与社会团体的声援函电更是像雪片一样飞来。后来，就连蒋介石也先后两次给国立武汉大学教授会复电，对这一"殊出意外"的"不幸事件"表示慰勉。月底，武大师生为3位死难同学举行了沉痛的追悼大会，并在武汉三镇举行了一次出殡大游行。

6月4日，武汉大学六一惨案善后委员会召开联席会议，讨论了纪念死难同学的办法，决定在校区内建筑一座纪念亭，将3位同学的殉难经过刻写成碑文并烧制瓷像（或铜质浮雕），以作永久性纪念。6月18日，善后委员会再次召开联席会议，决定"拟择于体育馆前或车站前空场上，筑一纪念亭，并在亭内立一纪念碑，应请美术及建筑专家妥为设计"。其后，时任文学院院长刘永济教授考虑到他刚刚从安徽大学召回母校中文系任教的昔日门生李健章古文功底甚好，便委托其为这座纪念亭写一篇碑记。

李健章先生在苦苦思索了一番之后，较快地完成了这篇碑记，其全文如下：

六一纪念亭碑记

民国三十六年六月一日昧旦，武汉军警千余人突入珞珈山，围扰本大学。黉舍之内，遽尔骚然。以出人意外，师生举仓卒不知所为，一任其排闼执讯而已。天既明，而枪声骤起；移时，始解去。计鞭箠劫束、挟以同走者二十余人；创而呻吟于室者，十有九人；肝脑涂地、饮弹毕命者，则黄生鸣岗、王生志德、陈生如丰三人也。事既震惊海内外，而枢府旋亦绳始祸者以法。其后，劫走者皆幸免归，伤者亦渐以起，而赍恨于地下者，则将忍此焉终古！非甚可痛念者耶?！于是众议作亭，以志斯难，鸠工庀材，数月而成，因命之曰"六一纪念亭"，取以事系日例也。夫士以忠信为甲胄，礼义为干橹，此特为守常者言耳。孟子曰："如有一朝之患，则君子不患矣。"然乎，否耶？亭有碑，不可无记，故书其事，备来者观焉。

民国卅六年冬十一月立

这篇碑记言简意赅，情感深沉，特别是在最后引经据典地评述道："此特为守常者言耳"，"如有一朝之患，则君子不患矣"。寥寥几句含蓄而隐晦的言辞，实暗藏着愤怒声讨与奋起反抗之意。刘永济教授看过之后，连连称赞"写得好"，而中文系讲师周大璞更是悄悄地对李健章说："你是要鼓动学生造反呀！"

除了《六一纪念亭碑记》，李健章还写了一篇《死难三生传》，在将三位死难同学的短暂生平及死亡惨状作了简要的介绍之后，还发出了一番痛心疾首的议论和感叹，其全文如下：

死难三生传

黄生鸣岗，湖北枝江县江口镇百新里人也。民国三十二年夏负书入川，就读国立第二中学，三十五年秋来武昌，考入本大学历史学系。生素羸弱而有大志，尝语人曰：吾当为长空之雷鞭也！事变时适以疟作而伏，闻枪声遽起，而弹贯腋下，顿仆地，痛极呼母而绝，得年二十有五。后二十日，其家人来迎其丧以归。

王生志德，本大学土木工程学系一年级学生也。少孤，家又窘于财，以刻苦自奋，得毕业于武进西郊中学。民国三十五年春入南京临时大学补习班，是年秋由教育部分送来校肄读。生为人刚直不阿，善数学及物理学，师友称之。难作，中弹死于阶下，年才十九，葬校侧张家山之北。生江苏武进人。

陈生如丰，台湾省台南县新营人也。方我兴军御倭，台湾与中土隔绝，故生既卒业台南第二中学，即赴日本就读冈山医学院，时民国三十三年春也。越明年，倭人败降，生返里，入台湾大学，改习政治学科。三十五年秋，应教育部试遣，来本大学政治学系第一年级肄业。生勤于攻读，善音乐，喜运动。当军警扰攘之际，生适取水于炉，弹洞其首，仆而不起，年二十有二。生之父母俱在故籍，道远无由归其旅榇，亦葬于张家山。

论曰：甚矣！造士之难也。兴学以养之，延师以诲之，别其行同能偶，而课之以正业，时然后考校之，以率其不及。诚以作育多士，为建国之本，而人才之成就，又不可一日二日卒备，故郑重其事如此也。今观三生之才，皆若可以有为者，自就学以来，盖亦十余年矣，至于一旦而或夭折之，则如是易易焉，此其故何哉?!

李健章先生在写完这两篇文章之后，还作了两首词，充分反映了他当时在写作碑记时悲愤、紧张而复杂的心情：

柳梢青　二首

为武大作六一纪念亭碑记，通宵失眠。

寂静凄凉，虚窗冷月，秋夜偏长。搁笔沉吟，几番涂抹，苦苦思量。承应代写文章，没料到、牵连四方。缜密修辞，机锋暗敛，谨护周防。

世事艰屯，腥风血雨，扰攘尘寰。学府潭潭，弘歌之地，也不平安。寻思惨案心寒，撰碑记、踌躇万般。悲愤胸怀，紧张情绪，倚枕难眠。

将近 40 年过后，李健章教授在给友人的一封信中，将自己当年写作这篇碑记的前因后果大致讲述了一遍：

> 发生这次震惊海内外的学运惨案时，我在安大教书，不久即回武大。武大当局给我送来几万字有关此事材料，要我替学校写一篇碑文。条件是：为我绝对保密，政治责任全由学校负责，文字由我作主写，无任何限制。当时，一面是反动军警特务，一面是进步学生激烈运动，刀光剑影，非常紧张。我深知此事严重，既要应付当前困难局面，闯过此关，又要负长期历史责任，不能作违心之论。我在神韵、语调和选词、用典方面打些主意，让大家都看不清楚。在刻石前，果被学生张贴在通道上，展开辩论，但因我不出面，谁也说不清它的真实用意，结果还是照样刻了上去。解放后，许多特务拉到武大枪毙，也追究此碑，我出面说明，得到肯定……

1948 年 4 月，由本校土木系教授缪恩钊设计的"六一纪念亭"落成。亭高约 7 米，上为木质六角攒尖顶，覆以琉璃碧瓦，下由六根水泥圆柱支撑，对称排列，朴素谨严。亭为六角，柱为六根，处处蕴含"六月"之意。正面横额上则刻有"六一纪念亭"五个庄重的大字。亭中立有一座花岗岩石碑，碑身高约 1.46 米（加上基座总共高1.9 米左右），宽约 0.58 米。纪念碑正反两面分别刻有李健章撰写的《六一纪念亭碑记》与《死难三生传》，均由书法功力深厚的学校总务处庶务组职员瞿扶民书写，其中，正面的碑记为八分书（隶书的一种），背面的三生传为楷书。

"文化大革命"期间，六一纪念亭中的碑文被红卫兵磨毁。20 世纪 80 年代初，学校对这座纪念亭进行了修葺，并重新刻制了纪念碑，随后，武汉市人民政府也将修复后的六一纪念亭列为市级文物保护单位（2001 年升格为全国重点文物保护单位）。值得一提的是，学校此次复刻碑文，还根据李健章教授本人的要求，删去了原文中的"事既震惊海内外，而枢府旋亦绳始祸者以法"这句话。

　　20世纪80年代，武汉大学在六一纪念亭后面修建了教四楼。这栋教学楼同样以绿色琉璃瓦盖顶，外墙上则覆满了密密麻麻的藤蔓。亭楼交相辉映，在建筑风格与整体布局上均显协调。环亭四周，冬青围护，绿草茵茵，共同营造出一种质朴、庄重、肃穆的氛围，不失为一处怀古思今、追念先烈，乃至对广大学生和游人进行历史教育的理想场所。

武汉大学 "六一惨案" 殉难学生墓葬变迁史略

胡　耀

在武汉大学珞珈山校园主干道旁，有一座六角攒尖顶的小亭子，名叫"六一纪念亭"。这座亭子于 1948 年竣工，2001 年随武大早期建筑群一起成为第五批全国重点文物保护单位，它所纪念的，是国共内战时期发生在武汉大学的一段血腥而凝重的历史。

轰动一时的校园惨案

1947 年 5 月，由于内战升级，物价飞涨，一般学生均对现实感到极端不满，内心异常苦闷，各地学生运动随之而起，对国民党统治秩序构成强烈冲击。5 月 17 日晚，北大召开学生代表大会，会上首次倡议六二为反内战日，号召全国学生在 6 月 2 日这一天集体罢课游行。"六二反内战日"的号召迅速获得包括武大在内的各大高校群起响应，这令国民党中央倍感压力。为应对日益失控的学生抗议活动，5 月 25 日前后，国民党决定采取一项针锋相对的措施，在 6 月 1 日发动一次全国范围的大逮捕，将各校学生领袖一网打尽。在国民党人看来，这样 6 月 2 日的全国总罢课即可轻松消弭。

武汉当局领命后，为镇压武大预定于 2 日举行的游行，在 6 月 1 日凌晨 3 时，派大批全副武装的军警，闯入武大校园，搜捕尚在睡梦中的师生。清晨 6 时左右，正当军警抓人之后准备开车带走时，突然有大批学生冲出宿舍，试图营救被捕同学，双方爆发肢体冲突。拉扯之时，有士兵鸣枪示警，孰料预先埋伏校园各处的大批军警，误认为这是镇压临时事变的开枪信号，于是乱枪齐发，局面顿时失去控制。当场就有王志德、陈如丰、黄鸣岗 3 名无辜学生被子弹击中，血流满地，不幸身死。另有 3 人受重伤，16 名学生受轻伤，哲学系教授金克木、历史系教授梁园东、机械系主任刘颖、外文系教授缪朗山与朱君允等 20 人遭逮捕。这场惨案，也是整个反饥饿、反内战、反迫害运动中，仅有的出现学生惨死的案例，故而消息传出，舆论大哗，举国震惊。蒋介石在事发当日听闻此"意外之变"，"至感骇异"①，时任国民政府外交部长、武大前校长王世杰则在 6 月 1 日的日记中用"不胜惊骇"四字表达自己突闻此事后的震动②。

惨遭枪杀的王志德、陈如丰、黄鸣岗三人都是学校里的普通学生，既非学运领袖，更非中共地下党员③。王志德是土木系一年级学生，江苏武进人，遇难时年仅 19 岁。他家境贫寒，读书刻苦认真④。陈如丰是政治系一年级学生，台湾台南人，1945 年考上台湾大学政治系，次年 7 月，台湾招考升学大陆大学公费生，陈如丰"一方面感到五十年来台湾受着日本法西斯主义的统治，早就希望呼吸到一口自由的空气；同时，又向往着祖国的河山和文化，遂欣然应试，录取后，在台省训练团受了三个月的训，期满后，由台湾行政长官公署保送，经教育部分发到武大政治系"⑤。黄鸣岗是历史系一年级学生，湖北枝江人，学习成绩优异。

---

① 周美华编辑：《蒋中正总统档案：事略稿本 70（民国 36 年 6 月至 8 月）》，台湾"国史馆"2012 年版，第 7 页。

② 王世杰：《王世杰日记》（手稿本）第 6 册（1947 年 6 月 1 日）台湾"中央研究院"近代史研究所 1990 年版，第 80 页。

③ 蒋介石 6 月 9 日承认："因伤致死之学生，又非煽动学潮之共党分子。"参见《尊师重道维护学风，学校秩序应速恢复》，《中央日报》1947 年 6 月 10 日第二版。

④ 《永生在我们心里——死难三同学生平》，国立武汉大学学生自治会编：《血债——"六一"纪念册》，1948 年，内部资料，第 8 页。

⑤ 《永生在我们心里——死难三同学生平》，《血债——"六一"纪念册》，1948 年，内部资料，第 7 页。

图1 在"六一惨案"中遇难的三位武大学生

罹难学生的首次下葬

三位学生惨遭杀害之后，国民党当局、中共地下党与武汉大学三方围绕此事的善后问题，展开了博弈。其中，遗体的处置问题，一直备受各方关注，因为遗体一日不安葬，则事件一日不能平息。

6月份的武汉，天气炎热难耐，"在盛暑之下，每一个同学都痛心地了解着，这酷热气候会怎样令死者不安"①。18日，教授会、讲师助教会以及学生方面组成的"六一屠杀惨案处理委员会"三方召开联席会议，对于以下三点，曾有所商定："（一）关于追悼会及移灵日期，拟定于六月二十二日举行，由学生代表转告在校学生；倘另有意见，应从速通知本会（指教授会——引者注）同人与讲师助教会代表，以便另行协商。（二）关于移灵后灵柩之暂厝地点，拟请本校总务处代为觅定；有些人曾表示以洪山或长春观为最适宜。（三）关于如何纪念死难三学生，拟择于体育馆前或车站前空场上，筑一纪

---

① 《血，决不会白流的——六一屠杀惨案经过》，国立武汉大学学生自治会编：《血债——"六一"纪念册》，1948年，内部资料，第19页。

念亭，并在亭内立一纪念碑，应请美术及建筑专家妥为设计。"至于安葬地点问题，各方争执甚烈，学生代表坚持安葬地点需与纪念亭合为一处。教授会及讲师助教会代表为顾全学生意见，也愿意向学校当局作此建议，因此在同意学生意见的同时，相约关于此点应"转达校长决定"①。

20日，黄鸣岗家长来校将其灵柩运回鄂西原籍安葬②，台湾学生陈如丰、江苏学生王志德两人灵柩则留在校中，未被家属领回。

21日夜，学生方面召开大会，决议"追悼会仍于二十二日举行，但移灵一点，则改为于廿三日出殡至汉口，并决定出殡后，仍须将灵柩运返校内，在车站前空场暂厝，并砌砖保护。关于安葬地点，则决定必须于车站前空场或体育馆前之两处中选择一处"③。

22日黎明，几位学生代表前往周鲠生校长住宅，提出种种要求，其中最重要的便是上述关于安葬地点的要求。周鲠生答复学生："为了纪念三位死难学生，他在原则上赞成在校内显著的地方，建筑一纪念亭，但应否建筑在车站前空场内或体育馆前，宜由本校建筑委员会根据校舍建筑的整个计划，妥为决定。至于安葬地点，他鉴于本校过去的历史，自觉不便擅作主张。"④这里，"本校过去的历史"指的是什么呢？原来，在国立武汉大学珞珈山校园建设之初，珞珈山一带坟墓不可胜数，武大向政府申请圈地迁坟，引发地方民众强烈反对，双方纠纷不断。后经多方调解，并且校方与省政府订下两条公约（坟墓只许迁出不许葬入；未迁各坟待学校需用土地时即行迁移），才将三千余坟冢先后迁出，此事遂告解决。此后十余年，校方忠实遵守上述公约，乃与当地民众相安无事⑤。周鲠生当然熟悉这段历史，故而

---

① 《国立武汉大学教授会六一惨案善后委员会工作报告及全体委员辞职声明》，1947年，第2页，武汉大学档案馆藏国立武汉大学档案，1947-413。

② 《国立武汉大学周刊》第371期增刊，1947年7月，第7页，国立武汉大学档案，1947-383。

③④ 《国立武汉大学教授会六一惨案善后委员会工作报告及全体委员辞职声明》，1947年，第3页，国立武汉大学档案，1947-413。

⑤ 《国立武汉大学布告》，第12770号，1947年6月27日，国立武汉大学档案，1947-412。

他当场向学生代表"详细说明本校校舍在珞珈山兴建之时，因为将校区以内许多原有的坟墓迁出，曾与坟墓的主任涉讼法院，并曾激起武汉三镇许多有力人士的非议，发生过极严重的纠纷。后来由学校与坟墓的主人们约定：嗣后除在公墓外，本校决不在校区以内安葬任何棺柩，此事才告平息。所以除本校特设之公墓外，任何人均不得安葬于校区以内。此事在湖北省政府有案可稽"。① 但周鲠生的解释似乎没有得到学生方面的理解。

22 日上午，追悼会在体育馆举行，由周鲠生主祭，到场的中外来宾、武大师生及校友共二千余人②。追悼会尚未结束，即有学生数人就安葬地点问题在会场上向周鲠生公开提出质问。周鲠生将黎明时给学生代表答复的话，向在场全体学生重复了一遍。校长说完后，没有学生继续追问，追悼会遂行结束③。

22 日下午，忽有学生一百多人集体到周鲠生住宅请愿，要求校长答复他们对安葬地点的要求。当时周鲠生因事外出，学生围立在其住所四周，不愿解散。刘秉麟、刘永济、桂质廷、余炽昌、何定杰、曹诚克、赵师梅、许宗岳、梁百先等教授向学生开导良久，未获效果④。刘秉麟为了缓和学生情绪，乃答应学生，向校方建议在校区附近择购一处作为死难学生的葬地。学生这才接受，并立即要求刘秉麟、赵师梅等一起勘选地址。当天选定的葬地在校区之外的张家山，处委会负责人及武大台湾同学会代表都当场表示满意⑤。当晚，台湾同学会代表具缄面呈刘秉麟，表示"若能埋葬于今日参观的场所，

---

① 《国立武汉大学教授会六一惨案善后委员会工作报告及全体委员辞职声明》，1947 年，第 3 页，国立武汉大学档案，1947-413。

② 《追悼殉难同学，武大师生同声一哭，公祭仪式庄重二千余人参加》，《大公报》（天津）1947 年 6 月 23 日第三版。

③④ 《国立武汉大学教授会六一惨案善后委员会工作报告及全体委员辞职声明》，1947 年，第 3 页，国立武汉大学档案，1947-413。

⑤ 《国立武汉大学教授会六一惨案善后委员会工作报告及全体委员辞职声明》，1947 年，第 3 页，国立武汉大学档案，1947-413；《为死难同学葬地事敬上全体同仁书》，1947 年 6 月，国立武汉大学档案，1947-412。

死者及家属均不胜光荣之至"①。

争端好像就此解决,孰料一天之后纠纷又起。23 日上午 7 时余,800 余学生列队执绋,从学校出发,在武昌、汉口为死者举行出殡游行。另有卡车两辆,装载王志德、陈如丰两位死难学生的灵柩,随队游行武昌、汉口各一周。"沿途所经,致悼之爆竹声未绝,观者人山人海。"② 至傍晚 7 时左右方返回学校③。刘秉麟、赵师梅等站在车站前,等候装载灵柩的卡车归来。刘秉麟劝学生休息片刻后,即将灵柩运至昨日约定的张家山安葬。校方且已在张家山将下葬所需砖头等准备好④。但游行一天的学生情绪高昂,将刘秉麟等猛力推开,不顾一日之饥渴劳累,自行掘土、掩埋,至次日凌晨 2 时许,将两具灵柩埋葬在车站前空场⑤。

学生如此强硬地坚持将灵柩埋葬在车站前空场上的原因何在?除了他们可能并不深知校方曾在建校之初为圈地迁坟与当地居民爆发激烈纠纷,并达成禁葬新坟的约定外,感情因素才是学生方面前后一系列行为的根源所在。车站前空场这块地方,紧邻武汉大学的交通要道大学路,对面即是校汽车站,是武大师生及校外人士进出学校的必经之地。周鲠生 22 日上午向学生答复的武大公墓,远在东湖对岸,位

---

① 《为死难同学葬地事敬上全体同仁书》,1947 年 6 月,国立武汉大学档案,1947-412。

② 《武汉惨案告一段落,两殉难学生灵柩昨安厝,对肇祸人员仍继续追究》,《大公报》(上海) 1947 年 6 月 24 日第二版。

③ 《国立武汉大学教授会六一惨案善后委员会工作报告及全体委员辞职声明》,1947 年,第 3 页,国立武汉大学档案,1947-413。

④ 国立武汉大学校友会总会编印:《母校"六一"惨案专辑》,1947 年 7 月,第 8 页,国立武汉大学档案,1947-400;《血,决不会白流的——六一屠杀惨案经过》,国立武汉大学学生自治会编:《血债——"六一"纪念册》,1948 年,内部资料,第 21 页。

⑤ 《为死难同学葬地事敬上全体同仁书》,1947 年 6 月,国立武汉大学档案,1947-412;《武汉大学学运报告》,1947 年 9 月 1 日,共青团中央青运史工作指导委员会、中国青少年研究中心、中央档案馆利用部编:《中国青年运动历史资料》第 17 集,中国青年出版社 2002 年版,第 394 页;《武大死难同学灵柩又移返校区内埋葬》,《大公报》(上海) 1947 年 6 月 25 日第五版。

置偏远，完全不能为学生所接受，"同学们因为三位同学死得太惨了，绝不能让他们孤寂地埋葬在东湖对面，不要和在生的人隔得太远，坚决要把他们埋在校车站前的广场，好永远警惕着每一个同学，永远把'六一'惨痛的事实，控诉给千千万万的人们"①。22日下午，刘秉麟向学生做出退步后，双方共同选定的张家山离校舍仅一里路远，"该山虽在该校界址以外，但与该校及东湖均相距咫尺，其势雄伟，相当醒目。将来墓碑等物建成后，在湘鄂公路及去该校之大学路上，均可清晰遥望"②，故而一开始为处委会负责人及武大台湾同学会代表所满意。但学生仍然心有不甘，经过一整天的出殡游行，悲愤之情被推至高点，故而23日傍晚推翻昨日的约定，径直将棺木葬于车站前广场上。

改葬张家山

学生这一举动招致校方及教授不满。教授会方面表示："对于一部分学生不顾学校当局及师长的意见，不顾学校事实上的绝大困难，也不顾事前三方面的商定（指6月18日教授会、讲师助教会、六一处委会三方联席会议——引者注）都仅是一种建议，而悍然自由行动，为所欲为，实不能不深表惊异与惋惜！"③6月26日，第445次校务会议议决"死难学生王志德陈如丰两君灵柩仍应迁出校区以外厝葬"④。27日，校方贴出布告，向学生详加解释，将灵柩埋葬校区，打破建校之初的约定，倘若引起校区原有坟主滋闹，后果不堪设

---

① 《血，决不会白流的——六一屠杀惨案经过》，国立武汉大学学生自治会编：《血债——"六一"纪念册》，1948年，内部资料，第20页。

② 《武汉惨案告一段落，两殉难学生灵柩昨安厝，对肇祸人员仍继续追究》，《大公报》（上海）1947年6月24日第二版。

③ 《国立武汉大学教授会六一惨案善后委员会工作报告及全体委员辞职声明》，1947年，第4页，国立武汉大学档案，1947-413。

④ 《国立武汉大学第四四五次校务会议纪录》，1947年6月26日，《国立武汉大学周刊》，第370、371期合刊，1947年7月1日，第4页，国立武汉大学档案，1947-358。

想，"且他日若遇有大功于本校或因学校公务而捐躯者，援例请葬校区，又当如何办理？诸同学爱护本校，当明此旨"①。

7月10日，全校正式放暑假②，大部分学生离校。13日，校方贴出布告，宣布翌日即将王志德、陈如丰灵柩迁葬张家山，六一处委会闻讯后在13日当天致信校方，表达抗议，希望改订葬期于新学期开学之后③。校方不为所动。14日，王志德、陈如丰灵柩被转移至张家山安葬，留校师生数百人参加安葬典礼，周鲠生及王志德之母主祭④。至此，学生与校方、教授围绕安葬地点而产生的纠纷终于尘埃落定。

图2　王志德、陈如丰灵柩被转移至张家山安葬，此时尚未竖起墓碑

---

① 《国立武汉大学布告》，第12770号，1947年6月27日，国立武汉大学档案，1947-412。

② 《武汉大学今日放假》，《大公报》（上海）1947年7月10日第五版。

③ 《处委会为改葬事呈周校长文》，1947年7月13日，国立武汉大学档案，1947-406。

④ 《武大罹难两同学前日移葬张家山，由校长周鲠生氏主祭》，《大公报》（上海），1947年7月16日，第五版；国立武汉大学校友会总会编印：《母校"六一"惨案专辑》，1947年7月，第8页，国立武汉大学档案，1947-400。

图 3　竖起墓碑之后的张家山墓地

图 4　武昌石门峰陵园殉难学生墓园

骨灰迁葬宝通寺、石门峰

1955 年，张家山一带被确定为武汉测绘学院校园（今武汉大学信息学部），为校园规划考虑，10月间，学校派人将陈如丰、王志德的遗骨和黄鸣岗的衣冠在洪山宝通寺火化，将骨灰坛存放该寺，骨灰坛上书"'六一'殉难烈士 王志德骨灰 武汉大学 1955 年 10 月"、"'六一'殉难烈士 陈如丰骨灰 武汉大学 1955 年 10 月"①。据 1956 年校报《新武大》报道，1956 年 6 月 1 日，时值"六一惨案"九周年纪念日，学校各单位派代表到宝通寺骨灰存放处扫祭，大家向三位殉难学生默哀后，由时任武汉大学党委副书记张希光和教工会主席吴纪先敬献花圈。该报道文末介绍，"学校准备找适当的地方再行安葬"②。约在 1959 年下半年，学校将骨灰坛从宝通寺迁到武昌郊区的石门峰公墓第 4 区③。

　　1992 年，学校重新修缮了石门峰三位学生的墓地。1997 年，在石门峰都市陵园有限公司的鼎力支持下，学校为惨案殉难学生另建新墓地。该年 4 月下旬，新墓园开始施工，至 5 月 16 日施工完毕。1997 年 5 月 20 日，校办主任任珍良，校档案馆徐正榜、梁洪光、黎献荣，校友总会刘以刚等人，赴石门峰办理迁坟事宜。王志德、陈如丰的骨灰坛被挖出，迁至陵园内的福林园 6 区新建墓园，黄鸣岗新建墓穴里则放入了内装黄土的骨灰坛，由徐正榜在坛上写了"黄鸣岗衣冠"几个字。新墓园由纪念碑、墓穴和祭台组成，纪念碑正上方横刻"武汉大学'六一'惨案纪念碑"几个大字，下方竖刻有惨案事发经过及三位学生生平。纪念碑下前方是三个并列墓穴，每个长 0.7 米，宽 0.6 米。墓前还有一个长 1.6 米，宽 0.25 米的祭台。整个墓园，长 8 米，宽 3 米，面积 24 平方米④。

---

　　① 梁洪光、刘以刚：《迁墓记》，武汉大学校友总会编：《武大校友通讯》，1997 年第 2 辑，武汉大学出版社 1997 年版，第 194~195 页。

　　② 《"六一惨案"九周年，本校各单位派代表为烈士们扫祭》，《新武大》1956 年 6 月 2 日第一版。

　　③ 梁洪光、刘以刚：《迁墓记》，武汉大学校友总会编：《武大校友通讯》，1997 年第 2 辑，武汉大学出版社 1997 年版，第 195 页。

　　④ 梁洪光、刘以刚：《迁墓记》，武汉大学校友总会编：《武大校友通讯》，1997 年第 2 辑，武汉大学出版社 1997 年版，第 192~194 页。

陈如丰归葬台湾

　　1987年，台湾当局宣布"解严"，并开放台湾同胞赴大陆探亲。1992年5月30日，陈如丰的四位亲属，包括陈如丰的弟弟陈英武、妹妹黄陈惠美、侄儿陈泰治（陈如丰大哥陈如意之子，陈如丰继子）、侄媳篮美娥，在"六一惨案"发生45年后，首次从台湾飞抵武汉。陈如丰亲属一行，到武汉大学档案馆、老斋舍、六一亭、宋卿体育馆等处参观，并赴石门峰扫墓。武汉大学李进才副校长宴请陈英武一行时，陈英武"有感于武大对他二哥陈如丰的安葬、纪念"，主动表示愿意在武大设立"陈如丰奖学金"。1993年，陈英武及其家人再次来汉，在湖北省台盟的协助下，向武大捐赠了16万元人民币。以后陈家人经常来武汉扫墓，参加"陈如丰奖学金"颁奖仪式①。

　　2005年，陈英武向校方提出，希望将陈如丰骨灰迁回台湾安葬，以叶落归根，方便祭奠，寄托哀思，武大方面表示同意。2007年，陈英武病逝，陈泰治秉承上辈的遗愿，继续办理迁墓工作，并获得了武大校友总会和有关部门的支持。2007年9月19日上午，陈泰治、篮美娥以及他们的儿子陈炫照一行三人，在石门峰陵园为陈如丰举行家祭，然后由陵区工人取出陈如丰骨灰坛。原墓穴内，放进了一个白色大理石骨灰盒，里面放进了墓地附近的黄土，以及陈泰治从台湾带来的家乡土和陈如丰生前部分家书复印件，骨灰盒正面书："六一殉难烈士陈如丰衣冠冢 武汉大学2007年9月19日"。9月20日下午，陈如丰骨灰顺利抵达台湾②。2008年2月24日，陈如丰骨灰坛被正式供奉于台北县五股乡公所孝恩纳骨堂三楼信区第五层154号③。

　　历史从未远去，往事并不如烟。"六一惨案"的影响不仅停留于

---

　　① 陈良才：《迟来的扫墓》，《湖北文史资料》1997年第1期。

　　② 刘以刚：《魂归故里 落叶归根——陈如丰骨灰迁回台湾安放》，武汉大学校友总会编：《武大校友通讯》，2007年第2辑，武汉大学出版社2007年版，第157~158页。

　　③ 武汉大学校友总会编：《武大校友通讯》，2008年第1辑，武汉大学出版社2008年版，彩页第12页。

当时,而且绵延至今,依旧在武汉大学的校园文化和历史叙事中扮演着相当重要的角色。在惨案中不幸身死的三位学生,其墓葬地点的多次变迁,不仅事关惨案的"纪念史"与"记忆史",而且在某种程度上,更是珞珈山校舍兴建之初的迁坟风波、武测校园的修建、海峡两岸的交流互动等种种深层次问题的映射。

武汉大学经济学科早期发展历史追踪

林子杰

一、早期经济学科的起步 (1893—1927 年)

经济学科作为学校一个老牌学科，其历史可以追溯到张之洞创办的自强学堂。1893 年 11 月 29 日，张之洞上奏光绪皇帝要求创办自强学堂，最后得到批准。在学堂的创办中，张之洞决定设立方言、格致、算学和商务四门。商务门可以说是学校经济学科的最终萌芽。由于生源及师资的缺乏，商务门的开办并没有预期想象得那么顺利。1896 年，张之洞停办了商务门。

民国初年，为培养教育师资，北洋政府决定在武昌设立一所师范学校。1913 年，以原方言学堂为基础，建立了国立武昌高等师范学校。仿日本教育模式设立英文、历史地理、数学物理、博物四部。1922 年，又学习欧美模式改四部为 8 系，即教育哲学系、国文系、英语系、数学系、理化系、历史社会学系、生物系、地质系。当时没有专门设立经济学科，但开设了"经济概论"的课程。此课程由历史社会学系开设。

此时，学校经济学科还出现了另一个源头，那就是国立武昌商业专门学校，后升格为国立武昌商科大学。当时学校开设有中国商业历史、经济原论、外国商业历史、商业通论、商业地理、会计学、统计学、货币论、关税、商品学等课程。既涉及现在经济学科中的理论经济学，也包括应用经济学。

1923 年 9 月，根据新的学制，国立武昌高等师范学校为国立武昌师范大学。1924 年，国立武昌师范大学又改名为国立武昌大学。

图 1　国立武昌商业专门学校校门，该校为武汉大学经济学科的主要源头

1926 年，北伐军进攻到达武汉，为适应武汉逐渐成为革命中心的需要，国民政府决定在武昌组建一所新的大学——国立武昌中山大学。1926 年，国立武昌大学与国立武昌商科大学、湖北省立医科大学、湖北省立法科大学、湖北省立文科大学等合并为国立武昌中山大学，设有大学部和文、理、法、经、医、预 6 科，计 17 个系、2 个部。

　　直到此时，经济学科才作为学校一门独立的学科门类存在。经济科下设经济学系和商业学系。随着大革命的失败，1927 年 12 月 24 日，国立武昌中山大学的师生员工们被勒令离开学校，校产交湘鄂临时政府暂管。刚创办的经济学科也就此止步。

　　从 1893 年到 1927 年，应该说是学校经济学科的一个起步。受时局的影响，它的发展断断续续，但进行了一些初步探索，为后面经济学科的快速发展奠定了基础。

二、早期经济学科的发展（1928—1938 年）

　　1928 年 7 月，南京国民政府决定以国立武昌中山大学为基础，组建国立武汉大学。1929 年 5 月，法学家王世杰正式成为国立武汉大学首位校长。他提出要把学校办成一所拥有文、法、理、工、农、医 6 大学院的万人大学。

图 2 1936 年落成的国立武汉大学法学院大楼，当时的经济系即设于此处

（一）此时经济学科的发展沿革

经济学科中的经济系、商学系当时属于法学院。法学院的前身是社会科学院，1929 年改名为法学院。20 世纪 30 年代，皮宗石、杨端六、刘秉麟先后任院长。

首任院长皮宗石是研究财政学的经济学家。湖南人，早年加入同盟会，留学日本。后转赴英国伦敦大学攻读经济学。1928 年，皮宗石到武大任教授兼社会科学院院长，后又任法学院院长、教务长。1936 年回湘担任湖南大学校长。法学院的第二任院长是著名的货币金融学家杨端六（详情后面介绍）。法学院的第三任院长刘秉麟（详情后面介绍）。

法学院下属的经济学系是学院中学科规模最大的一支。经济系的主任先后为皮宗石（1930—1931 年）、任凯南（1932—1936 年）、陶因（1937—1938 年）。

任凯南，湖南湘阴人，近代著名教育家、经济学家。曾官费留学日本，入早稻田大学。后官费留英生，入英国伦敦大学政治经济学院，获博士学位。1928 年 8 月，为国立武汉大学筹备委员会委员。1932 年 10 月，出任武大经济系主任，1935 年兼任武大法科研究所经济学科主任。

陶因，安徽舒城人。毕业于日本帝国大学。后又在德国获得法兰克福大学经济学博士学位。1930 年 9 月到武汉大学经济学系，被聘为教授。1936 年被任命为经济学系主任。经济学系的教授有刘秉麟、陶因、杨端六、朱祖晦、戴铭巽、伍启元、韦从序、钟兆璠等。

（二）此时培养的经济学科人才

（1）招生人数。当时学校的招生规模不大，起初在校人数是 100 人左右，到后期也只有 600 人左右。历年经济学科招生情况如下：1928 年政治经济学系为 23 人；1929 年政治经济学系 24 人、商学系 7 人；1930 年经济学系 25 人、商学系 1 人；1931 年经济学系 36 人、商学系 7 人；1932 年经济学系 23 人、商学系（与经济学系合并，停招）；1933 年经济学系 20 人；1934 年经济学系 28 人；1935 年经济学系 37 人；1936 年经济学系 38 人；1938 年经济学系 53 人。

（2）课程设置。经济学科所设置的课程，除教授基本理论外，兼顾实际应用。特别注重学生将来服务社会所必要的实用科目。在教授方法上，对于高年级学生，务求减少教课时间，鼓励其多读参考书，作自主的研习。

经济学系的课程学习内容有：经济学、经济思想史、现代经济思想、社会主义社会运动、货币与银行、财政学、中国经济史、近代西洋经济史、近代中国财政经济、经济地理、经济财政、国际贸易及国外汇兑、关税实务、会计学（一）、会计学（二）、统计学（一）、统计学（二）、工商组织、经济学英文选读、毕业论文。

（3）激励措施。为激励学生学习，当时也设置有奖学金。经济系获奖学金名单为：1932 年度经济学系奖学金，夏道平（经济学系 2 年级）；商学系奖学金，张克明（商学系 4 年级）。1933 年度法学院奖学金，张培刚（经济学系 4 年级）；经济学系奖学金，黄翼（经济学系 4 年级）。1934 年度法学院奖学金，曹典宁（经济学系 4 年级）；经济学系奖学金，夏道平（经济学系 4 年级）。1935 年度经济学系奖学金，卢其昌（经济学系 3 年级）。1936 年度法学院奖学金，卢其昌（经济学系 4 年级）；经济学系奖学金，陈滁（经济学系 4 年级）。1937 年度经济学系奖学金，徐达文（经济学系 4 年级）。1933 年度，严善武（经济学系 4 年级）还获得汉口市党部奖学金。

（4）学生组织。为加强联系、活跃氛围，经济系学生成立了经济学会。经济学会的会员分为三种：普通会员、特别会员、名誉会员。凡"本大学经济系肄业之同学，皆为本会普通会员"。本系已毕业的同学，则为特别会员。名誉会员，除王星拱校长外，就是专任本系课程的教授。经济学会经费的来源，主要依赖会员的会费。普通会员每学年缴纳五角，特别会员每学年缴纳两元，名誉会员每学年缴纳两元。学会成立于1931年，开始时曾举行过学术辩论会，开展附近乡村农民经济的调查等。

（5）论文要求。学校规定，经济学科四年级的学生，撰写毕业论文，应由系相关学科的教员一人，负责指导。论文题目由学生自拟，但须送学系主任会商指导教员决定，决定后不得更改。论文题目选定手续，应在毕业年度11月底以前完成。论文字数以1万至3万为度，但字数不满1万，而经系教务会议认可，确系特殊研究工作，亦可。论文文字不拘文言、白话，但须一律加新式标点符号。论文最迟应在毕业年度4月中旬以前提出。论文由指导教员评定后，经系教务会议考查，方可通过。

（6）学生毕业。1928年正式建立国立武汉大学，1932年才有第一届毕业生。经济系历年毕业学生人数为：1932年（第一届）经济学系13人、商学系3人；1933（第二届）经济学系22人；1934（第三届）经济学系31人；1935（第四届）年经济学系22人；1936（第五届）年经济学系16人；1937（第六届）年经济学系27人；1938（第七届）年经济学系30人。

（7）硕士培养。此时学校还开展了研究生教育。1935年1月，学校成立了法科研究所和工科研究所。法科研究所下设经济学部，任凯南为学部主任。根据法科研究所制定的招考规则，经济学部于1935年秋开始招生，招收会计学门和经济学门的研究生。1936年经济学部增加了财政金融门的招生。

（三）此时的学术科研

此时经济学科的诸多教授皮宗石、任凯南、陶因、梁明致、张峻、杨端六、朱祖晦、刘秉麟、戴铭巽、伍启元、韦从序、钟兆璠、夏道平、张克明等都做出了不少科研成果。尤其以刘秉麟最为突出。刘秉麟当时已经出版众多书籍，如《各国社会运动史》，《世界各国无产政党史》，《财政学大纲》（附中国租税史略），《中国古代财政小史》，《经济学》，《经济学原理》，《分配论》，《公民经济》，《亚当斯密》，《理嘉图》，《李士特》，《俄罗斯经济状况》，《苏俄设计经济》（另有单行本），载本校《社会科学》季刊，《苏俄信用制度》，《凡系主义》等。

20 世纪 30 年代，学校的经济学科得到很大发展。不仅汇聚了一批有名的教授，而且培养出了不少经济类的专业人才。

三、早期经济学科的壮大（1938—1949 年）

1938 年中日武汉会战打响后，学校被迫西迁四川乐山。经济学科仍属法学院，即法学院下面的经济系。陶因、刘秉麟先后任系主任，杨瑞六、韦从序、彭迪光、戴铭巽、王家相、朱景尧、陈俊等在此任教。

此时经济学科的壮大，主要体现在以下三个方面。

（一）出现两名国家名师

20 世纪 30 年代，学校经济学科有四位有名的学人，他们是杨端六、刘秉麟、陶因和任凯南。任凯南在学校迁往乐山前回湖南。20世纪 40 年代在前有基础上，产生了两位国家级名师，杨端六和刘秉麟，被称为"部聘教授"。

部聘教授的推荐和评选，由教育部指定 30 余人组成的教育部学术审议委员会负责。名额定为 30 人，每学科 1 人。有些学科因未有人选而取消，最后剩下 24 科。中国文学、史学、数学、物理、化学、生物 6 个基础学科各设 2 人，其余 18 科各设 1 人，总人数则不变，仍为 30 人。部聘教授的推选共进行了两批。第一批在 1942 年 8 月。该批全国符合条件的候选人总数为 156 人。最后经学术审议会临时常务会议表决，共有 30 人入选。武汉大学的周鲠生、杨端六当选。第二批部聘教授推选在 1943 年 12 月，计有 15 人入选。武汉大学的刘

图 3　国立武汉大学西迁四川乐山后的法学院办公楼（文庙
崇文阁），经济系即设于此处

秉麟当选。

杨端六（1885—1966 年），男，原名杨勉，后易名杨超。湖南长沙人。武汉大学法学院教授，经济学家。1913 年进入英国伦敦大学政治经济学院攻读货币银行专业。1920 年回国，先后在商务印书馆、中央研究院经济研究所任职。1930 年任国立武汉大学法学院教授。先后担任法学院院长、教务长、经济系主任、文科研究所经济学部主任等职。杨端六在武汉大学任教期间，主要讲授货币与银行、会计学、货币学、企业管理学、工商组织等课程。他的著作《货币与银行》于 1930 年在商务印书馆出版后，一直作为教科书，以后每年修订，被列为商务印书馆的"大学丛书"再版多次，作为国内大多数高校经济系的使用教材。杨端六是中国著名的财政金融专家和经济学家，在银行、货币、信托、商业、会计等学科领域取得开拓性的成果。他在武汉大学执教 36 年，著述颇丰，编著出版有《货币与银行）、《工商组织与管理》、《现代会计学》、《清代货币金融史稿》、《中国近百年金融史》、《货币浅说》、《中国改造问题》、《公司概论》、《社会政策》、《银行要义》、《信托公司概论》、《记账单位论》、《商业簿记》、《现代会计学》、《六十五年来中国国际贸易统计》等。其中，《六十五年来中国国际贸易统计》填补了当时中国对外贸易研究的空白，成为重要的外贸参考书。1944 年出版的《工商组织与管理》，是一本科学管理理论与工商企业的组织与管理知识兼备的被广泛使用的大学教材。

刘秉麟（1891—1956 年），别号南陔，又名炳麟，湖南长沙人。武汉大学法学院院长，代理校长，经济学家。1917 年北京大学经济系毕业，1920 年毕业后赴英国留学，获英国爱丁堡大学商学学士学位，1922 年毕业于伦敦大学经济系研究生班。1925 年回国，曾先后担任上海会计师公会会员，中国公学大学部教授、教务长、商学院院长，上海交通大学教授，国立第四中山大学教授兼会计系主任，上海大同大学教授兼商科主任，上海商务印书馆编辑部主任。1932 年 8月，到国立武汉大学任教授。先后任法学院院长、经济学系主任、政治系主任、代理校长。刘秉麟讲授过经济学、货币银行学、社会主义及社会运动、财政学、中国财政史、银行学、近代中国经济财政等课程。刘秉麟长期从事经济学的教学科研工作，专长于西方经济理论和中国财政史，著有《经济学原理》、《中国租税史略》、《经济学》、《近代中国外债史稿》、《各国社会运动史》、《世界各国无产阶级政党史》、《李嘉图经济学说及传记》、《亚当·斯密经济学说及传记》、《李士特经济学说及传记》等专著和《中国古代财政小史》、《亚当·斯密》、《李嘉图》、《公民经济》等小册子，翻译出版了英国马沙所著《分配论》和苏联《俄罗斯经济状况》等书籍。他所发表的许多研究经济学原理、国家财政、人口问题的论文，在国内产生了很大影响，也为武汉大学经济学科的奠基和发展打下了良好基础。

（二）社会服务特别突出

服务社会是大学的第三个功能。抗日战争时期社会需求加大，经济学科利用自身的优势，开展了定期的社会服务工作。其中一项突出的工作就是通过开办短训学校，为社会培养急需的会计人才。

嘉定虽地处川西，但交通便利、商业发达，只是文化相对落后、商业知识贫乏。为增加平民的商业知识，学校办起了商业簿记补习班。由学校商请当地商会，通知各商店选送青年 1~2 人，进入补习班学习。上课时间定为每日下午 7~9 时，由经济系的师生讲授课程。所需文具，由学校提供。补习期限为三个月。

短训学校中，影响最大的应是以杨端六教授为主任的会计夜校。由于当时会计人才十分缺乏，而各机关及商场都非常需要，1941 年学校决定由法学院举办会计夜校，培养急需的会计人才。夜校以杨端六为主任，聘请戴铭巽、向定、陈恩沛、朱景尧、姚梅镇、解毓才、尤钟骥、刘烈铭等教师分别讲授会计学、簿记学、民商法概要、应用文、商业通论等各项课程。4 月 2 日开学，7 月 5 日结束，共三个月。此期招收高级生 32 人，初级生 69 人，共 101 人。经过学习，严格考试，高级生中有 24 人、初级生中有 33 人，考试成绩合格，准予结业。这些合格的学生也先后到税务局和各商铺工作，并深得用人单位的好评。

1942 年，会计夜校继续举办第二期。杨端六仍旧为主任，聘请马同勋为教务主任，戴铭巽、姚梅镇、朱景尧、尤钟骥、贝有麟、张吉甫等教师分别讲授会计学、簿记学、民商法概要、应用文、商业通论、商业地理等课程。4 月 1 日开学，7 月 1 日结束，共三个月。经过考试，进入高级班的学生 36 人、初级班的学生 42 人，共计 78 人。经学习，合格的学生，有的分到乐山直接税分局，有的回原单位就业。

1943 年，会计夜校（又称补习学校）继续举办第三期，杨端六继续兼任主任，聘刘师尚、戴铭巽、朱景尧、刘修荣、尤钟骥等教师为学生讲授会计学、簿记学、民商法概要等课程。高级和初级两班共招收 105 人。高级班以学习会计为主，初级班以学习簿记为主。两班最后经过考试，合格者 51 人。

（三）人才培养规模加大

首先是本科生的规模加大。从乐山时期招生的情况来看，经济系招生规模明显大于前一个时期。1938 年经济学系招收 53 名（内含借

332

读生 7 名、旁听生 1 名、女生 8 名）；1939 年经济学系招收 62 名；1941 年经济系招生 68 名；1942 年经济学系招生 98 人；1943 年经济学系招生 44 名；1944 年经济学系招生 44 人；1945 年经济学系招生 69 人；1946 年经济学系招生 129 名。从招生人数上看都大大超过前期的规模。

学生入学后，其培养也有严格的规范要求。表 1 是经济学系第二至第四学年的课程安排：

表 1

学年	课 程					
	必修	时数	学分	选修	时数	学分
二	哲学概论	3	6	第二年英文	3	4
	西洋通史	3	6	第二外国语	3	4
	社会科学	3	6	备注：社会科学在第一学年基础上选习社会学、政治学、经济学以及民法概要中的一门；选修课任选二门。		
	货币银行学	3	6			
	会计学（一）	3	6			
	统计学（一）	3	6			
	普通体育					
三	财政学（一）	3	6	国际经济问题	2	4
	国际贸易与金融	3	6	会计学（二）：政府、银行、公司、成本会计	3	6
	西洋经济史	3	6	统计学（二）	3	6
	经济地理	3	6	商法（一）：公司、票据法	2	3
	普通体育			第二外国语	3	6
	备注：选修课任选三门。					

续表

学年	课程					
	必修	时数	学分	选修	时数	学分
四	经济政策	3	6	经济思想史	4	6
	财政学（二）	3	6	高级经济学	3	6
	中国经济史	3	6	工商管理	3	3
	毕业论文或研究报告		2	劳工问题	3	3
	普通体育			第二外国语		
备注：选修课任选三门。						

上述安排，学生除了学习公共必修、专业必修及选修课程外，还须学习党义、体育及军训课程，不计入学分。必须修满 132 个学分，也可增修学分，最多不超过 10 个学分。

其次是研究生的逐步扩大。适应战争的需要，研究生培养单位在不断增多。研究生培养单位的增多，招生也在不断扩大，无论是在专业上还是数量上。当时经济学部中的经济政策与经济史门、会计门、财政金融门都进行了招生。从数量上看，20 世纪 40 年代，上述各门都招收了不少研究生，现按年月分述如下：

1940 年招收 3 名研究生。他们是：黄仲熊，湖南醴陵人，入学时年 24 岁，由武汉大学经济系本科考入，进入财政金融门学习；余长河，湖南攸县人，入学时年 25 岁，由武汉大学经济系本科考入，进入经济政策与经济史门学习；文浩然，湖南益阳人，入学时年 22 岁，由武汉大学经济系本科考入，进入经济政策与经济史门学习。

1942 年招收 2 名研究生。他们是：姚贤镐，湖南衡阳人，入学时年 25 岁，由武汉大学经济系本科考入，进入财政金融门学习；何广扬，浙江义乌人，入学时年 24 岁，由武汉大学经济系本科考入，进入经济理论门学习。

1943 年招收 3 名研究生。他们是：尤钟骧，江苏江都人，入学时年 24 岁，原武汉大学经济系本科毕业，进入财政金融门学习；甘士杰，湖南长沙人，入学时年 26 岁，原武汉大学经济系本科毕业，进入财政金融门学习；谢国璋，四川隆昌人，入学时年 25 岁，原武汉大学经济系本科毕业，进入经济理论门学习。

1944 年招收 4 名研究生。他们是：丁良诚，湖北京山人，入学时年 26 岁，原武汉大学经济系本科毕业，进入经济理论门学习；黄滋，湖南邵阳人，入学时年 26 岁，原武汉大学经济系本科毕业，进入经济政策门学习；袁徵益，湖南新化人，入学时年 25 岁，原武汉大学经济系本科毕业，进入会计学门学习；谭本源，四川广汉人，入学时年 31 岁，原武汉大学经济学系本科毕业，进入财政金融门学习。

1945 年招收 4 名研究生。他们是：曾启贤，湖南长沙人，入学时年 24 岁，原武汉大学经济系本科毕业，进入经济理论门学习；朱馨远，湖北汉阳人，入学时年 26 岁，原武汉大学经济系本科毕业，进入经济政策门学习；鲁庭椿，浙江平湖人，入学时年 24 岁，原武汉大学经济系毕业，进入会计门学习；万典武，湖北汉阳人，入学时年 24 岁，原武汉大学经济系本科毕业，进入财政金融门学习。

1945 年 8 月，日本帝国主义投降。学校从乐山迁回珞珈山。此时是张培刚担任经济学系主任。经济学科在他的领导下不断向前迈进。

1958 年毛泽东主席视察武汉大学始末

秦 然

中华人民共和国成立后，经过全国高校院系调整，武汉大学成为国家教育部直属的文理综合性大学。1957 年，武汉大学设有 11 个系 12 个专业，在校学生数为 3314 人，教职工数为 1135 人，外国留学生 13 人。此时学校的科研工作指导思想明确，有计划地开展、建立了一批科研机构，产生了一批有较高质量的科研成果。1956 年制订了武汉大学科学研究 12 年规划，1963 年制订了 10 年科研事业发展规划，至 1965 年已有研究室 9 个，1957 年至 1965 年，全校共出版著作 66 本。

1958 年 9 月 12 日，毛泽东主席亲临武汉大学，视察了大学生办的工厂，对教育改革作了指示，在珞珈山的操场上接见了武汉地区四所高校的 13000 余名师生。

一、视 察 工 厂

1958 年 9 月 12 日下午 7 点 20 分，毛主席在湖北省委第一书记王任重及武汉大学副校长刘仰峤和张勃川的陪同下，视察了武汉大学化学系和物理系的工厂。

当毛主席走进学生中间，化学系总支书记罗鸿运，这位中华人民共和国成立前的学运领导人、中共地下党员握着主席的手，不知说什么才好。张勃川向主席介绍说："他叫罗鸿运，是化学系的总支书记！"毛主席笑道："好啊，我是来看你的工厂的，你们有多少个工厂？"罗鸿运说："化学系共有 30 多个工厂，请主席看看。"毛主席点点头。

　　毛主席首先来到了炼焦厂。罗鸿运及副厂长盛蓉生同学向毛主席介绍了工厂的情况。毛主席问："工厂是不是全由同学办的?"盛蓉生回答:"除了正厂长是工人外,其余全部是同学。"毛主席接着又问:"正厂长是什么工人?"罗鸿运同志说:"厂长是煤气工人。""是外边请来的吗?"主席又问了。"是我们化学系的煤气工人。"最后在别的同志的催促下,毛主席离开了炼焦厂。

　　下午 7 点 40 分,毛主席来到空气电池厂。罗鸿运指着一位扎着短辫、戴着眼镜的文静秀气姑娘向毛主席介绍说:"这就是厂长,叫徐茜莉。"主席握着徐茜莉的手笑着说:"啊,你就是厂长。"徐茜莉连声说:"毛主席!毛主席!"毛主席在两台土机器前停留了很久,随后走到电池厂存放成品的台前,他拿起一个空气电池看着,用手指着商标上印着"国营汉口电池厂"问:"这就是你们的厂名吗?"徐茜莉老实回答说:"这不是我们自己的封套,因为来不及印刷,暂用汉口电池厂的,下个月我们就有自己的封套了。"毛主席走到每个工作台旁问道:"你们是学生吗?"徐茜莉回答说:"是的,我们的工人全是一、二、三年级的同学。"毛主席看完空气电池厂,再一次和厂长徐茜莉握手说:"谢谢你。"

　　离开空气电池厂时,毛主席来到了硫酸厂。方佑龄赶紧跑上去陪着毛主席。党总支书记罗鸿运同志向主席介绍了工厂的情况,然后指着方佑龄对毛主席说:"这就是厂长。"毛主席问:"你们厂里有多少人?"方佑龄回答:"有 15 人。"毛主席走近炉前,笑着对同学们说:"像一个工人的样子。"

　　硅胶厂就在硫酸厂的旁边。硅胶厂的同学很早就开始了紧张的劳动:挖地、洗硅胶、晒硅胶、烘硅胶,个个忙个不停,迎接着毛主席的到来。毛主席来到厂房外洗硅胶的同学们旁边,弯下身子仔细地看,边看边说:"这像盐一样。"他问同学们:"这是硅胶吗?你们为什么要把水倒掉呢?"刘仰峤说:"要把硫酸根离子洗掉。"毛主席站在炉边看着一盆一盆硅胶往缸里倒,看了很久。

　　接着,毛主席朝着用彩色灯泡装饰的化学系工厂系统图走去。主席很关心稀有元素的情况,对于中药厂也极有兴趣。当讲解员介绍到活性氧化铝厂时，主席问："什么叫活性氧化铝？与普通氧化铝有什么区别？"厂长曾莉蓉回答："都是氧化铝。"

在走向卡普隆厂的路上，毛主席停下来，转过身来问陪同他的化学系总支书记罗鸿运："你们办这么多的工厂，你是内行还是外行？"罗鸿运说："我是外行。"主席意味深长地说道："外行要变成内行。"罗鸿运说："我一定要变成内行。"

在卡普隆厂，厂长周法昱同学向毛主席介绍说："以前要花几万元搞设备，现在用土法只花几十元。"主席说："好！把你们做的卡普隆拿来给我看看。"周法昱说："现在还没有投入生产，在实验室已经做出来了，没有拿到厂房来。"当时周蒸萱同学正在做木架打洞，主席弯下腰看了看说："你的手艺还不错。"

毛主席又向物理系工厂区走去。毛主席来到了炼铜厂。毛主席一手指着正在生产的冒着熊熊烈火的炉子说："你们这是干什么的？"厂长曾广培告诉毛主席："那是物理系炼铜厂的一部分——火法炼精铜小组，这个炉子是用来炼精铜的。"毛主席接着又问："那么你们炼铜厂还有哪几个部分？"曾广培回答说："我们炼铜厂还有水法炼粗铜和电解炼纯铜两个小组。"毛主席这时看了看同学之后又问："水法炼铜的原理怎样？"张勃川副校长见他们站在炉边太近，就说："边走边讲，边走边讲。"曾广培边走边说："水法炼铜的原理是置换反应原理，用矿石与稀硫酸作用，生成硫酸铜，然后加铁屑，铜就被置换出来了。"主席很欣赏地说："这个办法很好呀！水炼组在什么地方，可以去看看吗？"曾广培说："当然可以，不过水炼组现在在红安县与当地政府合作建工厂，不在学校里。"毛主席惋惜地说："哦！原来不在这里。"这时已走到反射炉旁，有两位同学正在操作，毛主席聚精会神地看着他们两人生产，过了一会儿就指着反射炉说："这就是炼精铜吗？用什么炼？"曾广培回答说："是的，我们用粗铜和废铜来炼。"毛主席又问："粗铜含量是多少？精铜含量又是多少呢？"曾广培不慌不忙地说："粗铜含铜量一般是80%，我们精炼之后达到了97%、98%和99%。"这时毛主席以惊讶的口吻说："由80%炼到99%，那真不容易呀！"曾广培听到毛主席在表扬他们，便说："是的，确实不容易！我们是经过尖锐的思想斗争和好几次失败的考验，在党总支的领导与支持下苦干出来的。"这时毛主席面带笑容，用赞扬和勉励的口吻说："好哇！青年人就是要有志气，要经得起考验，要苦干，要巧干。"他们边走边谈，在火炉的另一端，张秀鹤同学手里正拿着一块泥做坩锅，看到毛主席走到她的身旁，并用亲切的眼光看着她时，她马上放下泥坩锅，上前一步叫了一声："毛主席！"毛主席首先伸出了右手，张秀鹤同学欢笑地握了毛主席的手。握手之后继续前进，刚走两步，毛主席又停下来问曾广培："你们的电解炼铜组现在在什么地方呢？可以去看看吗？"曾广培回答说："我们电解组还没有生产，只做了实验。"毛主席又问："实验室在什么地方？"曾广培回答说："在图书馆侧面文学院普通物理实验室。"毛主席遗憾地说："喔！原来也不在这里。"

快要到矽铜片厂的炉子了，毛主席指着前面的炉子说："那是干什么的？"曾广培说："那就是炼矽铜的。"毛主席看过物理系的矽铜片厂后，已经连续参观了七八个工厂，显得累了，两位副校长便请主席离开了。

二、接见师生

下午7点50分，毛主席来到武汉大学行政楼前的大操场上面，与在此等候的武汉大学、武汉测量制图学院（2000年并入武汉大学）、武汉水利学院（2000年并入武汉大学）、中央民族学院中南分院（现中南民族大学）四所高校的13000余名师生员工见了面。

毛主席在主席台上接见了武汉大学副校长何定华，武汉水利学院院长、党委书记张如屏，武汉水利学院副院长张瑞瑾，武汉测量制图学院党委书记毛远耀，副院长陈永龄，中央民族学院中南分院院长、党委书记白瑞西，副院长严学窘等负责同志，然后走到主席台的中央，频频地向群众招手、微笑，接着又走向台前的左边和右边，站立片刻，一再向群众挥手致意。毛主席走下行政大楼前的台阶，从这一端走向另一端，向全体师生员工挥手致意，时间长达3

分钟之久。

7 时 55 分，毛主席离开了大操场，驱车离开了珞珈山。

为了记住这一日子，武汉大学把毛主席接见师生的操场定名为
"9·12"操场；1983 年学校领导决定在毛主席接见师生的 "9·12"
操场上勒石纪念。

珞珈遗珍

档案馆可移动文物档案鉴定概述

郑公超　刘春弟

一、可移动文物普查缘起

"可移动文物"指馆藏文物（可收藏文物），即历史上各时代的重要实物、艺术品、文献、手稿、图书资料、代表性实物等，分为珍贵文物和一般文物；珍贵文物分为国家一级文物、二级文物、三级文物。① 可移动文物普查，主要是对文物藏品信息登录采集，并通过数字化方式进行传播。②2012 年 10 月 8 日，国务院印发了《关于开展第一次全国可移动文物普查的通知》（国发〔2012〕54 号），决定从2012 年 10 月到 2016 年 12 月在全国范围内开展文物普查登记，并于2013 年 4 月 18 日，召开第一次电视电话会议，对普查工作进行了全面部署，湖北省被列为普查的重点地区之一。湖北省副省长王君正在武汉分会场出席了会议，在会议结束后，随即召开湖北省电视电话会议，对湖北省首次国有可移动文物普查工作进行了部署，指出要突出重点、抓住关键，确保普查工作措施的落实。③ 并亲自挂帅，任湖北省文物普查小组组长，成立了以分管副省长为组长、省直相关部门为成员单位的湖北省第一次全国可移动文物普查领导小组，办公室设在

---

① ②　《可移动文物》，http：//baike. baidu. com/link？ url = TE1KmsnlxHEuVvnEb8sXzUcXMZwo29XNSvoQM03a9qmascPQpHiv7FL3Mf2cOuXwSLDMz5rLWclRpZ17prcw5K.

③　湖北省部署第一次可移动文物普查，http：//news. cnhubei. com/xw/zw/201304/t2543426. shtml.

省文物局，负责全省普查工作的组织协调和日常工作。

　　武汉大学早在 2001 年，就以 15 处 26 栋早期建筑，被列入"全国文物重点保护单位"，在武汉市 22 个国家级近代重要史迹和代表性建筑中，武汉大学是唯一一所位列其中的高校，并且总排名第七。这次湖北省可移动文物普查，武汉大学也被列为重点普查单位，有关负责人并于 2014 年 6 月两次到学校，对可移动文物进行普查摸底。武汉大学档案馆作为武汉大学文物收藏单位之一，也被列入普查范围。

二、武汉大学档案馆可移动文物档案的普查概况

　　武汉大学档案馆是永久保管学校档案的基地和专门机构，同时也是武汉大学最完备的史料库，武汉大学发展 120 多年的历史全部浓缩在档案馆的馆藏档案资源中。档案馆馆藏资源丰富，截至 2015 年 11 月底，档案馆库藏总量为 259056 卷、20722 件，馆藏数量位于全国高校前列；馆藏档案历史年代久远，其中最久远的是乾隆五十年（1785 年）冬月二十八日陶光奕族人将祖传土地转卖给李维叔侄名下的一份地契文书。在一百多年的发展历程中，武汉大学发生了许多重要的历史事件，产生了许多珍贵的档案材料，有些档案无论从历史的角度，还是从价值层面，都已经具有文物的价值。因此湖北省文物局在武汉大学进行可移动文物普查的过程中，武汉大学档案馆成为重要一站。2014 年 6 月 9 日和 24 日，湖北省文物局文管处刘彦处长、湖北省鉴定委员会张少山处长、湖北省图书馆特藏部管小柳主任、湖北省文物局博物馆蔡加宝、湖北省文物局普查办公室蒲依一行，前后两次到校档案馆对馆藏的档案进行普查摸底并初步鉴别、定级。

　　对于此次文物档案的普查工作，馆长涂上飙高度重视，要求全馆全力配合；而在整个普查过程中，主管副馆长郑公超全程指导部署并拍照，档案管理室和馆办公室全程参与，提供相关档案。文物局几位专家和领导对馆藏的部分实物档案、凭证档案（如地契和毕业文

凭)、字画、印章、徽标（如校徽）、武汉大学早期建筑图纸、国立武汉大学时期的部分教学档案和行政档案等进行了仔细的鉴别、定性，并对确定为文物的档案和实物相应划分了国家一级文物、二级文物、三级文物和一般文物4种文物级别。具体见表1。

表1　　　　　武汉大学档案馆馆藏文物档案鉴定一览表

文物级别	文物类别	文物名称	文物数量	数量单位	备注说明
一级文物	图纸	武汉大学早期建筑设计图纸（含法学院、图书馆、理学院、工学院、华中水工试验所、体育馆和游泳池等）	177	张	共177张，2005年由美国奥特夫·莱文斯比尔（Lewenspiel）教授捐赠
	界碑	国立武汉大学圈定界址	4	块	中华民国二十二年（1933年）一月立碑，四块石碑大小一样，内容相同
二级文物	印章（共5枚）	国立武汉大学 木质印章	1	枚	
		国立武汉大学 铜印	1	枚	
		李达　铜狮印	1	枚	
		李达　铜印	1	枚	
		李四光　印章	1	枚	
	地契	民国时期国立武汉大学地契	1	套	主要是1929—1937年的地契
	木牌	国立武汉大学第二男生宿舍的木牌	1	块	国立武汉大学乐山时期的物品
	民国时期学生名册	国立武汉大学学生名册	1	本	初步统计数据为22本

文物级别	文物类别	文物名称	文物数量	数量单位	备注说明
三级文物	印章（共6枚）	李达　木质印章	3	枚	
		朱光潜　木质印章	1	枚	
		王世杰　木质印章	1	枚	
		王星拱　木质印章	1	枚	
	校徽	国立武汉大学铜质校徽	2	枚	
	铜币	孙中山纪念铜币	1	枚	该币是民国18年（1929年）孙中山迁葬中山陵时的安葬纪念币
	地契	清代乾隆时期的地契	1	份	乾隆地契一套3张，地契上文字模糊，信息无法分辨。
	字画	董必武书法	1	幅	1964年12月24日为武汉水利电力学院建院十周年题词
		杨守敬字画（对联）	2	副	
		周恩来亲笔签名	1	个	周恩来1938年在武大做抗日宣传演讲时为武大学生在《俄语一月通》首页上亲笔签名"周恩来"三个字
	毕业文凭	民国时期国立武汉大学毕业文凭原件	1	套	全套共955份，1932—1949年有564份，1950—1956年有391份

续表

文物级别	文物类别	文物名称	文物数量	数量单位	备注说明
一般文物	印章（共6枚）	周鲠生　木质印章	1	枚	
		刘永济　木质印章	1	枚	
		邬保良　木质印章	1	枚	
		马　　　木质印章	1	枚	名字不全
		桂质廷　印章	1	枚	
		高尚荫　印章	1	枚	
	字画	王星拱 篆体书法	1	幅	
		王星拱 行书书法	2	联	
		郭沫若 书法	1	幅	1983 年 9 月为武大校庆题词
		刘永济书法轴	1	幅	
	教材讲义	民国（国立武汉大学）时期的教材、讲义（手稿除外）	1	套	
	行政档案	民国（国立武汉大学）时期的行政档案	1	套	包括国立武汉大学一览、委任状、毕业纪念册、各种存根及其他管理材料
	香炉	珊瑚红香炉	1	个	该香炉产生于清晚期
总计			218		

在档案馆开展文物档案普查工作，对档案馆具有深远意义。档案是不可再生的文化资源，作为高校档案馆，保存着本校建校以来所有的文献资源，而且是唯一保存本校资源的机构，这种唯一性和不可再生性决定了档案资源的珍贵性。而在档案馆进行文物档案普查的行为，实际上是在更高层次上肯定了档案的价值，肯定了档案和文物具

有某种相通的属性。一旦档案文献被确定为文物，档案就从普通的档案文献升级为珍贵文物，具有了文物和档案的双重属性。在表1中，档案馆被鉴定为文物的实物有19件，档案文献有199件/套。档案馆中的档案文献丰富，以后可能会有更多的档案被升级为文物，所以，通过文物档案的普查，不仅有助于把档案馆具有文物价值的档案加以梳理并妥善保护和管理，加强对学校和国家珍贵财产的保护，同时也是对历史文化遗产更好地继承和发扬。此外，也增强了档案工作人员的责任感和历史使命感，也会引发整个社会对档案文献资源的重视、保护与开发。

档案馆国家一级可移动文物概述

郑公超　刘春弟　钟　嵗

继国家重点文物保护单位之后，武汉大学又添"国宝"!① 2014
年6月，湖北省文物管理部门在档案馆开展馆藏文物档案普查过程
中，将保存在档案馆的武汉大学早期建筑图纸和国立武汉大学界碑确
定为国家一级文物（参见表1）。

表1　武汉大学档案馆馆藏档案（文物）鉴定一级文物一览表

文物名称		文物数量	数量单位	文物内容说明	备注
武汉大学早期建筑结构设计图纸	法学院	28	张	共177张，2005年由美国奥特夫·列文斯比尔（Lewenspiel）教授捐赠	
	新法学院	5	张		
	图书馆	33	张		
	理学院	20	张		
	工学院	50	张		现在的行政大楼
	华中水工试验所	10	张		现在的档案馆
	体育馆和游泳池	31	张		现在的宋卿体育馆

---

① http：//www.jyb.cn/high/gdjyxw/201407/t20140704_ 589023. html。

文物名称		文物数量	数量单位	文物内容说明	备注
界碑	国立武汉大学圈定界址	4	块	界碑上的文字（自右至左竖排）：在圈定界址以内所有山场、田地、房屋、池塘等均须一律依法收买； 中间大字：国立武汉大学圈定界址 左边落款：中华民国二十二年一月国立武汉大学立	四块石碑上的内容相同，但其中一块石碑下端有破损，且文字不完整
		181			

　　武汉大学又添"国宝"的消息不胫而走，在校内外迅速引起了轰动，新闻媒体纷纷到档案馆采访拍照，并对武汉大学早期建筑图纸争相报道。先后有《长江日报》（2014 年 7 月 1 日）、《东方早报》（2014 年 7 月 2 日首页）、《人民日报》（2014 年 7 月 4 日 23 版）对学校早期建筑图纸进行了宣传介绍。特别是《东方早报》在头版用长达 2000 字的篇幅对图纸进行了详尽的报道，新华网、人民网、凤凰网、搜狐教育频道、中国教育新闻网、搜狐网、网易新闻网、腾讯·大楚网等数十家网站对该报道进行了转载。

　　根据《文物藏品定级标准》（文化部 2001 年第 19 号令）规定：文物藏品分为珍贵文物和一般文物，珍贵文物分为一、二、三级，具有特别重要历史、艺术、科学价值的代表性文物为一级文物。一级文物中的"可移动文物"分为实物、艺术品、工艺美术品、手稿、图书资料、化石等。

一、武汉大学早期建筑设计图

　　被鉴定为国家一级文物的武汉大学早期建筑图纸是结构工程师列文斯比尔为武汉大学部分校舍建筑所绘制的结构设计图纸，包括武大法学院、图书馆、理学院、工学院、宋卿体育馆和华中水工试验所等，共 177 张。

武大早期建筑群建成于 20 世纪 30 年代，是一次性规划设计并连续建成的校舍建筑群，包括 30 项工程 68 栋建筑，建筑面积 78596 平方米。1928 年，南京政府在原武昌中山大学的基础上组建国立武汉大学。8 月，国民政府大学院（相当于教育部）院长蔡元培任命李四光、叶雅各、王星拱、麦焕章、刘树杞等为国立武汉大学建筑设备委员会成员，地质学家李四光为委员长。11 月，建筑委员会成立①，决议以武昌城外东湖附近的罗家山一带为新校舍地址。而时任文学院院长的闻一多给罗家山更名为"珞珈山"。"珞珈"两字是梵语"补怛珞珈（Potalaka 或 Potala、Potaraka）"的简称。"补怛珞珈"，又译作"普陀洛迦、布怛落伽"等，简称"普陀"，或省作"珞珈"。佛教经典《华严经》说南印度有座"补怛珞珈山"，也就是唐玄奘《大唐西域记》中谈到的"布怛落迦山"，那是观音菩萨的住地。闻一多精通佛理，改名"珞珈山"也许取的就是这种神圣而庄严的含义。②

李四光和叶雅各等人为武大完成选址后，缪恩钊工程师于 1929 年 3 月开始了测量工作。在设计方面，李四光推荐并邀请美国建筑师开尔斯担任新校舍建筑工程师。开尔斯利用了半年时间完成总设计图。10 月，建筑设备委员会正式聘他为新校舍建筑工程师，同时通过总设计图，并聘请阿伯拉罕·列文斯比尔和萨克斯为助手。

开尔斯于 1882 年出生于美国，毕业于美国麻省理工学院建筑系，对中国建筑艺术颇有研究。开尔斯当时居住在上海，身体欠佳，但他对筹建武大的热情非常高，并应邀到武汉珞珈山进行实地考察。他认为这一带山丘坡缓，水源充足，山石、泉水、湖水均可利用，各项建筑可依山而建。

基于这样的想法，珞珈校园建筑布局呈现因山就势、组群变化有序的显著特点。在自由式总体布局的基础上，利用山体山势、地形地

---

① 《国立武汉大学一览》（民国 20 年）："新校舍建筑设备概况"部分。

② 珞珈过客："诗人的主要天赋是爱"（十）：创名珞珈，http：//blog. tianya. cn/post-2002515-31481513-1. shtml.

貌，依据"轴线对称、主从有序、中央殿堂、四隅崇楼"的原则布置建筑群，整个校园在自由的格局中又有严格规整的片段。1932年1月，新校舍第一期13项工程圆满竣工，文学院、理学院建成。5月，武大师生在珞珈山举行隆重的新校舍落成典礼，蔡元培在典礼上宣称学府设计新颖，是国内最漂亮的大学建筑。1937年，第二期17项工程竣工，图书馆、体育馆、华中水工实验所、法学院、理学院（扩建）、工学院建成，"中国最美大学之一"的雏形基本形成。为感谢和纪念开尔斯对新校舍建设的贡献，王世杰校长在任期间，授予他名誉工程师称号，迄今为止，开尔斯是武汉大学校史上唯一获此殊荣的人。1932年3月7日在本校新校舍礼堂（即现在的樱园食堂）演讲时，王世杰校长尊称他为艺术家，说开尔斯先生不计报酬，完全把兴趣寄托在艺术方面。

2005年11月16日，阿伯拉罕之子、美国工程院院士、俄勒冈州立大学教授奥特夫·列文斯比尔，将这批早期建筑工程图纸捐给武汉大学，时任校长刘经南院士代表学校接受捐赠，并将图纸转交档案馆。档案馆一直珍藏着多幅早期建筑群图纸，但唯独缺失老图书馆图纸，列文斯比尔的捐赠弥补了这一缺憾。

图1　2005年11月16日图纸捐赠图①

---

① 《武汉大学报》第1031期第1版。

这批捐赠的早期建筑设计图纸大多宽约 0.6 米，长约 1 米。多数图纸每套大致有白、蓝、黄三张，白色是硫酸纸图，蓝色是蓝图，黄色是草图。图纸保存基本完好，设计图制作非常精致，图纸线条和字样都比较清晰，能比较清楚地判断其制作年份。湖北省文物局博物馆处处长余萍介绍："武大建校图纸，首先有真实的来源，就在档案馆。并且武大老建筑也是国宝级，符合文物历史、艺术和科学这三大价值。"①

（一）图书馆

老图书馆是珞珈山上最高的建筑，也是武汉大学的标志性建筑，坐落于狮子山顶。1933 年 10 月开工，1935 年 9 月竣工，上下共 6 层，建筑面积 4767 平方米。图书馆在结构技术上采用钢筋混凝土框架和组合式钢桁架承重，前后东西两翼的附楼为歇山顶，主楼顶部为八角歇山顶。两座附楼屋脊与大阅览室以"歇山连脊"相连，占地成"工"字形。整体外观为中国传统殿堂式，飞檐画角，龙凤卷云，内部则采用了西式的回廊、吊脚楼、石拱门、落地玻璃等。老图书馆是中国近代建筑史上率先采用新结构、新材料、新技术仿中国古典建筑的成功之作，同时也是中西建筑设计理论、技艺、手法融会贯通的佳作。

图 2　图书馆正面图（南立面图）

---

① 武汉大学建校图纸成国家一级文物，http：//shcci.eastday.com/c/20140702/u1a8190911.html.

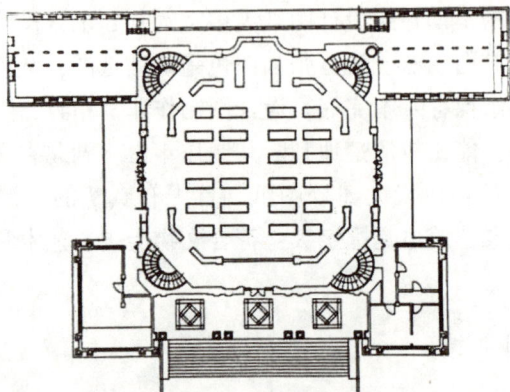

图 3　图书馆底层平面图

图 4　图书馆南立面效果图

　　开尔斯捐献给武汉大学有关图书馆的图纸有 33 张，15 套。其中有 7 套设计图每套 3 张，分别是同一个设计图的草图、蓝图和硫酸纸图；有 2 套设计图只有草图和硫酸纸图两种；另外 6 套仅仅只有硫酸纸图，每一个设计图有 1 张或 2 张。图书馆的项目编号为 134、134-1 和 134-4，分别为图书馆建筑平面图（key plans）和屋顶桁架的细节图（details of main roof truss）。左边是塔平面图（tower floor plan），右边为楼面平面图（floor plan），塔平面图上对主桁架（main truss）和次桁架（secondary truss）进行了标注。从楼面平面图上可以看出，主桁架（main truss）是通贯东西的两根主梁。其他的 28 根梁被标注为 frame A（12 根），frame B（2 根），frame C（8 根），frame D（4

354

根），frame E（2 根）。根据档案馆保存的现有图书馆的底层平面图，该图很明显是图书馆中间主楼部分的平面图。

图书馆屋顶桁架的细节图上有详细的技术参数，包括承重板（bearing plate）、铅版（lead sheet）、螺栓（rag bolts）、铆钉（rivets）、加固板或角撑板（gusset plate）等都做了详细的标注和说明。

（二）工学院

工学院大楼坐落于珞珈山北麓，背靠珞珈山，正面与理学院相望。1934 年 11 月开工，1936 年 1 月竣工，主楼上下共 5 层，建筑面积 8140 平方米，钢筋混凝土框架结构。主楼为四角重檐攒尖玻璃大屋顶的正方形建筑，屋顶下檐采用孔雀蓝琉璃瓦，顶层用透光玻璃作屋面，再用四个反扣的桔红色陶缸叠成宝塔状，形成四角重檐攒尖顶的收束；方圆结合，红、白、蓝三色相间，形成中外少有的屋顶形式。

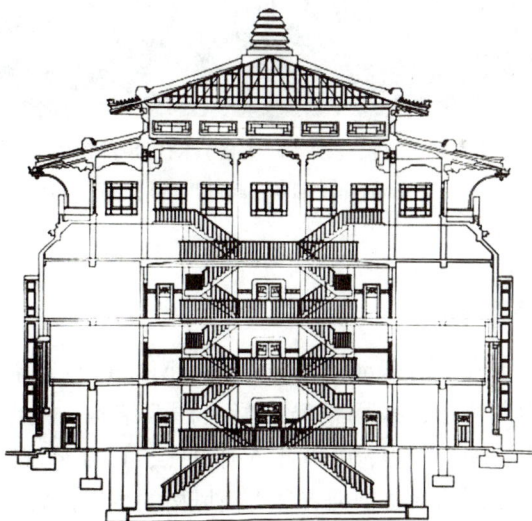

图 5　工学院东西向中庭剖面图（摘自《武汉大学早期建筑》）

主楼内部中央为一个集中采光的封闭天井，形成一个通高 5 层的共享式大厅，四周绕以回廊。由于采用钢梁屋架和透光玻璃作屋顶，阳光可从顶部直射厅内，形成了一个明亮的"玻璃中庭"。

开尔斯所捐的工学院的图纸共 50 张，25 套，每套 2 张，分别是同一个设计图的蓝图和硫酸纸图。除了少量的平面图之外，大多是梁、柱、楼梯、阁楼、屋顶、墙壁等局部的细节图。工学院的项目编号为 175，编号为 175-9 的阁楼顶部横梁详图蓝图，包括角梁（corner beam）、吊车梁（crane girder）、梁上的箍筋（stirrups）等详细的技术参数。

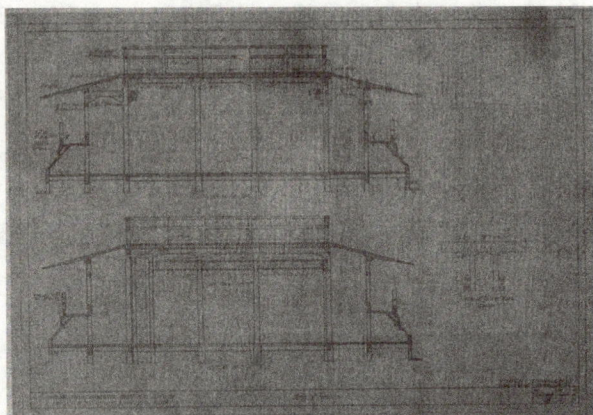

图 6　武汉大学工学院（现行政大楼）阁楼顶部横梁详图草图
（details of beams etc. above attic floor），编号 175-9

（三）理学院

理学院位于狮子山东部，大楼正面（南面）与工学院相望，背对东湖，分两期建造，采用钢筋混凝土框架结构。主楼（共 5 层）和前排附楼为第一期工程，1930 年 6 月开工，1931 年 11 月竣工，两边两座中式庑殿顶的附楼护拥着拜占庭风格的主楼；后排附楼为第二期工程，1935 年 6 月竣工，建筑面积共计 10120 平方米。理学院整体建筑依山就势，中间主楼采用八角面墙体和拜占庭式的钢筋混凝土穹隆屋顶（直径 20 米），主楼穹隆圆顶与南面工学院的四角重檐攒尖玻璃大屋顶和方形墙体遥相呼应，体现出"天圆地方"（北圆南方）的传统建筑理念。

图 7　理学院外观图

　　开尔斯捐赠的理学院的图纸共 20 张，10 套，每套 2 张，分别是同一个设计图的蓝图和硫酸纸图，没有草图。内容包括 1～3 层和地下室的平面图、基础平面图、柱栏、横梁和楼梯的详图。理学院的项目编号为 204，本文选取编号为 204-6 的屋顶横梁详图蓝图。根据图纸上的说明，这部分应该是扩建部分（science extension）的设计图。

（四）法学院

　　法学院坐落于狮子山顶，东面紧邻图书馆，背对东湖，南向珞珈山。1935 年 8 月开工，1936 年 8 月竣工，建筑面积 4013 平方米，钢筋混凝土框架结构。

　　法学院为四合院回廊式建筑，占地成凸形。大楼四面直立的清水墙体上，各加有四根 1 米宽的斜角大立柱，使墙面整体呈现出传统的城墙形状。琉璃瓦庑殿顶，四角飞檐平缓，更显端庄稳重。

　　法学院捐赠的图纸有 28 张，14 套，每套 2 张，分别是同一个设计图的草图和硫酸纸图，没有蓝图；另外，还有署名为新法学院的设计图 5 张，共计 33 张。法学院的项目编号为 188，设计图内容主要包括基础和底层平面图、1～3 层平面图、屋顶平面图和夹层平面图、

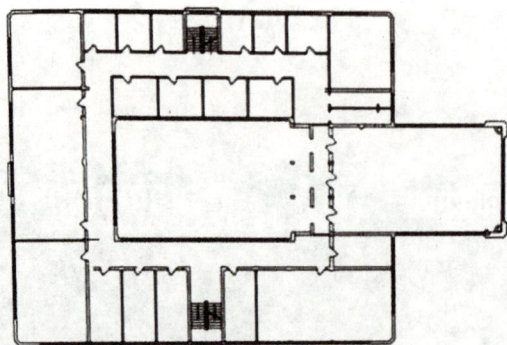

图 8 法学院二层平面图

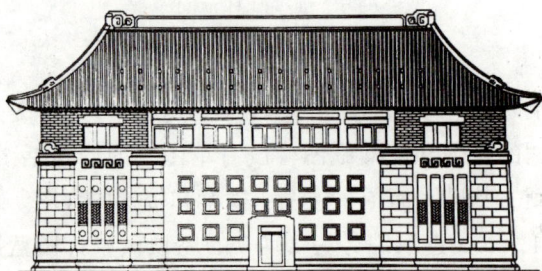

图 9 法学院南立面图

(South elevation of school of Law)

圆柱图、各层的横梁图、演讲大厅构架图、屋顶构架图、楼梯和水箱详图等。本书选取屋顶构架详图草图一张（编号为 188-10）和西部楼梯详图草图一张（编号为 188-12）。屋顶架构图将 frameA-H 技术参数进行了详细的标注和说明，楼梯图分 section A、section B、section C 三部分将大楼从底层（ground floor）到第三层（third floor）的楼梯的坡度、角度、厚度和加固楼梯的箍筋技术问题都进行了细致入微的标注和说明。

（五）体育馆

体育馆位于狮子山顶西部南坡底，桂园田径场东侧，地处樱园、桂园之间，1936 年 7 月动工，1937 年初竣工，上下 4 层（含地下室），建筑面积 2748 平方米。体育馆采用钢筋混凝土梁、柱，屋顶采用当时国际上最先进的建筑工艺——三铰拱钢架结构，采用跨度 22.6 米的三铰拱钢架承重，利用密檐高差采光通风。绿色琉璃瓦屋顶随三绞拱的弧线轮廓而转折，形成轮舵式的山墙和三重檐歇山顶，为体育馆活动创造了良好的空间和采光通风等条件。体育馆四周绕有回廊，里面有看台，外有观景台。正面看台又有中式的重檐——三檐滴水，还做了只有宫廷或者高规格庙宇才采用的斗拱。侧墙框架结构，山墙取巴洛克式，是典型的"中西合璧"式建筑。

图 10　体育馆东全景图

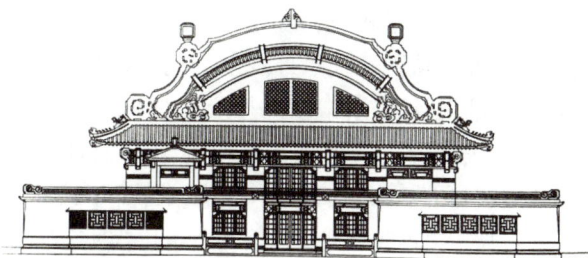

图 11　体育馆南立面图

开尔斯原本想在体育馆前建一个游泳池，因此将体育馆和将游泳池一起设计，所以项目名称为体育馆和游泳池。该套图纸共 31 张，

19 套。其中 12 套是每套 2 张，分别是同一个设计图的蓝图和硫酸纸图，没有草图；另外 7 套基本上都是单张图纸，或者是硫酸纸图，或者是蓝图。这些图纸中有 5 张图纸涉及游泳池，分别是体育馆和游泳池的地下室平面图（basement plan）、底层平面图（ground floor plan）、一层平面图（first floor plan）和底面平面图（sub basement plan）等。其他 26 张分别是体育馆的设计图，包括体育馆各层平面图、圆柱图、梁壁详图、各层横梁详图、楼梯详图、中心钢柱图、尾部架构详图等。体育馆的项目编号 184，编号 184-11 的图纸为尾部架构详图蓝图（details of end frame）。图纸上有比较清晰的体育馆的外部轮廓，以及屋顶飞檐悬臂的细节处理给出了详细的技术参数。

（六）水工所

水工所全名为华中水工试验所，背靠珞珈山北坡，背面是工学院大楼。1936 年 6 月动工，1937 年初竣工，建筑面积 2197 平方米。屋面采用琉璃瓦歇山顶，屋内采用弧形钢梁做屋架，地面设有环形水道。开尔斯捐赠的水工所的设计图纸只有 10 张，而且都是硫酸纸图，水工所的项目编号是 192，从编号为 192-11 至 192-20 共连续 10 张，涉及各层平面图、楼梯详图、横梁详图、门柱详图、大致布局图、构架图等内容。

纵观这批早期建筑图纸，设计图精美、细致，数据详尽，细节丰富，总图和局部细节图相辅相成，线条流畅。同时，建筑设计紧紧契合建筑的用途和功能，从而实现了外观上的艺术性和用途上实用性的有机统一。开尔斯的设计完全实现了建筑设备委员会"实用、坚固、经济、美观、中国民族传统式外形"的要求。在设计中始终贯穿中国传统建筑"轴线对称、主从有序、中央殿堂、四隅崇楼"的思想，采中西建筑形式之长，集古典与现代建筑之美，开当时建筑风格之先！

二、国立武汉大学界碑

界碑，或称界石，是一种边界标记物，是用于辨别一个地区与另外地区之间的边界标志的石碑。①

  武汉大学界碑是武汉大学校园与周边土地界限的分界标志，是用石材做成的四块大小基本相同的长方体形状的界石。武汉大学界碑上的文字以繁体竖向自右向左书写，中间一排大字，左右两边字体明显小很多。中间大字由上而下镌刻"國立武漢大學圈定界址"，右起小字为"在圈定界址以內所有山場、田地、房屋、池塘等均須一律依法收買"。左边小字为落款"中華民國二十二年一月國立武漢大學立"。四块石碑上镌刻的内容相同，文字比较清晰，长宽高尺寸比较相近（具体参看图12），保存相对完整。其中，只有一块中间和下部有破损，文字也有缺失。

图 12　武汉大学圈定界址

  （从左到右分别为 1-4、2-4、3-4、4-4，1-4 长 129cm、宽 51cm、厚 24cm；2-4 长 125cm、宽 53cm、厚 25cm；3-4 长 123cm、宽 53cm、厚 23cm；4-4 长 98cm、宽 50cm、厚 24cm，该块石碑中间和下部缺损，文字不全。）

---

① http：//dict. baidu. com/s？ wd＝%BD%E7%B1%AE.

档案馆国家二级可移动文物概述

刘春弟　郑公超　钟　崴

　　根据《文物藏品定级标准》（文化部 2001 年第 19 号令）规定，二级文物是指具有重要历史、艺术、科学价值的文物藏品。此次文物普查定级，档案馆馆藏档案有 8 件/套被鉴定为国家二级文物。其中实物两种，共计 6 件，档案文献资料两种，共计 2 套。具体见表 1。

表 1　　　　　　武汉大学档案馆二级可移动文物一览表

文物类别	文物名称	文物数量	数量单位	备注说明
印章 （共 5 枚）	国立武汉大学 木质印章	1	枚	
	国立武汉大学 铜印	1	枚	
	李达　铜狮印	1	枚	
	李达　铜印	1	枚	
	李四光　印章	1	枚	
地契 1	民国时期国立武汉大学地契	1	套	1929—1937 年间的地契初步统计有 607 张
木牌	国立武汉大学第二男生宿舍的木牌	1	块	国立武汉大学乐山时期的物品
民国时期学生名册	国立武汉大学学生名册	1	套	初步统计数据为 88 本

362

一、印　章

档案馆共有 5 枚印章被确定为国家二级文物，其中国立武汉大学印章 2 枚；李达印章 2 枚，李四光印章 1 枚。

（一）国立武汉大学印章

1928 年 6 月，中华民国大学院决定彻底改组原国立武昌中山大学，在此基础上筹建国立武汉大学，大学院院长蔡元培指派刘树杞、王星拱、李四光、曾昭安、任凯南、麦焕章、涂允檀、周鲠生、黄建中 9 人组成国立武汉大学筹备委员会，以刘树杞任主任委员。1928 年 10 月 31 日，国立武汉大学在武昌东厂口原国立武昌中山大学第一院校舍正式开学。1949 年 5 月 17 日，武昌解放。6 月 10 日，中国人民解放军正式接管武汉大学。1949 年 8 月 25 日，武汉大学校务委员会建立，邬保良任主任委员。武汉大学校务委员会的建立，标志着学校的教育性质发生根本性的变化。国立武汉大学在从 1928—1949 年的 21 年的历程中，经历了"成立—发展—辉煌—涅槃新生"，最终成为中国人民共和国的五星红旗下社会主义社会的武汉大学。国立武汉大学退出了历史舞台，留下了优良的学风、丰富的资源、堪称艺术的学校建筑和优美的校园环境，此外，还有始终矗立在学校大门口的学校牌坊和保存在学校档案馆的永久记忆。其中，当数国立武汉大学印章最为直接。

迄今为止，所能找到的留存下来的国立武汉大学的印章仅有 2 枚，这两枚印章分别为木质印章和铜印，国立武汉大学木质印章外观呈扁柱形，但不论是厚度和长度都是上部比下部尺寸略小，印面为长方形、印章文字为繁体竖排、自上而下书写，印章上的字迹除了"学"字已经模糊之外，其他几个字都比较清晰。印章的顶部和左右两个侧面都刻着表示文字上下方向的"正"字。

"国立武汉大学"的铜印从材质和色泽来看，应该属于黄铜，印章呈方柱形，印面为正方形，繁体、小篆，自右向左竖排书写。这枚印章的侧面竖排刻着繁体"印鑄局製"的字样。印铸局在国民政府

图 1　国家二级文物（印章）——国立武汉大学木质印章
　　（印面尺寸：90mm×13mm）

图 2　国家二级文物（印章）——国立武汉大学木质印章
　　（印章高度：28mm）

图 3　国家二级文物（印章）——国立武汉大学木质印章
（印章顶部尺寸：85mm×12mm）

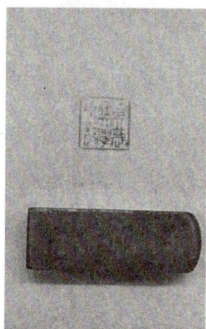

图 4　国家二级文物（印章）——国立武汉大学铜印
（18mm×18mm×52mm）

时期曾经是一个官方铸造机构，除了印报外，也铸造、镌刻朝廷和官员的大印及勋章等。该机构在 1929—1935 年曾由文管处管辖，叫国民政府文管处印铸局，在 1936—1946 年改为国民政府印铸局。根据国立武汉大学成立时间和刻印机构的名称，这枚印章可能就是在国立武汉大学成立初期由国民政府的这个铸印局刻印的。

　　由此可见，国立武汉大学的印章应该有几种，且有不同的功用。这是目前为止找到的关于国立武汉大学字样的两枚印章，但是国立武汉大学关防印并没有印章实物。

图 5　国家二级文物（印章）——国立武汉大学铜印（18mm×18mm×52mm）

图 6　国家二级文物（印章）——国立武汉大学铜印（18mm×18mm×52mm）

（二）李达印章

　　李达（1890—1966 年），名庭芳，字永锡，号鹤鸣，湖南零陵人，著名马克思主义哲学家、理论家和教育家，中国最早传播马克思主义的先驱者之一，中国共产党的创始人和早期领导人之一，中共"一大"代表。1927 年任教于国立武昌中山大学，1952 年 11 月至

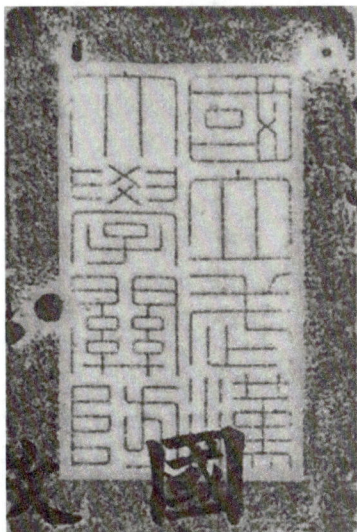

图 7　国立武汉大学关防

1966 年 8 月任武汉大学校长，为武汉大学历史上任期最长的校长。

档案馆现保存有李达校长的印章共 5 枚，都被确定为国家珍贵文物，其中 2 枚被确定为国家二级文物，3 枚被确定为国家三级文物。作为二级文物的 2 枚印章中，1 枚铜狮印，1 枚铜印。另外 3 枚印章均为木质印章，因为材质的原因，被定为三级文物。

图 8　国家二级文物（印章）——李达铜狮印（16mm×
16mm×55mm，其中印钮狮子的高度为 15mm）

李达的两枚铜质印章，一枚是黄铜材质，一枚是紫铜材质（铜狮印），都呈方柱形，印面为正方形，印章尺寸大小也略有不同，印章文字均自右向左书写，繁体，字数字体也有明显区别，铜印印章上刻写的是"李达之印"四个字，铜狮印则只有"李达"二字。另外，铜狮印印章的顶部印钮是一个蹲狮，也是铜质，这是迄今为止档案馆馆藏的所有印章中唯一一枚带有动物印钮的印章。

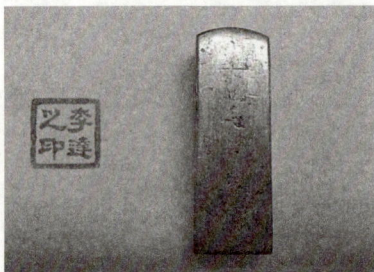

图9　国家二级文物（印章）——李达铜印（18mm×18mm×52mm）

狮子是我国民俗文化中最为常见的吉祥神兽，它是智慧和力量的化身，狮子在大自然中也被称为"百兽之王"。据佛经记载，释迦牟尼出生时，一手指天，一手指地，作狮子吼曰："天上天下，惟我独尊。"因此李达校长作为武汉大学的代表，他的铜狮印章也在某种程度上包含了其办学的一种理念和思想。在担任校长期间，李达长期抵制各种错误倾向，认真贯彻党的教育方针，坚决按照教育规律办学最终使武汉大学发展成为名副其实的国家重点大学。

此外，铜狮印左侧面的紫铜面上竖刻着"北半石刊"四个字，估计是该印的刻印机构的名称标记。

（三）李四光印章

李四光（1889—1971年），字仲揆、福生，湖北黄冈回龙山香炉湾人，蒙古族。世界著名的科学家、地质学家、教育家和社会活动家，是中国现代地球科学和地质工作的奠基人之一和主要领导人，中央研究院院士，中国科学院院士。1928年南京国民政府大学院决定改建武昌中山大学为国立武汉大学，李四光被任命为国立武汉大学筹备委员会委员、建筑设备委员会委员长，负责新校区的选址和建设。他推荐并亲自赴上海邀请美国建筑师开尔斯担任新校舍建筑规划的总设计师。正是由于开尔斯的设计，才有了武汉大学独特风格的校园建筑，这些建筑早在 2001 年就已经被列为国家重点文物保护对象，成为全国高校规模最大建筑保护群。

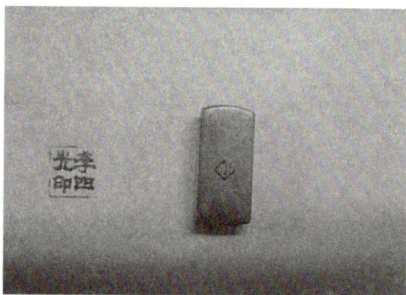

图 10　国家二级文物（印章）——李四光印章（12mm×12mm×25mm）

　　档案馆保管的李四光印章只有 1 枚。印章比较小，也呈方柱形，印面呈正方形，文字自右向左竖排，简体，"李四光印" 4 个字非常清晰。这是他在担任建筑设备委员会委员长期间使用过的印章。

二、"国立武汉大学第二男生宿舍" 牌匾

　　"国立武汉大学第二男生宿舍" 的牌匾是国立武汉大学 1938—1946 年在四川乐山办学时期挂在第二男生宿舍（就是当时的龙神寺）外的一块木质牌匾，长 229 厘米、宽 27 厘米、厚 4 厘米。牌板正反为素面，正面线刻 "国立武汉大学第二男生宿舍" 字形，字形内漆实心黑字。

　　1937 年 7 月，抗日战争全面爆发，北平、天津、上海、南京等战略重地相继失守。为了 "为国家多保一分元气"、保障教学正常进行，学校高瞻远瞩、周密部署，在武汉沦陷之前，将学校迁至四川乐山（故称嘉州、嘉定等），并弦歌不辍，在乐山坚持办学长达八年之

久。在物质条件极其恶劣的前提下，在教学科研与人才培养方面仍旧硕果累累，创造出武大发展史上最辉煌的一页，与国立西南联合大学（昆明）、国立中央大学（重庆）、国立浙江大学（遵义）并称为抗战时期的"四大名校"。

1938年2月3日，国立武汉大学曾致函四川省政府，请求将乐山文庙等处拨为学校内迁后的校舍。西迁乐山之后，校舍因陋就简，多选用当地旧有的庙宇、工厂、学校等。1500多名学生零散地分居七地，形成乐山时期的7个学生宿舍，龙神祠、露济寺就作为学生宿舍使用。

龙神祠位于九龙巷上明代古城墙边龙头山上，因此也叫九龙寺，祠坐东南向西北，占地面积346平方米，重楼歇山顶穿斗木结构，面阔6间31米，进深3间11.2米，通高9.9米。九龙寺是纪念隋代嘉州太守赵昱的祠庙。赵昱字仲明，峨眉人，26岁时，被隋炀帝拜为嘉州太守，曾有斩蛟龙、治洪水、救黎民的事迹，被唐太宗李世民追封为"神勇大将军"，并赐建龙神祠以供奉。清乾隆十七年（1752年）在祠内建九龙书院，嘉庆七年（1802年）改建并改名为东岩书院，成为一处祀祠与书院相结合的场所。龙神祠主楼为重楼歇山顶穿斗木构建筑，保存完好，1986年5月21日被乐山市政府公布为第一批乐山市文物保护单位。20世纪90年代也曾作为中百商场职工宿舍使用，2014年1月22日，龙神寺被一场大火烧毁。

在抗日战争期间，乐山龙神祠作为文、法学院学生宿舍，同学们移走寺庙的神像，搬来双层木床塞满房屋，便成了鸽子笼似的宿舍；后来在祠内空地新建了四栋宿舍楼（后来这四栋宿舍楼也只保留了一栋），总称为当时的第二男生宿舍。龙神祠全部是木结构——木梁、木墙、木门、木梯、木地板，上面是青瓦。一个人在二楼轻轻一跳，整座楼仿佛都要晃几晃。当时宿舍楼里住着几百名武大学生，人多嘈杂，早晚时间，同学们上下楼梯便发出隆隆响声。每个房间只有两盏光线昏黄的电灯，没有自习桌，同学们用自备的蜡烛，伏在床头看书。1939年8月19日，日寇空袭乐山，武大师生有十数人丧生，数名教授的房屋和财产被毁。第二男生宿舍也在这次轰炸中遭到了严重破坏。

(a) 2008年档案馆收购　　　　(b) 修缮之后的牌匾
　　回来的木制牌匾　　　　　　2014年6月被鉴定为二级文物

图11　国家二级文物：乐山时期国立武汉大学第二男生宿舍牌匾

　　这块"国立武汉大学第二男生宿舍"的牌匾当时就安置在龙神祠门前，1945年8月，抗日战争结束。国立武汉大学9月就开始准备复校，并于1946年10月返回武昌珞珈山。由于当时辎重太多，这块木牌就被舍弃。据说被当地一王姓居民收藏，历经两代人，多次辗转搬迁，70多年都不离不弃。2008年，武汉大学西迁四川乐山办学70周年，学校举行了隆重的纪念活动。为配合这次纪念活动，抓紧时间抢救历史资料，丰富学校校史和档案馆藏资源，更好地传承和发扬武大精神，档案馆于2007年10月发布了《武汉大学乐山时期档案史料征集启事》，通过征购、复制、寄存或捐赠等方式向全国乃至世界各地的武汉大学老校友、社会各界人士征集武汉大学乐山时期的各种历史资料，这块牌匾就是在这次征集活动中征购到的在乐山办学时期的唯一印证实物。2008年12月16日，档案馆专程赴四川乐山将这一块"国立武汉大学第二男生宿舍"的木制牌匾征购回母校，存放在档案馆。但是由于70多年的自然变化和保管不善，这块牌匾表面已经浸有污垢，多处腐朽并有蛀洞，漆实心黑字严重剥落，漆皮起翘脱落。因此，2013年5月，在学校120周年校庆前夕，档案馆委托湖北省文物保护中心组织对这块牌匾进行了抢救修复，通过清污、加固、防虫杀虫、预防性收藏养护等技术处理程序，将牌匾修旧如旧，还原其本来面目。2014 年 6 月被鉴定为国家二级文物，从而成为学校和国家宝贵的历史财富。

三、民国时期国立武汉大学地契

地契是买卖土地的双方所立的契约或订立的法律文据，是转让土地所有权的证明文件。地契上一般会记载土地数量、坐落地点、四至边界、价钱以及典买条件等，由当事人双方和见证人签字盖章。一直到民国时期，地契都是民间土地交易当中，普遍使用的一种文书凭证。地契由买方保存，作为土地所有权凭证。

本馆 1929 年的馆藏档案中，有 471 卷地契档案。在 1929 年的全年 500 多卷档案的案卷总量中，地契档案案卷数量达 90% 以上。而且，民国地契档案几乎全部集中在 1929 年的案卷中。这批地契档案基本上都是国立武汉大学新校舍建设过程中购买的珞珈山一带居民的土地的凭证。1928 年，国立武汉大学为谋发展，选定武昌市区洪山附近东湖湖滨珞珈山一带地域建筑新校舍，拟购土地东以湖滨为界，西以茶叶港为界，北以郭郑湖为界，南面自东湖滨起至茶叶港桥头止。东西约三里，南北约二里半，共计三千亩。这一带荒山旱地居多，水田池塘较少。熟田总计仅仅二百数十亩，有树六千株；另外还有一些坟墓，多在一些偏隅僻地。土地所有人除刘公培、心善堂石星川，顺利洋行安徽广生有限公司、广东洋行诸大地主，共占一千数百亩崴，其余都是一些杂户居民。①

当时土地的价格熟田每亩平均约 50 元，荒地每亩 10 元左右②。湖北省政府第 17 次政务会议通过武汉大学的请示，并依据中央颁布

① 《湖北省政府关于武大建筑新校舍征收落驾山土地的布告》武汉大学图书馆馆藏档案，全宗号 6L7，年代号 1929，分类号 X2，案卷号 523。

② 《湖北省政府关于武大建筑新校舍征收落驾山土地的布告》武汉大学图书馆馆藏档案，全宗号 6L7，年代号 1929，分类号 X2，案卷号 523。

法土地征收。

　　湖北省政府的布告和中央颁布的土地法，为新校区建设过程购买和征收土地给予了法律和制度的保障，虽然过程中也有曲折，但是最终得以贯彻落实，并建成了美丽的武汉大学，而这批购买土地的地契因为具有不可替代的凭证作用而被学校整理保存起来，成了学校的珍贵档案。

　　据统计这批地契档案有 607 张地契，这部分地契档案数量完整，保存完好，字迹清晰，幅面虽然大小不一，但以 A2 幅面居多，多为韧性和强度很好的棉麻纸，因其不可替代的凭证价值，在这次文物鉴定中被评为二级文物。图 12、图 13 为部分地契档案的原件。

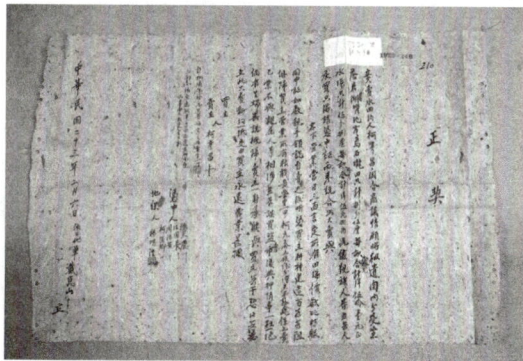

图 12　国立武汉大学地契

图 13　国立武汉大学地契

四、国立武汉大学学生名册

据初步统计，档案馆保存的国立武汉大学学生名册共有 88 本，分两个组成部分。

一类作为资料保存在资料室的学生名册，共 19 本，有 3 种：

（1）1938—1949 年的学生名册，12 本。

（2）1937 年和 1938 年编印的借读生名册，2 本。

（3）1944—1950 年的毕业生名册，5 本。其中 1944 年、1945 年、1946 年、1947 年的毕业纪念册独立装订的 4 本，1946—1950 年毕业生名册合订本 1 本。

以上学生名册的外观是后期装订时另加的封皮，部分重新补充了目录，具有资料的明显特征。

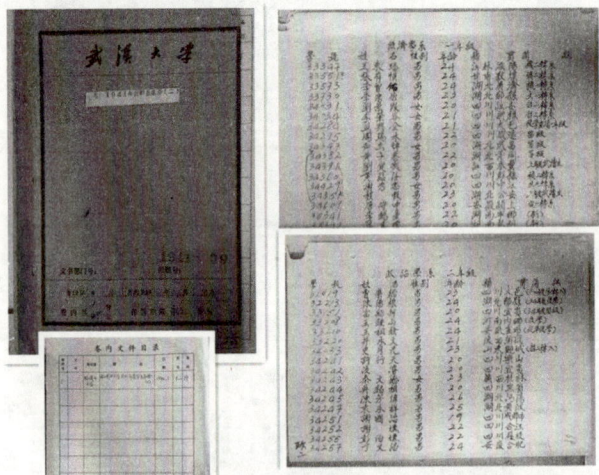

图 14　作为档案的学生名册（取自档号为 6L71941XZ039 的档案）

另一类作为档案保存在库房的学生名册，初步统计有 69 卷，这些档案是按照档案的立卷、组卷标准，加卷皮装订在一起的，具有档案的原始性特点。

综合本馆保管的民国档案，根据学生进出校的时间顺序，学生名册可以分为新生名册（用于新生报到）、在校生名册、毕业生名册或者纪念册；根据学生类型，又可分为借读生名册、转学生名册等；根据学生籍贯，按行政区划制作的学生名册；根据院系专业制作的学生名册；根据表现形式有相片簿、纪念册、通讯录等不同形式，每一年的学生名册类型和数量都不尽相同。具体见表2：

表2　　　国立武汉大学时期的学生名册类型及数量统计表

学生名册类别		案卷数量（卷）	备注
新生名册	普通新生名册	7	
	新生相片簿	7	
在校生名册	全校在校生名册	15	
	按学生籍贯编制学生名册	2	
	按学生类型编制在校生名册	2	
毕业生名册	普通毕业生名册	19	含 1 卷院系毕业生名册
	毕业生相片簿	9	
	毕业纪念册	8	
总计		69	一卷对应着一本，因此69卷即为69本

（一）新生名册

新生名册主要是针对学校新录取的学生而专门制作的学生名单，一般是学校注册部在学校新学年开学时用于新生报到。新生名册相对独立组卷的档案大致有8卷，从1939年至1946年，除1942年以外，都是一年一本。另外，从1943年到1948年，每年还产生新生相片簿。

新生名册和新生相片簿表现形式不同，新生名册主要是文字，相片簿贴着学生入学时呈交的照片，相对于文字，照片更为直观，但是一般照片簿上照片都不全。而且新生照片簿都是在学生入学后才能制作，而新生名册则可能会在新生入学之前产生。另外，新生名册和相片簿编制体例和信息显示方面总的原则基本相同，都是先按学生类别，然后再按院系和专业分开的。有些新生名册和相片簿还会反映学生的籍贯、性别、年龄、学号等信息。但是年代不同，所反映的信息的详略程度也不尽相同。图 15、图 16 为 1944 年和 1948 年的相片簿的样式和反映的信息内容。

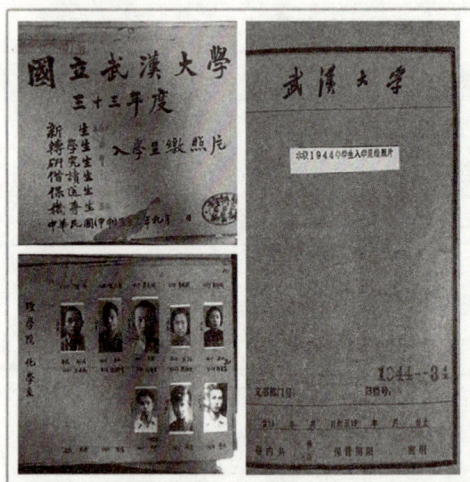

图 15　1944 年新生、研究生、转学生、借读生、保送生入学注册照片
（图片取自档号为 6L71944XZ034 的档案）

（二）在校学生名册

在校学生名册主要是针对学校全体学生，由学校注册部在新学年新生完成报到之后，将学校各类型、各层次、各年级的学生按照一定的方式编制而成的。本馆资料室的学生名册有 14 本是在校学生名册，其中有 2 本是 1937 年和 1938 年编印的借读生名册。

馆藏民国档案中独立成卷的在校学生名册共有 19 卷，其中有 15

图 16 国立武汉大学 1948 年新生相片（图片取自档号为 6L71948XZ087 的档案）

卷是针对全校学生编制的学生名册（包括 1929 年的履历册 2 卷，1937—1948 年每年都有的在校学生名册 13 卷）；2 卷是按学生籍贯，依据当时的行政区划来分地区编制的学生名册，如 1940 年第 69 卷和第 70 卷分别是国立武汉大学 1940 年度四川省籍学生名册和东北、西康①、甘肃、河北省籍学生名册；还有 2 卷分别是 1944 年和 1946 年的借读生学生名册。

作为档案保存的学生名册和资料室存放的学生名册大体相同，基本上都是繁体；开本也不太统一，页数差别也很大，有油印和铅印等形式。大多数结构比较简单，除正文外，一般包含 1~3 个要素，如 1941 年的在校生名册就有目次、正文和统计表。但也有少量的名册结构比较完善，除正文外，还有目次、附注或凡例、姓氏笔画索检表、各种统计表、学生姓名四角号码索引表、勘误表等几个部分。资料室的学生名册大部分都有目次，可能是后来装订时补加上去的。

---

① 西康省，中国旧省名，设置于民国二十八年（1939 年），简称康，省会雅安。为延续清制所设的 22 省之一，省东界四川，南界云南、印度，西界西藏，北界青海。"康"为藏族一支康巴族，生活在西藏之康地，故省名为西康。

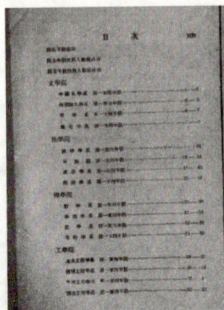

图 17　1948 年学生名册的扉页　　　图 18　1948 年学生名册目录

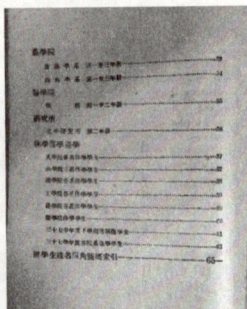

图 19　1947 年的学生姓名索引

　　在编排方式上，学生名册的正文先分学生类别和院系（含科研院所），每个院系再分年级排列。学生的信息内容分学号、姓名、性别、年龄、籍贯、备注 6 个栏目。每个院系及每个年级都有学生总数。

　　学生类别有本科学生（一至四年级）、专（修）科学生、科研院所的研究生（一至三年级）。除此之外，还有其他情况的学生名单如保留学籍学生、休学学生、复学学生、退学学生、未到校注册学生、应征译员等学生、取消学籍学生、借读和旁听等各类学生的名单。

　　学生名册在正文前或者书的末尾还有在校学生籍贯统计表、各院系学生性别年级数目表、全校学生年级人数统计表、各院系年级学生统计表、学生籍贯统计表、籍贯性别年级人数统计表等各种统计表格，但每个年度的统计表数量不尽相同。

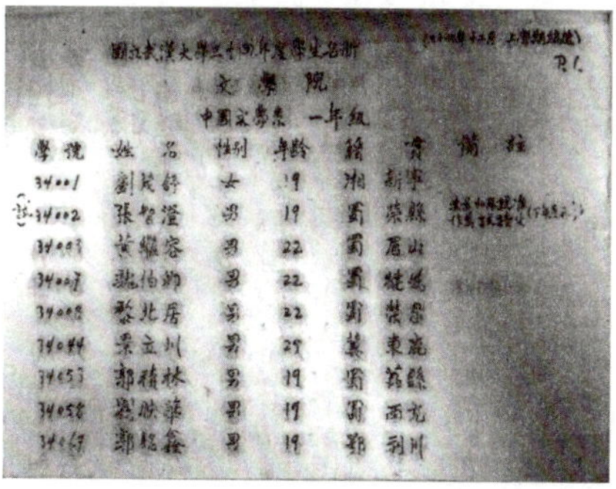

文學院
中國文學系 一年級

學號	姓名	性別	年齡	籍貫	備註

图 20　1945 年学生名册中学生名单

借读是民国战乱时期的特定读书形式，民国时期在武汉大学借读的学生有来自燕京大学、齐鲁大学、辅仁大学、复旦大学、中国大学、山东大学、中法大学、金陵大学、东吴大学、北京大学、南开大学等几十个大学的借读生，分布在学校文学院、法学院、理学院、工学院、农学院的各个系和专业中。

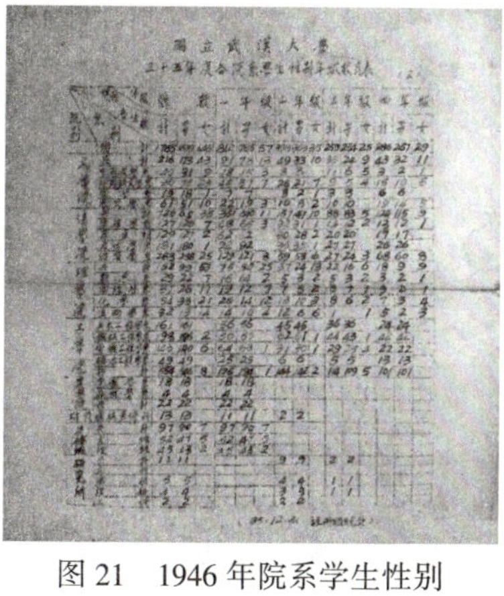

图 21　1946 年院系学生性别年级统计表

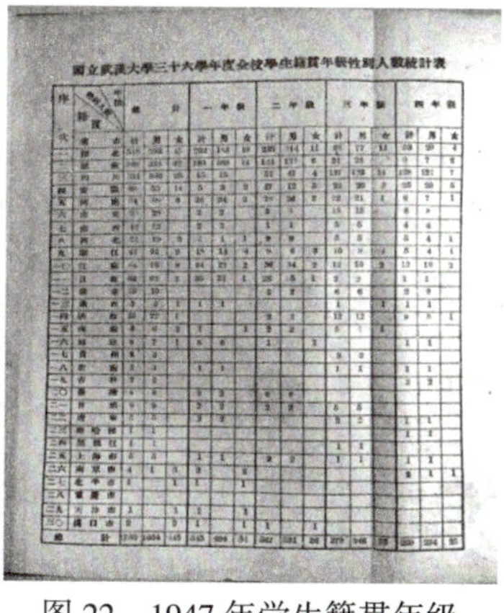

图 22　1947 年学生籍贯年级性别人数统计表

本馆资料室保存的是1937年和1938年的借读生学生名册，库房的民国档案中1944年第25卷和1946年第49卷也是关于借读生单独组卷的借读生名册。案卷题名均为：“国立武大1944年度及1945年度第一学期各类借读生名册”和“本校1946年与重庆大学交换借读生名册”。借读生学生名册有号码（可能是借读用的学号）、姓名、性别、年龄、籍贯、学历（如辅仁大学肄业）等栏目。

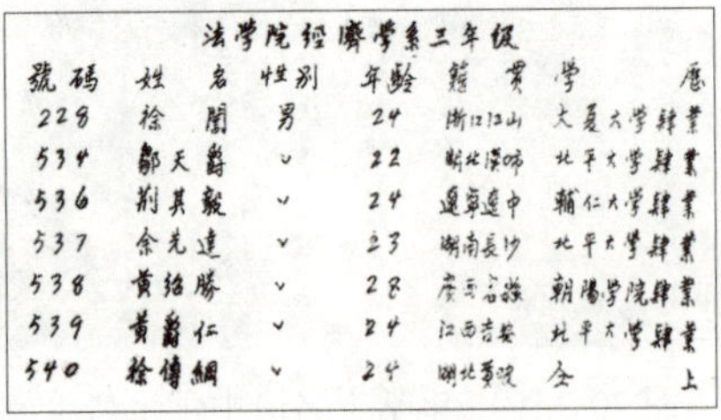
法學院經濟學系三年級

號碼	姓名	性別	年齡	籍貫	學歷
228	徐闓	男	24	浙江江山	大夏大學肄業
534	鄒天爵	〃	22	湖北漢陽	北平大學肄業
536	荆其毅	〃	24	遼寧遼中	輔仁大學肄業
537	余光達	〃	23	湖南長沙	北平大學肄業
538	黄紹勝	〃	28	廣東台山	朝陽學院肄業
539	黄爵仁	〃	24	江西吉安	北平大學肄業
540	徐傳綱	〃	24	湖北黄陂	仝上

图23　1937年借读生名单

（三）毕业生名册

相对于新生名称和在校生名册而言，馆藏民国档案中，国立武汉大学毕业生名册数量较多，初步统计有36卷。分为毕业生名册（19卷）、毕业纪念册（8卷）和毕业相片贴存簿（9卷）三种。毕业生名册和照片贴存簿所用基本都是毛边纸，但是毕业纪念册则采用的是双面光滑的胶版纸。

毕业生名册一般比较随意，格式也不一。1941年的毕业生名册主要有院系、专业和人名及专业总人数等几个基本信息（如图24）。但是1944年的毕业生名册则有了相对规范的制式。（见图24、图25）

相对于毕业生名册，毕业生纪念册则像一本精装的图书，纸张材料比较好，制作精美，内容丰富，全文有序言、校领导和院系领导的题词、学校教职员录、学校和各院系的简介或简史、毕业生毕业照、生活剪影、学校风景图片、毕业生通讯录等内容。毕业纪念册一个显著的特点就是照片、图片占了全书的大部分篇幅，看起来就像一本精美的画册。以1947年为例，封面题名为《国立武汉大学第十六届毕

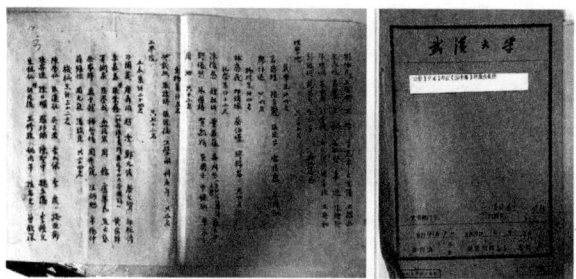

图24　1941年第十届毕业生名册

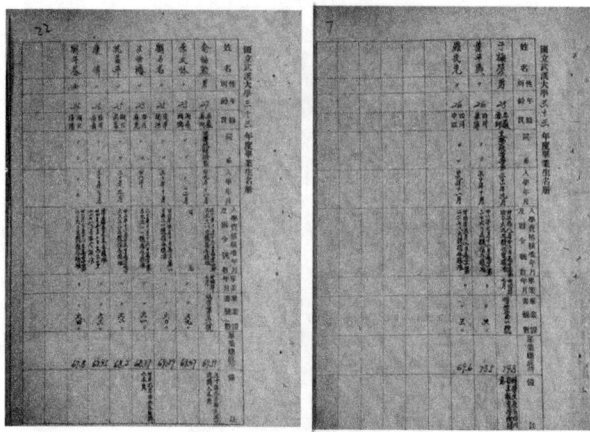

图25　1944年毕业生名册

业纪念物》，全书共94页，基本上是图片集，文字部分仅有20页左右。全文分为题词（王世杰和周鲠生两位校长的题词）、师长头像、毕业生头像、校景图片（包括珞珈山和乐山校景）、学生生活图片、教员通讯录和毕业生通讯录等几个部分。1944年的教职员录做得比较有特点，包括教师的职别、姓名、别号、籍贯、经历、到校时间等信息，职员的介绍简单而清晰。

　　资料室毕业生名册总共有5本，1944—1947年每年各1本，共4本，1946—1950年毕业生名册合订本1本，开本差别较大。库房中毕业纪念册档案有 8 卷，分布在 1932—1936 年、1938 年、1947—1948 年度。

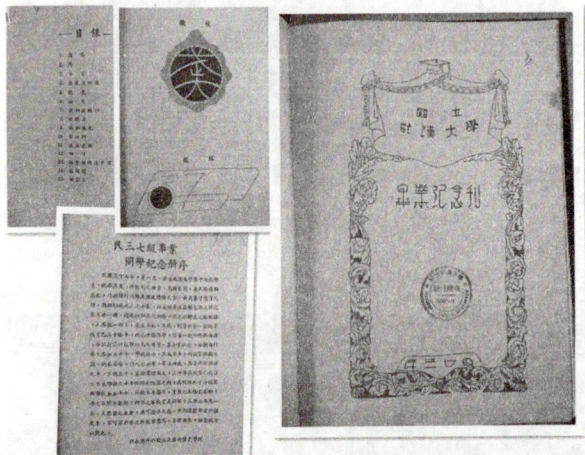

图 26　1948 年的毕业纪念册

图 27　1947 年毕业生名册中学生毕业照

根据馆藏档案显示，毕业生相片簿集中出现在 1944—1947 年这几年，共计 9 本，其中 1944—1945 年每年 1 本，1946 年 2 本，1947

图 28　国立武汉大学 1945 年毕业相片贴存簿

年按院系专业分为 5 本。毕业生相片簿类似于新生相片簿。相片簿也是按院系专业排列，贴着毕业学生的学士照或者毕业照，毕业相片贴存簿基本上也没有完全贴满。

毕业相片簿主要是记载毕业学生姓名、院系和专业及毕业时间信息，其他如毕业证号、性别、班级专业或者毕业去向等信息或者专业毕业人数基本上都没有。但不管怎样，毕业相片簿已经很直观地向我们展示了当时学生的精神风貌，而且这已经具备了毕业发证册的雏形。原来水利电力大学的毕业发证册就是在这毕业相片簿的基础上加上毕业发证信息和毕业去向而形成的。

综上所述，一个学校的在校生名册和毕业生名册中关于学校和学生的信息含量非常丰富，在某种程度上反映了学校的办学规模、发展速度、学校的校园建设和校园文化等内容，有较大的研究价值。再加上数量比较齐全，所以被鉴定为二级文物。

档案馆国家三级可移动文物概述

刘春弟　郑公超　钟　崴

根据《文物藏品定级标准》（文化部 2001 年第 19 号令）规定，三级文物是指具有比较重要历史、艺术、科学价值的文物藏品，与国家一级文物和二级文物同属于珍贵文物的范畴。此次文物普查定级，档案馆馆藏档案有 6 大类、15 件/套被鉴定为国家三级文物，具体见表 1。

表 1　　　　武汉大学档案馆三级可移动文物一览表

文物类别	文物名称	文物数量	数量单位	备注说明
印章（共 6 枚）	李达　木质印章	3	枚	
	朱光潜　木质印章	1	枚	
	王世杰　木质印章	1	枚	
	王星拱　木质印章	1	枚	
校徽	国立武汉大学铜质校徽	2	枚	
铜币	孙中山纪念铜币	1	枚	该币是民国 18 年（1929 年）孙中山迁葬中山陵时的安葬纪念币
地契	清代乾隆时期的地契	1	份	乾隆地契一套 3 张，地契上文字模糊，信息无法分辨

文物类别	文物名称	文物数量	数量单位	备注说明
字画	董必武书法	1	幅	1964 年 12 月 24 日为武汉水利电力学院建院十周年题词
	杨守敬字画（对联）	2	副	
	周恩来亲笔签名	1	个	周恩来 1938 年在武大做抗日宣传演讲时为武大学生在《俄语一月通》首页上亲笔签名"周恩来"三个字
毕业文凭	民国时期国立武汉大学毕业文凭原件	1	套	全套共 955 份，1932—1949 年有 564 份，1950—1956 年有 391 份

一、印　章

（一）王世杰木质印章

王世杰（1891—1981 年），字雪艇，湖北崇阳人，著名法学家、教育家、政治家。英国伦敦大学政治经济学学士，法国巴黎大学法学博士，著有《比较宪法》、《宪法原理》、《中国奴隶制度》等。1929 年 3 月至 1933 年 4 月任国立武汉大学首任校长。王世杰计划将武汉大学建成一所拥有文、法、理、工、农、医六大学院，学生超过万人的综合性国立大学。以此为指导思想，他主持修建了武昌珞珈山新校舍的第一批系列建筑，延揽了一批著名教授，使武汉大学在海内外得到了广泛的赞誉。

图 1 为档案馆保存的已废止的王世杰在国立武汉大学任校长时期曾经使用过的木质印章，这也是迄今为止唯一一枚保存下来的王世杰的印章。图 2 是截取自档案馆保存的 1932 年的毕业文凭中王世杰校

长的签名章。根据字体字形和大小可以推断，王世杰校长的签名章应该就是出自该枚木质印章。

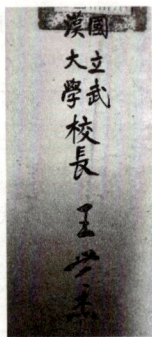

图 1 王世杰木质印章（印面
尺寸：60mm×20mm）

图 2 1932 年毕业文凭中王世杰的
签名章（印章高度：32mm）

（二）王星拱木质印章

王星拱（1888—1949 年），字抚五，安徽怀宁人。著名教育家、化学家、哲学家。英国伦敦大学博硕士，著有《科学概论》、《科学与人生观》、《科学方法论》等。1933 年至 1945 年担任国立武汉大学校长。王星拱提出："大学的任务，在道德方面要树立国民的表率，在知识方面要探求高深的理论，在技能方面要研究推进社会进步的事业。"在他的努力下，学校发展成为一所有 5 个学院 15 个系及 2 个研究所的综合性大学。1938 年，王星拱率校西迁四川乐山，在物质匮乏、经费困难的情况下，王星拱克服重重困难，坚持教学与科研的正常开展，使武汉大学得以继续发展。王星拱担任武汉大学校长 12 年，为国立武汉大学招贤揽才、发展学术作出了重要贡献，是武汉大学历史上最杰出的校长之一。

除校长外，王星拱在国立武汉大学先后担任过理学院院长、化学系主任、农学院筹备处主任等 20 多种职务。但是王星拱使用过的印章目前留存在学校里的只有一枚木质印章，而且也是一枚废止印章。从档案馆保管的 20 世纪三四十年代的毕业证书原件可以看到王星拱印章的原型。

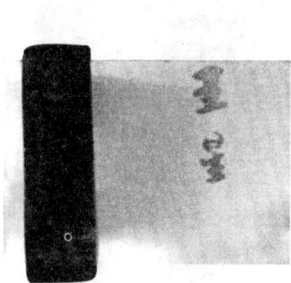

图 3　王星拱木质印章（印面尺寸：20mm×70mmg，印章高度：28mm）

图 4　1934 年毕业文凭上
王星拱校长的签名章

图 5　1936 年毕业文凭上
王星拱的签名章

（三）李达木质印章

李达印章共有 5 枚，是迄今为止留存下来数量最多的个人。其中 2 枚铜质印章被确定为国家二级文物（见上文），3 枚木质印章被确定为国家三级文物。

被确定为国家三级文物的 3 枚木质印章印面都是长方形，2 枚印章文字自上而下竖排，繁体；1 枚横排，自左向右书写，简体，印章外观都是上窄下宽的样式，顶部分别刻着表示印章文字方向的"正"字或"上"字。

图 6　李达木质印章（印面尺寸：25mm×75mm，高度：33mm）

图 7　李达木质印章（印面尺寸：
25mm×56mm，高度：约 28mm）

图 8　1953 年毕业文凭上
李达的签名章

图 9　李达木质印章（印面尺寸：25mm×50mm，高度：33mm）

（四）朱光潜木质印章

朱光潜（1897—1986 年），笔名孟实、盟石，安徽桐城人，著名美学家、文艺理论家、教育家、翻译家，我国现代美学的奠基人和开拓者之一。一生翻译了 300 多万字的西方经典著作，在西方美学思想和中西文化研究方面造诣较深，堪称我国现当代最负盛名并具有国际声誉的美学大师。

1938—1946 年，他在国立武汉大学文学院外文系任教，于1941—1944 年任国立武汉大学教务长，1945—1946 年担任外文系主任。曾讲授高级英文写作、19 世纪专家研究、诗论等课程，培养了大量优秀外语人才。他在国立武汉大学的工作时间正好是国立武汉大学乐山办学时期，乐山时期是国立武汉大学最为艰苦的时期，而朱光潜先生则在这段时间与国立武汉大学甘苦与共，同广大师生员工一起创造了乐山辉煌。

朱光潜先生的印章留存在武汉大学的也只有一枚，木质，印章上缺一字，也应是废止印章。档案馆保存的 1941 年的毕业文凭上有朱光潜作为教务长的签名章，与这枚印章的字迹字体完全相同。

图 10　朱光潜木质印章（印面尺寸：68mm×20mm，印章高度：20mm）

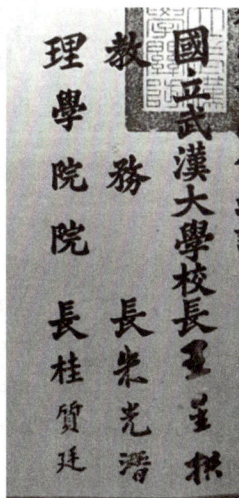

图 11　1941 年毕业文凭上朱光潜的签名章

二、国立武汉大学铜质校徽

国立武汉大学铜质校徽是国立武汉大学成立后设计制作的第一枚"武大"字样的校徽，也是武汉大学所有校徽中唯一一枚以铜为材质的校徽，是在 1930—1931 年，由当时的国立武汉大学校长王世杰委托文学院首任院长闻一多主持设计。在闻一多和文学院第二任院长陈源的先后主持下，组织袁昌英、时昭瀛、刘赜、王星拱、凌叔华、燕树棠、朱东润、萧君绛等多名专家学者先后参与会商、拟制、定形等工作，最终制定出来的，是国立武汉大第一代教职员工集体智慧的结晶。

图 12　国家三级文物（校徽）——武大铜质校徽（中心圆直径为 20mm）

目前档案馆保存的国立武汉大学校徽有两枚，都是用于师生佩戴的证章式吊挂校徽，多棱角加变体"武大"二字纵向书写，中心圆直径为 20 毫米。其中一枚根据色泽推断，应该是紫铜材质。

校徽采用多棱角纵向书写变体"武大"二字。校徽的棱角呈花瓣形，有八个尖角，"武"字上半部被夸张成一个张开双臂拥抱的人，"大"字的一撇一捺则像伫立地面的双脚。"武大"二字顶天立地，不仅寓着意武大人脚踏实地、立足于社会现实，更寓意着武大人有着怀抱寰宇、放眼国际的气魄和武大拥有开放的办学理念。这枚校徽一经问世，就受到了广大师生员工的喜爱，这枚校徽的形象使得"每个人看到它都可以有不同的联想"，当时的师生校友都以佩戴它为荣。在档案馆保存的民国期间发毕业文凭中，校徽图标就位于文凭开端最显眼的位置。

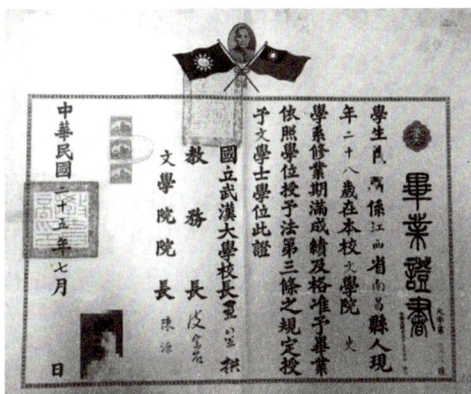

图13　国立武汉大学毕业文凭上的校徽标志

无独有偶，在20世纪90年代武汉大学研究生毕业文凭上也有这枚校徽的图标。即使今天学校在对留学生颁发的文凭上仍然使用的是这枚校徽的图标。

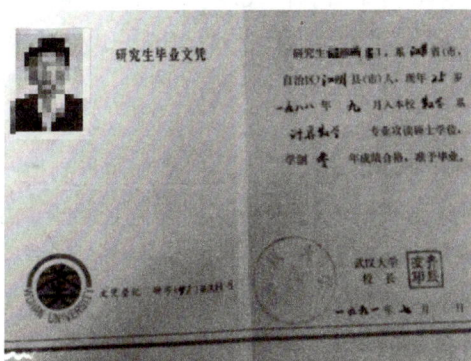

图14　武汉大学1991年硕士研究生毕业文凭上的武大字样的校徽图标

此外，该枚校徽至今还在某些场合使用和传播，例如《武大校友通讯》从 1988 年第 1 期起，就开始将这枚校徽印在每期刊物的封面上——甚至直接用这枚校徽造型来代替《武大校友通讯》书名中的"武大"二字。学校给师生制发的病历本上也有该校徽的图标。

三、孙中山纪念铜币

孙中山（1866 年 11 月 12 日—1925 年 3 月 12 日），本名孙文，谱名德明，字载之，号日新，又号逸仙，出生在广东香山翠亨村（今广东中山市）。他在流亡日本时，曾有一个广为人知的化名"中山樵"，之后转化成为后世常用的"孙中山"。他是中国政治家、革命家、中华民族主义者、中国国民党创始人、三民主义思想的创建者，他不仅组织推翻了清政府，而且开创了共和体制，缔造了中华民国。此后，他又先后出任中国国民党总理、中华民国临时大总统等职。1940 年，国民政府通令全国，尊称其为中华民国国父。

孙中山铜币种类比较多，在民国期间，曾经发行过孙中山头像铜币作为市场流通的钱币。但纯粹纪念意义的铜币基本上有孙中山开国纪念币和安葬纪念币两种，档案馆保存的这一枚黄铜铜币是孙中山安葬纪念币。1925 年 3 月 12 日，孙中山因肝癌在北京逝世，当时灵柩安放在香山碧云寺，直到 1929 年南京中山陵建成，他的遗体才由北京迁往南京。同年 6 月 1 日，国民政府举行了隆重的安葬典礼，史称"奉安大典"，安葬典礼由蒋介石主祭。国民政府还事先委托美国定制铸造两种孙中山安葬纪念章，用以在典礼上颁发，以"颁给各专使以为永久纪念"。

孙中山安葬纪念章由美国著名雕刻家爱迪肯制模，纽约徽章美艺公司铸造，由时任国民政府驻美公使的伍朝枢经办，由安葬委员会委托上海美国领署向该厂家定制。一种是紫铜鎏金制成，另一种是黄铜制成的。鎏金铜章仅 50 枚，只赠给党部各部长及司仪。黄铜纪念章共两万枚，每一枚都有编号，赠送除党部部长和司仪以外的其他参加葬礼的人员。纪念章正面为孙中山浮雕头像，面容惟妙惟肖，栩栩如生，双目凝视，炯炯有神，气度非凡，充分表现出一代伟人的风采。

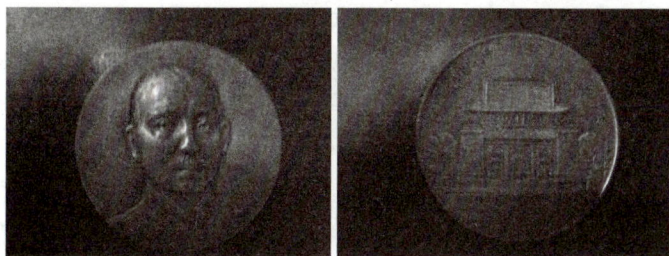

图 15　档案馆保存的孙中山安葬纪念币

背面为中山陵正面图，其中祭堂、石阶，以及祭堂两旁的树木，雕刻精细，层次分明，连拱门上紫铜双扉的梅花空格也清晰可辨；中门顶端镌有孙中山手书的"天地正气"直匾一方；堂前石阶辟为三道。整个中山陵庄严肃穆，图案清晰可辨。祭堂右上方阴镌"孙中山先生安葬纪念"，左上方阴镌"中华民国十八年三月十二日"，这些文字是担任安葬委员会委员的蔡元培先生转请吴稚晖先生（原名脁，后改名敬恒，学名吴纪灵〔又称寄龄〕，字稚晖）书写的篆书。侧边铭美商阴英文"MINT. MEDALIC. ART. CO. N. Y. USA."，应该为纪念章制造公司的名称。

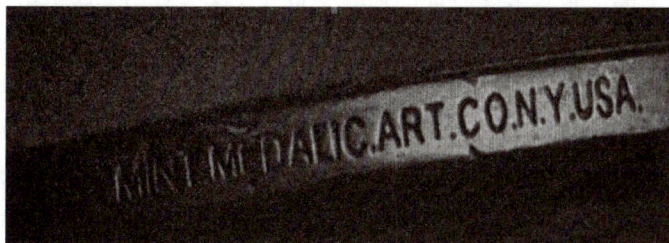

图 16　1929 年孙中山先生安葬纪念币（直径：76mm，厚：3mm）

据《中国革命史》、《中山陵园史录》记载，参加奉安大典的党政军界、民众团体、社会名流、海外华侨各方面代表，以及外国专使和贵宾等各方代表和奉安工作人员等，均获赠一枚"孙中山奉安纪念章"和一本《哀思录》(《哀思录》一书的扉页就印有该章正、背面图)作为永恒纪念。每一枚纪念章均用蓝绫镶制的硬盒包装,蓝绫上印有国民党党徽,精致美观。纪念章仅在南京的奉安大典上赠送发放,当天共颁发了 2000 多枚(另有一万多枚没有发放,后来也下落不明)。

孙中山先生安葬纪念铜章,在纪念章系列中属于大铜章品种,大铜章系指直径达 6 厘米以上,由国家制作而无面值的纪念性铜章。这种大铜章内涵丰富,每枚都记载着一件真实的历史事件,或纪念一位伟大的人物。且因它的章面比一般纪念章大,能为设计师和雕刻师的创作提供更多的发挥空间,使他们的艺术才华和独特风格得以展示,所以这些铜章的艺术水平都较高,且融政治、历史于一体,集文化、艺术于一身,更具特殊纪念意义和很高的艺术欣赏价值。孙中山先生安葬纪念铜章,是我国历史上著名的大铜章。随着日月流逝,改朝换代的变革,目前它的存世量已经很少,弥足珍贵,因此被鉴定为国家三级文物。

四、清代乾隆时期的地契

地契是见证我国土地权属变更的重要历史资料。档案馆保管的年代最久远的地契是乾隆时期的地契,总共 3 张,其中一张是乾隆五十年(1785 年)冬月二十八日陶光奕族人将祖传土地转卖给李维叔侄名下的一份地契文书,包括土地坐落、四边边界、地价、出让条件、证人签名等信息。即陶家将磨旗山、柴山坐落于大石头西边、东与黄家(黄明著)连界、西与彭家连界、上至山顶、下至山脚湖边为界的土地以二十八串青钱卖给李维叔侄。第二张是半联乾隆时期的(红契),因为时隔两个世纪之久,年代久远,字迹模糊不清,难以辨认,从签名来看,也应是陶光奕转卖土地给李维的地契,但是土地位置、四边边界、地价等信息已无法辨认,也无法判断与第一张地契内容是否相同。第三张是光绪二十六年(1900 年)五月二十日李维关于东湖磨山的地契收条一张。该地契年代久远,具有一定的历史和经济研究价值,因此被鉴定为三级文物。

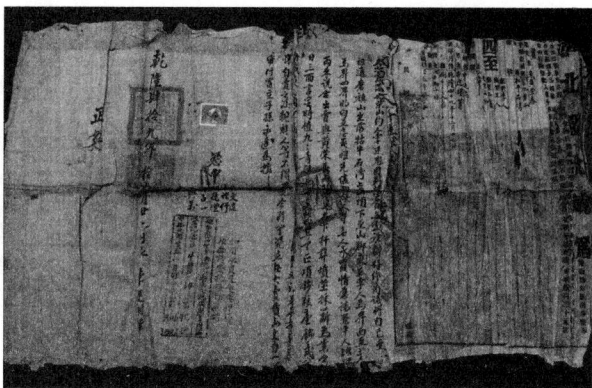

图 17　清代乾隆时期的地契

五、字　　画

（一）　周恩来亲笔签名

在武汉大学档案馆保存有一本俄语教科书——《俄语一月通》，这本教科书曾经是当时学生手中所拥有的众多的教材之一，但这本看似普通的教科书却承载着周恩来总理的真迹——手写签名，这是周恩来 1938 年在武汉大学演讲时给一位在座的俄语系学生的亲笔签名。

1937 年，抗日战争全面爆发，国共抗日统一战线初步形成。12 月，周恩来受命率领中共中央代表团，从延安来到武汉，主持南方军务和统战工作，并受蒋介石邀请，出任国民政府军事委员会政治部副部长，居住在珞珈山。在武汉期间，周恩来广泛接触社会各界人士，宣传党的抗日主张，组建了各种抗敌协会和宣传团体，组织领导了大量的团结抗日的宣传教育工作。他积极支持武大学生的抗日爱国热情，从 1937 年 12 月到 1938 年秋为武大师生做过多次演讲。

1938 年秋，应武汉大学地下党支部的外围组织——抗日问题研究会之邀，周恩来在武汉大学大操场连续两晚讲解毛泽东的《抗日

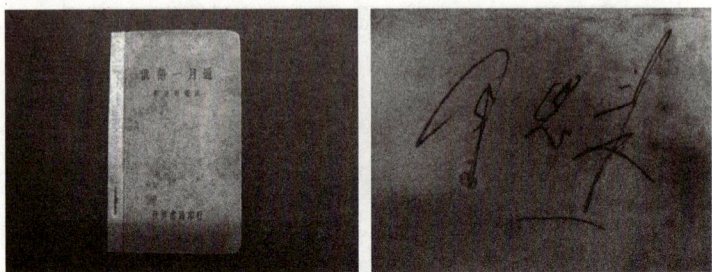

图18　周恩来1938年秋在我校作宣传抗战演讲时为武大学生亲笔
签名《俄语一月通》

游击战争的战略问题》的基本精神。他透彻阐述了毛泽东在这篇论著中的军事思想，号召知识分子行动起来，投身抗日斗争，夺取抗战的胜利。在演讲过程中，突然响起了空袭警报。他临危不惧、从容不迫地指挥大家有秩序地进入地下室，而他自己则最后一个离开会场。警报解除后，继续演讲。演讲结束后，师生纷纷上前请周恩来签名，一名学生激动地向他递上自己手中的《俄语一月通》请他签名，周恩来挥笔就在书的扉页写下了"周恩来"三个字。

这本小开本的《俄语一月通》共283页，由舒重野编译，世界语言学社出版，世界书局发行，民国二十五年（1936年）六月初版，民国二十六年（1937年）三月再版，中华民国国币三角五分。1983年，在武汉大学校庆前夕，该书的所有者将他珍藏了40多年的这本小书辗转赠送给武汉大学档案馆，又30年后，这本带有周恩来亲笔签名的《俄语一月通》被鉴定为国家三级文物。

（二）董必武书法

董必武，原名贤琮，又名用威，字洁畚，号壁武，从事革命活动后改为必武。1886年出生于湖北省黄安（今红安）县城，1975年病逝。他是中共的创始人之一、伟大的马克思主义者、杰出的无产阶级革命家、中华人民共和国开国元勋、中国社会主义法制的奠基者。

董必武与武大的关系源远流长。1921年曾通过在武昌高师任教

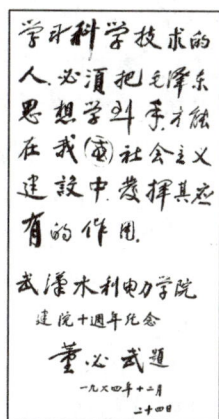

图19　董必武书法

　　的黄侃先生安排中共一大预备会议在博文女校召开。1922年秋，与陈潭秋将武昌高等师范学校和该校附小中的进步青年20多人吸收到团组织和党组织中来，发展了武汉地区较早的一批共产党员。1926年秋，国立武昌中山大学组建时，董必武担任筹备委员会委员和校务委员会监察委员。1927年4月，在武昌高师附小参加了党的第五次全国代表大会。1937年10月，应武汉大学地下党的外围组织——抗日问题研究会的邀请，到武大学生大礼堂为全校师生作了《独立自主，发展游击战争》的讲演。1964年11月，陪同阿富汗国王穆罕默德一行到武汉访问时陪客人参观了武汉大学。

　　秀才出身的董必武嗜好读书，对于中国古典诗词、书法和文化历史都有很高的造诣。1963年武汉大学校庆时，曾赠送"珞珈之山，东湖之水，山高水长，流风甚美"的题词表示祝贺。1964年12月，武汉水利电力学院建院10周年时，时任国家副主席的董必武在百忙之中也专程题词祝贺。他在题词中写道："学习科学技术的人，必须把毛泽东思想学到手，才能在我国社会主义建校中发挥其应有的作用。"以此勉励广大师生发奋学习，为社会主义建设添砖加瓦。该题词在2014年6月被评定为三级文物，为武汉大学乃至社会留下了珍贵的记忆和宝贵的精神财富。

（三）杨守敬字画（对联）

杨守敬（1839—1915 年），清末民初著名历史地理学家、金石学家、目录版本学家、书法家和近代大藏书家。1839 年 6 月 2 日生于湖北宜都（今枝城）一个商人家庭。杨守敬一生具有多方面的成就，尤以舆地学的成就最为突出；爱好训诂，注重金石考证；精于书法，对楷书、行书、隶书、小篆等有很高的成就，行书成就最高。他的行书作品，运笔加强力度，撇、捺、垂露都笔笔送到，大有雄放之气。同时，在法度之中又加以变化，有的笔画，如撇、捺等加以放纵，使整幅作品气韵生动而富有个性。字的结体取横势，有六朝碑版的特点但又不尽是六朝笔法，每个字结构疏密参差，纯朴古拙，得自然之趣。整体章法一气呵成，气势贯通。杨守敬的书法风靡日本，日本书道界尊他为日本现代书法的祖师，称他是"近代日本书法的掘井人"、"日本现代书道之父"，并以他作为判断整个书法跨入新时期的标志。

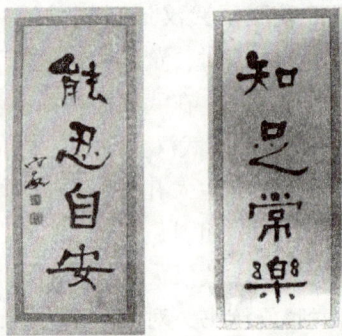

图 20　杨守敬字画（对联）上联——知足常乐，下联——能忍自安

1874 年，杨守敬考取国史馆誊录。1880—1884 年任驻日钦使随员，归国后先后任黄冈教谕（1885 年）、两湖书院教习（1900年）、勤成（后更为存古）学堂总教长（1903 年）等职。1909 年被举为礼部顾问官，次年兼聘为湖北通志局纂修。在武汉工作期间，杨守敬也曾留下不少书法墨迹，在武汉大学档案馆现保存有杨

守敬的两副对联，这两副对联因其珍贵的艺术价值，被鉴定为国家三级文物。

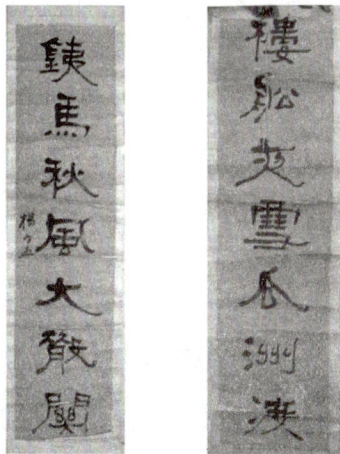

图21　杨守敬字画（对联）上联——楼船夜雪瓜洲渡，下联——铁马秋风大散关

六、毕业文凭

　　武汉大学校档案馆中保存着一批老文凭，是当时因各种原因没有来得及发给毕业生的毕业文凭原件。其中1932—1947年国立武汉大学时期的毕业证书有552张（另有15张已经领取），1949年毕业文凭12张，中华人民共和国成立后1950—1956年的武汉大学毕业文凭391张（另有8张已经领取），总共955张。毕业文凭之所以没有发出去，与当时时局有关。抗日战争期间，武大迁往四川乐山，一直到1946年才辗转回到珞珈山。其后，又遭三年内战，不少学生因战乱、外地就业、出国深造等原因而没来得及领取毕业证书。比如在武大保存的毕业文凭中，曾有一批于1942年报送当时的教育部审核，4年后教育部才批复下发文凭，但是学生们早已离开校园。

　　毕业证书的幅面都比较大，国立武汉大学时期的毕业证书约有50cm×40cm，繁体，篆书和楷书两种字体，竖排，自右而左书写，文凭正上方是孙中山的头像，头像下方是国民党党旗和中华民国国旗，下方方框内最右边的小字部分是毕业证书号，国立武汉大学都是两证合一形式的毕业文凭，然后就是篆书的"毕业证书"4个大字，字的上方是武大校徽的图标，右起第一段是毕业证书的正文，中间部分是校长、校务长、院系院长的签名章，学生的毕业照被贴在文凭的左下方。文凭上还有"国立武汉大学关防"字样的长方形印章和"教育部印"字样的正方形印章。毕业证书整体看起来非常大气、庄重，具有厚重的历史感。

图 22　1936 年国立武汉大学毕业文凭

　　和本科毕业证书保存在一起的还有少量的针对法律系学生颁发的司法院证明书，证明书的颁发者为国民政府司法院，盖有司法院院长的签名章和国民政府司法院的方印，学生的照片贴在证明书的正中间的下部。毕业证明上有学生姓名、年龄、籍贯、毕业分数、毕业时间等信息。这是证书的右半边部分，由学生自己保管。

　　1949 年还有 12 张毕业文凭是私立武昌文华图书馆学专科学校的文凭，证书接近于正方形，尺寸约 45mm×45mm，主体部分以黄色为底色，并配有"为人民服务"5 个大字的底字，红色边框，左下角贴有毕业生的照片，毕业证书文字也是繁体、竖排、楷体，自右向左书写。内容比较简单，盖有文化图专学校的印章和校长的签名章以及

图 23　司法院证明书

"中南军政委员会教育部之印"字样的方印。毕业证书包含学生姓名、年龄、籍贯、专业、学习年限等信息，但没有毕业证号。

图 24　私立文华图专的毕业证书

1949 年 10 月 1 日中华人民共和国成立，国立武汉大学也更名为武汉大学，毕业证书的印章也变成了武汉大学方印，中南军政委员会的印章从 1949 年一直使用到 1952 年，从 1953 年起改为"中南行政委员会高等教育局印"字样的方印。

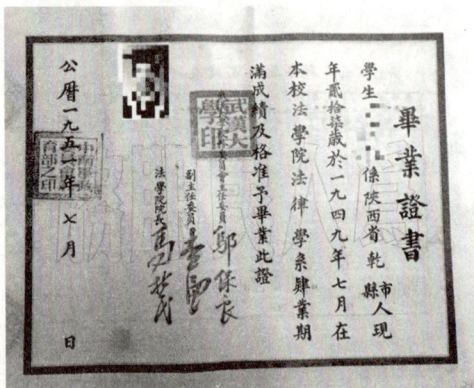

图25　1951年武汉大学毕业文凭

　　从现存的毕业证书来看，新中国的毕业证书也是繁体，楷体，竖排，自右而左书写。毕业证书编号位于"毕业证书"四个大字的底端。毕业生照片也贴于左上方的位置。毕业证书的规格同文化图专的毕业证书相似，也是接近于正方形，尺寸主体部分以黄色为底色，并配有"为人民服务"5个大字的底字，红色边框。

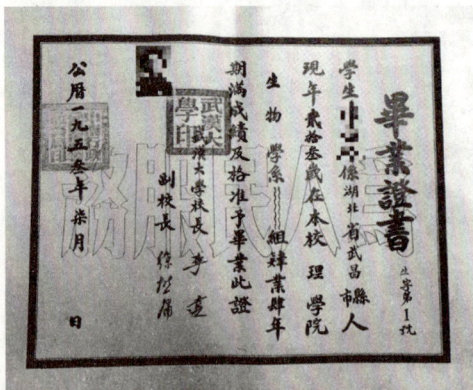

图26　1953年的武汉大学毕业文凭

国立武汉大学校徽、校训、校歌的
产生经过及其文化解读

吴　骁　刘文祥　黄一秦

校徽、校训和校歌，是一所学校最基本的文化标识，也是其校风与精神的集中体现和重要载体。一组成功的大学校徽、校训、校歌作品，不应仅仅是视觉、听觉形象上的传达，更应是一所大学文化传统与精神价值的高度凝练，一种能够永远凝聚与感召学校全体师生校友的强大精神力量，它对于传承和弘扬一所大学优良的学术文化传统，引领校园文化发展、繁荣的前进方向，增强学校的办学"软实力"等方面，都具有难以估量的作用与价值。

在武汉大学百余年的办学历史上，曾经先后出现过多种校徽、校旗、校训和校歌，其中，最能体现和代表武汉大学这所著名学府崇高的学术地位、深厚的文化底蕴与独特的精神风貌的，毫无疑问是20世纪30年代先后诞生的国立武汉大学校徽、校训和校歌。

一、国立武汉大学校徽、校训、校歌的产生经过

1928年，中华民国大学院将原国立武昌中山大学改组为国立武汉大学，在建校初期千头万绪的繁忙工作中，学校也没有忽视校园文化建设。1930年3月27日，国立武汉大学第69次校务会议通过了"制定校徽校歌案"，议决"通告全校教职员、学生自由提出校徽、校歌式样，于四月二十日前送秘书处"，"一面由文学院院长①汇齐

---

① 时任文学院院长为闻一多。

以上提出校徽、校歌式样，加以审核，于四月三十日提送校务会议决定"。① 由于在规定的时间内未能征集到合适的方案，5 月 1 日召开的第 74 次校务会议又通过了"校旗校徽校歌案"，议决"推闻一多、陈通伯②、袁昌英、时昭瀛诸先生会商拟制数种，并通告本校各教员、学生尽五月十日前自由提出方案，送交闻先生审定后一并提出本会议决定"。③ 但这一次的征集工作，最终仍然没有下文。

1931 年 2 月 20 日，国立武汉大学第 109 次校务会议又通过了"征求校徽校歌案"，议决"向本校教职员、学生征求"，"截止期定于三月底以前，送交文学院院长④集齐，提出校务会议决定"。⑤ 此次的征集活动，没有确定校歌，但最终确定了校徽的式样。4 月 24 日，第 116 次校务会议通过了"校徽校旗案"，议决"校徽上用'武大'二字不着他字"，"校徽上文字体式及校徽形式颜色，请刘博平、王抚五、凌叔华、燕召亭、时昭瀛、陈通伯、朱东润、萧君绛各先生定形，于五月十日以前提交本会决定"。⑥

在抗战爆发之前，国立武汉大学迟迟未能确定校训与校歌。抗战爆发后，武汉大学于 1938 年西迁四川乐山。此时，国民政府教育部多次训令全国各级学校制定校训、校歌，并呈送备案。为此，1939 年 3 月 3 日召开的国立武汉大学第 351 次校务会议，通过了"校训校歌迭奉部令饬拟呈报应如何办理案"，议决"推定徐天闵、刘博平、

---

① 参见《国立武汉大学校务会议纪录》（第二册），第 50 页，武汉大学档案馆馆藏档案，全宗号 6，年代号 1930，分类号 L7，案卷号 13。

② 陈源，字通伯，时任外文系主任。

③ 参见《国立武汉大学校务会议纪录》（第二册），第 61 页，武汉大学档案馆馆藏档案，全宗号 6，年代号 1930，分类号 L7，案卷号 13。

④ 时任文学院院长为陈源。

⑤ 参见《国立武汉大学校务会议纪录》（第三册），第 20 页，武汉大学档案馆馆藏档案，全宗号 6，年代号 1932，分类号 L7，案卷号 52。

⑥ 参见《国立武汉大学校务会议纪录》（第三册），第 36 页。刘赜，字博平，时任中文系主任；王星拱，字抚五，时任教务长、理学院院长兼化学系主任；凌叔华为著名女作家，陈源的夫人；燕树棠，字召亭，时任法律系主任；时昭瀛为政治系教授；朱东润为中文系教授；萧君绛为数学系教授。

图 1　1931 年制定的国立武汉大学校徽

朱光潜三先生组织校歌撰拟委员会，由徐天闵先生召集"①。其中，徐天闵与刘博平（即刘赜）均为中文系教授，前者为著名古典文学研究专家、诗人，后者为著名小学（中国传统语言文字学）专家，"章（太炎）黄（季刚）学派"的主要继承人，1956 年被评为国家一级教授。朱光潜为外文系教授，著名美学家、文艺理论家、教育家、翻译家，中国现代美学的奠基人和开拓者之一，1956 年在北京大学任教期间被评为国家一级教授。

1939 年 4 月 21 日，国立武汉大学第 354 次校务会议议决，以"明诚弘毅"四字为本校校训。② 6 月 9 日，第 356 次校务会议又通过了"审定本校校歌案"，议决"根据校歌撰拟委员会报告通过"。③

---

① 参见《国立武汉大学第三五一次校务会议常会纪录》，《国立武汉大学1939 年校务会议常会纪录》，武汉大学档案馆馆藏档案，全宗号 6，年代号1939，分类号 L7，案卷号 28。

② 参见《国立武汉大学二十八年上半年校务工作报告》，《本校 1939 年度校务行政计划及工作报告、教育部有关通知》，武汉大学档案馆馆藏档案，全宗号 6，年代号 1939，分类号 L7，案卷号 16。

③ 参见《第三五六次校务会议常会纪录》，《国立武汉大学周刊》第 310期（1939 年 7 月 10 日）。

但令人遗憾的是，迄今为止，我们尚未发现由徐天闵、刘赜、朱光潜三位先生组织的"校歌撰拟委员会"向校方"报告通过"的国立武汉大学校歌的原始版本。

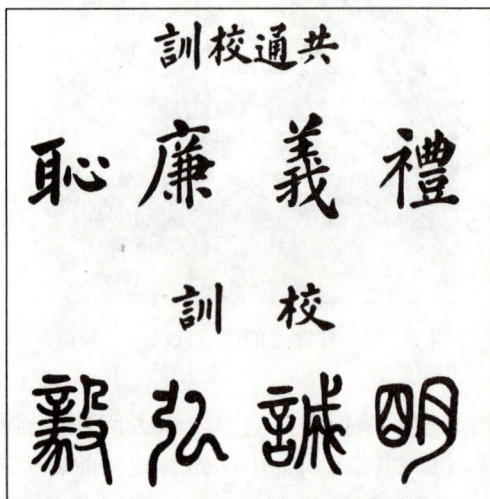

图 2　1939 年确立的国立武汉大学校训

　　1970 年 10 月，国立武汉大学旅台校友会编印的《珞珈》杂志刊登了 1947 年毕业于本校经济系的袁恒昌校友所抄录的"武大校歌"歌词手迹，他在歌词后附言称："武大校歌，还没听人唱过，旋律如何，未曾领略。惟歌词典雅恢宏，至今尚能依稀记忆。事隔二十多年，不敢相信其正确无误，兹特抄录如后，请各学长们指正。"其抄录的歌词全文如下：

　　　　　黄鹄一举兮，知山川之纡曲；
　　　　　再举兮，窥天地之圜方。
　　　　　选珞珈胜地，学子与翱翔。
　　　　　藏焉修焉，息焉游焉；
　　　　　朝斯夕斯，日就月将。
　　　　　念茫茫宇合，悠悠文物；

406

> 任重道远，来日亦何长。
> 努力崇明德，随时爱景光。①

　　1971 年 1 月刊行的《珞珈》杂志第 29 期，又刊登了一首"配有歌谱的武大校歌"，其歌词与该杂志"前次影印袁恒昌校友所抄歌词略有出入"，系由 1948 年毕业于国立武汉大学经济系的何淑英校友由美国寄来。据她所说，该歌谱系于 1957 年"在台湾抄来，出处已无可考"。不过，《珞珈》杂志当时刊出的这首歌谱，在排列顺序上明显有误，其歌词的正确排序当如下文所示：

> 黄鹄一举兮，知山川之纡曲；
> 再举兮，知天地之圆方。
> 试选珞珈胜处，安置百亩宫室，
> 英隽与翱翔。
> 藏焉修焉，息焉游焉；
> 鸡鸣风雨，日就月将。
> 念茫茫宙合，悠悠文物；
> 任重道远，来日亦何长。
> 努力崇明德，及时爱景光。②

　　由于袁恒昌校友所抄录的校歌歌词只是根据自己的"依稀记忆"写出，他本人也诚恳地表示，"事隔二十多年，不敢相信其正确无误"，而何淑英校友所提供的歌词尽管出处不详，但因配有曲谱，个别细节方面也更为准确和完整，似乎更有可能是最终的版本。

---

　　①　以上内容参见国立武汉大学旅台校友会编：《珞珈》第 28 期（1970 年 10 月 1 日），第 4 页。
　　②　以上内容参见国立武汉大学旅台校友会编：《珞珈》第 29 期（1971 年 1 月 1 日），第 12~13 页。

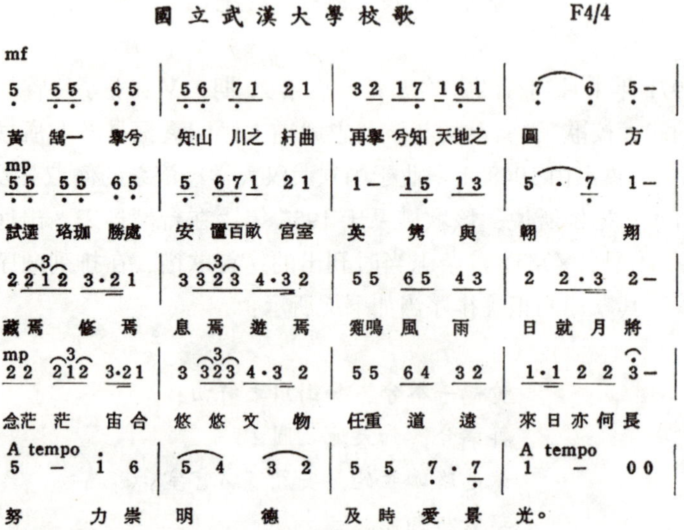

國 立 武 漢 大 學 校 歌　　F4/4

```
mf
5  55  65  │ 56  71  21 │ 32 17 161 │  7   6   5 —
黃 鵠一 舉兮   知山 川之 紆曲  再舉 兮知 天地之   圓     方
mp
55 55  65  │ 5  671  21 │ 1 — 15  13 │  7   1 —
試遷 珞珈 勝處   安 置百畝 宮室  英   偉   與   翱     翔
2212 3·21 │ 3323 4·32 │ 55  65  43 │ 2  2·3  2 —
藏焉 修焉 息焉 遊焉   宙鳴 鳳雨   日就 月將
mp
22 212 3·21 │ 3323 4·32 │ 55 64 32 │ 1·1 2 2  3 —
念茫 茫 宙合 悠悠文 物   任重 道 遠   來日亦何長
A tempo                              A tempo
5 — 1  6 │  5   4   3  2 │ 5  5  7·7 │ 1 — 00
努 力崇 明 德   及 時 愛 景 光。
```

图3　1939年作成的国立武汉大学校歌

二、对国立武汉大学校徽的文化解读

在1931年国立武汉大学确定了校徽的具体图案之后，对于其中的设计寓意与文化内涵，我们尚未看到当时的校方对此作出过任何的解释和说明。当然，这在客观上也给后世的研究者与使用者留下了非常广阔的想象与解读空间。

大学校徽是言、象、意的结合体，在很大程度上代表了学校的精神与追求，是整个学校办学理念、历史底蕴、人文精神的外在体现，是大学文化的集中表现形式。如同《易》中卦象，大学校徽通过"观物取象"以小见大、见微知著、以简寓繁、形式婉曲、意蕴深隐。另一方面，中国书法源远流长，博大精深，汉字以抽象、丰富的点画线条汇成书法独特的艺术语言，以千姿百态的形体结构为书法奠定了造型基础，而篆、隶、楷、行、草各种字体又为书法的表现形式开辟了广阔的天地。大学名称和校徽统一的字体设计，虽然只有一个设计要素，却兼具了两种功能，达到视觉和听觉同步传达信息的效果。正因为如此，汉字型校徽被众多研究者公认为中国大学校徽的巅峰。

国立武汉大学时期的老校徽，正是汉字型校徽，其图案化的设计既能体现汉字的魅力，又富有现代感，整体造型美观大方。虽然我们迄今还未发现当时的武大校方曾专门对这枚校徽图案的具体寓意作出解释，然而，中国传统文化历来讲求"含蓄"与"留白"，特别是汉字型校徽，其简约而不简单的设计手法，便为人们留下了无穷无尽的想象空间。正如刘道玉老校长所言，对于这枚老校徽，"每个人看到它都可以有不同的联想，最重要的不是它像什么，而是它的想象空间"。①

在笔者看来，国立武汉大学时期的这枚老校徽，整体图案古朴典雅，大气磅礴，取象嘉美，意韵悠长。其外围轮廓形似绽放的花瓣，又似中国古代瓷器中的"葵口盘"造型，其形状不拘一格，大方美观，更寓意绝佳，足以象征作为知识殿堂的武汉大学的圣洁、高贵与开放。对此，刘道玉老校长曾指出，"老校徽是花瓣形的，有八个尖角，这样的造型全世界都罕见"，这种形状有深层次的含义，可以理解成知识分子的棱角，强调一所大学突出的个性，"做学问就要成为敢于冒尖的人"。②而更为重要的是，花瓣形的外围轮廓，在基本造型上也与世界上几乎所有大学的校徽图案——特别是在中国大学中最为盛行、甚至"泛滥成灾"的圆形校徽图案彻底地区分开来，充分地彰显出独一无二、举世无双的独特个性。老校徽的内部核心部分，围以麻绳一圈，麻绳是坚韧耐磨的，象征武大学子坚忍不拔、勤奋进取的精神。其内部图案依圆就势，促长行短，互为辟就，不取方正，字体之间的空间笔画关系布局巧妙，浑然一体。

此外，如果把"武大"二字理解为一个人，上面"武"字的一撇一捺就像拥抱世界的双手，寓意武大的国际性视野和开放的办学理

---

①② 参见刘丹、任慧敏：《武大三师生倡议恢复老校徽、校训和校歌，老校长刘道玉表示完全支持——"恢复校训是回归老武大精神"》，《长江商报》2011年12月5日。

念；而下面"大"字的一撇一捺则像伫立地面的双脚，寓意武大人治学行事均须立足于真实的社会现实。与笔者所见相近的是，武汉大学文学院 2007 级本科生万安洛亦曾如此理解国立武汉大学校徽的设计手法与深刻寓意：

> 这个校徽厚重凝练，端庄典雅……作为诗人的闻一多先生，设计的字体意蕴丰富，富有诗意。"武大"二字，整体上端正，态度端正，正己待人。"武"字如同向前奔跑的人，把"止"字完全踩在脚下，寓意永不止步，勇往直前。"大"字如同一个人把道路扛在肩上，寓意禀道而行，永不离道。总体来看，字型飘逸厚重，寓意深远。[1]

国立武汉大学时期的这枚老校徽，在本校历史上影响深远，深受一代又一代的武大师生校友的认同与喜爱——不光是国立武汉大学时期的师生校友均以佩戴它为荣，近几十年来，哪怕是在"文化大革命"的极"左"时期，它也从来没有在武汉大学的校园内外绝迹。直到今天，这枚老校徽在武汉大学的广大师生校友中仍然有着极高的认同度，并在众多场合被广泛地使用和传播。比如说，由武汉大学校友总会负责编辑的《武大校友通讯》，从 1988 年第 1 期起，就开始将这枚老校徽印在每期刊物的封面上，甚至直接用其汉字造型来代替《武大校友通讯》这一书名中的"武大"二字，近 30 年来从未间断。再如武汉大学校医院的教职工门诊病历，其封面也使用了这枚老校徽的造型图案。事实上，直到 1999 年，在四校合并前夕，武汉大学行政大楼的大门上仍然挂着这枚老校徽。

最后，我们还应当充分地认识到，国立武汉大学的校徽，是在 1930—1931 年，在国立武汉大学首任校长王世杰的任内，在文学院首任院长闻一多与第二任院长陈源的先后主持下，由袁昌英、时昭瀛、刘赜、王星拱、凌叔华、燕树棠、朱东润、萧君绛等多名专家学

---

[1] 本段文字系出自笔者吴骁过去开设的《武汉大学校史》公共选修课结业学生万安洛的答卷。

者先后参与会商、拟制、定形等工作，才最终制定出来的，是众多国立武汉大学第一代教职员工集体智慧的结晶。上述十多名武大先贤，均为学识渊博的优秀学者，其中不乏学贯中西抑或文理兼通的学术大师。唯有大师手笔，方能最充分地体现出其所在大学深厚的历史文化底蕴。只要看到这枚由武大先贤们集体设计出来的老校徽，我们便可"睹物思人"，通过对老校徽精美图案的细细品味与欣赏，逐步升华到对缔造出这件经典作品的武大先贤们的瞻念与追思，用心感受他们为武大的创建与发展所作过的巨大历史贡献以及所留下的宝贵精神遗产，这样便有利于充分发挥"名人效应"，增强广大武大人的凝聚力，提振"精气神"，进而为学校的发展和振兴不断提供强大的精神力量。

三、对国立武汉大学校训的文化解读

国立武汉大学在 1939 年正式确立的校训"明诚弘毅"，其前后二字用语分别来源于中国古代的两部儒家经典——

"明诚"语出《礼记·中庸》："自诚明，谓之性；自明诚，谓之教。诚则明矣，明则诚矣。"北宋著名理学家张载曾在《正蒙·诚明》中提出："儒者则因明致诚，因诚致明，故天人合一，致学则可以成圣……"

"弘毅"语出《论语·泰伯》："曾子曰：'士不可以不弘毅，任重而道远。仁以为己任，不亦重乎？死而后已，不亦远乎？'"南宋著名理学家朱熹在《四书章句集注·论语》中曾释之曰："弘，宽广也，毅，强忍也，非弘不能胜其重，非毅无以致其远。仁者，人心之全德，而必欲以身体而力行之，可谓重矣。一息尚存，此志不容少懈，可谓远矣。程子曰：'弘而不毅，则无规矩而难立；毅而不弘，则隘陋而无以居之。'又曰：'弘大刚毅，然后能胜重任而远道。'"

和当时全国绝大多数高校一样，国立武汉大学校训的制定，也是从儒家经典中撷取名言佳句，并将其凝练成一校之训，充分体现了学校对本国传统文化的高度尊重与虚心继承，而这又反过来为学校自身的历史文化积淀增添了厚重的砝码。

在笔者看来，"明诚弘毅"的四字校训，具有如下几点非常突出的优点。

（一）引经据典，内涵深厚

虽然我们现在并不了解 1939 年"明诚弘毅"这一校训的具体形成过程，但据笔者推测，该校训的前面一半之所以会被定为"明诚"二字，很有可能与时任校长王星拱的的教育思想与办学理念有着密切的关系。早在 1931 年 4 月 13 日，当时正兼任国立武汉大学首任教务长、理学院首任院长和化学系首任系主任等职的王星拱，就曾在学校的某次"总理纪念周"中发表了题为《行易知难和儒家学说》的演讲，其中专门谈到了他对于《中庸》中的"诚"字以及"自明诚"一语的理解：

> 中庸又说："诚者，天之道也，诚之者，人之道也，诚者，不勉而中，不思而得，从容中道圣人也。诚之者，择善而固执之者也。"又说：自诚明，谓之性，自明诚，谓之教，自诚而明，即是不勉而中，不思而得，自明而诚，即是择善固执。学者不全是圣人，所以择善固执，是重要的步骤。因此，下面又说博学之，审问之，慎思之，明辨之，笃行之，前四件即是择善，后一件即是固执。[①]

如果从字面意义上进行简单解释，所谓"自诚明，谓之性，自明诚，谓之教"，即是说由真诚而自然明白道理，这是圣人的天性，由明白道理后做到真诚，这便是教化的结果。以笔者之见，国立武汉大学后来之所以会以"明诚"而不是"诚明"为训，即是在承认"学者不全是圣人"、武大学子中的"中才"远多于"天才"这一客观社会现实与校情的前提下，充分注重教化的作用，以收"自明而诚"之功效。在王星拱看来，"自明而诚"的具体过程，即是"择善

---

① 《"行易知难和儒家学说"》（上周纪念周王教务长讲），《国立武汉大学周刊》第 92 期（1931 年 4 月 19 日）。

固执"，具体体现在治学的过程中，也就意味着要善于发现、甄别与求得真理，进而以足够的勇气和毅力去坚持真理。

在笔者看来，以"明诚"作为校训，足以同时体现施教与受教的统一，德育与智育的统一，为学与为人的统一，科学精神与人文精神的统一，以及甄别真理的智慧与坚持真理的勇气的高度统一。短短二字，竟能从中解读出如此丰富的内容，实在是令人赞叹不已。中国传统文化的博大精深与国立武汉大学校训的用词精妙，由此可见一斑。

就算只是将"明诚"二字拆分开来分别进行简单的解读和剖析，我们也能充分地感悟到——国立武汉大学将"明"字列为校训之首，便是表明了这样一所知识殿堂的第一要务和最高追求。将纯粹地、不带功利地探究知识殿堂，创进和繁荣人类文明作为大学之首任，是武汉大学自武昌高师时代以来就形成的理念，而在国立武汉大学成立后进一步上升和提炼，成为校训之首的"明"字。对于武汉大学这所全国一流的高等学府而言，没有任何事情比对真理的求索、对知识的探寻、对美的创造更加重要。这样一种超脱尘俗之"明"，纯粹理性之"明"，正是国立武汉大学所散发出的迷人魅力，也正是这所年轻的大学在短时间内迅速创造中国高等教育辉煌奇迹的重要原因所在。

"明"字之后，继之以"诚"，这又是武汉大学一大最为宝贵的精神财富。在国立武汉大学的创建者心目中，纯粹的知识和高尚的道德，无时无刻不是大学教育的两大准绳，两盏明灯。这一个"诚"字，便高度概括了武汉大学对崇高道德的推崇和追求，以及对于全体珞珈学子的明确要求。"诚"是一种朴素却又高尚的心态。以诚对己，以诚对治学，以诚对他人，以诚对国家和民族，便是对全体武大人的终生训诫。无独有偶，武汉大学历史上最早的校训——武昌高师校训"朴诚勇"，第二个字也同样为"诚"字。"诚"字之于武汉大学，实在有着深厚的精神联系。"明诚"二字，说的是大学之道的不同方面，却从立体的角度同样诠释了武汉大学的魅力所在。武汉大学因"明"而灵俊，因"诚"而敦实。终明且诚，武大因此而立。

至于"弘毅"，也同样从不同角度诠释了武汉大学对全体校友的寄望。既要仰望星空，又要脚踏实地；既要胸怀理想、志存高远，又要躬亲践履、刻苦实干；既要顶天，也要立地。四字合一，就是修业崇德，顶天立地之意。这样的校训，才是真正地包罗万象；这样的校训，才是武大精神的真正写照。

对于"明诚弘毅"的校训与当时武大的校风、学风之间的关系，国立武汉大学校友周宏涛后来曾有过一番精彩的阐述：

> 本校创立时，学校当局即本"自明诚谓之教"，及"士不可以不弘毅，任重而道远"二语，以"明诚弘毅"四字定为校训。校训为一校师生朝乾夕惕的箴言，对于校风之形成当不无功效。尤其在王校长世杰任内，延聘名流教授，充实图书设备，提倡践履笃实之精神，实为影响学风之重要因素。武大位于华中，其学生大都来自鄂湘皖赣之广大农村。农村中淳朴无华的气息，及沉毅踏实的精神，对于学风有其深厚的影响；兼之武大的历任校长以及同学们尊之为人师的许多权威教授，其作人与治学又皆诚挚严谨，所以武大的传统精神，很自然地与其"明诚弘毅"的校训相吻合。①

（二）言简意赅，高度凝练

国立武汉大学校训虽然只有短短四字，却字字珠玑，高度概括，言简意赅，言近旨远。"明"即明晓事理，系对学问、智识的要求；"诚"即内心真诚，系对德行、品质的要求；"弘"即抱负远大，系对理想、志向的要求；"毅"即刚毅坚强，系对意志、毅力的要求。诚如某些武大学子所言，如果一个人真能努力做到"明"、"诚"、"弘"、"毅"这四个字，我们还能对他提出更高的要求吗！

值得一提的是，武汉大学前校长刘道玉就特别推崇老校训中的"诚"字。他认为："'诚'字入校训可以说是武大特质，国内少有。解放前武大学生在社会上最好的口碑是诚实朴素、勤奋刻苦，这说明

---

① 周宏涛：《国立武汉大学简史》，董鼒总编辑：《学府纪闻·国立武汉大学》，台湾南京出版有限公司 1981 年版，第 13 页。

当时的校训给武大学生树立了很好的理念。"他还指出,当前学术腐败、论文抄袭的现象严重,"诚"字有"一字值万金"的价值。①

(三) 个性十足,独一无二

最后,非常重要的一点是,"明诚弘毅"的四字校训,不与世界上任何一所大学的校训相重复或雷同!就具体用字而言,其他兄弟院校的校训,偶有与此校训重复一二字者,但绝无重复三字者,而且重复率也相当低,几乎可以忽略不计。就整体而言,这条校训绝对是全世界独一无二的,可谓充分体现与彰显了武汉大学的个性魅力,从而将武大独特的文化传统、精神遗产与基本校风,与其他兄弟院校较好地区别开来。

四、对国立武汉大学校歌的文化解读

诚如袁恒昌校友所言,国立武汉大学校歌歌词最显著的一个特点,便是"典雅恢宏",它通过大量引用中国古代各种典籍中的名句,并辅以少量原创词句,将其有机地融合为一个整体,借此来表现本校的文化特质与精神风貌,堪称古为今用、"六经注我"的一大典范。

纵观全国各大高校,大凡优秀的大学校歌,其歌词往往都载负着厚重的历史感,这种厚重的历史感首先是通过典故的运用,对学校所在地区的文化传统进行比较充分的揭示而形成的。在这个方面,国立武汉大学校歌正是一个成功的典范。校歌的开篇即是"黄鹄一举兮,知山川之纡曲;再举兮,窥(知)天地之寰(圆)方"。此句出自《楚辞·惜誓》,其原文为:"黄鹄之一举兮,知山川之纡曲。再举兮,睹天地之圜方。"王逸在《楚辞章句》中注释道:"言黄鹄养其羽翼,一飞则见山川之屈曲,再举则知天地之圜方。居身益高,所睹愈远也。以言贤者亦宜高望远虑,以知君之贤愚也。黄,一作鸿。

---

① 参见刘丹、任慧敏:《武大三师生倡议恢复老校徽、校训和校歌,老校长刘道玉表示完全支持——"恢复校训是回归老武大精神"》,《长江商报》2011年12月5日。

一，或作壹。睹，一作睹，一作知。"以楚辞开篇，带有浓郁的荆楚地域文化色彩；而以"黄鹄"打头，则会使人自然而然地想起"白云黄鹤之地"——湖北武汉，并继而顺理成章地联想起这座以所在城市命名的著名学府——武汉大学。虽然用语较为含蓄，但也足以令人一闻即知——此乃武汉大学校歌也！这种比兴手法的妙用，委实要比武汉大学现行校歌歌词开篇就平铺直叙地交代什么"东湖之滨，珞珈山上"高明百倍。

接下来的"（试）选珞珈胜地（处），（安置百亩宫室，）学子（英隽）与翱翔"一句，描述了第一代武大人选址风景优美的武昌珞珈山，在此兴建气势恢弘的宫殿式校舍之丰功伟绩，又顺势交代了学校的地理位置与校园环境，同时也是在提醒广大在美丽的珞珈山校园自由"翱翔"的"英隽"们，切勿辜负学校为大家创造和提供的大好环境，努力成长成才。

"藏焉修焉，息焉游焉"出自《礼记·学记》，"朝斯夕斯"出自《三字经》（原文为"朝于斯，夕于斯"），"日就月将"语出《诗经·周颂·敬之》，均蕴含刻苦学习、学贵有恒之深意。而另一版本中的"鸡鸣风雨"则语出《诗经·郑风·风雨》，原文为："风雨如晦，鸡鸣不已。既见君子，云胡不喜。"常被人引申解读为君子在黑暗的环境中仍不改自己的气节，用于此处，也表现了全体武大人对于改良社会现实的坚定决心。

"念茫茫宇（宙）合，悠悠文物"，则是在感叹宇宙万物之浩大，人类文明之悠久，随后又继之以"任重道远"，以此暗合"弘毅"之校训，并以"来日亦何长"作结，再次强调了武大学子在追求真知、改造社会的道路上所肩负的巨大责任。

末联中的"努力崇明德"出自西汉李陵与苏武诗："努力崇明德，皓首以为期。""随（及）时爱景光"出自苏武与李陵诗："愿君崇令德，随时爱景光。"此二句苏武、李陵相和之诗句，早已形成约定俗成的搭配，如著名画家张大千就曾题写"努力崇明德，随时爱景光"一联送给自己的弟子。作为国立武汉大学校歌，以楚辞开篇，以汉诗结尾，如此"楚头汉尾"的独特布局，可谓匠心别具，生动巧妙。

纵览全篇，我们可以非常强烈地感受到，这首老校歌完全可以说是为武汉大学"量身定做"的。既有鲜明的个性，又有深厚的内涵，既有优美的文采，又有精辟的典故，确实是一篇非常优秀的校歌作品。

当然，国立武汉大学校歌歌词通篇使用文言文，会令初识者一时难于理解，不过，其文意毕竟较为浅近——至少远远不像清华大学、南京大学、浙江大学等兄弟高校的文言校歌那样晦涩难懂——对于稍微有一点文言文功底的大中学生乃至普通公众来说，只需我们对其具体词意稍作解释，便不再继续构成理解障碍，丝毫不影响这首经典老校歌在武大师生及社会公众中的广泛传播。另外，文言文的歌词还有一个非常重要的优势，即信息容量相对较大，在有限的篇幅之内，往往能够比相近字数的白话文表达出更多的深意，这一优势也是一般的白话文歌词难以企及的。

对于这首文言文的老校歌，武汉大学外国语言文学学院 2007 级本科生刘振羽将其高度评价为"公认"的"武汉大学校歌创作之巅峰"，他具体分析道：

> 文言歌词虽有晦涩难懂之嫌，但其音律协和，意蕴深远，则远非白话所能及。歌词采用文言，并非有些人所谓的固步自封、保守陈旧，而是对传统文化以及学校精神遗产的继承与发扬。校歌为大学之门户，代表大学之形象、大学之精神。国立武汉大学作为名师云集、众才合璧之高深学府，承载了中华数千年传统文明，并极力吸取西学之所长，如此理应以深邃高远之文言雅句来表现本校、宣扬本校，而远不是寥寥数行白话文所能展示的。在结合文言韵律的基础上聆听国立武汉大学校歌，方才酣畅淋漓。听毕凝思，词曲皆紧凑衔接，一气呵成，荡气回肠，曲调婉转多情而又似催人奋进。……综览全词，跌宕起伏，层次分明，顺势便将国立武汉大学的景、情、人、思不露痕迹地结合在一起，予人以雄浑壮丽而又间杂轻盈柔和之感，实为不可多得的佳作。①

---

① 本段文字系出自笔者吴骁过去开设的《武汉大学校史》公共选修课结业学生刘振羽的答卷中的《武汉大学校歌的历史沿革及鉴赏话评》一文。

通过上述解读与剖析，我们认为，国立武汉大学时期的校徽、校训、校歌，是"三位一体"、密不可分的一整套校园文化标识体系，它们不仅从各自本身的美感上来讲高度成功，更从美术、文学、音乐的不同层面和角度立体地诠释了同样的精神文化内核。而这一文化内核，便是自 1913 年国立武昌高等师范学校建校以来开始形成并一脉传承，至国立武汉大学时期得以发扬光大并得到凝练的真正的武大精神与文化。因此，从内在的文化气脉上说，老校徽、校训和校歌是高度完整贯通的，没有任何的生硬拼贴之感，而凝结其中的文化内核，也正是武汉大学百余年历史的真正魅力所在。若是有朝一日，武汉大学能够适时地全面恢复在本校最辉煌的那段历史时期所产生的这样一套至为经典的校园文化标识体系，这对于更好地传承和发扬自身的优良传统、文化与精神，必将大有裨益。

武汉大学名人档案简介

王　环

　　日月经天，江河行地。在武汉大学百余年的建设和发展历史进程中，有许多怀握瑾瑜、龙章凤姿之士。他们在各学科、领域、行业颇具影响力并得到社会和历史承认，为整理和收集他们在学习、工作和生活中形成的各种珍贵史料，丰富档案馆馆藏资源，传承和发扬百年名校的优良传统和先进文化，加强校史研究和校风、学风建设，武汉大学档案馆于 2006 年启动了武汉大学名人档案征集工作。

　　根据《武汉大学著名人物档案管理办法》（武大档字〔2006〕2号文），在广泛征求各方意见的基础上，2006 年，第一批名人档案开始征集，此次征集对象包括：武汉大学教职工中的中国科学院院士、中国工程院院士、人文社会科学资深教授、中华人民共和国成立后学校的正职领导（包括合校前各校正职领导）以及曾任国家一至三级教授者，经过公示，查漏补缺，最终确定了 129 位征集对象，涉及全校 21 个单位和学院。2015 年，经学校第二批名人档案征集工作专题会议研究，确定了第二批名人档案的范围和对象为：中国科学院院士、中国工程院院士（增补）、人文社会科学资深教授（增补）、合校后学校历任正职领导（增补）、副省级以上领导干部、离休老革命干部（老红军）、中华人民共和国成立前著名校长或校务负责人、中华人民共和国成立前各学院在各学科领域有重大学术成就、在国内外有较大知名度和影响力或对本学院学科建设作出过重大贡献的著名学者。根据上述范围，拟定名单 112 人，涉及全校 19 个单位和学院。

　　在各级领导的高度重视、深切关怀和大力支持下，经过档案馆及各相关单位工作人员、档案员的长期努力，截至 2016 年 5 月，已有 109 位名人的 6931 件档案材料征集整理完成。这些档案不仅数量可观，而且质量较高，精品较多，下面列举一二。

黄侃亲自手写的书稿多件。黄侃（1886—1935年），字季刚，湖北蕲春人。原名乔馨，字梅君，后改名侃，又字季子，号量守居士。近代语言文学学家，"章黄学派"创立人之一。武汉大学语言学科奠基人和开拓者。1903年考入武昌文普通学堂，1905年官派至日本早稻田大学留学，在早稻田大学期间加入宋教仁创立的同盟会。在此期间，以运甓、不佞、信川等笔名写作《释侠》、《专一之驱满主义》、《哀贫民》等文，刊于章太炎主编之《民报》。章太炎赏识黄侃的文采收其为徒，教授其音韵、说文。1908年，黄侃因母亲去世回国，但遇清政府严捕革命党人而又离开家乡，前往日本。1910年回国筹备成立了孝义会。1911年辛亥革命中，他和黄兴曾是一起浴血奋战的战友。1914年后，曾在北京大学、武昌高等师范学校（现武汉大学）、北京师范大学、山西大学、东北大学、中央大学（南京大学前身）、金陵大学等学校任教授。他开设的课程有尚书、尔雅、文字、声韵、文选及宋词语课等。他授课风格生动，不拘一格，十分传神，加上善于吟诵诗章，抑扬顿挫，学生们非常喜欢他的讲课风格，戏称为"黄调"。黄侃在文字、声韵、训诂等学术方面的研究功底深厚，其重要著作有《文心雕龙札记》、《反切解释》、《日知录校记》、《集韵声类表》、《黄侃论学杂著》、《说文笺识四种》、《字正初编》、《黄季刚先生遗书》等。发表的论文有《春秋名字解诂》、《与友人论治小学书》、《稷通释》、《释尸鸠》、《咏怀诗笺》、《中国文学概谈》、《文学记微》、《秋华室说诗》、《诗音上作平证》、《汉唐玄学论》等。

朱裕璧生前从德国带回祖国的显微镜。朱裕璧（1903—1986年），字楚珍，湖北宜都人。国家高教二级外科教授。1926年毕业于上海同德医学专门学校，1929年留学德国，就读于德国哥廷根大学外科临床学院，并于1934年获该校研究病理学博士学位。1936年获美国洛氏基金会特别奖（教育部推荐），1985年入选湖北省科技精英。曾任中国民盟中央委员、湖北省民盟副主任委员、湖北省人民政府委员会委员、政协全国委员、政协湖北省常委、中华医学会理事等职。历任中山大学医学院副教授，北平协和医院研究员，同济大学医学院副教授，中山大学医学院教授等职。1942年，应湖北省政府之邀在恩施筹备湖北省立医学院，任筹备处主任、院长。在极为困难的条件下，于 1943 年创立湖北省立医学院（2000 年并入武汉大学），1946 年创立附属教学医院，任首任院长。朱裕璧教授从德国带回的显微镜（见图 1），在当时成为该校建院初期唯一的高档教学仪器。新中国成立后，继任湖北医学院院长，在任职期间，尽管政务繁忙，仍然坚持教学和临床医疗工作，主讲了外科学、解剖学、德语等课程，并亲自做临床手术，是当时湖北卫生界的"三把刀"之一。

图 1

　　谭戒甫与毛泽东来往的信件。谭戒甫（1887—1974 年），原名作民，字介夫，湖南湘乡人。1905 年考入湖南游学预备科。1909 年考入上海高等实业学堂，学习电机工程。1914 年到湖南省立第一中学教英文课。1928 年在武汉大学中文系任讲师一年，后被聘为教授，讲授诸子要论、诸子专书研究、目录学、吕氏春秋、形名学等课程。1938 年到 1946 年历任西北大学、西北师范学院、贵州大学、贵阳师范学院、湖南大学等校教授，曾任西北大学、贵州大学中文系主任，湖南大学文学院院长兼中文系主任。1953 年高校院系调整，调回武汉大学，任历史系教授，主要研究"先秦诸子"、"楚辞"和"金文"。其中对墨经的研究尤为突出，出版著作有《墨辩发微》、《公孙龙子形名发微》、《墨经分类译注》、《庄子天下篇校释》、《屈赋新编》。在武汉大学任教期间，还编印过许多讲义，如《墨经易解》、《墨辩发微之三——墨经易解》、《诸子选读》、《文章选读》等。他对史学的研究、教学直至在国内外学术界享有较高的学术地位，均是在没有师承的情况下，靠自己的刻苦钻研而成。

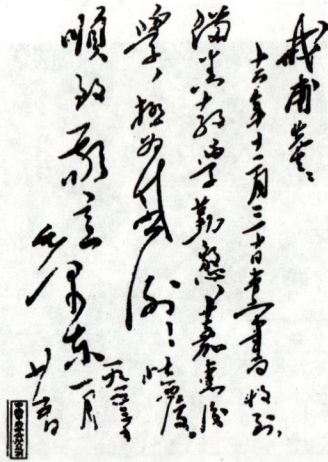

图 2

张瑞瑾 1955 年由周恩来总理签发的副院长任命书和 1984 年由赵紫阳总理签发的名誉院长任命书。张瑞瑾（1917—1998 年），湖北巴东人，著名水利学家，中国近代河流泥沙研究之父，河流力学及治河工程专业的倡导者和奠基人。武汉水利电力大学（2000 年并入武汉大学）名誉院长，教授，博士生导师。1939 年毕业于武汉大学土木工程系，1945 年在美国加利福尼亚大学进修一年，回国后任南京中央水利试验处研究员，1947 年回到武汉大学，历任武汉大学副教务长、工学院副院长、水利学院院长等职。1954 年，水利学院从武汉大学分出，成立武汉水利学院（武汉水利电力大学前身），张瑞瑾历任副院长、党委常委、院长兼学术委员会主任、学位委员会主任，1983 年被国务院任命为武汉水利电力学院名誉院长。曾任国家科委水利工程学科组副组长，中国水利学会泥沙专业委员会主任委员，水电部高等学校水利水电类专业教材编审委员会主任，国家水利电力部三峡工程泥沙问题研究协调组组长，湖北省水利学会第一至三届副理事长，湖北省第五、第六届人大代表，湖北省水利学会副会长，湖北省科协顾问等职。张瑞瑾长期从事泥沙运动基本规律的研究，20世纪40年代就得出黄河年均产沙量为15亿吨的科学数据，20世纪50年代提出泥沙沉速和泥沙启动的计算公式，20世纪60年代提出的水流挟沙力公式至今仍被广泛应用，20世纪70年代在长江葛洲坝工程建设中，他提出的"静水过船，动水冲沙"的方法，解决了葛洲坝船闸引航道的泥沙淤积问题，获得国家科技进步特等奖，1978年获全国科学大会奖。张瑞瑾的主要著作有主编《水力学》、《河流动力学》、《河流泥沙动力学》（获水利部优秀教材一等奖），合著 *Sediment Research in China*，参编的《河流泥沙工程学》获全国优秀教材奖。

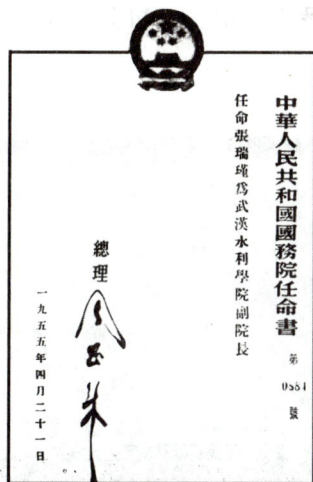

图 3

　　刘赜著作《说文古音谱》和其书法真迹。刘赜（1891—1978年），字博平，湖北武穴人。著名小学（古文字学、音韵学、训诂学）专家，书法家，国家一级教授。武汉大学文学院中文系"五老"之一。1914—1917 年就读于北京大学，师从著名国学大师黄侃先生。1927 年任上海暨南大学教授。1929—1978 年任教于国立武汉大学文学院中文系，讲授文字、声韵、训诂和《周易》研究诸课程，同时兼任系主任多年。1956 年由教育部评定、国务院公布为一级教授。至 1978 年病逝，50 年贡献于武汉大学。刘赜是章黄学派嫡传弟子，致力于文字、声韵、训诂之学。他继承了章黄学派的基本观点和方法，又有自己的创新，他将汉字的形、音、义看成一个互有关联的整体，从语言的角度加以联系，探索发掘其中内部发展规律及关系。1932 年，他将声韵学教案整理编撰成《声韵学表解》，寄请黄侃审阅，黄侃特意请自己的老师章太炎为书作序，序中评价道：（此书）"言古今韵，能得大体"，并称许刘赜为"再传弟子"。1929—1963 年，刘赜先后在《武汉大学文哲季刊》、《武汉大学学报》等学术刊物发表《〈说文〉释例匡谬》、《楚语拾遗》、《古声同纽字义多相近说》、《〈说文〉形声释例》等多篇重要论文，1963 年出版《说文古音谱》一书，1978 年病逝时留有《初文述谊》和《小学札记》两部遗著。

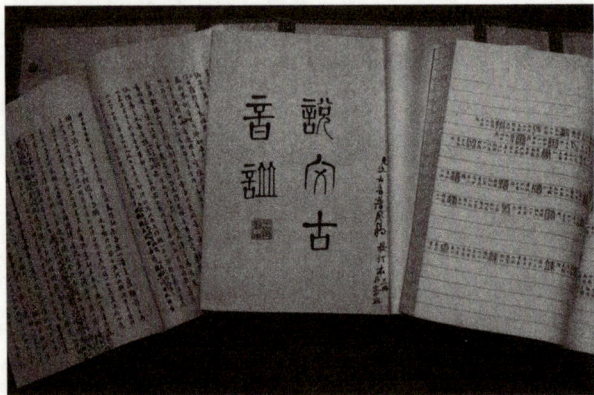

图 4

以上这些，是名人档案的沧海一滴，还有更多的珍贵档案尚在整理和征集途中。名人档案的收集是需要长期进行的,名人档案的工作是特别有意义和价值的。名人档案是宝贵的智力资源库,是档案体系中的重要组成部分,是我校档案工作的一项重要内容。这些名人档案,从不同侧面记录了武汉大学发展和进步的历史,见证了学校深厚的文化底蕴,宣传了学校的办学实力,有利于加强校风、学风建设,促进校园文化和校史研究,更好地传承和发扬我校的优良传统。名人档案是宝贵的第一手资料,通过收集和整理名人档案,也为档案馆丰富了馆藏,更为国家社会积累了宝贵的文化财富。

在名人档案的实际工作中,我们力争做到收藏与展览相结合,充分发挥名人档案的作用。既对珍贵档案进行收集和整理,又努力创造平台展示名人风采与成就,以达到宣传、教育、激励的目的;对于已经整理进馆的名人档案,我们坚持做到管理和使用相结合,既对档案起到科学、专业与规范化的保存和管理,还对捐赠者或单位提供便捷的借阅使用。除此之外,我们还采取了对非涉密的档案材料作为资源共享发布在校园名师库网络上,有计划地进行著名人物资料汇编等各种措施,推进名人档案的开发利用,做到收展结合,管用合一,服务学校,服务社会。

武汉大学校史馆简介

吴 骁

　　武汉大学校史馆坐落于校园中心的狮子山顶，该建筑原为 1935
年 9 月落成的国立武汉大学图书馆大楼，建筑面积 5300 余平方米，
整体建筑风格中西合璧，气势雄伟，2001 年入围第五批全国重点文
物保护单位，2013 年改建为校史馆，当年 11 月 28 日正式开馆。武
汉大学校史馆展区面积约 1200 平方米，包括通史展与专题展两个部
分，通过大量珍贵历史照片、档案史料及文物、电子相框、多媒体视
频及音频等多种展示形式，全面、生动地反映了武汉大学建校百余年
来的悠久历史与深厚底蕴。

图 1　坐落于校园狮子山顶的武汉大学校史馆（原老图书馆）

校史馆（原老图书馆）一楼阅览大厅为武汉大学高端学术讲座——"珞珈讲坛"及每年博士学位授予仪式的举办地，同时还保留了学生自习与举行重要会议的功能。大厅面积约 400 多平方米，净高近 10 米，空间宽广，视野开阔。厅内摆放着从 20 世纪 30 年代一直使用至今的 24 张长木桌及近 200 张配套木椅，每张木桌中间都有一条贯穿首尾的长长的笔槽，将桌面分为两半，每一半都朝着两个长边略微往下倾斜，以便于阅读与写作，而木椅的靠背也非常舒适，处处彰显出高度人性化的设计理念。大厅四周的墙壁上，悬挂着王世杰、王星拱、周鲠生、李达等多位在历史上曾经为武汉大学的建设和发展作出过重大贡献的领导人的大幅照片。大厅前方讲台上巨大的电子屏，可用来播放武汉大学"校史文献片"、"学校形象片"、"校友片"等视频资料（中英文双语版），以便让广大参观者在进入展厅正式开始参观之前，能够首先对武汉大学的历史和现状获得一个大致的了解。大厅的四角，各有一处古色古香的半圆形旋转楼梯，由此下可至地下一楼展厅，上可达四楼、五楼展厅及户外观景平台。

百 年 沧 桑

校史馆地下一楼展厅为通史展的前半部分——"百年沧桑"，主要展示 2000 年新武汉大学合并组建以前的各校校史，以原武汉大学为主，另有原武汉水利电力大学、武汉测绘科技大学、湖北医科大学、文华图书馆学专科学校等校的历史陈列，包括各种历史图片 500 余张、实物 20 余件。

原武汉大学校史的陈列内容分为"源远流长"、"艰苦创业"、"开拓前进"三个部分，从展厅北面的入口处开始，依次布置在展厅四周的墙壁上，环绕展厅一周后结束，主要有以下几个方面的内容：

从武昌东厂口建校，到 20 世纪 30 年代初迁校珞珈山，再到抗日战争时期西迁四川乐山，抗战胜利后复员武昌珞珈山，并一直延续发展至今，反映各个不同历史时期校园风貌的图片，包括校园全景绘图及照片、校舍建筑、教学科研及文体活动场所等；

学校历任负责人照片，特别是张渲、石瑛、刘树杞、王世杰、王星拱、周鲠生、李达等比较有名望的若干校长的简介及治校办学名言等；

各个历史时期学校部分师生及组织、团体的合影，个别具有典型历史意义的人物照片，如本校历史上第一位华籍女教师、第一位研究生等；

各个历史时期的校旗、校徽、校训、校歌等，以武昌高师和国立武汉大学时期为主；

各个历史时期学校的重要文件，如办学章程、校务会议记录、来往公文等；

各个历史时期学校的教学、科研、文体、对外交流等活动及取得的重要办学成果；

发生在武汉大学的某些具有全国影响的重要历史事件，如 1938年国民党临时全国代表大会，1947 年珞珈山 "六一惨案" 等；

若干重要历史人物和组织在武汉大学活动的珍贵历史照片，如1932 年国联调查团、胡适先后参观武汉大学珞珈山新校舍，1938 年蒋介石检阅珞珈山军官训练团，周恩来、邓颖超、郭沫若、田汉、埃德加·斯诺等人在珞珈山开展抗战活动，1958 年毛泽东视察武汉大学，1964 年董必武陪同阿富汗国王查希尔访问武汉大学等。

此外，在相关的展览内容处，还设有 2 处声控感应播音设备，分别用于自动播放武昌高师校歌与国立武汉大学校歌，另有 5 个分别以"从武昌高师到武昌师大"、"国立武汉大学东厂口校舍"、"20 世纪30 年代珞珈山校园生活掠影"、"乐山时期的国立武汉大学"、"珞珈山'六一惨案'"为主题的电子相框，自动滚动播放与主题相关的诸多历史图片。

原文华图书馆学专科学校、湖北医科大学、武汉水利电力大学、武汉测绘科技大学等学校的历史陈列，分别以"文华精神"、"杏林奇葩"、"水电明珠"、"经天纬地"为名，以建校时间先后为序，依次排列在展厅南侧，简要地展示了这几所高校从筹建伊始到最终成为武汉大学的一部分之前独立发展数十年的历史。

上述四所学校历史陈列展板的北面，设有 8 个实物展柜，展出了本校历史上的一些重要文物（多为复制件，少数为原件），包括武汉大学在各个不同历史时期的 10 件毕业证书（从 1917 年到 1976 年），国立武昌高等师范学校校徽图案，国立武汉大学校徽及学生证，20 世纪 40 年代初国民政府教育部颁发给国立武汉大学教授袁昌英、学生俞大光的奖状，抗日战争时期俞大光校友在四川乐山使用过的参考讲义及学习笔记，1949 年武汉市军事管制委员会给学校的训令及国立武汉大学校务委员会给军管会的报告，20 世纪 50 至 60 年代的武汉大学校徽及校庆纪念章，等等。

展厅北侧的下沉式斜坡上，还镌刻有孙中山、黄侃、蔡元培、李四光、王世杰、王星拱、周鲠生、朱光潜这 8 位历史名人和著名学者给武汉大学历届毕业生的几幅经典题词。

珞 珈 黉 宫

校史馆四楼展厅为"珞珈黉宫——武汉大学校园经典建筑专题展"，展示了武汉大学自 20 世纪 20 年代末选址武昌珞珈山至今近百年的校园建设历程。该展厅位于校史馆一楼阅览大厅天花板上方夹层中，原为阅览大厅屋顶钢桁架的内部结构层，内部空间被纵横交错的四品桁架分割为井字形，虽空间局促，但建筑结构特色鲜明，经稍加修饰之后，该处被布置为建筑专题展厅，而原有的少量尚未被各种装饰材料完全密封、在展厅中间若隐若现的钢桁架，也就非常应景地成为了这个以"建筑"为基本主题的展厅中的几件天然的"实物"展品。

校史馆四楼环形走廊北侧，"珞珈黉宫"建筑专题展厅入口对面的外墙上，挂有 9 张武汉大学老图书馆在不同时期的历史图片，反映了这栋重要校园标志性建筑从 20 世纪 30 年代开始规划设计与建设，直到 2013 年改建为校史馆的数十载风雨历程。展厅入口两侧的走道内墙上，则挂有武汉大学从 20 世纪初至今不同历史时期的校园全景图与校门照片各 8 张。展厅内先后设有"试选珞珈胜处"、"安置百亩宫室"、"艺术瑰宝，时代先锋"、"来日亦何长"四个板块的展览内容，分别介绍了武汉大学珞珈山校园的选址规划、建设经过、建筑特色与后续发展，共有历史图片 200 余张，实物 10 余件，其中有许多文献史料、历史照片、老地图等系首次公开的珍贵历史影像，展出实物则包括国立武汉大学珞珈山新校舍建筑工程师开尔斯当年绘制的三张校园规划或建筑设计图纸（复制件）、珞珈山校址土地收买地契（复制件）、抗日战争时期侵华日军陆军恤兵部印制的武汉大学风景明信片（原件）、珞珈山新校舍监造工程师缪恩钊当年曾使用过的绘图工具（英制绘图仪 6 件、德制放大镜 1 件，均为原件）等珍贵展品。展厅中央的电子屏幕上则滚动播放着关于武汉大学校园建筑的诸多精美图片，以此作为展板内容的重要补充。

杰 出 人 物

校史馆四楼环形走廊上还布置有另外一个专题展览内容——"武汉大学杰出人物展"，分为"大师云集"与"英才辈出"两部分，分别展示了武汉大学自建校以来在各个学科领域所产生的 40 名学术大师以及在各行各业涌现出的 72 名优秀校友的照片及主要业绩。

"大师云集"部分的展示内容位于环形走廊内墙的东、南、西三面（逆时针排列），按照中文、外文、历史学、哲学、法学、经济学、数学、物理学、化学、生物学、工学、农学、医学的学科顺序，依次介绍了曾经在武汉大学（包括武昌高师、武昌大学等各个不同时期的历史前身以及原武汉水利电力大学、武汉测绘科技大学、湖北医科大学等合并高校）任教的黄侃、闻一多、刘赜、刘永济、黄焯、苏雪林、程千帆、陈源、袁昌英、朱光潜等文学家，李剑农、唐长孺、吴于廑等历史学家，王星拱、张颐、李达等哲学家，王世杰、周鲠生、燕树棠、李浩培、韩德培等法学家，杨端六、刘秉麟、张培刚等经济学家，曾昭安、李国平等数学家，查谦、桂质廷等物理学家，张资珙、曾昭抡等化学家，张珽、汤佩松、高尚荫等生物学家，俞忽、夏坚白、王之卓等工程学家，叶雅各、陈华癸等农学家，朱裕璧、夏良才等医学家的主要学术成就。

"英才辈出"部分的展示内容位于环形走廊外墙的东、西两面（顺时针排列），按照所列杰出校友在武汉大学学习的时间先后顺序进行排列（从 20 世纪初到 20 世纪 80 年代初为止），主要展示了本校校友中的叶君健、齐邦媛等文学家，沈刚伯、严耕望等历史学家，端木正、钟期荣等法学家，胡代光、刘诗白、董辅礽、何炼成、李京文等经济学家，丁夏畦、王梓坤等数学家，李方华、张家铝等物理学家，彭少逸、钱保功等化学家，辛树帜等生物学家，张云等天文学家，俞大光、欧阳予、陈俊勇、刘先林等工程学家，黄孝宗、方辉煜、陈善广等航天科学家，刘更另、陈文新、范云六等农学家，胡秋原、夏道平等思想家，刘佛年、朱九思等教育家，方成等艺术家，黄彰任等实业家，陈潭秋、章伯钧、刘西尧、李锐、赵耀东等政治家、社会活动家的突出成就。

世 纪 华 章

校史馆五楼展厅为通史展的后半部分——"世纪华章"，主要展示 2000 年新武汉大学合并组建后十余年来的办学成绩，展示照片1000 多张，另有近年来学校所取得的教学、科研重要成果获奖证书、著作及实物 130 余件。该展厅的展示内容主要分为以下几个部分：

（1）融合发展——百年名校进入"重要历史机遇期"；

（2）学科建设——大学科大平台搭建高等教育大航母；

（3）人才培养——"三创"教育培养拔尖创新人才；

（4）科学研究——科研创新催生累累硕果；

（5）服务社会——贡献服务促进支持发展；

（6）师资队伍——人才强校战略打造珞珈方阵；

（7）国际交流——合作交流进入新境界；

（8）党政工作——党建和思政工作提供坚强有力政治保障；

（9）校园文化——和谐校园，魅力珞珈；

（10）办学条件；

（11）发展目标。

校史馆五楼展厅的外围，还有一个环形的户外观景平台，此处是整个校园的制高点所在，通常也是参观武汉大学校史馆的最后一站。在这里环顾四周，远眺八方，大体上西面是高楼大厦鳞次栉比的一派现代化繁华都市景象，东面则是武汉大学珞珈山校园里的青山翠谷与壮丽黉舍，以及东湖风景区的碧波万顷与水天一色。广大参观者在校史馆内充分地感受了武汉大学的百年风雨沧桑与深厚文化底蕴之后，最后登临这个绝佳的观景地点，饱览全武大最美的风景，定会深感不虚此行。

  武汉大学校史馆兼具校史展览、爱校教育、校史研究、学术文化交流等多项功能，也是学校对内、对外宣传的重要窗口，开馆近三年来，在弘扬武大精神、传承优秀文化以及校际、国际交流中发挥了重要作用。